IT Campus

개념부터 실전 프로젝트까지

스프링 부트 완전정복

송미영 지음

길벗캠퍼스

송미영

웹 기반의 관공서 위기 관리 시스템, 의학 용어 온라인 평가 시스템, 중도 탈락 예방 시스템, 앱 기반의 전자동화 및 교육용 게임, 유니티를 이용한 가상현실/증강현실 콘텐츠 등 다수의 실무 개발 경험과 자바, 웹 프로그래밍(JSP/PHP), 스프링, 안드로이드 프로그래밍, 유니티 엔진, VR/AR 프로그래밍 등의 강의 경력을 가지고 있습니다.

현재 수원여자대학교 교수로 재직하면서 컴퓨터 비전, 모바일 게임, 가상현실/증강현실 등을 연구하고 있으며, 캡스톤 디자인 프로젝트나 경진대회, 공모전 등에서 학생들이 실무 능력을 쌓을 수 있게 도와주는 지도 교수로 CATS(Computer Application Technology Study) 동아리를 운영하고 있습니다. 다년간의 현장 실무 개발과 교육 강의를 통해 얻은 지식을 이해하기 쉽게 전하고자 교재 집필에도 힘쓰고 있습니다.

저서로는 『안드로이드 프로그래밍 with 자바』(길벗캠퍼스, 2023), 『스프링 코딩 공작소』(길벗, 2022) 등이 있습니다.

개념부터 실전 프로젝트까지

스프링 부트 완전정복

초판 1쇄 발행 • 2024년 12월 31일 | **지은이** • 송미영 | **발행인** • 이종원 | **발행처** • (주)도서출판 길벗 | **브랜드** • 길벗캠퍼스
출판사 등록일 • 1990년 12월 24일 | **주소** • 서울시 마포구 월드컵로 10길 56(서교동) | **대표 전화** • 02)332-0931 | **팩스** • 02)323-0586
홈페이지 • www.gilbut.co.kr | **이메일** • gilbut@gilbut.co.kr | **책임편집** • 신유진(backdoosan@gilbut.co.kr) | **디자인** • 강은경
제작 • 이준호, 손일순 | **영업마케팅 및 교재 문의** • 박성용(psy1010@gilbut.co.kr) | **영업관리** • 김명자 | **독자지원** • 윤정아, 최희창
편집진행 • 김미정 | **전산편집** • 김희정 | **CTP 출력 및 인쇄** • 금강인쇄 | **제본** • 금강제본

길벗캠퍼스는 (주)도서출판 길벗의 IT대학교재 출판 브랜드입니다.

ISBN 979-11-407-1196-3 93000(길벗 도서번호 060115)
정가 35,000원

독자의 1초를 아껴주는 정성 길벗출판사
(주)도서출판 길벗(www.gilbut.co.kr) • IT교육서, IT단행본, 경제경영서, 어학&실용서, 인문교양서, 자녀교육서
길벗스쿨(www.gilbutschool.co.kr) • 국어학습, 수학학습, 어린이교양, 주니어 어학학습, 학습단행본
페이스북 • www.facebook.com/gilbutzigy | **커뮤니티** • http://cafe.naver.com/gilbutit

실무 개발에 자신감을 심어 주는 가장 인기 있는 스프링 부트 완전정복

스프링 부트는 스프링을 기반으로, 스프링을 보다 쉽게 사용할 수 있도록 만든 프레임워크입니다. 이 책은 체계적인 단계별 예제와 쇼핑몰 구축 실습으로 최신 스프링 부트의 기본 개념과 원리, 기능의 쓰임새를 제대로 이해할 수 있습니다. 누구나 스프링 부트를 제대로 이해할 수 있도록 다음과 같이 구성했습니다.

기본 개념과 원리를 자연스럽게 익힐 수 있습니다.

개념과 원리를 이해할 수 있는 기능 위주의 실습으로 학습 효과를 높일 수 있으며 주요 개념은 예제 코드와 그림으로 함께 설명하여 쉽게 이해할 수 있습니다. 학습을 진행할수록 실력이 향상되는 것을 느낄 수 있을 것입니다.

체계적인 단계별 실습으로 전반적인 코딩 지식을 얻을 수 있습니다.

기본 예제 → 실습 예제 → 쇼핑몰 구축 응용 예제를 통해 최신 스프링 부트를 실무 개발에 제대로 활용할 수 있는 지식과 자신감을 얻을 수 있습니다.

실전 개발을 위한 이해력과 응용력을 높일 수 있습니다.

단원별로 학습한 내용을 쇼핑몰 구축 프로젝트에 단계별로 적용하도록 구성하여 웹 애플리케이션을 실제로 개발할 때 배운 내용을 어디에 어떻게 적용할지 이해하고 응용할 수 있습니다.

연습문제를 통해 배운 내용을 확인할 수 있습니다.

스프링 부트 전반을 잘 이해했는지 확인하기 위해 연습문제는 객관식과 단답형 문제로 구성했습니다. 코딩을 위한 주관식 문제도 수록하여 스프링 부트를 더욱 깊이 이해할 수 있습니다.

이 책을 출간하기까지 많은 지원을 해주신 길벗캠퍼스 임직원들과 김미정 님께 진심으로 감사의 말을 전합니다.

송미영

목차

13장 | RESTful 웹 서비스

14장 | 데이터베이스 연동

부록 | 도서 쇼핑몰 웹 사이트 구축 실습 가이드

길벗 홈페이지 자료실에서 따로 제공합니다.

15장 | 도서 쇼핑몰 웹 사이트 구축

책 내용을 따라할 수 있는 실습 파일은 길벗 홈페이지를 통해 제공됩니다. 길벗 출판사 홈페이지(www.gilbut.co.kr) 검색란에 '스프링 부트'를 검색 → 해당 도서 자료실의 '실습예제' 항목 → 실습에 필요한 예제 소스를 다운 받습니다.

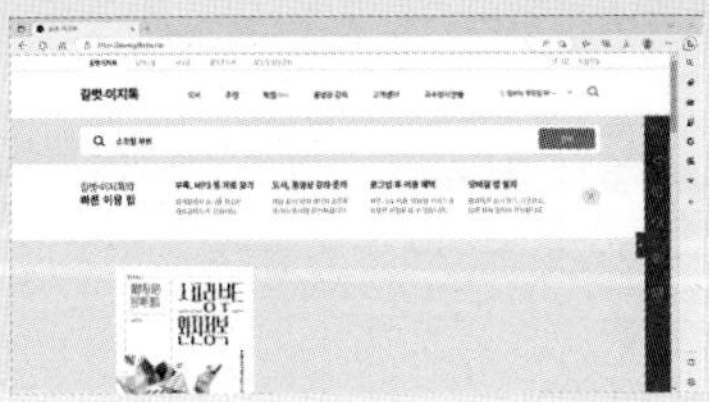

1. 학습 개요

이 교재는 주차별로 이론과 기본 예제를 통해 스프링 부트의 원리와 기능을 이해하고 도서 쇼핑몰 구축 프로젝트에서 기본 개념이 웹 애플리케이션 개발에 어떻게 적용되는지 알 수 있는 실습을 통해 실무 능력을 배양할 수 있도록 구성했습니다.

2. 학습 목표

스프링 부트 소개(1~2장)	스프링 부트의 개념과 특징을 배우고, 필요한 개발 도구를 설치한 후 첫 번째 프로젝트를 구현하여 스프링 부트를 이해합니다.
기본 기능 습득(3~7장)	스프링 부트의 기본 구조, 컨트롤러, 요청 처리 메서드에 대한 기본 구성을 배우고, 기본적으로 필요한 주요 기능인 폼 태그와 파일 업로드 및 다운로드 처리를 이해합니다.
고급 기능 습득(8~13장)	웹 애플리케이션 개발에 부가적으로 필요한 주요 기능인 다국어 처리, 유효성 검사, 시큐리티, 예외 처리, 로그 기록, RESTful 웹 서비스에 대해 배웁니다.
데이터베이스 습득(14장)	JDBC, JPA를 활용한 주문 처리, 회원 관리, 게시판 등을 제작하고 데이터베이스를 연동하는 능력을 기릅니다.
웹 사이트 구축(15장/PDF 파일)	주차별 실습으로 이론을 적용해 보고 최종적으로 도서 쇼핑몰 웹 사이트를 구축하는 능력을 갖춥니다.

3. 수업 계획

주차별	챕터	주제
1주	1장	• 스프링 부트의 개념과 특징 • 스프링 부트와 스프링 MVC, 스프링의 관계
2주	2장	• 실습에 필요한 개발 환경 설정 • 간단한 웹 애플리케이션 만들기 • [도서 쇼핑몰] 프로젝트 생성 및 간단한 인사말 페이지 만들기
3주	3장	• 프로젝트 구조 • 계층적 구조 • [도서 쇼핑몰] 계층적 구조 만들기
4주	4장	• 컨트롤러 구현 • @Controller, @RequestMapping • [도서 쇼핑몰] 도서 목록 출력하기

5주	5장	• 요청 처리 메서드 • 메서드의 파라미터에 사용하는 애너테이션 • [도서 쇼핑몰] 도서 정보 출력하기
6주	6장	• 폼 태그 • @ModelAttribute, @InitBinder • [도서 쇼핑몰] 도서 등록 페이지 만들기
7주	7장	• 정적 리소스 처리 • 웹 서버에 이미지 파일 업로드 처리 • [도서 쇼핑몰] 도서 이미지 파일 업로드하기
8주	8장	• 다국어 지원 서비스 • 메시지 리소스 파일로 다국어 변경 • [도서 쇼핑몰] 도서 등록 페이지를 다국어로 변환하기
9주	9장	• 입력 데이터의 유효성 검사 • [도서 쇼핑몰] 도서 등록 페이지에 유효성 검사하기
10주	10장	• 스프링 시큐리티 • [도서 쇼핑몰] 로그인/로그아웃 페이지에 스프링 시큐리티 적용하기, 접근 권한 구현하기
11주	11장	• 예외 처리 • @ResponseStatus, @ExceptionHandler, @ControllerAdvice • [도서 쇼핑몰] 예외 처리 애너테이션으로 예외 처리 구현하기
12주	12장	• Log4j2와 인터셉터를 이용해 로그 기록 살펴보기 • [도서 쇼핑몰] 요청 URL에 대한 로그 기록 구현하기
13주	13장	• RESTful 웹 서비스 • [도서 쇼핑몰] 자바스크립트로 RESTful 웹 서비스 기반의 장바구니 구현하기
14주	14장	• JDBC와 JPA • JDBC와 JPA를 활용한 CRUD 처리 • [도서 쇼핑몰] JPA로 데이터베이스를 연동한 주문 처리하기
15주	15장	• 웹 사이트 구축 공유 • 기말 발표

※ 14주차 수업을 진행한다면 1장과 2장을 1주로 계획하여도 됩니다.

※ PDF 파일로 제공하는 '15장. 도서 쇼핑몰 웹 사이트 구축'은 JPA를 활용해 회원 가입/수정/탈퇴 및 게시판을 구현하고 JDBC를 활용해 도서 CRUD를 구현하여 웹 사이트를 구축하는 내용입니다.

1 장

스프링 부트 소개

학 습 목 표

- 스프링 부트의 개념과 특징을 알아봅니다.
- 스프링 부트와 스프링 MVC, 스프링의 관계를 살펴봅니다.

1.1 스프링 부트

스프링 부트(spring boot)는 스프링을 기반으로 쉽고 빠르게 애플리케이션을 구축할 수 있게 지원하는 오픈 소스 프레임워크입니다. 복잡한 의존성 관리의 간소화, 배포의 간소화, 자동 설정 등을 통해 애플리케이션 개발과 단위 테스트 및 통합 테스트의 시간을 줄이는 것이 목표인 스프링 부트의 개념과 특징에 대해 살펴보겠습니다.

1.1 간편한 애플리케이션 개발

스프링 부트는 스프링 프레임워크의 확장으로, 스프링 애플리케이션을 설정하는 데 필요한 XML 환경 구성과 종속성 설정을 제거하여 개발 시간을 절약하고 생산성을 높일 수 있습니다.

확장 가능한 애플리케이션을 만들 때는 스프링 프레임워크(spring framework)를 사용하고 웹 애플리케이션을 만들 때는 스프링 모듈로 제공되는 스프링 MVC를 사용합니다. 그러나 스프링 프로젝트는 환경 설정 구성에 많은 시간이 필요하여 새롭게 작업을 시작하는 개발자에게는 부담스러울 수 있다는 것이 단점입니다. 스프링을 처음 사용하면 애플리케이션 생산 준비 상태를 만드는 데 시간이 걸리는데, 이에 대한 해결책이 스프링 부트입니다.

스프링 부트는 스프링 프레임워크와 내장 웹 서버(embedded server)가 통합된 형태입니다. 그리고 기존 스프링 프로젝트에서 환경 설정 파일인 XML 설정에 대한 요구 사항이 없기 때문에 개발자의 노력이 줄어들어 애플리케이션 개발 비용과 시간을 줄일 수 있습니다.

그림 1-1 스프링 부트 정의

NOTE **스프링 부트를 사용해야 하는 이유**

- 종속성 주입 접근 방식을 사용합니다.
- 강력한 데이터베이스 트랜잭션 관리 기능이 포함되어 있습니다.
- JPA/Hibernate ORM, Struts 등과 같은 다른 자바 프레임워크와의 통합이 쉽습니다.
- 애플리케이션 개발의 시간과 비용을 줄여 줍니다.
- 임베디드 서블릿 컨테이너가 포함되어 있습니다.

1.2 주요 기능

스프링 부트는 핵심 기능을 통해 더 빠르고 쉽게 웹 애플리케이션과 마이크로 서비스를 개발하도록 돕는 도구입니다. 스프링 부트의 주요 기능을 하나씩 살펴보겠습니다.

NOTE **마이크로 서비스**

마이크로 서비스는 단일 애플리케이션이 느슨하게 결합되고 독립적으로 배치 가능한 더 작은 구성 요소 또는 서비스로 이루어진 클라우드 네이티브 아키텍처 접근 방식입니다. 마이크로 서비스 아키텍처라고도 합니다.

- **환경 설정 자동화**: 스프링 프로젝트에서는 디스패처 서블릿, 정적 리소스 매핑, 속성 소스 로더, 메시지 변환기 등을 수동으로 구성해야 하지만 스프링 부트는 프로젝트에 추가된 라이브러리를 기반으로 실행에 필요한 환경을 자동으로 설정합니다. 개발에 필요한 라이브러리를 추가하면 스프링 부트가 이를 인지해 관련된 스프링 설정을 자동으로 처리하기 때문에 복잡한 설정을 하지 않고도 개발이 가능합니다.
- **종속성 관리 자동화**: 스프링 프로젝트에서는 메이븐(maven)이나 그레이들(gradle)을 이용해 라이브러리 의존성을 관리하지만 스프링 부트는 스타터(starter) 종속성을 이용해 특정 기능에 필요한 라이브러리 의존성을 간단히 처리할 수 있습니다. 스타터 사용을 통해 라이브러리 의존성 버전도 권장 버전으로 자동 설정되므로 개발자는 버전 충돌 문제를 피할 수 있고 의존성을 설정하기 훨씬 쉬워집니다.
- **설정 파일 외부화**: 스프링 부트는 설정을 위한 XML 코드를 외부화할 수 있어서 같은 애플리케이션을 다양한 환경에서 작동할 수 있습니다. 자바 properties 파일, YAML 파일, 환경 변수, 명령줄(command-line) 인수 등을 다양한 외부 설정 파일로 사용할 수 있습니다.
- **라이브러리 버전 관리 자동화**: 스프링 프로젝트에서는 스프링 라이브러리뿐만 아니라 의존 관계에 있는 라이브러리까지 XML 파일에 직접 설정하여 사용해야 합니다. 하지만 스프링 부

트는 build.gradle에 스프링 부트 버전을 설정해 놓으면 버전에 해당하는 스프링 라이브러리뿐만 아니라 의존 관계의 라이브러리도 호환되는 버전으로 자동 다운로드 및 관리를 해 줍니다.

- **독립형 애플리케이션 생성**: 톰캣(Tomcat)이 내장된 실행 가능한 JAR로 애플리케이션을 패키징하여 독립적인 배포 단위를 제공할 수 있어서 단독으로 실행이 가능한 스프링 애플리케이션을 생성할 수 있습니다. 스프링 웹 애플리케이션을 개발하고 테스트까지 마쳤으면 애플리케이션을 실제 운영 서버에 배포하기 위해 WAR 파일로 패키징해야 하지만 스프링 부트는 독립적으로 실행이 가능한 애플리케이션을 빠르게 개발하는 것을 목표로 하기 때문에 웹 애플리케이션도 WAR가 아닌 JAR 파일로 패키징하여 사용할 수 있습니다.
- **프로덕션 지원**: 스프링 부트는 애플리케이션 모니터링을 위한 통계(metrics), 상태 점검(health check)을 제공합니다.

NOTE

스프링 부트의 주된 목표는 애플리케이션 개발, 단위 테스트, 통합 테스트에 들어가는 시간을 줄이는 것입니다. 이를 위해 다음과 같은 내용을 제공 및 회피합니다.

- 의견이 있는 개발 접근 방식 제공
- 더 많은 주석 구성 정의 방지
- 많은 import문 작성 회피
- XML 구성 회피

1.2 스프링 부트 vs. 스프링 MVC vs. 스프링

스프링 부트와 스프링 MVC는 모두 스프링 기반의 프레임워크입니다. 스프링은 자바 기반의 웹 애플리케이션 개발을 위한 오픈 소스 프레임워크이고 스프링 MVC는 웹 애플리케이션 개발에 MVC 패턴을 적용할 수 있도록 스프링에서 제공하는 프레임워크입니다. 스프링 부트는 기존의 스프링 프레임워크 위에 구축되어 스프링의 모든 기능은 제공하면서도 스프링 설정은 자동화한 프레임워크입니다.

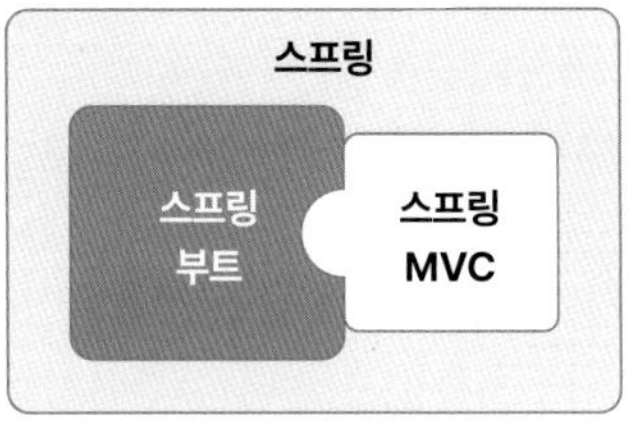

그림 1-2 스프링 부트, 스프링 MVC, 스프링의 관계

2.1 자바 플랫폼 개발 프레임워크의 대세, 스프링

스프링(spring)은 자바를 기반으로 하는 엔터프라이즈 애플리케이션 개발을 단순화시켜준 경량의 오픈 소스 프레임워크입니다. 보통 스프링이라고 부르지만 정확한 표현은 스프링 프레임워크입니다. 전 세계 수백만 명의 개발자가 스프링 프레임워크를 사용하여 성능이 뛰어나고 테스트가 쉬우며 재사용이 가능한 코드를 작성합니다.

다음은 스프링과 스프링 부트의 주요 차이점을 비교한 것입니다.

표 1-1 스프링과 스프링 부트의 주요 차이점

스프링	스프링 부트
• 애플리케이션 구축에 사용하는 Java EE 프레임워크입니다.	• RESTful API를 개발하는 데 사용합니다.
• Java EE 개발을 간소화하여 생산성을 높이는 것이 목표입니다.	• 코드 길이를 줄이고 웹 애플리케이션을 개발하는 가장 쉬운 방법을 제공하는 것이 목표입니다.
• 주요 기능은 종속성 주입(DI:dependency injection)입니다.	• 주요 기능은 자동 구성으로, 요구 사항에 따라 클래스를 자동으로 구성합니다.
• 느슨하게 결합된 애플리케이션을 개발할 수 있도록 하여 작업을 간소화할 수 있습니다.	• 구성이 적은 독립 실행형 애플리케이션을 만드는 데 도움이 됩니다.

• 최소한의 작업을 수행하기 위해 개발자는 많은 코드(상용구 코드)를 작성해야 합니다.	• 상용구 코드를 줄입니다.
• 스프링 프로젝트를 테스트하려면 서버를 명시적으로 설정해야 합니다.	• 제티(Jetty), 톰캣(Tomcat) 등의 임베디드 서버를 제공합니다.
• 메모리에서 데이터베이스를 지원하지 않습니다.	• 임베디드 및 메모리 내 데이터베이스 작업을 위한 여러 플러그인을 제공합니다.
• pom.xml에서 스프링 프로젝트에 대한 종속성을 개발자가 수동으로 정의해야 합니다.	• pom.xml 파일(메이븐 프로젝트인 경우)과 build.gradle 파일(Gradle-Groovy 프로젝트인 경우)에 스타터(starter) 개념을 제공하며, 이것으로 스프링 부트 요구 사항에 따라 종속성 JAR을 내부적으로 다운로드합니다.

2.2 MVC 패턴 기반의 웹 프레임워크, 스프링 MVC

스프링 MVC는 스프링이 제공하는 웹 애플리케이션 개발 전용 프레임워크로, MVC(Model-View-Controller) 패턴을 사용합니다. 스프링 MVC를 이용하면 웹 애플리케이션의 모델, 뷰, 컨트롤러 사이의 의존 관계를 스프링 컨테이너가 관리하며 스프링이 제공하는 많은 기능을 자유롭게 확장하여 웹 애플리케이션을 구축할 수 있습니다.

- **모델(Model)**: 애플리케이션의 데이터가 들어 있는 객체입니다.
- **뷰(View)**: 모델의 정보(데이터)를 특정 형식으로 나타냅니다. HTML, JSP 등으로 뷰 페이지를 작성하는 데 사용합니다.
- **컨트롤러(Controller)**: 애플리케이션의 비즈니스 로직을 포함합니다. @Controller 애너테이션은 자바 클래스를 컨트롤러로 표시하는 데 사용합니다.

다음은 스프링 MVC와 스프링 부트의 주요 차이점을 비교한 것입니다.

표 1-2 스프링 MVC와 스프링 부트의 주요 차이점

스프링 MVC	스프링 부트
• 스프링 프레임워크 하위의 모델-뷰-컨트롤러 기반 웹 프레임워크입니다.	• 스프링 기반 애플리케이션을 합리적인 기본값으로 패키징하기 위한 모듈입니다.
• 웹 애플리케이션을 빌드하기 위한 기능을 제공합니다.	• 스프링 기반 프레임워크를 빌드하기 위한 기본 구성을 제공합니다.
• 구성을 수동으로 빌드해야 합니다.	• 구성을 수동으로 빌드할 필요가 없습니다.
• 각 종속성을 별도로 지정합니다.	• 상용구 코드를 피하고 종속성을 단일 단위로 묶습니다.
• 배포 설명자가 필요합니다.	• 배포 설명자에 대한 요구 사항이 없습니다.
• 개발 시간을 줄여 생산성을 높일 수 있습니다.	• 동일한 것을 달성하려면 더 많은 시간이 걸립니다.

✔ 요약

1. 스프링 부트의 개요

- 스프링 부트(spring boot)는 스프링을 기반으로 쉽고 빠르게 애플리케이션을 구축할 수 있는 오픈 소스 프레임워크입니다.
- 스프링으로 애플리케이션을 구축할 때는 XML 환경 구성과 종속성 설정이 필요한데 스프링 부트에서는 관련 설정을 요구하지 않아 개발 시간을 절약하고 생산성을 높일 수 있습니다.
- 스프링 부트는 스프링 프레임워크와 내장 웹 서버(embedded server)가 통합된 형태입니다.

2. 스프링 부트의 주요 기능

- 환경 설정 자동화: 프로젝트에 추가된 라이브러리로 실행에 필요한 환경을 자동으로 설정합니다.
- 종속성 관리 자동화: 스타터(starter) 종속성을 이용해 특정 기능에 필요한 라이브러리 의존성을 간단히 처리할 수 있습니다.
- 설정 파일 외부화: 설정에 필요한 XML 코드를 외부화할 수 있어서 같은 애플리케이션을 다양한 환경에서 작동할 수 있습니다.
- 라이브러리 버전 관리 자동화: build.gradle에 스프링 부트 버전을 설정하면 스프링 라이브러리뿐만 아니라 의존 관계의 라이브러리도 호환되는 버전으로 자동 다운로드하고 관리해 줍니다.
- 독립형 애플리케이션 생성: 내장된 톰캣(Tomcat)이 포함된 실행 가능한 JAR로 애플리케이션을 패키징하여 단독으로 실행이 가능한 스프링 애플리케이션을 생성할 수 있습니다.
- 프로덕션 지원: 애플리케이션 모니터링을 위한 통계(metrics), 상태 점검(health check)을 제공합니다.

3. 스프링 부트 vs. 스프링 MVC vs. 스프링

- 스프링 부트와 스프링 MVC는 모두 스프링 기반의 프레임워크입니다.
- 스프링은 자바를 기반으로 웹 애플리케이션을 개발하기 위한 오픈 소스 프레임워크이고 스프링 MVC는 웹 애플리케이션을 개발할 때 MVC 패턴을 적용할 수 있도록 스프링에서 제공하는 프레임워크입니다.
- 스프링 부트는 스프링 프레임워크 위에 구축된 것으로 스프링의 모든 기능은 제공하면서도 설정은 자동화한 프레임워크입니다.

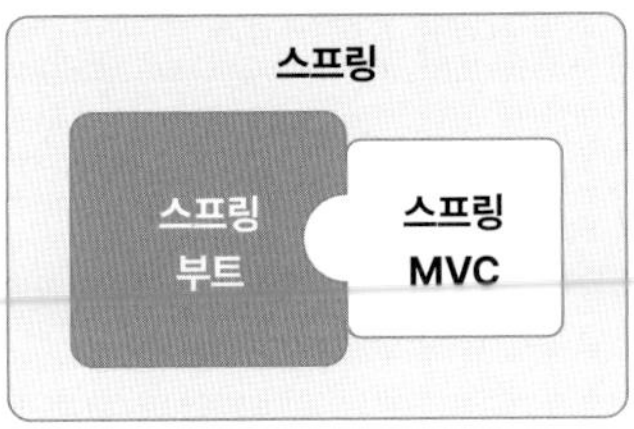

연습문제

01. 다음 빈칸에 알맞은 단어를 채우시오.

스프링 기반 애플리케이션을 쉽고 빠르고 구축할 수 있도록 지원하는 오픈 소스 프레임워크가 (   )입니다. 스프링 프레임워크의 확장인 (   )는 기본적으로 스프링 애플리케이션을 설정하는 데 필요한 XML 환경 구성과 종속성 설정을 제거하여 개발 시간을 절약하고 생산성을 높일 수 있습니다.

02. 다음 중 스프링 부트의 주요 기능으로 옳지 않은 것은?

① 환경 설정 자동화
② 의존형 애플리케이션 생성
③ 설정 파일 외부화
④ 라이브러리 버전 관리 자동화

03. 다음 빈칸에 알맞은 단어를 채우시오.

스프링 부트와 스프링 MVC는 모두 스프링 기반의 프레임워크입니다. (   )은 자바 기반의 웹 애플리케이션 개발을 위한 오픈 소스 프레임워크이고 (   )는 웹 애플리케이션 개발에 MVC 패턴을 적용할 수 있도록 스프링에서 제공하는 프레임워크입니다. (   )는 기존의 스프링 프레임워크 위에 구축되어 스프링의 모든 기능은 제공하면서도 스프링 설정은 자동화한 프레임워크입니다.

04. 스프링 부트의 주된 목표는 애플리케이션 개발, 단위 테스트, 통합 테스트에 들어가는 시간을 줄이는 것입니다. 이를 위해 제공 및 회피하는 내용으로 옳지 않은 것은?

① 의견이 있는 개발 접근 방식 제공
② 더 많은 주석 구성 정의 방지
③ 많은 import문 작성
④ XML 구성 회피

05. 스프링과 비교했을 때 스프링 부트의 차이점으로 옳지 않은 것은?

① 코드 길이를 줄이고 웹 애플리케이션을 개발하는 가장 쉬운 방법을 제공하는 것이 목표입니다.
② 요구 사항에 따라 클래스를 자동으로 구성합니다.
③ 최소한의 작업을 수행하기 위해 상용구 코드를 많이 작성해야 합니다.
④ 제티(Jetty), 톰캣(Tomcat) 등의 임베디드 서버를 제공합니다.

2 장

스프링 부트 개발 환경 설정 및 예제 맛보기

[도서 쇼핑몰] 프로젝트 생성하기

학 습 목 표

- 스프링 부트 실습에 필요한 개발 환경을 설정합니다.
- 스프링 부트 애플리케이션 제작 방법을 이해할 수 있는 간단한 웹 애플리케이션을 만들어 봅니다.
- [도서 쇼핑몰] 프로젝트를 생성하고 간단한 인사말 페이지를 구현합니다.

2.1 개발 환경 설정

이 책의 예제를 따라 하고 실행하는 데 필요한 개발 도구를 확인하고 하나씩 설치하겠습니다.

표 2-1 스프링 부트 애플리케이션 개발을 위한 도구

요소	프로그램	버전	설명
자바 개발 환경	JDK	Java 버전	• 자바 코드를 작성하기 위해 반드시 설치해야 하는 자바 개발 도구 • JDK 8 이상 버전 설치 권장
통합 개발 환경	이클립스 (Eclipse)	2024-09	• 코드 작성, 컴파일, 오류 검사, 실행 결과 확인 등이 가능한 통합 개발 환경(IDE)
스프링 개발 도구	STS	STS 4	• 이클립스를 기반으로 스프링 개발을 가능하게 하는 플러그인 도구

NOTE 스프링 부트를 위한 다양한 통합 개발 환경

다음과 같이 다양한 통합 개발 환경을 선택하여 스프링 부트 개발을 할 수 있습니다.

무료

–이클립스(Eclipse)
–비주얼 스튜디오 코드(Visual Studio Code)
–테이아(Theia) IDE

유료

–인텔리제이(IntelliJ) IDEA

1.1 자바 설치 및 환경 변수 설정하기

JDK는 자바 표준 에디션인 Java SE(Java Standard Edition)를 설치합니다. Java SE에는 자바 개발에 사용되는 필수 API가 들어있습니다.

자바 설치하기

1 오라클 사이트 접속 오라클 사이트(http://www.oracle.com/kr)에 접속하여 **리소스 → Java 다운로드**를 선택합니다.

2 설치 파일 다운로드 화면을 조금 내려 **JDK 버전 → Windows**를 선택합니다. 64비트 윈도용을 다운로드하기 위해 다음 그림과 같이 x64 Installer에 해당하는 다운로드 링크를 클릭합니다.

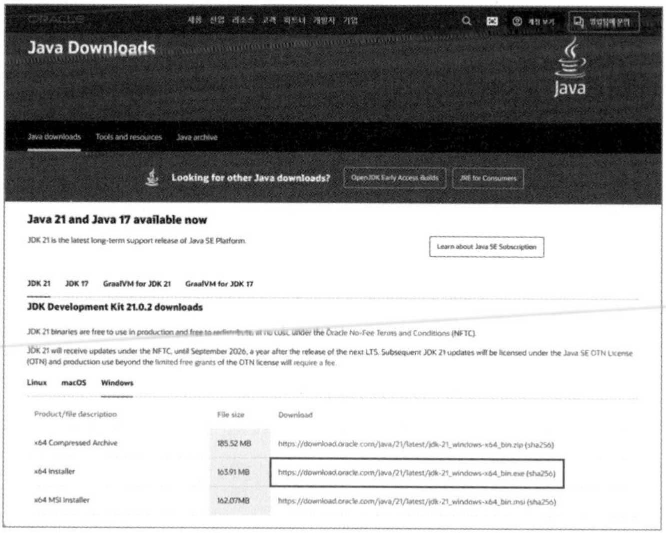

> **NOTE** **다운로드 확인 사항**
>
> - 라이선스 동의 메시지 창이 나타난다면 체크 표시한 후 다운로드를 진행합니다.
> - 사용하는 운영체제가 몇 비트인지 모른다면 윈도 탐색기를 실행하여 **컴퓨터**(또는 **내 PC**) 아이콘에서 마우스 오른쪽 버튼을 누르고 **속성** 메뉴를 선택해 확인합니다.

3 자바 설치 다운로드한 설치 파일을 더블클릭하여 설치를 시작합니다. 각 단계마다 기본 설정을 그대로 두고 **Next**(또는 **다음**)를 클릭하여 설치를 진행합니다. 마지막 화면에서 **Close**를 클릭하면 설치가 완료됩니다.

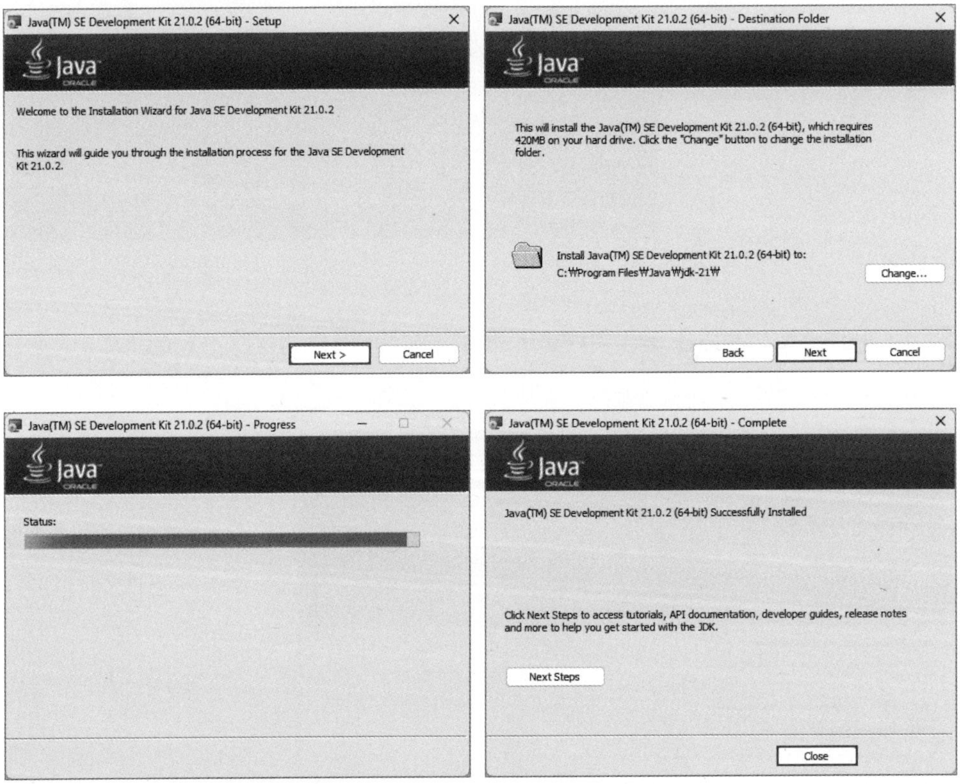

4 설치 위치 확인 자바를 기본 설정으로 설치하면 C:₩Program Files₩java 폴더에 설치됩니다. Java₩jdk버전₩bin 폴더에는 자바 컴파일러 파일인 javac.exe와 JVM을 구동하는 파일인 java.exe가 있습니다.

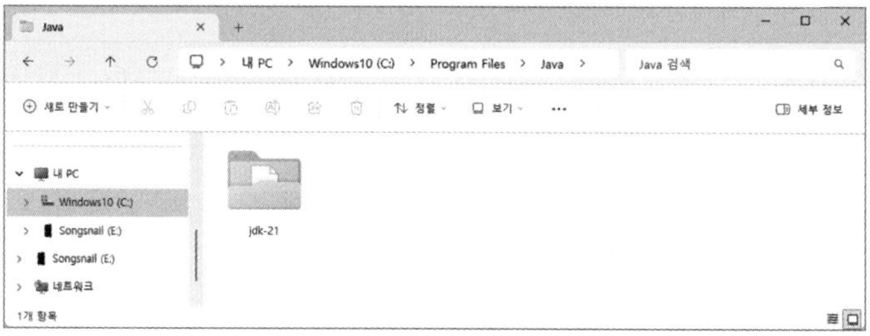

NOTE **OpenJDK 설치하기**

OpenJDK는 유료로 전환된 오라클 JDK를 대신하여 썬 마이크로시스템즈(Sun Microsystems)가 무료로 제공하는 JDK의 오픈 소스입니다. OpenJDK는 모든 JDK의 구현 기준(reference implementation)이 되는 것이므로 어려움 없이 자바 개발이 가능합니다. OpenJDK를 설치하는 방법은 다음과 같습니다.

1. 오라클의 JDK 사이트(https://jdk.java.net/)에 접속하여 나타난 화면에서 Ready for use 항목의 **JDK15**를 클릭합니다. 책과 화면이 다를 경우, 맨 앞에 있는 최신 버전을 선택하면 됩니다.
2. 운영체제 버전에 맞는 설치 파일을 선택합니다. 64비트 윈도용인 Windows/x64의 **zip**을 클릭하여 파일을 다운로드합니다.
3. 다운로드한 파일(openjdk-15_windows-x64_bin.zip)의 압축을 풀면 jdk-15 폴더가 있습니다. C:₩Program Files 아래에 openjdk 폴더를 만든 후 jdk-15 폴더를 이동시킵니다.

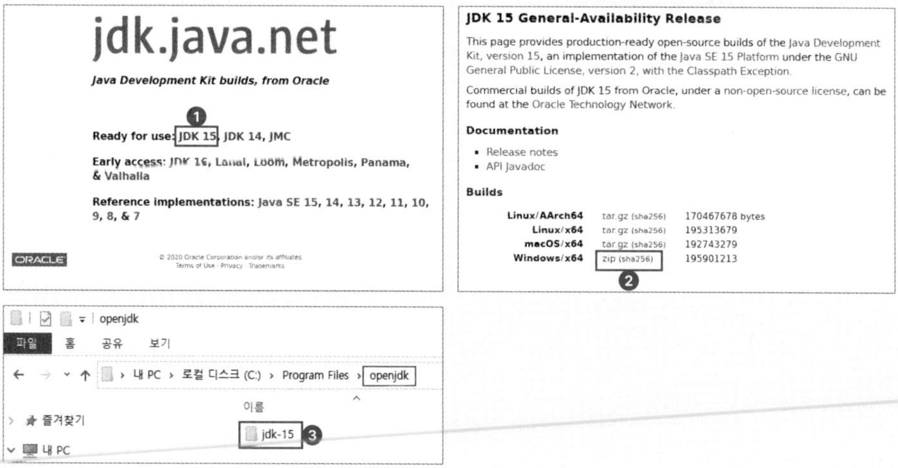

자바 환경 변수 설정하기

다른 프로그램에서 자바 JDK를 참조하려면 윈도 환경 변수를 지정해야 합니다.

1 환경 변수 창 열기 윈도 환경 변수를 지정하기 위해 환경 변수 창을 엽니다.

❶ 윈도 탐색기의 **내 PC**에서 마우스 오른쪽 버튼을 클릭하고 **속성** 선택

❷ **고급 시스템 설정** 선택

❸ 시스템 속성 창이 나타나면 **고급 → 환경 변수** 클릭

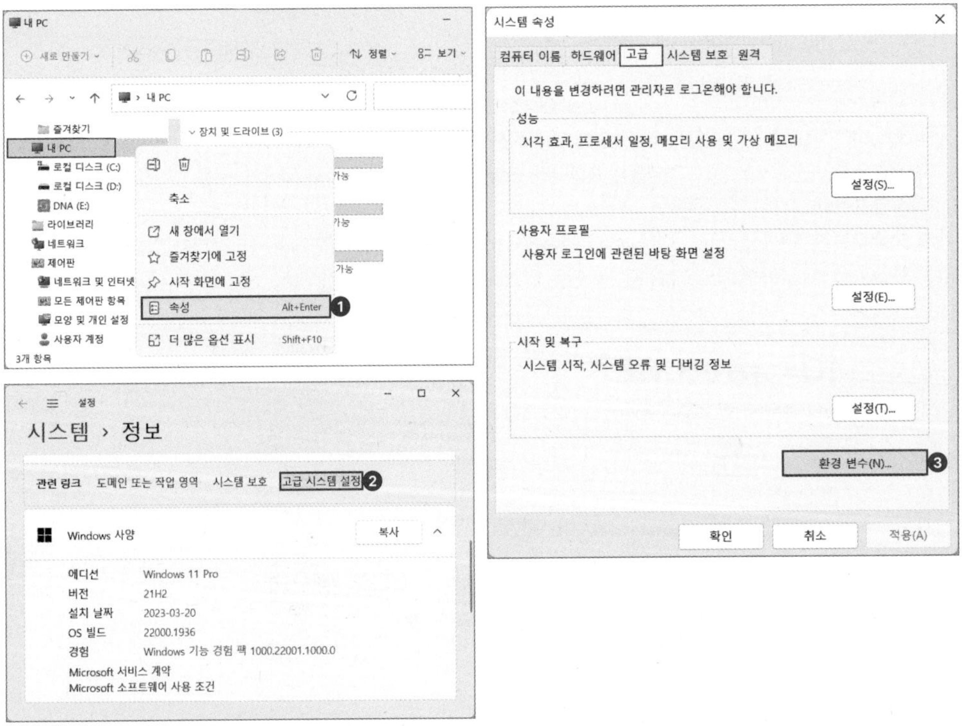

2 환경 변수 설정 환경 변수에는 사용자 변수와 시스템 변수가 있습니다. 사용자 변수는 현재 로그인한 사용자에게만 적용되는 것이고 시스템 변수는 모든 사용자에게 적용되는 것입니다. 환경 변수에 Path를 지정하면 C:₩Program Files₩Java₩jdk-버전₩bin에 들어 있는 javac 컴파일러를 경로와 상관없이 아무 데서나 사용할 수 있습니다. 콘솔 화면에서 자주 사용하는 명령어는 이렇게 Path를 지정하면 사용하기 편리합니다.

❶ 환경 변수 창의 **새로 만들기** 클릭

❷ 변수 이름에 JAVA_HOME, 변수 값에 C:\Program Files\Java\jdk-버전 입력하고 **확인** 클릭

❸ 환경 변수 창의 Path 변수 선택하고 **편집** 클릭

❹ 환경 변수 편집 창에서 **새로 만들기** 클릭

❺ JDK가 설치된 위치를 설정한 환경 변수 %JAVA_HOME%\bin 입력

❻ **확인** 클릭하여 완료

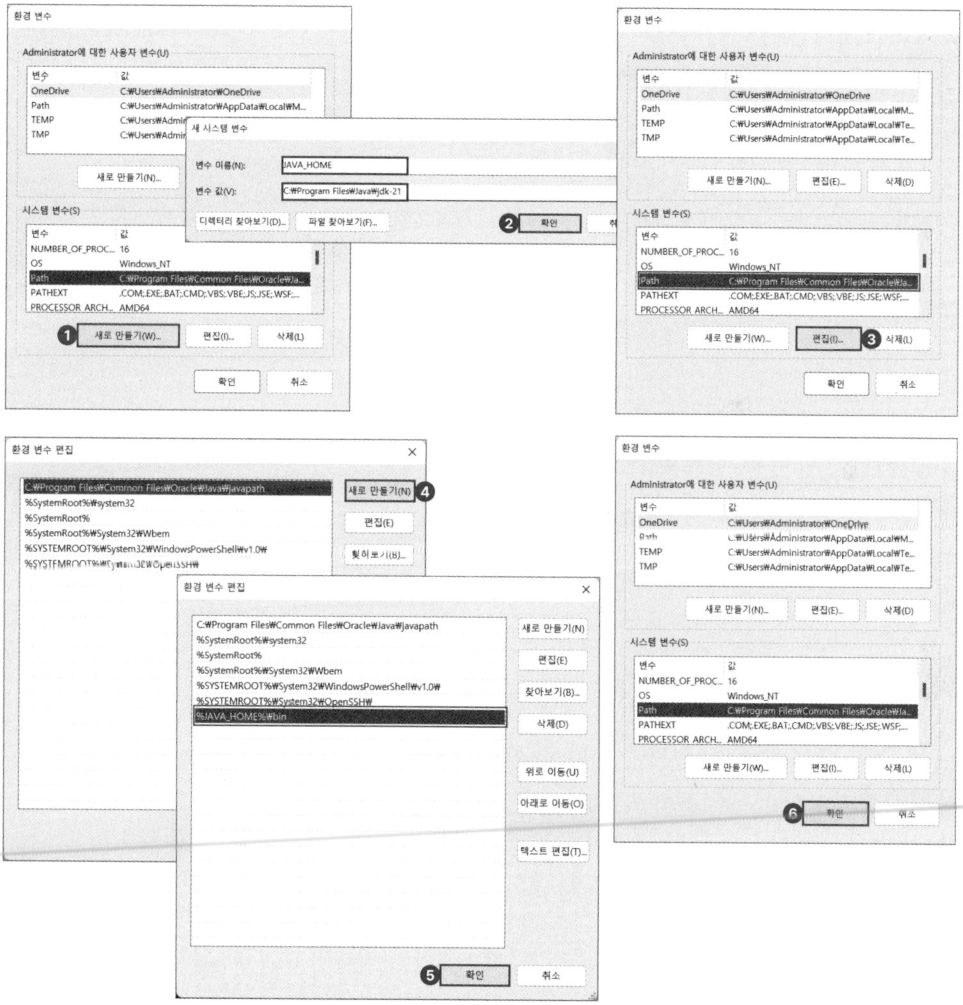

3 환경 변수 확인 윈도 시작 버튼를 누르면 나타나는 검색 창에서 **cmd**를 입력합니다. 명령 프롬프트 창이 나타나면 **javac -version**을 입력하여 설치된 JDK 버전이 나타나면 정상적으로 설치된 것입니다.

NOTE **자바 환경 변수를 설정하는 이유**

자바를 설치하고 환경 변수를 설정하면 컴퓨터의 어떤 경로에서든 자바 애플리케이션에 접근할 수 있습니다. 이렇게 설정하는 이유는 다음과 같습니다.

첫째, 어떤 위치에서 소스 코드를 만들고 작업을 하더라도 일일이 전체 경로를 사용하지 않아도 됩니다.
둘째, 클래스나 jar 파일 등을 참조하여 애플리케이션을 실행할 수 있습니다.
셋째, 버전별로 파일 관리를 쉽게 할 수 있습니다.

1.2 통합 개발 환경 이클립스 설치하기

자바를 기반으로 스프링 애플리케이션을 개발할 때는 이클립스를 많이 사용합니다. 이 책에서도 웹 개발에 필요한 기능이 있는 이클립스를 다운로드받아 설치하겠습니다.

이클립스 설치하기

이클립스는 자바 통합 개발 환경(IDE) 중 가장 많이 사용되는 개발 도구입니다. 이 책에서는 웹 개발에 필요한 기능이 들어 있는 Eclipse IDE for Java EE Developers 도구를 설치합니다.

1 이클립스 사이트 접속 이클립스 사이트(http://www.eclipse.org)에 접속하고 화면 오른쪽 상단의 **Download**를 클릭합니다. 다운로드 페이지가 나타나면 **Download Packages**를 클릭합니다.

NOTE 이클립스는 스프링 공식 사이트(https://spring.io/tools)에서도 다운로드할 수 있습니다.

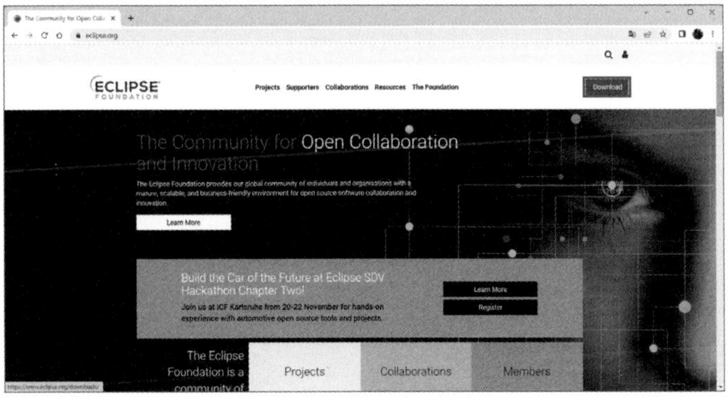

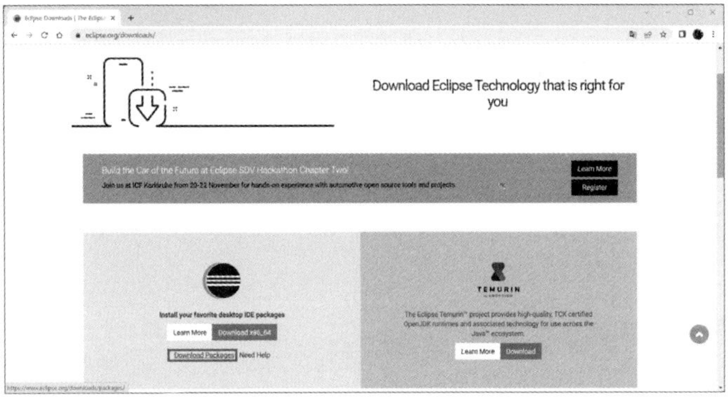

2 설치 파일 다운로드 설치하려는 컴퓨터의 운영체제에 맞는 설치 파일을 선택합니다. 목록 중 Eclipse IDE for Enterprise Java And Web Developers의 **Windows** 항목 오른쪽에 있는 **x86_64**를 클릭합니다. 이어지는 화면에서 **DOWNLOAD**를 클릭합니다.

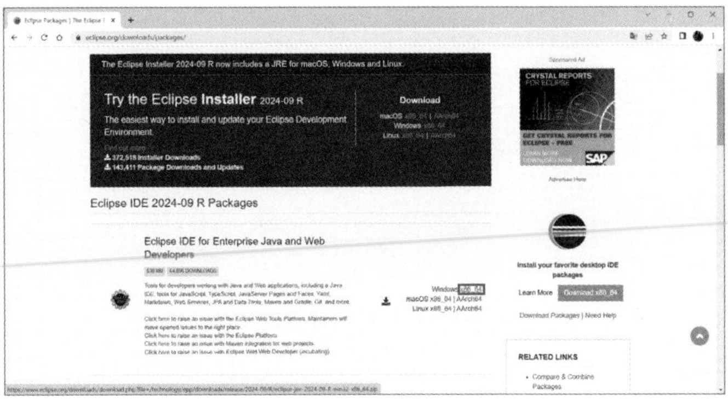

NOTE

패키지(*.zip)가 아닌 실행 파일(*.exe)을 다운로드하면 애플리케이션을 개발하는 데 필요한 패키지를 별도로 다운로드해야 하므로 여러 패키지가 포함된 zip 파일을 다운로드하여 설치합니다.

3 설치 위치 확인 다운로드한 설치 파일의 압축을 풀고 하위에 있는 eclipse 폴더를 C 드라이브로 옮깁니다.

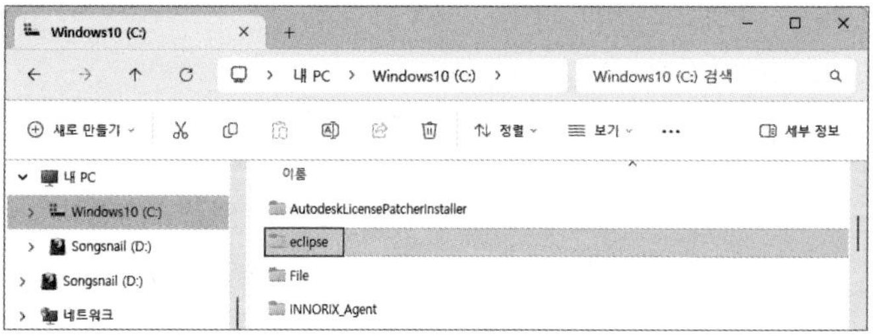

이클립스 실행하기

1 실행 파일 선택 C:₩eclipse 폴더 안의 **eclipse.exe** 파일을 더블클릭하여 이클립스를 실행합니다.

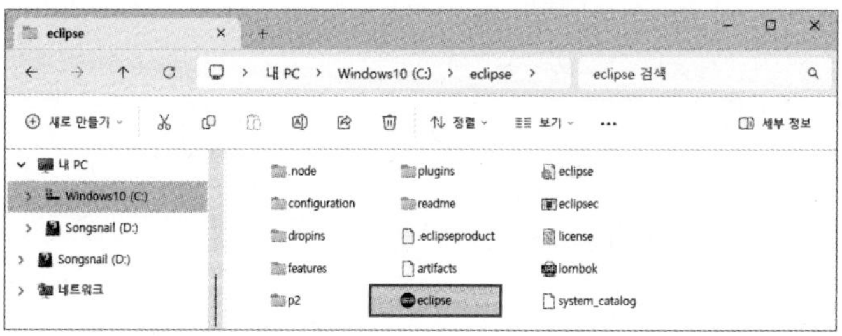

2 작업 공간 설정 이클립스를 실행하면 처음 나타나는 Select a directory as Workspace 창에서 Workspace는 이클립스에서 생성한 프로젝트를 저장하는 공간입니다. 기본적으로 C:₩Users₩사용자이름₩eclipse-workspace 폴더에 저장되며 **Browse..**를 클릭하여 저장 경로를 변경할 수 있습니다. 기본 설정을 유지하거나 작업 공간을 변경한 후에는 **Launch**를 클릭합니다.

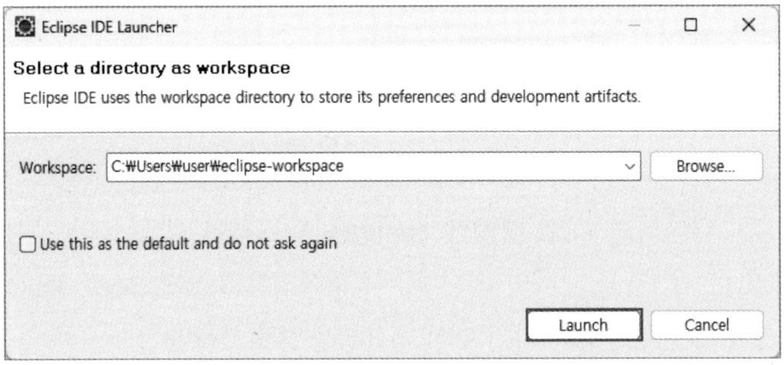

> **NOTE 작업 공간을 꼭 확인하세요!**
>
> 이클립스의 작업 공간에서 스프링 부트 프로젝트의 생성, 코딩, 실행 작업이 진행됩니다. 이클립스의 작업 공간을 처음 설정한 후에 경로가 달라지면 기존에 작업한 내용이 보이지 않으므로 이클립스를 실행할 때 나타나는 작업 공간을 꼭 확인해야 합니다. 만약 작업 공간을 여러 개 만들었다면 File → Switch Workspace 메뉴에서 원하는 작업 공간을 선택하여 이동할 수 있습니다.

3 실행 화면 확인 Welcome 창을 닫으면 이클립스 창이 나타납니다.

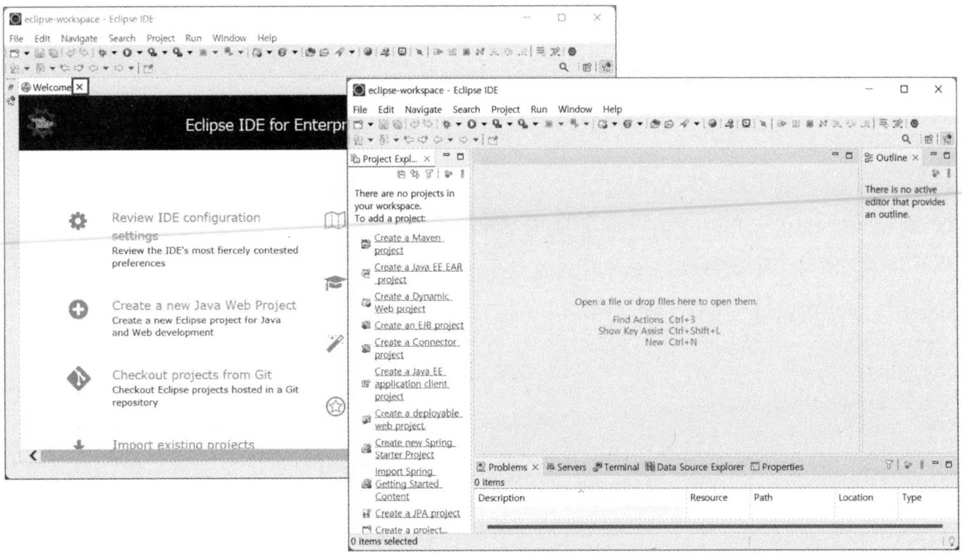

1.3 스프링 부트 개발을 위한 STS 설치하기

STS(Spring Tool Suite)는 스프링 애플리케이션을 구축하기 위한 이클립스 기반의 통합 개발 환경입니다. STS를 사용하면 스프링 프로젝트 템플릿이 제공되어 프로젝트 디렉터리 구조를 신속하게 만들 수 있습니다. 스프링 개발자에게 꼭 필요한 도구이니 반드시 설치하는 것이 좋습니다. 여기에서는 이클립스의 마켓플레이스를 활용해 STS 플러그인을 다운로드받아 설치하는 방법을 적용해 보겠습니다.

1 이클립스 버전에 맞는 STS 선택 이클립스에서 **Help → Eclipse Marketplace** 메뉴를 선택합니다. Eclipse Marketplace 창이 나타나면 Find 항목에 **spring**을 입력하여 검색한 뒤 자신이 사용하는 이클립스 버전에 맞는 STS를 설치하면 됩니다. 이 책에서는 Spring Tool 4(aka Spring Tool Suite 4) 4.XX.XX.RELEASE를 설치하기 위해 **Install**을 클릭합니다.

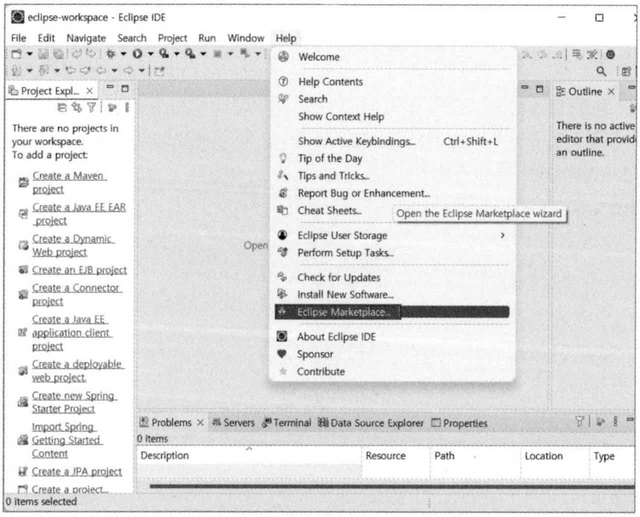

2 설치 진행 Eclipse Marketplace 창에 STS에 포함된 각종 기능이 표시되면 **Confirm**을 클릭하여 STS 설치를 시작합니다. 소프트웨어 저작권 동의 여부를 묻는 창이 나타나면 동의한 후 **Finish**를 클릭합니다.

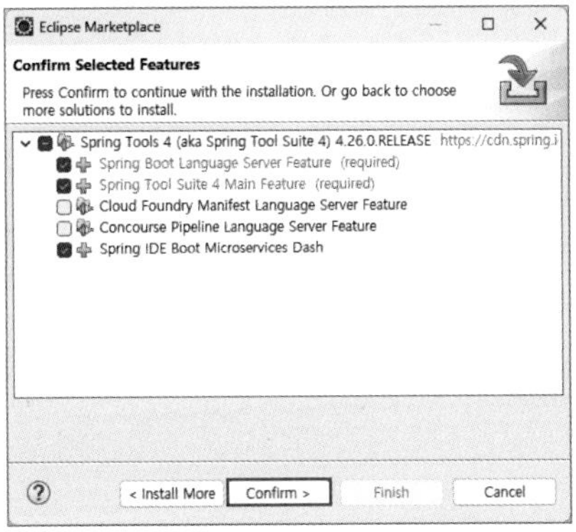

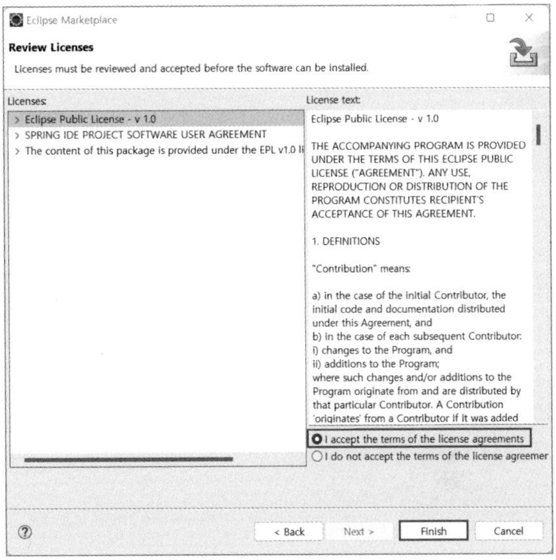

NOTE STS 번들 설치하기

STS 번들은 스프링 개발 환경에 필요한 이클립스, 톰캣, STS를 모두 포함합니다. 이클립스, 톰캣 웹 서버, STS를 각각 설치하기 번거롭거나 컴퓨터에 이클립스나 톰캣 웹 서버가 전혀 설치되어 있지 않다면 STS 번들을 설치하여 한 번에 편리하게 스프링 개발 환경을 설정할 수 있습니다. 하지만 자바나 JSP 개발을 하려고 컴퓨터에 한 번이라도 이클립스나 톰캣을 설치한 적이 있다면 굳이 STS 번들로 이클립스, 톰캣 웹 서버를 또 설치하지 않아도 됩니다. 한 컴퓨터에 두 개의 도구를 설치할 필요는 없겠죠? 처음부터 STS 번들을 설치하는 방법을 소개합니다.

1. STS 공식 사이트(http://www.spring.io/tools)에 접속하여 운영체제에 맞는 STS 번들 파일을 선택합니다. 윈도 버전인 경우 화면에서 **4.XX.XX-WINDOWS X86_64**를 클릭하여 spring-tool-suite-4-4.XX.XX.RELEASE-e4.31.0-win32.win32.x86_64.self-extracting.jar 파일을 다운로드받습니다.

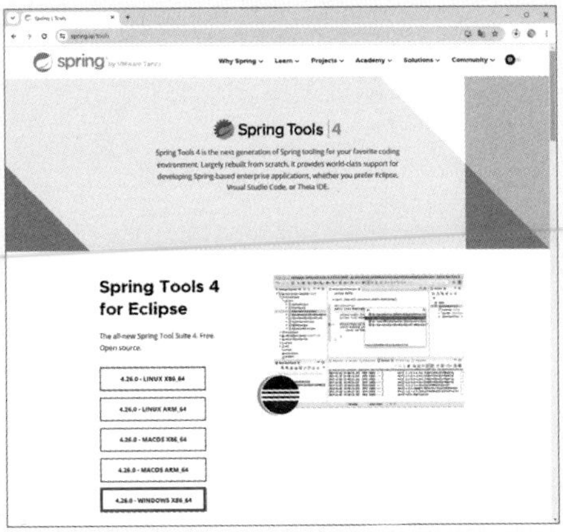

2. 다운로드한 jar 파일의 압축을 해제하고 C 드라이브로 이동합니다. sts-4.XX.XX.RELEASE 폴더에 있는 **SpringToolSuite4.exe**를 클릭해 STS를 실행합니다.

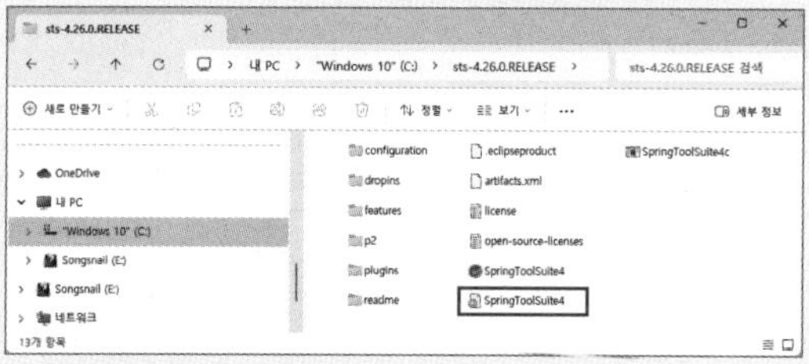

3. Workspace는 기본적으로 내려받은 폴더에 저장되며 **Browse...**를 클릭하여 저장 경로를 변경할 수 있습니다. **Launch**를 클릭합니다.

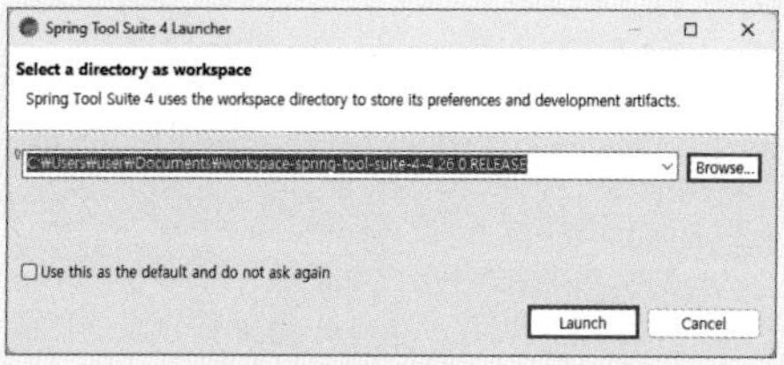

설치된 이클립스 버전에 따라 STS를 선택하여 다운로드받을 수 있으며 스프링 개발에 필요한 도구 및 소프트웨어도 STS 번들로 제공하고 있습니다.

2.2 스프링 부트 애플리케이션 구현 맛보기

지금까지 스프링 부트 애플리케이션 개발에 필수인 도구와 소프트웨어를 설치하는 방법을 알아보았습니다. 이제부터 설치된 도구를 활용하여 간단한 스프링 부트 애플리케이션을 만들어 보고, Hello World!를 출력해서 결과를 확인할 것입니다.

이 장에서는 스프링 부트 애플리케이션을 만드는 프로젝트를 생성하고 실행 결과를 확인하는 방법만 이해하면 됩니다. 각 과정의 상세한 설명은 3장에서 알아보겠습니다.

2.1 프로젝트 생성하기

애플리케이션을 만들기에 앞서 가장 먼저 해야 할 일은 프로젝트를 생성하는 것입니다. 통합 개발 환경 이클립스로 프로젝트가 실행되는지 확인하는 것이 프로젝트를 생성하는 목적입니다.

1 프로젝트 생성 이클립스에서 File → New → Project를 선택합니다.

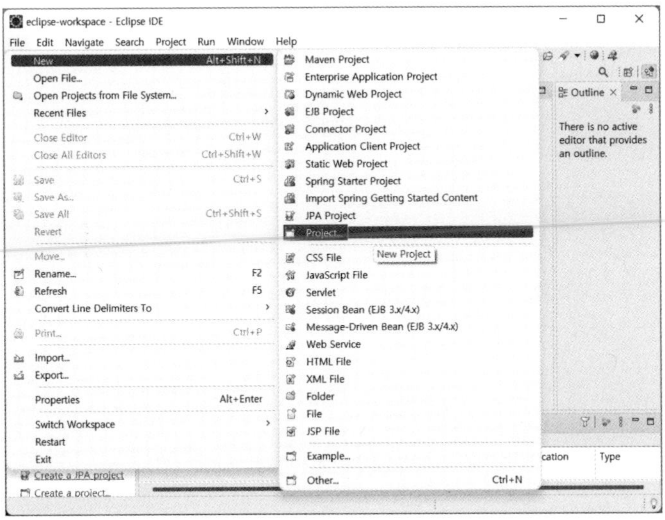

2 스프링 스타터 프로젝트 생성 New Project 창에서 프로젝트 형식을 **Spring Boot → Spring Starter Project**로 선택한 후 **Next**를 클릭합니다.

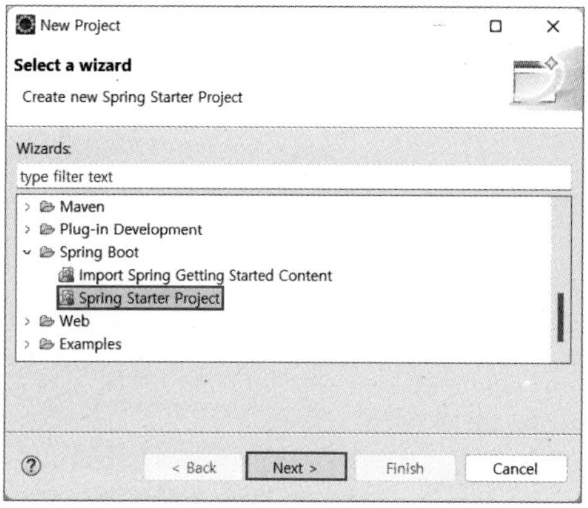

3 프로젝트 이름과 패키지 설정 New Spring Starter Project 창에서 Name 항목에 **Chap02** 입력, Type 항목에 **Gradle-Groovy** 선택, Group과 Package 항목에 **com.springboot**를 입력하고 **Next**를 클릭합니다.

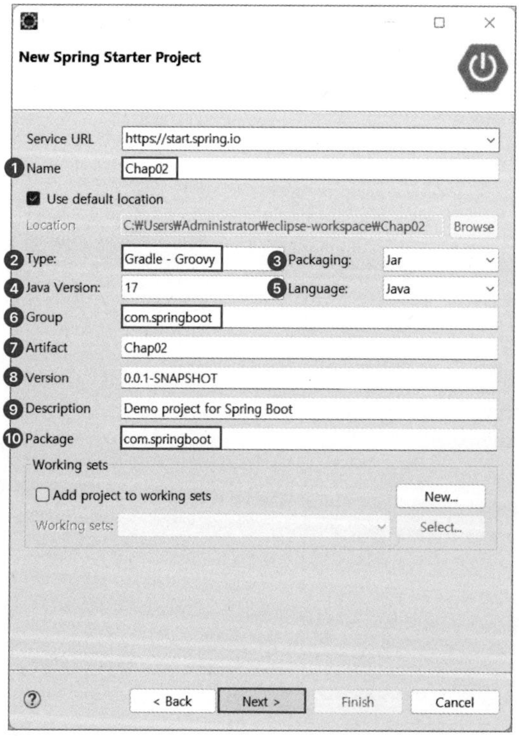

2

❶ Name: 프로젝트 이름

❷ Type: 프로젝트 빌드, 의존성 관리에 사용할 툴(Maven or Gradle)

❸ Packaging: 프로젝트 패키징 타입. war 또는 jar로 지정. 스프링 부트는 jar 권장

❹ Java Version: 자바 버전

❺ Language: 언어(Java or Kotlin or Groovy)

❻ Group: 회사 도메인 이름(일반적으로 도메인 이름을 거꾸로 작성함)

❼ Artifact: 프로젝트 이름으로 빌드 시 생성되는 파일 이름

❽ Version: 프로젝트 버전. 개발 중인 프로젝트는 뒤에 SNAPSHOT을 붙이고, 완성된 프로젝트는 붙이지 않음.

❾ Description: 프로젝트 설명

❿ Package: 초기 소스가 생성될 패키지 이름

NOTE **스프링 부트 프로젝트 생성시 Gradle과 Maven 중에서 선택하기**

과거에는 Maven을 많이 사용했었지만 요즘은 Gradle로 넘어오는 추세이고 Gradle은 Ant와 Maven의 장점들을 모아서 만들어진 것이기 때문에 Gradle이 더 좋습니다. 또한 Gradle이 늦게 나온 만큼 상용성이나 성능 등 뛰어난 스펙을 가지고 있기 때문에 스프링 부트를 새로 배운다면 Gradle을 권장합니다.

	Gradle	Maven
가독성	설정 내용이 Maven보다 훨씬 적으며 짧고 간결하게 작성할 수 있어 가독성이 우수함	프로젝트가 커질수록 설정 파일(*.xml) 내용이 복잡하고 길어져 가독성이 떨어짐
유연성	프로젝트의 요구에 맞게 빌드 프로세스를 맞춤 설정할 수 있음	프로젝트의 요구에 맞는 맞춤 설정에 한계가 있음
빌드와 테스트 실행 속도	빌드 캐시, 병렬 실행과 같은 기능으로 속도 빠름	큰 프로젝트나 복잡한 의존성 구조를 가진 프로젝트에서는 속도 느림
동적 빌드	Groovy 스크립트로 플러그인을 호출하거나 직접 코드 작성 가능함	정적인 형태의 XML 기반으로 작성되어 동적 빌드 적용 시 어려움이 많음
멀티 프로젝트	설정 주입 방식을 사용하기 때문에 멀티 프로젝트에 매우 적합함	특정 설정을 다른 모듈에서 사용하려면 상속을 받아야 함

4 의존 라이브러리 설정 New Spring Starter Project Dependencies 창이 나타나면 Web 항목에서 **Spring Web**을 선택하고 **Finish**를 클릭합니다. 이때 프로젝트 탐색기에 생성된 Chap02 프로젝트의 구조는 오른쪽 그림과 같습니다.

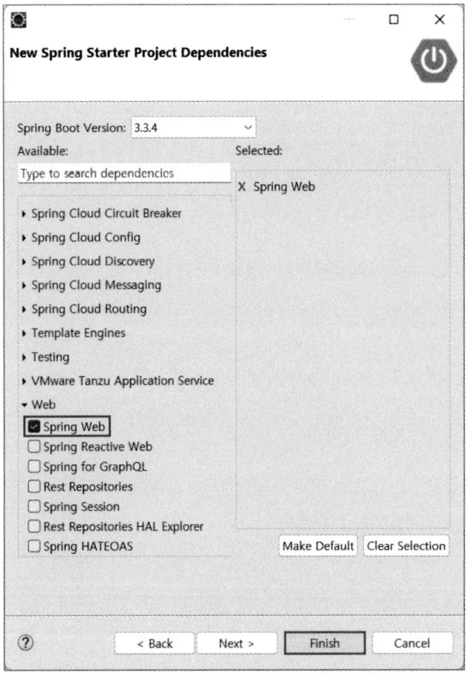

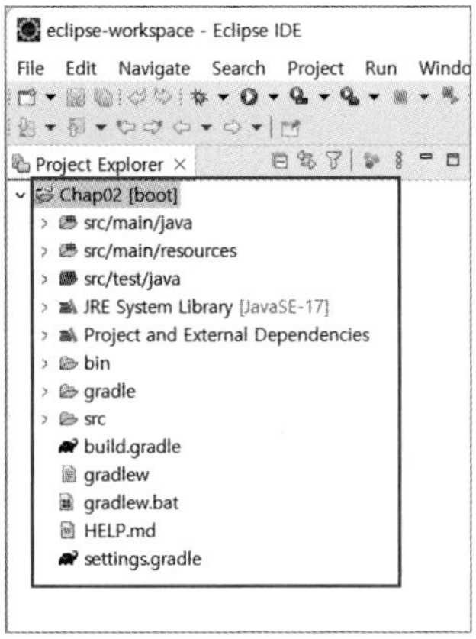

2.2 웹 페이지 작성하기

1 웹 파일 생성 Chap02 프로젝트의 static 폴더에서 마우스 오른쪽 버튼을 누르고 **New → File**을 선택합니다. New File 창에서 현재 경로인 Chap02/src/main/resources/static을 확인하고 파일 이름에 **hello.html**을 입력한 후 **Finish**를 클릭합니다.

> **NOTE** Chap02 프로젝트에서 마우스 오른쪽 버튼을 누르고 New → File을 선택해도 됩니다.

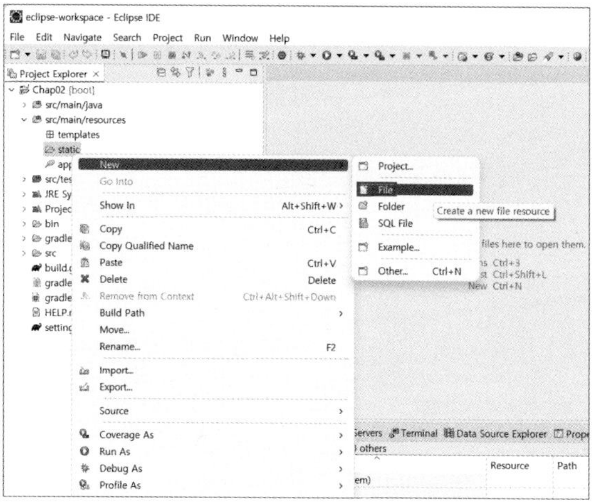

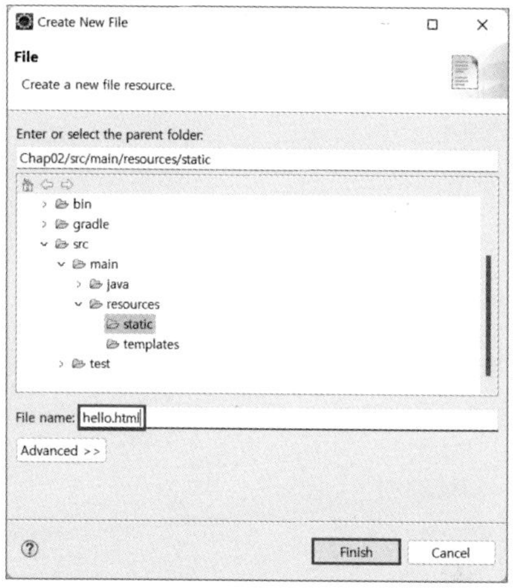

2 웹 페이지 코드 작성 생성된 hello.html 파일에 다음과 같이 소스 코드를 작성한 뒤 저장합니다.

Chap02/src/main/resources/static/hello.html

```
<html>
<head>
    <title>Welcome</title>
</head>
<body>
    <h1>Hello World!</h1>
    Hello! Spring Boot.
</body>
</html>
```

2.3 프로젝트 실행하기

이제 스프링 부트 애플리케이션이 실행되는지 확인해 봅시다. 코드 내용은 3장에서 자세히 살펴봅니다.

1 프로젝트 실행 Chap02 프로젝트를 클릭하고 이클립스 위에 있는 실행 아이콘을 클릭합니다. Run As 창이 나타나면 **Spring Boot App**을 선택합니다.

> **NOTE** 메인 메뉴의 Run → Run As → Spring Boot App을 선택해도 됩니다.

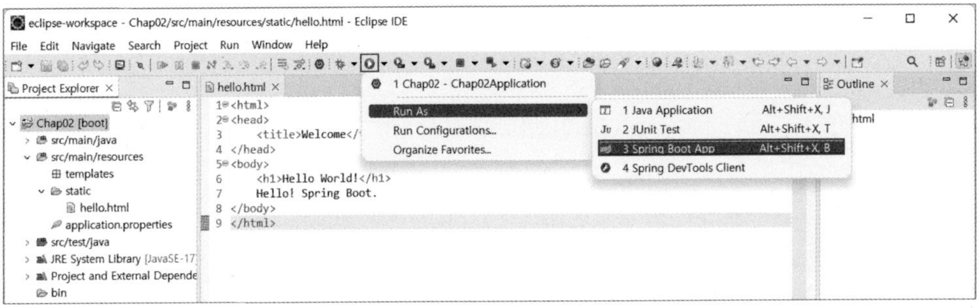

2 오류 확인 이클립스의 콘솔 창에 출력된 로그를 확인합니다. 오류가 없으면 정상적으로 프로젝트가 생성됩니다.

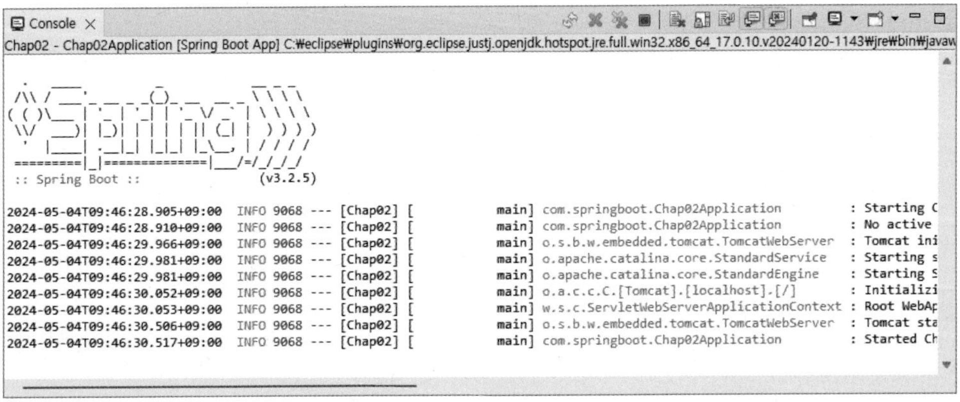

NOTE 포트 에러 해결하기

Web server failed to start. Port 8080 was aleady in use는 스프링 부트 프로젝트를 실행할 때 발생할 수 있는 포트 에러입니다. 이 에러를 해결하려면 다음 두 가지 방법 중 하나를 이용해 프로젝트를 재실행해야 합니다.

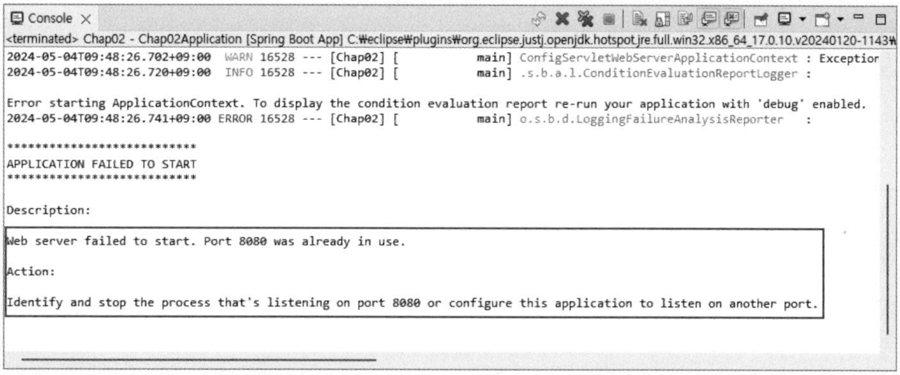

- **방법 1**: 이클립스 도구 모음에서 Relaunch 아이콘을 클릭한 뒤 프로젝트 이름을 선택하여 프로젝트를 재실행합니다.

- **방법 2**: 콘솔 창에서 마우스 오른쪽 버튼을 클릭하면 나타나는 메뉴에서 Terminate/Disconnect All을 선택하여 프로젝트를 재실행합니다.

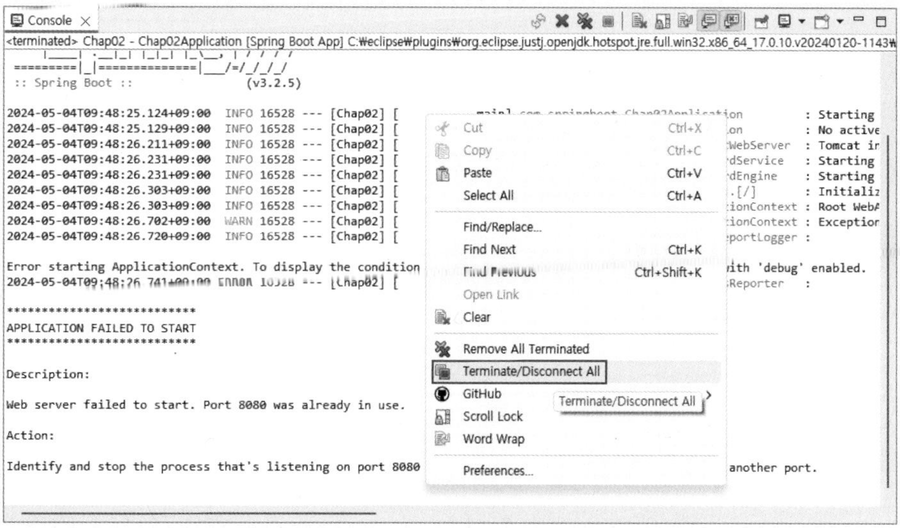

3 실행 결과 확인 웹 브라우저 창을 열고 주소 창에 http://localhost:8080/hello.html을 입력하면 다음과 같이 실행 결과를 확인할 수 있습니다.

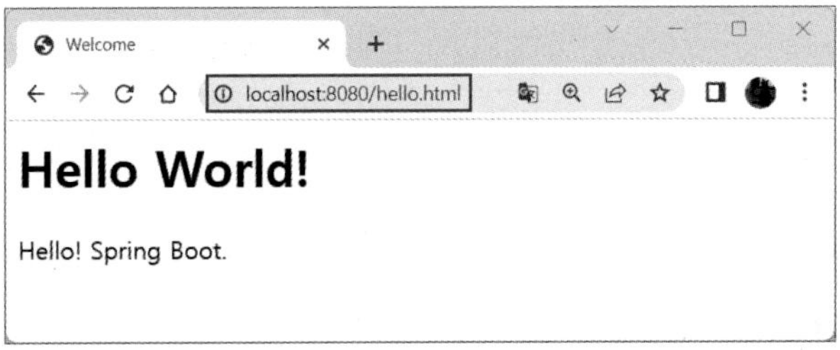

NOTE 한글 제대로 출력하기

실행 결과에 한글을 출력하려면 HTML 페이지에 <meta charset="UTF-8">을 추가해야 깨짐 없이 출력할 수 있습니다.

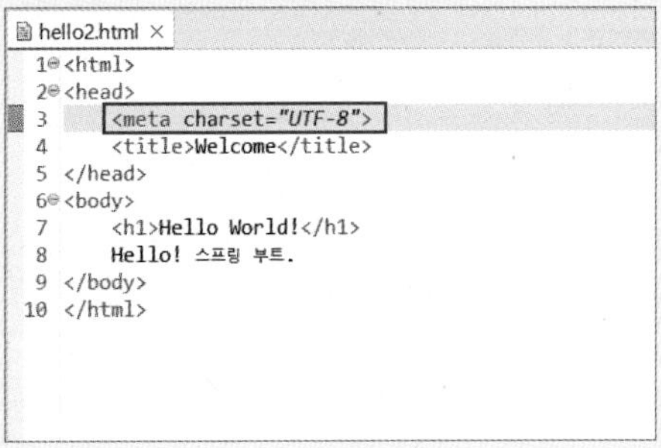

2.3 [도서 쇼핑몰] 시작 페이지 만들기

도서 쇼핑몰 프로젝트를 진행하기 위해 BookMarket 프로젝트를 생성하고 시작 페이지를 만듭니다. 그리고 제대로 실행되는지 확인합니다. 웹 페이지를 웹 브라우저에 표현하기 위해 부트스트랩 프레임워크에서 제공하는 스타일시트를 적용하겠습니다. 다음 장부터는 여기에서 생성한 프로젝트에 도서 쇼핑몰의 기능을 하나씩 추가하여 전체 쇼핑몰을 완성해 봅시다.

[미리보기] 도서 쇼핑몰 로드맵

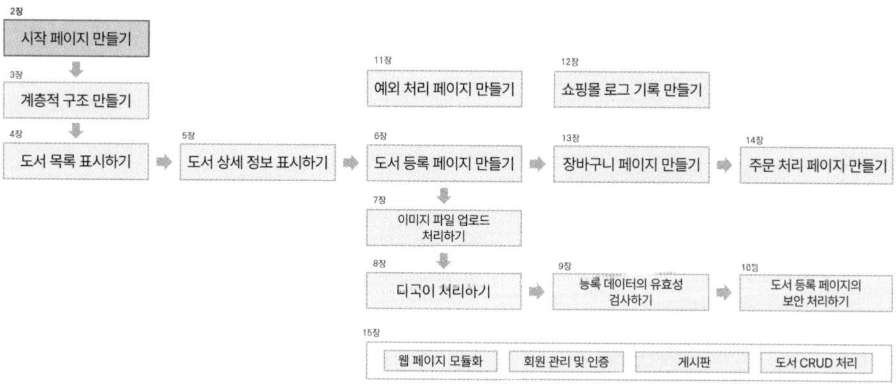

[미리보기] 도서 쇼핑몰 시작 페이지

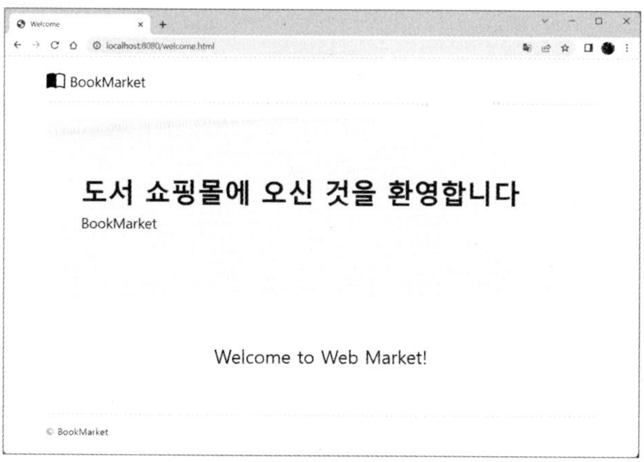

3.1 도서 쇼핑몰 프로젝트 만들기

프로젝트 생성하기

도서 쇼핑몰 애플리케이션은 Gradle 기반 프로젝트로 생성합니다.

1 스프링 스타터 프로젝트 생성 이클립스에서 **File → New → Project**를 선택합니다. New Project 창에서 프로젝트 형식을 **Spring Boot → Spring Starter Project**로 선택한 후 **Next**를 클릭합니다.

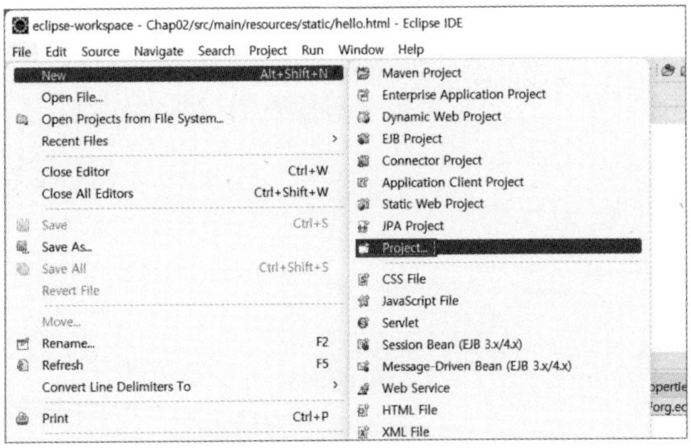

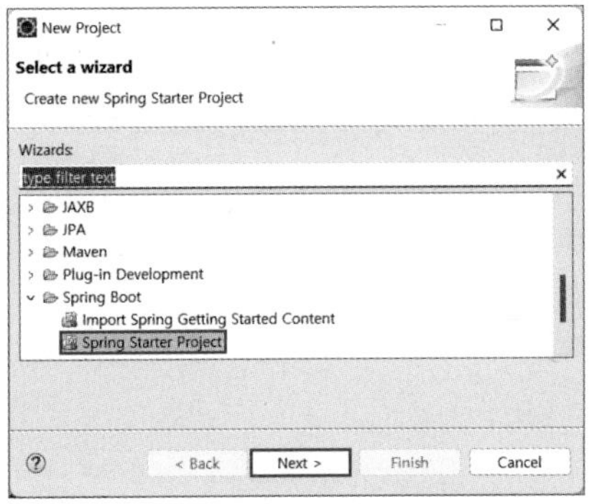

2 프로젝트 이름과 패키지 설정 New Spring Starter Project 창에서 Name 항목에 **BookMarket** 입력, Type 항목에서 **Gradle-Groovy** 선택, Group과 Package 항목에 **com.springboot**를 입력한 후 **Next**를 클릭합니다.

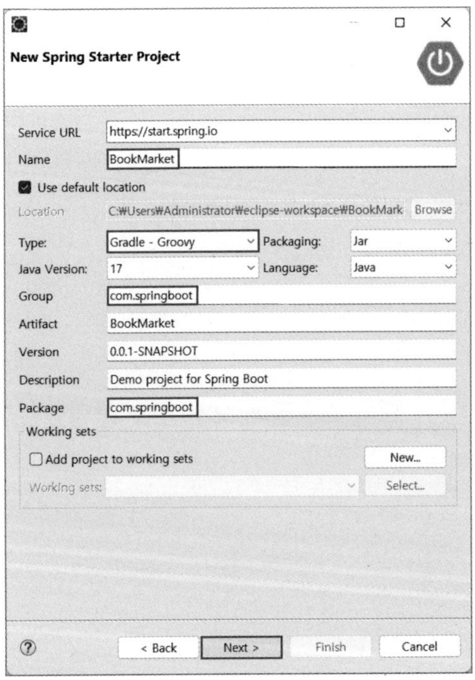

3 의존 라이브러리 설정 New Spring Starter Project Dependencies 창의 Web 항목에서 **Spring Web**을 선택한 후 **Finish**를 클릭합니다. 이때 프로젝트 탐색기에 생성된 BookMarket 프로젝트의 구조는 오른쪽 그림과 같습니다.

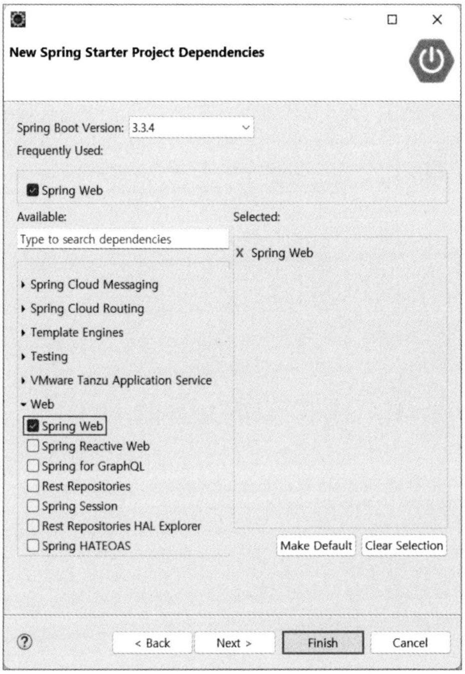

웹 페이지 작성하기

도서 쇼핑몰 애플리케이션의 시작 페이지로 인사말을 출력할 웹 페이지를 작성합니다.

1 웹 파일 생성 BookMarket 프로젝트의 /src/main/resources/static 폴더를 선택한 후 마우스 오른쪽 버튼을 눌러 **New → File**을 선택합니다. New File 창에서 현재 경로인 BookMarket/src/main/resources/static을 확인하고 File name 항목에 **welcome.html**을 입력한 후 **Finish**를 클릭합니다.

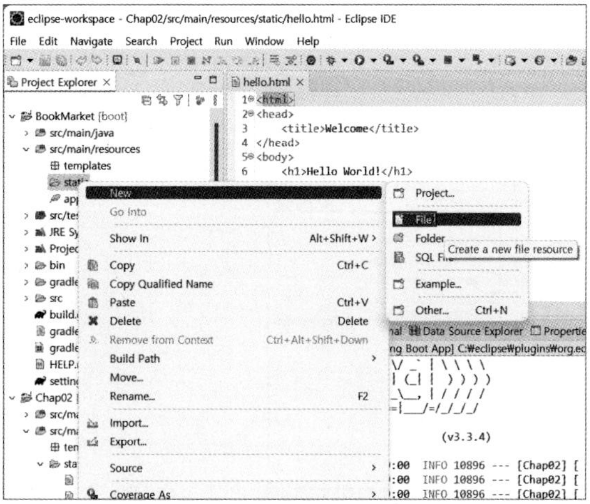

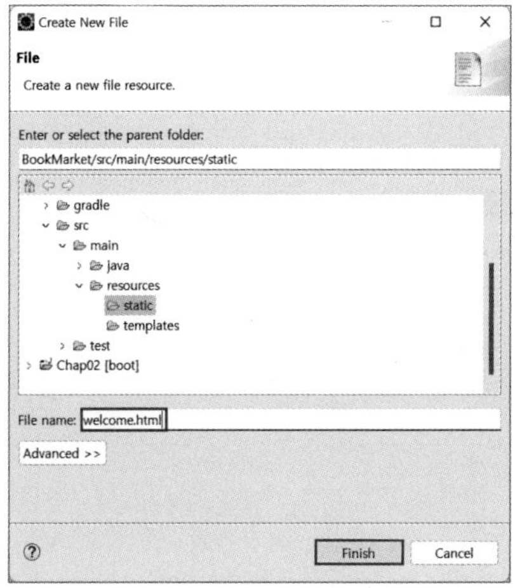

2 웹 페이지 코드 작성 생성된 welcome.html 파일에 다음 내용을 작성하고 저장합니다.

BookMarket/src/main/resources/static/welcome.html

```
<html>
<head>
    <title>Welcome</title>
</head>
<body>
    <h1>Welcome to Book Shopping Mall</h1>
    <h3>Welcome to Web Market!</h3>
</body>
</html>
```

프로젝트 실행하기

필요한 코드를 모두 작성했습니다. 이제 제대로 구현되는지 실행해 봅니다.

1 프로젝트 실행 BookMarket 프로젝트를 선택하고 실행 아이콘을 클릭합니다. 그리고 **Run As → Spring Boot App**을 선택합니다.

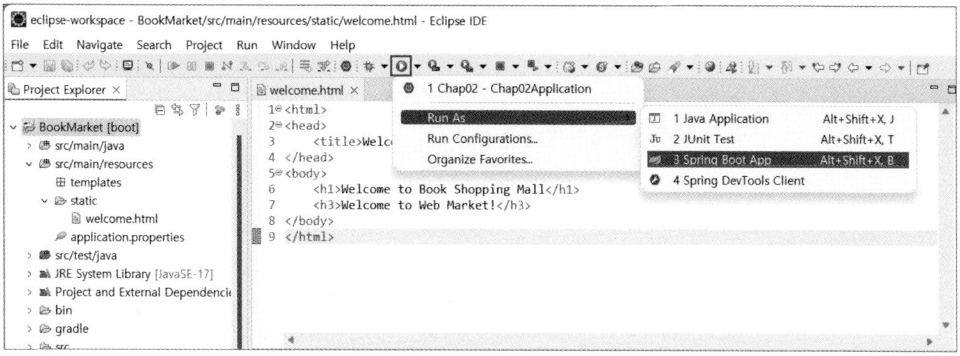

2 실행 결과 확인 웹 브라우저의 주소 창에 http://localhost:8080/welcome.html을 입력하면 다음과 같이 실행 결과를 확인할 수 있습니다.

3.2 부트스트랩 CSS 적용하기

부트스트랩이란

부트스트랩은 웹 디자인을 쉽게 하기 위해 CSS 클래스 선택자와 스타일시트, 자바스크립트 플러그인을 모아놓은 강력한 프론트엔드 프레임워크입니다. 반응형인 부트스트랩은 모바일 우선인 웹 프로젝트를 개발할 때 가장 인기 있는 HTML, CSS, JS 프레임워크입니다. 트위터 내부에서 개발하던 라이브러리로, 각종 UI 컴포넌트를 모아놓은 종합 선물 세트라 할 수 있어 간단한 스크립트와 CSS/HTML만으로도 깔끔한 형태의 UI/UX를 구성할 수 있습니다. 디자인에 익숙하지 않은 개발자가 데모 또는 프로토타입을 만들 때 유용하며, 구현하기 까다로운 여러 자바스크립트 액션(action)도 라이브러리로 제공하여 쉽게 사용할 수 있습니다.

> **NOTE** 부트스트랩에 대한 자세한 내용은 https://getbootstrap.com/ 페이지를 참고하세요.

웹 페이지에 부트스트랩 CSS 적용하기

1 부트스트랩 작성 부트스트랩이 제공하는 스타일시트를 적용하기 위해 다음과 같이 welcome.html 파일을 수정한 후 저장합니다.

BookMarket/src/main/resources/static/welcome.html

```
<html>
<head>
    <meta charset="UTF-8">
    <title>Welcome</title>
    <link href="https://cdn.jsdelivr.net/npm/bootstrap@5.3.3/dist/css/bootstrap.min.
     css" rel="stylesheet" integrity="sha384-QWTKZyjpPEjISv5WaRU9OFeRpok6YctnYmDr5pN
     lyT2bRjXh0JMhjY6hW+ALEwIH" crossorigin="anonymous">                              ❶
</head>
<body>
<div class="container py-4">
    <header class="pb-3 mb-4 border-bottom">
        <a href="/welcome.html" class="d-flex align-items-center text-body-emphasis
         text-decoration-none">                                                        ❷
            <svg xmlns="http://www.w3.org/2000/svg" width="32" height="32"
             fill="currentColor" class="bi bi-book-half me-2" viewBox="0 0 16 16">
                <path d="M8.5 2.687c.654-.689 1.782-.886 3.112-.752 1.234.124 2.503.523
                 3.388.893v9.923c-.918-.35-2.107-.692-3.287-.81-1.094-.111-2.278-
                 .039-3.213.492zM8 1.783C7.015.936 5.587.81 4.287.94c-1.514.153-
                 3.042.672-3.994 1.105A.5.5 0 0 0 0 2.5v11a.5.5 0 0 0 .707.455c.882-
                 .4 2.303-.881 3.68-1.02 1.409-.142 2.59.087 3.223.877a.5.5 0 0 0 .78
                 0c.633-.79 1.814-1.019 3.222-.877 1.378.139 2.8.62 3.681 1.02A.5.5
                 0 0 0 16 13.5v-11a.5.5 0 0 0-.293-.455c-.952-.433-2.48-.952-3.994-
                 1.105C10.413.809 8.985.936 8 1.783"/>                                   ❸
            </svg>
            <span class="fs-4">BookMarket</span>
        </a>
    </header>
```

```
        <div class="p-5 mb-4 bg-body-tertiary rounded-3">
            <div class="container-fluid py-5">
                <h1 class="display-5 fw-bold">도서 쇼핑몰에 오신 것을 환영합니다</h1>   ❹
                <p class="col-md-8 fs-4">BookMarket</p>
            </div>
        </div>

        <div class="row align-items-md-stretch text-center">
            <div class="col-md-12">
                <div class="h-100 p-5">
                    <h2>Welcome to Web Market!</h2>   ❺
                </div>
            </div>
        </div>

        <footer class="pt-3 mt-4 text-body-secondary border-top">
            <span class="text-body-secondary">&copy; BookMarket</span>   ❻
        </footer>
    </div>
</body>
</html>
```

❶ 부트스트랩 CSS 연동

–부트스트랩 사이트의 메인 페이지에서 복사 후 붙여넣기를 합니다.

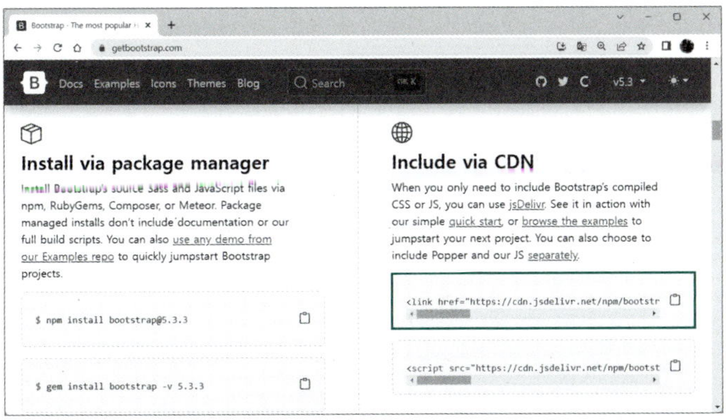

❷ 메뉴 표시줄 표시 ❸ 📖 아이콘 표시 ❹ 제목 표시

❺ 본문 표시 ❻ 바닥글인 @ BookMarket 표시

NOTE 시작 페이지에 적용한 부트스트랩 CSS는 템플릿 예시에서 Jumbotron을 적용한 것입니다.

https://getbootstrap.kr/docs/5.3/examples/jumbotron/

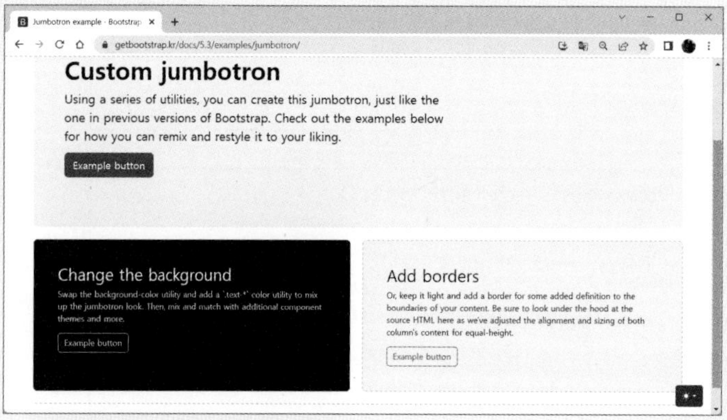

2 실행 결과 확인 웹 브라우저의 주소 창에 **http://localhost:8080/welcome.html**을 입력하여 실행 결과를 확인합니다.

요약

1. 스프링 부트 애플리케이션 개발을 위한 환경 설정

- 자바 설치하기
- 자바 환경 변수 설정하기
- 통합 개발 환경 이클립스 설치하기
- 스프링 부트 개발을 위한 STS 설치하기

2. 스프링 부트 애플리케이션 구현 과정

- 프로젝트 생성하기
- 웹 페이지 작성하기
- 프로젝트 실행하기

3. 부트스트랩

- 부트스트랩은 웹 디자인을 쉽게 하기 위한 CSS 클래스 선택자와 스타일시트, 자바스크립트 플러그인 모음입니다.
- 부트스트랩은 반응형으로, 모바일 우선의 웹 프로젝트를 개발할 때 가장 인기 있는 HTML, CSS, JS 프레임워크입니다.
- 간단한 스크립트와 CSS/HTML만으로 깔끔한 형태의 UI/UX를 구성할 수 있습니다.
- 구현하기 까다로운 여러 자바스크립트 액션(action)도 라이브러리로 제공하여 쉽게 사용할 수 있습니다.

연습문제

01. 다음 중 스프링 부트 애플리케이션 개발 환경에 필요한 설정으로 옳지 않은 것은?

① 자바 개발 환경: JDK
② 웹 서버: 아파치 톰캣
③ 통합 개발 환경: 이클립스
④ 스프링 개발 도구: STS

02. 다음 중 스프링 부트 프로젝트를 생성할 때 Gradle과 Maven에 대해 옳지 않은 것은?

① Gradle은 가독성이 우수하나 Maven은 가독성이 떨어집니다.
② Gradle은 빌드와 테스트 실행 속도가 빠르지만 Maven은 복잡한 의존성 구조를 가진 프로젝트일수록 느립니다.
③ Gradle은 멀티 프로젝트에 적합하지만 Maven은 적합하지 않습니다.
④ Gradle은 프로젝트의 특정한 빌드 요구 사항을 맞추기 위한 유연성에 한계가 있지만 Maven은 요구 사항에 맞게 유연성을 가집니다.

03. 스프링 부트 프로젝트 chap02를 생성하고 src/main/resources/static 폴더에 hello.html을 작성한 후 실행 결과를 확인하는 웹 URL로 옳은 것은?

① http://localhost:8080/hello.html
② http://localhost:8080/chap02/hello.html
③ http://localhost/hello.html
④ http://localhost/chap02/hello.html

04. 다음 조건에 맞는 스프링 부트 프로젝트를 만들고 실행한 뒤 결과를 확인하시오.

· 프로젝트 이름: Exercise
· 실행 파일: static 폴더에 index.html을 생성하고 다음과 같은 실행 결과가 나타나도록 코드 작성

05. 다음 조건에 맞는 스프링 부트 프로젝트를 만들고 실행한 뒤 결과를 확인하시오.

· 프로젝트 이름: Exercise
· 실행 파일: static 폴더에 my.html을 생성하고 다음과 같은 실행 결과가 나타나도록 코드 작성

3 장

스프링 부트의 구조

[도서 쇼핑몰] 계층적 구조 만들기

학 습 목 표

- 스프링 부트의 프로젝트 구조를 알아보고 생성되는 폴더와 파일을 살펴봅니다.
- 애플리케이션을 개발할 때 유지보수의 편리성과 코드 확장성을 높여 주는 계층적 구조에 대해 알아봅니다.
- [도서 쇼핑몰] 계층적 구조를 만들어 봅니다.

3.1 스프링 부트의 프로젝트 구조

이 절에서는 2장에서 만든 맛보기 예제(Hello World!를 출력하는 예제)를 이용해 스프링 부트 애플리케이션의 프로젝트 구조를 살펴보겠습니다. 이 프로젝트 구조는 앞으로 기능을 계속 추가하며 구현할 도서 쇼핑몰 애플리케이션의 전체 프로젝트 구조와 같으므로 잘 알아두도록 합시다.

1.1 프로젝트 구조

일반적으로 스프링 부트 프로젝트는 자바 파일을 관리하는 서블릿 관련 폴더와 웹 파일을 관리하는 웹 관련 폴더로 이루어집니다.

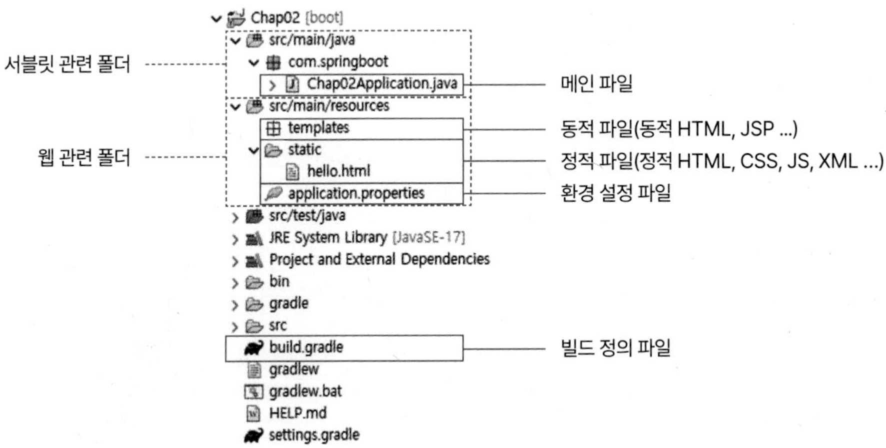

그림 3-1 스프링 부트 애플리케이션의 프로젝트 구조

src/main/java 폴더

서블릿 관련 폴더로, 클래스, 인터페이스 등의 자바 파일을 저장합니다. 개발자가 만든 예외 클래스나 기타 유틸리티 클래스 파일 등도 여기에 저장됩니다.

3

src/main/resources 폴더

웹 관련 폴더로, 자바 클래스 파일을 제외한 HTML, CSS, 자바스크립트, xml, 환경 설정 파일 등을 저장합니다.

- **templates 폴더**: 템플릿 파일을 저장합니다. 템플릿 파일은 자바 코드를 삽입할 수 있는 HTML 형식의 파일로, 스프링 부트에서 생성한 자바 객체를 HTML 형태로 출력할 수 있습니다.
- **static 폴더**: 스타일시트(CSS), 자바스크립트(js), 이미지(jpg/png) 파일 등을 저장합니다.
- **application.properties 파일**: 프로젝트를 구성하는 요소의 속성을 설정하는 환경 설정 파일입니다. 프로젝트의 환경 변수, 데이터베이스 등을 설정합니다.

build.gradle 파일

그레이들(Gradle)을 이용한 빌드 정보를 정의하는 파일입니다. 즉, 그레이들이 사용하는 환경 파일로 프로젝트 기본 설정, 라이브러리 의존성, 플러그인, 라이브러리 저장소 등을 설정합니다.

> NOTE **그레이들**
>
> 그레이들(Gradle)은 그루비(Groovy)를 기반으로 한 오픈 소스 빌드 도구입니다. 이전의 빌드 도구인 앤트(Ant)와 메이븐(Maven)의 단점은 보완하고 장점은 취합하여 개선된 서비스를 제공합니다. 그루비는 그레이들 빌드 스크립트를 작성하는 데 사용하는 스크립트 언어로, 문법이 간결하여 가독성이 높습니다.

1.2 메인 파일: Chap02Application.java

프로그램의 시작을 담당하는 메인 파일은 스프링 부트 프로젝트를 생성할 때 '프로젝트 이름+Application.java' 형식으로 자동 생성됩니다. 프로젝트 이름이 'Chap02'일 때 자동 생성되는 메인 파일은 Chap02Application.java입니다. 이 파일에 자동으로 생성되는 코드는 다음과 같습니다.

```
package com.springboot;    ❶

import org.springframework.boot.SpringApplication;
import org.springframework.boot.autoconfigure.SpringBootApplication;

@SpringBootApplication    ❷
public class Chap02Application {
    public static void main(String[] args) {
        SpringApplication.run(Chap02Application.class, args);    ❹    ─❸
    }
}
```

❶ com.springboot: 프로젝트의 자바 파일을 저장하는 공간입니다.

❷ 프로젝트의 메인 클래스에 반드시 적용되는 애너테이션입니다.

❸ main(): 애플리케이션의 시작점이자 진입점인 메인 메서드입니다.

❹ SpringApplication.run(): 웹 애플리케이션을 실행시키는 메서드입니다.

다음과 같이 코드를 변경하면 SpringApplication 클래스가 제공하는 다양한 기능을 커스터마이징하여 편리하게 사용할 수 있습니다.

```
SpringApplication app = new SpringApplication(Chap02Application.class);
app.run(args);
```

NOTE **@SpringBootApplication**

프로젝트의 메인 클래스에 반드시 적용되는 애너테이션으로, 스프링 부트 애플리케이션을 시작할 수 있게 하며 다음의 세 가지 애너테이션으로 구성됩니다.

- @EnableAutoConfiguration: 프로젝트의 외부 라이브러리(jar 파일의 의존성)를 빈으로 등록
- @ComponentScan: @Component, @Configuration, @Repository, @Service, @Controller, @RestController가 적용된 클래스를 탐색하여 빈으로 자동 등록
- @Configuration(@SpringBootConfiguration): 빈이나 설정 클래스를 사용자가 추가로 등록

1.3 빌드 정의 파일: build.gradle

메이븐(Maven) 환경의 pom.xml처럼 그레이들 환경에서 필요한 빌드 정보를 설정할 수 있습니다. 메이븐 환경에서는 프로젝트가 커질수록 pom.xml의 빌드 스크립트 내용이 길어져 가독성이 떨어지는데 그레이들은 훨씬 적은 양의 스크립트로 짧고 간결하게 작성할 수 있습니다.

3

다음은 build.gradle 파일에 자동으로 생성되는 코드입니다.

```
plugins {                                                                    ❶
    id 'java'
    id 'org.springframework.boot' version '3.xx.xx'
    id 'io.spring.dependency-management' version '1.xx.xx'
}

group = 'com.springboot'     ❷
version = '0.0.1-SNAPSHOT'     ❸

java {                                                                       ❹
    sourceCompatibility = '17'
}

repositories {                                                               ❺
    mavenCentral()
}

dependencies {                                                               ❻
    implementation 'org.springframework.boot:spring-boot-starter-web'     ❼
    testImplementation 'org.springframework.boot:spring-boot-starter-test'     ❽
}

tasks.named('test') {
    useJUnitPlatform()
}
```

❶ 프로젝트에 필요한 플러그인 설정입니다.

❷ 프로젝트의 그룹 정보로, 프로젝트가 생성될 때 설정한 패키지 이름입니다.

❸ 프로젝트의 버전으로 SNAPSHOT이 붙은 것은 비정식 버전을 나타냅니다.

❹ 프로젝트에 사용하는 자바 버전입니다.

❺ 그레이들이 필요한 라이브러리를 자동으로 다운로드하기 위해 사용하는 저장소로 그레이들의 jcenter(), mavenCentral() 메서드를 주로 사용합니다.

❻ 저장소에 필요한 라이브러리를 사용하기 위한 의존성 주입 설정입니다.

❼ spring-boot-starter-web: 스프링 부트를 사용해 RESTful 웹 서비스를 개발할 때 필요한 라이브러리 의존성 집합입니다.

❽ spring-boot-starter-test: 스프링 부트 애플리케이션 테스트에 필요한 라이브러리 의존성 집합입니다.

NOTE **라이브러리 의존성 주입의 유형**

- implementation: 컴파일할 때 의존(사용)하는 라이브러리를 지정
- testCompile: 테스트 컴파일(단위 테스팅)에 사용하는 라이브러리를 지정
- classpath: 컴파일부터 실행까지 의존하는 라이브러리를 지정

NOTE **이클립스에서 프로젝트 임포트(import)하기**

기존에 생성한 프로젝트를 이클립스 프로젝트 탐색기에 임포트하여 불러오는 방법은 다음과 같습니다.

1. File → Import를 선택합니다.
2. Import 창에서 Gradle 항목의 Existing Gradle Project를 선택하고 Next를 클릭합니다.
3. Import Gradle Project 창에서 Project root diractory 항목의 Browse..를 클릭하여 프로젝트 이름을 선택하고 Finish를 클릭합니다.

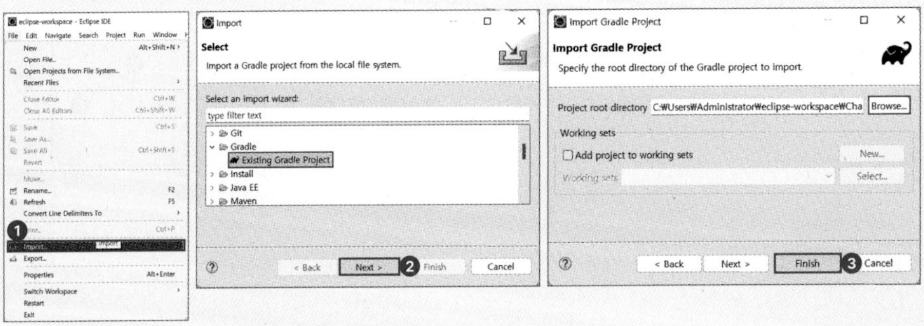

3.2 스프링 부트의 계층적 구조

이 절에서는 웹 애플리케이션을 개발할 때 유연성, 확장성, 재사용성을 높이기 위해 많이 적용하는 설계 방식인 계층적 구조에 대해 살펴봅니다.

2.1 계층적 구조

계층적 구조란 애플리케이션의 기술적인 역할 중에서 연결 관계가 긴밀한 부분끼리 묶어서 특정 기술이나 인터페이스로부터 분리시키는 방법입니다. 계층적 구조 대신에 모든 작업을 한 곳에서 한꺼번에 한다면 다음과 같은 문제가 발생할 수 있습니다.

- 코드 복잡성 증가
- 유지보수 어려움
- 유연성 부족
- 중복 코드 증가
- 확장성 감소

계층적 구조는 관심사를 분리하고 각 계층을 느슨하게 결합하여 계층 간에 유연하게 동작할 수 있어서 웹 애플리케이션을 좀 더 효율적으로 개발할 수 있습니다. 개발 이후 유지보수를 쉽게 하기 위해서도 시스템 구조를 계층화해서 개발하는 것이 일반적입니다.

스프링 부트의 계층적 구조는 퍼시스턴스 계층, 비즈니스 계층, 프레젠테이션 계층으로 분리하며 프레젠테이션 계층은 스프링 MVC 패턴을 따릅니다.

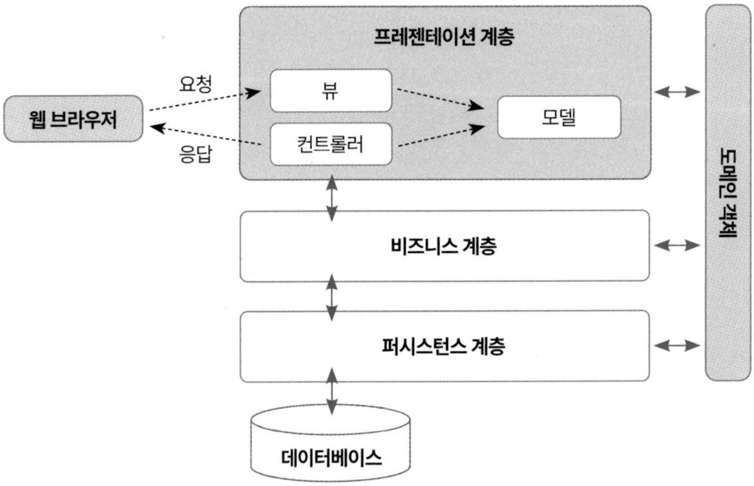

그림 3-2 스프링 부트의 계층적 구조

- **퍼시스턴스 계층**(persistence layer): 데이터베이스나 파일에 접근하여 데이터를 처리하는 곳으로, 데이터 액세스 계층이라고도 합니다.
- **비즈니스 계층**(business layer): 애플리케이션이 제공하는 포괄적인 서비스를 표현하는 것으로 서비스 계층이라고도 합니다. 클라이언트에서 요청한 데이터를 가져오거나 변경하기 위해 퍼시스턴스 계층을 호출할 때 비즈니스 계층은 프레젠테이션 계층과 퍼시스턴스 계층을 연결하는 역할을 합니다.
- **프레젠테이션 계층**(presentation layer): 애플리케이션과 사용자의 최종 접점으로, 사용자에게 데이터를 입력받거나 데이터 결과를 웹 서버에 전달해 사용자에게 보여 주는 계층입니다. 즉, 애플리케이션 요청을 받아 처리하고 동시에 처리된 결과를 사용자에게 보여 줍니다.
- **도메인 객체**(domain object): 데이터 모델로, 객체 정보를 저장합니다.

2.2 계층적 구조의 구현

계층적 구조로 애플리케이션 코드를 작성한다면 계층 간 데이터를 전달하기 위해 먼저 데이터에 접근해야 합니다. 그리고 다음과 같은 순서로 개발 작업을 진행합니다.

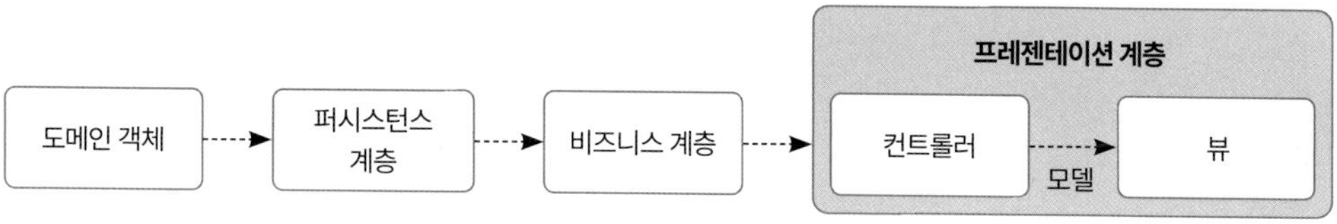

그림 3-3 계층적 구조의 구현 과정

3

일반적으로 퍼시스턴스 계층과 비즈니스 계층은 스프링의 주요 특징 중 하나인 '객체 간 느슨한 결합(loosely coupled)'을 하는 데 인터페이스를 사용합니다. 이는 나중에 소스 코드를 변경하거나 유지보수를 할 때 유연하게 대응하기 위함입니다.

3.3 [도서 쇼핑몰] 계층적 구조 만들기

앞으로 우리가 만들 도서 쇼핑몰 애플리케이션에 계층적 구조를 적용하기 위해 도메인 객체, 퍼시스턴스 계층, 비즈니스 계층, 프레젠테이션 계층 등의 클래스를 작성하겠습니다.

3.1 도서 쇼핑몰의 계층적 구조

2장에서 구현한 도서 쇼핑몰 프로젝트에 계층적 구조를 적용하겠습니다. 그 전에, 적용 후의 프로젝트 구조를 이클립스의 프로젝트 탐색기에서 미리 보면 다음과 같습니다.

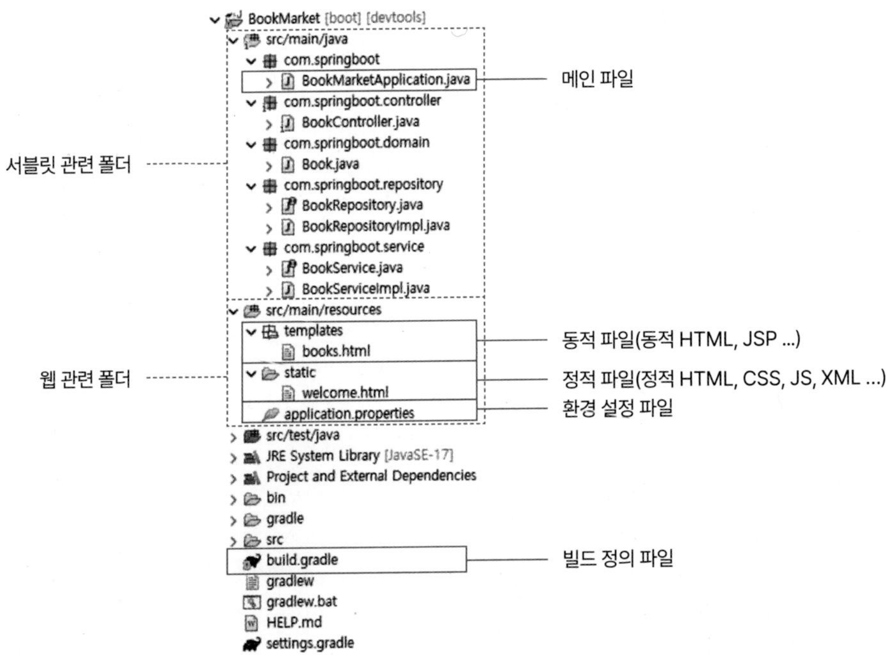

그림 3-4 도서 쇼핑몰의 프로젝트 구조 미리 보기

도서 쇼핑몰에 계층적 구조를 적용하는 과정은 다음과 같습니다.

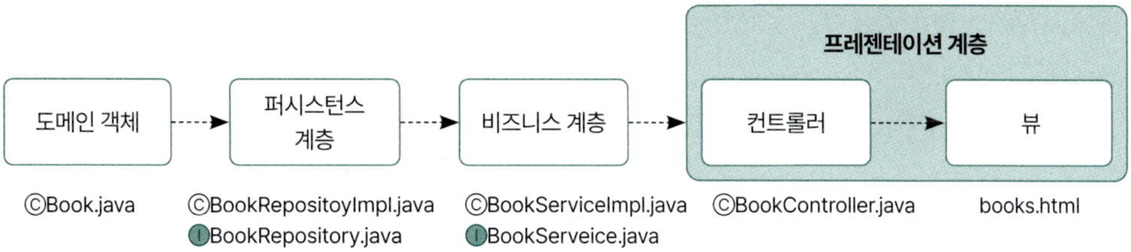

그림 3-5 도서 쇼핑몰의 계층적 구조 구현 과정

3.2 도서 기본 정보가 담긴 도메인 객체

애플리케이션에서 도메인 객체는 다른 계층의 토대가 되는 데이터 객체입니다. 우리가 만들 도서 쇼핑몰 애플리케이션에서는 도서 목록에 표시되는 개별 도서의 정보나 도서 주문 처리에 필요한 주문 고객 정보, 배송 주소, 주문 항목 등도 도메인 객체입니다.

도메인 객체는 데이터 모델이므로 필요한 속성(필드)을 정의하고 각 속성에 Setter()와 Getter() 메서드를 만들어야 합니다. 하지만 스프링 부트에서는 Setter()와 Getter() 메서드를 포함하는 롬복(lombok) 애너테이션으로 대체할 수 있어서 Setter()와 Getter() 메서드 생성을 생략할 수 있습니다. 관련 내용은 6장에서 자세히 다룹니다.

NOTE **롬복**

롬복(lombok)은 애너테이션을 기반으로 자바에서 반복되는 메서드를 자동으로 작성해 주는 라이브러리입니다. 롬복을 사용하면 코드의 길이를 줄여 단순화시키고 가독성을 높일 수 있으며 코드 자동 생성을 통해 생산성을 향상시킬 수 있습니다.

도메인 객체 생성하기: Book.java

1 Book 클래스 생성 BookMarket 프로젝트 또는 src/main/java에서 마우스 오른쪽 버튼을 눌러 **New → Class**를 선택합니다.

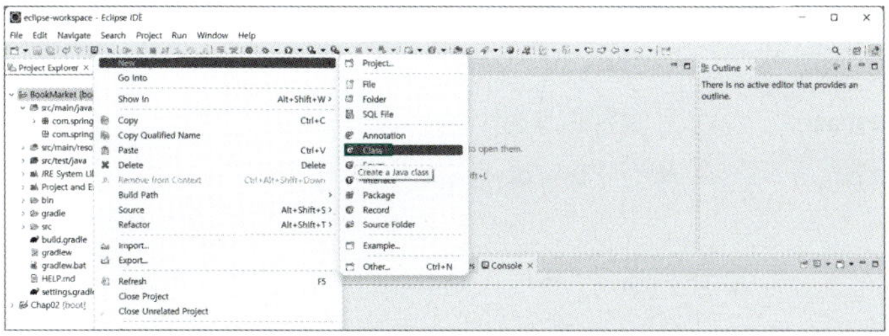

2 도서 클래스 이름 설정 New Java Class 창이 나타나면 Package 항목에 **com.springboot.domain**, Name 항목에 **Book**을 입력하고 **Finish**를 클릭합니다.

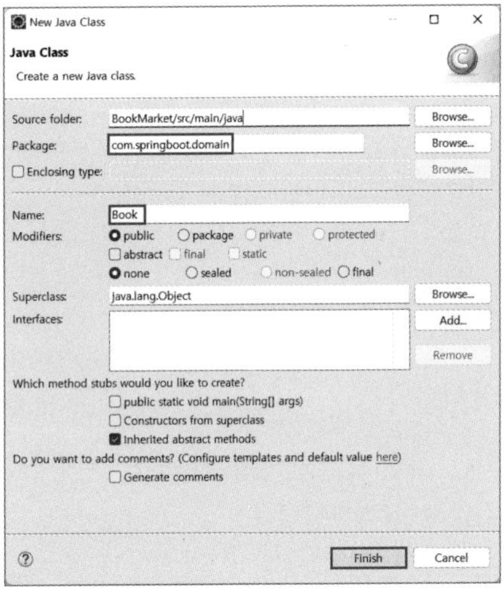

3 멤버 변수 선언 생성된 Book 클래스 안에 다음과 같이 멤버 변수를 작성합니다.

BookMarket/src/main/java/com/springboot/domain/Book.java

```
package com.springboot.domain;

import java.math.BigDecimal;

public class Book {
    private String bookId;              // 도서 ID
    private String name;                // 도서 제목
    private BigDecimal  unitPrice;      // 가격
    private String author;              // 저자
    private String description;         // 설명
    private String publisher;           // 출판사
    private String category;            // 분류
    private long unitsInStock;          // 재고수
    private String releaseDate;         // 출판일(월/년)
    private String condition;           // 신규도서 or 중고도서 or 전자책
}
```

4 기본 생성자 추가 기본 생성자를 추가하기 위해 **Source → Generate Constructors from Superclass**를 선택합니다. 창이 나타나면 Object에 체크된 것을 확인하고 **Generate**를 클릭합니다. Book 클래스에 기본 생성자가 추가된 것을 확인할 수 있습니다.

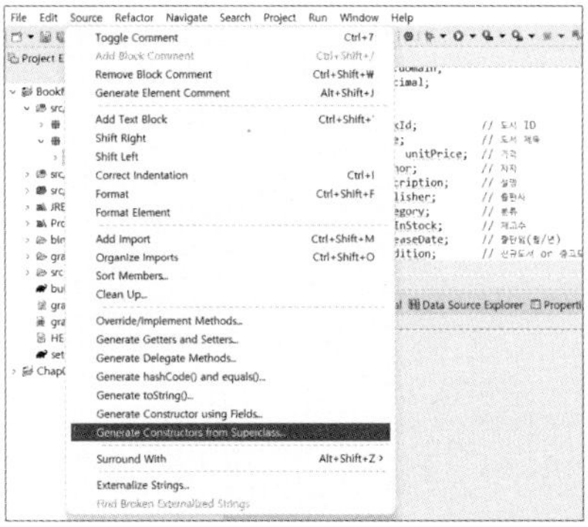

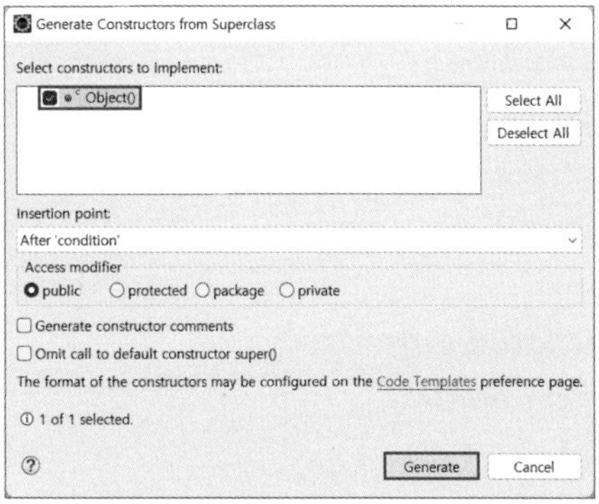

BookMarket/src/main/java/com/springboot/domain/Book.java

```
public class Book {
    ...
    private String condition;          // 상태: 신규도서/E-Book/중고도서
    public Book() {
        super();
    }
}
```

5 모든 멤버 변수의 Setter()와 Getter() 메서드 추가 모든 멤버 변수의 Setter()와 Getter() 메서드를 추가하기 위해 **Source → Generate Getters and Setters**를 선택합니다. 창이 나타나면 모든 필드를 선택하거나 **Select All**을 클릭하고 **Generate**를 클릭합니다.

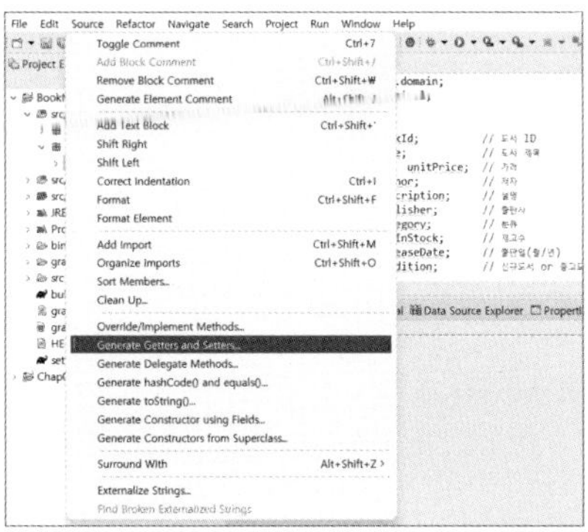

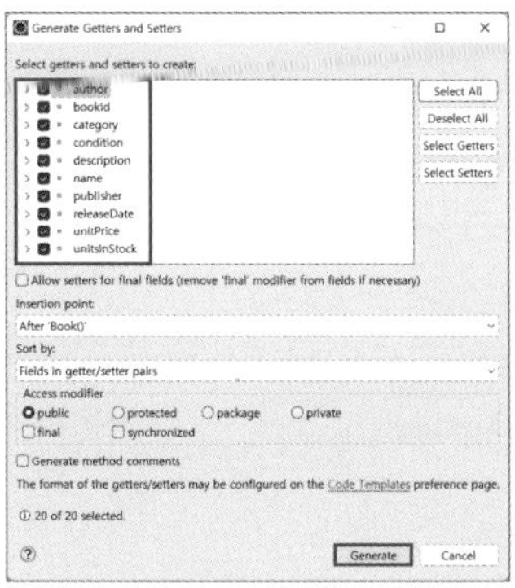

Book 클래스에 모든 멤버 변수의 Setter()와 Getter() 메서드가 추가된 것을 확인할 수 있습니다.

BookMarket/src/main/java/com/springboot/domain/Book.java

```
public class Book {
    ...
    public Book() {
        super();
    }
    public String getBookId() {
        return bookId;
    }
    public void setBookId(String bookId) {
        this.bookId = bookId;
    }
    public String getName() {
        return name;
    }
    public void setName(String name) {
        this.name = name;
    }
    public BigDecimal getUnitPrice() {
        return unitPrice;
    }
    public void setUnitPrice(BigDecimal unitPrice) {
        this.unitPrice = unitPrice;
    }
    public String getAuthor() {
        return author;
    }
    public void setAuthor(String author) {
        this.author = author;
    }
    public String getDescription() {
        return description;
```

```
    }
    public void setDescription(String description) {
        this.description = description;
    }
    public String getPublisher() {
        return publisher;
    }
    public void setPublisher(String publisher) {
        this.publisher = publisher;
    }
    public String getCategory() {
        return category;
    }
    public void setCategory(String category) {
        this.category = category;
    }
    public long getUnitsInStock() {
        return unitsInStock;
    }
    public void setUnitsInStock(long unitsInStock) {
        this.unitsInStock = unitsInStock;
    }
    public String getReleaseDate() {
        return releaseDate;
    }
    public void setReleaseDate(String releaseDate) {
        this.releaseDate = releaseDate;
    }
    public String getCondition() {
        return condition;
    }
    public void setCondition(String condition) {
        this.condition = condition;
    }
}
```

3.3 도서 정보를 관리하는 퍼시스턴스 계층

퍼시스턴스 계층(persistence layer)은 도메인 객체에 접근할 수 있는 저장소 객체(repository object)로, 데이터 액세스 계층을 의미합니다. @Repository 애너테이션으로 표현할 수 있고 특정 클래스에 @Repository 애너테이션을 선언하면 해당 클래스가 저장소 객체임을 나타냅니다.

앞에서 구현한 도메인 객체, 즉 도서별 정보를 객체화시켜 저장소에 저장하고 수정 및 삭제할 수 있는 퍼시스턴스 계층을 만들겠습니다. 도서 쇼핑몰 애플리케이션에서 저장소 객체는 데이터베이스를 대신하여 메모리에 도서 정보를 저장하고 관리하는 역할을 합니다.

저장소 객체 생성하기: BookRepository.java, BookRepositoyImpl.java

1 BookRepository 인터페이스 생성 BookMarket 프로젝트에서 마우스 오른쪽 버튼을 눌러 **New → Interface**를 선택합니다. New Java Interface 창이 나타나면 Package 항목에 **com.springboot.repository**, Name 항목에 **BookRepository**를 입력하고 **Finish**를 클릭합니다.

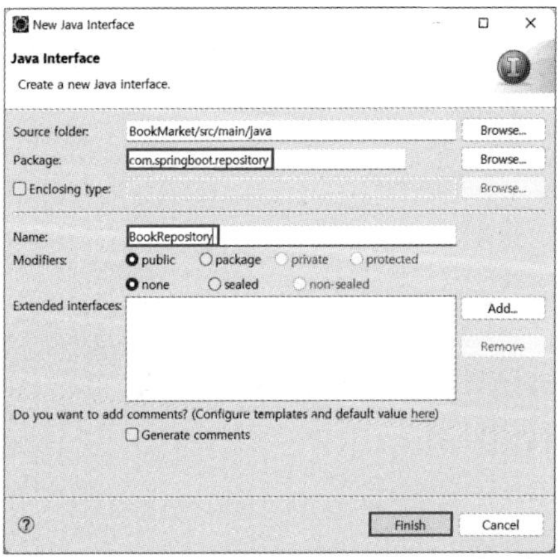

2 도서 목록을 가져오는 메서드 선언 생성된 BookRepository 인터페이스에 다음과 같이 메서드를 작성합니다.

BookMarket/src/main/java/com/springboot/repository/BookRepository.java

```
package com.springboot.repository;

import java.util.List;
import com.springboot.domain.Book;

public interface BookRepository {
    List<Book> getAllBookList();
}
```

3 BookRepositoryImpl 클래스 생성 BookMarket 프로젝트에서 마우스 오른쪽 버튼을 눌러 **New → Class**를 선택합니다. New Java Class 창이 나타나면 Package 항목에 **com.springboot.repository**, Name 항목에 **BookRepositoryImpl**을 입력하고 Interfaces 항목에 **BookRepository** 인터페이스를 구현체로 등록한 후 **Finish**를 클릭합니다.

Interfaces 항목에 BookRepository 인터페이스를 등록하는 방법은 다음과 같습니다.

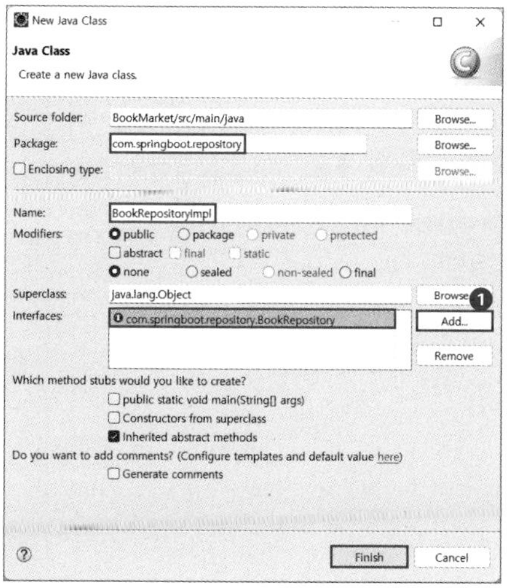

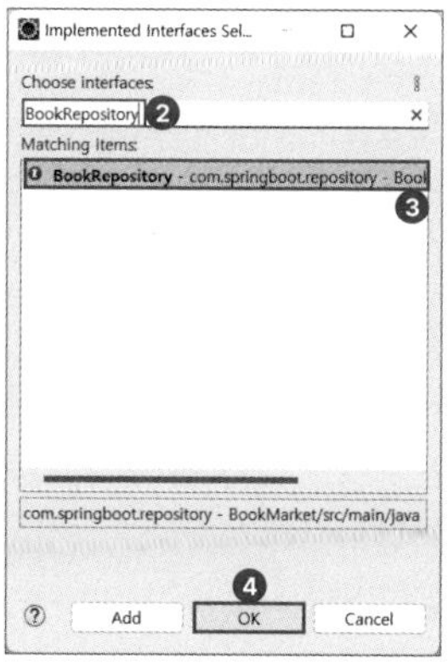

❶ New Java Class 창에서 **Add** 클릭

❷ **BookRepository** 검색

❸ 검색 목록에서 **BookRepository** 인터페이스 선택

❹ **OK** 클릭하여 Interfaces 항목에 등록

4 멤버 변수와 기본 생성자 작성 생성된 BookRepositoryImpl 클래스를 다음과 같이 작성합니다.

BookMarket/src/main/java/com/springboot/repository/BookRepositoryImpl.java

```
package com.springboot.repository;
import java.math.BigDecimal;
import java.util.ArrayList;
import java.util.List;
import org.springframework.stereotype.Repository;
import com.springboot.domain.Book;

@Repository
public class BookRepositoryImpl implements BookRepository {

    private List<Book> listOfBooks = new ArrayList<Book>();    ❶
    public BookRepositoryImpl() {
        Book book1 = new Book();
        book1.setBookId("ISBN1234");
        book1.setName ("자바스크립트 입문");
        book1.setUnitPrice(new BigDecimal(30000));
        book1.setAuthor("조현영");
        book1.setDescription (
            "자바스크립트의 기초부터 심화까지 핵심 문법을 학습한 후 12가지 프로그램을 만들
             며 학습한 내용을 확인할 수 있습니다. 문법 학습과 실습이 적절히 섞여 있어 프로
             그램을 만드는 방법을 재미있게 익힐 수 있습니다.");
        book1.setPublisher("길벗");
        book1.setCategory("IT전문서");                                          ❷
        book1.setUnitsInStock(new BigDecimal(1000));
        book1.setReleaseDate("2024/02/20");
        Book book2 = new Book();
        book2.setBookId("ISBN1235");
        book2.setName ("파이썬의 정석");
        book2.setUnitPrice(29800);
        book2.setAuthor("조용주,임좌상");
        book2.setDescription (
            "4차 산업혁명의 핵심인 머신러닝, 사물 인터넷(IoT), 데이터 분석 등 다양한 분야에
             활용되는 직관적이고 간결한 문법의 파이썬 프로그래밍 언어를 최신 트렌드에 맞게
             예제 중심으로 학습할 수 있습니다.");
```

```
        book2.setPublisher("길벗");
        book2.setCategory("IT교육교재");
        book2.setUnitsInStock(1000);
        book2.setReleaseDate("2023/01/10");
        Book book3 = new Book();
        book3.setBookId("ISBN1236");
        book3.setName ("안드로이드 프로그래밍");
        book3.setUnitPrice(new BigDecimal(36000));
        book3.setAuthor("송미영");
        book3.setDescription (
            "안드로이드의 기본 개념을 체계적으로 익히고, 이를 실습 예제를 통해 익힙니다. 기
             본 개념과 사용법을 스스로 실전에 적용하는 방법을 학습한 다음 실습 예제와 응용
             예제를 통해 실전 프로젝트 응용력을 키웁니다.");
        book3.setPublisher("길벗");
        book3.setCategory("IT교육교재");
        book3.setUnitsInStock(1000);
        book3.setReleaseDate("2023/06/30");
        listOfBooks.add(book1);
        listOfBooks.add(book2);
        listOfBooks.add(book3);
    }
}
```

❶ listOfBooks는 도서 목록을 저장하기 위한 ArrayList⟨Book⟩ 객체 타입의 변수입니다.

❷ 기본 생성자를 만든 후 상품 정보 3개를 설정하고 ArrayList⟨Book⟩ 객체 타입의 변수 listOfBooks에 저장합니다.

5 도서 목록을 가져오는 메서드 추가 BookRepositoryImpl 클래스에 다음 내용을 추가로 작성합니다.

BookMarket/src/main/java/com/springboot/repository/BookRepositoryImpl.java

```
package com.springboot.repository;
...
@Repository
public class BookRepositoryImpl implements BookRepository {
    ...
```

```
    }
    public List<Book> getAllBookList() {
        return listOfBooks;
    }
}
```

❶ 객체 타입의 변수 listOfBooks에 저장된 모든 도서 목록을 가져오는 메서드입니다.

NOTE 패키지를 자동으로 임포트(import)하는 방법

• 오류 해결 팝업 창 이용하기

오류가 발생한 곳에 마우스를 가져가면 나타나는 팝업 창에서 해당되는 패키지를 선택합니다.

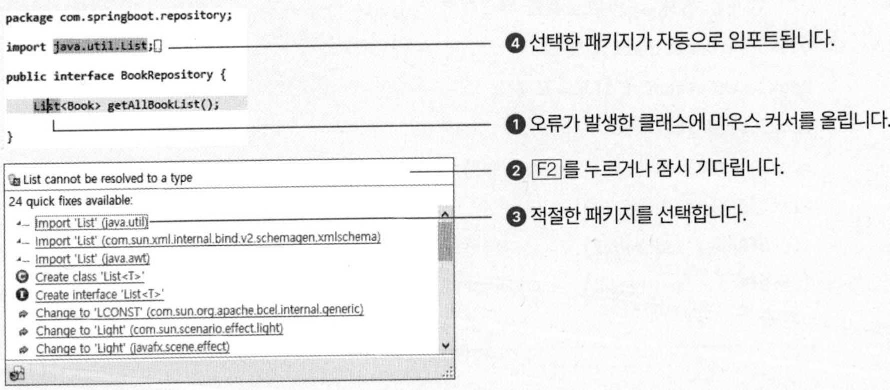

• 단축키 이용하기

Ctrl+Shift+O를 눌러 팝업 창이 나타나면 해당되는 패키지를 선택합니다.

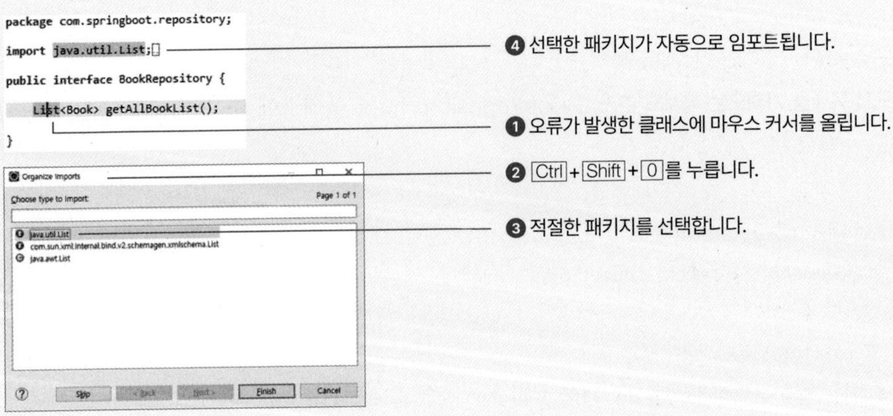

3.4 요청한 도서 목록을 반환하는 비즈니스 계층

비즈니스 계층(business layer)은 애플리케이션이 제공하는 포괄적인 서비스를 표현하는 계층으로 프레젠테이션 계층과 퍼시스턴스 계층 사이를 연결합니다. @Service 애너테이션으로 표현할 수 있고 특정 클래스에 @Service를 선언하면 해당 클래스가 서비스 객체임을 나타냅니다. 앞에서 구현한 퍼시스턴스 계층과 앞으로 구현할 프레젠테이션 계층을 연결하는 비즈니스 계층을 만들어 보겠습니다.

서비스 객체 생성하기: BookServeice.java, BookServiceImpl.java

1 BookService 인터페이스 생성 BookMarket 프로젝트에서 마우스 오른쪽 버튼을 눌러 **New → Interface**를 선택합니다. New Java Interface 창에서 Package 항목에 **com.springboot.service**, Name 항목에 **BookService**를 입력하고 **Finish**를 클릭합니다.

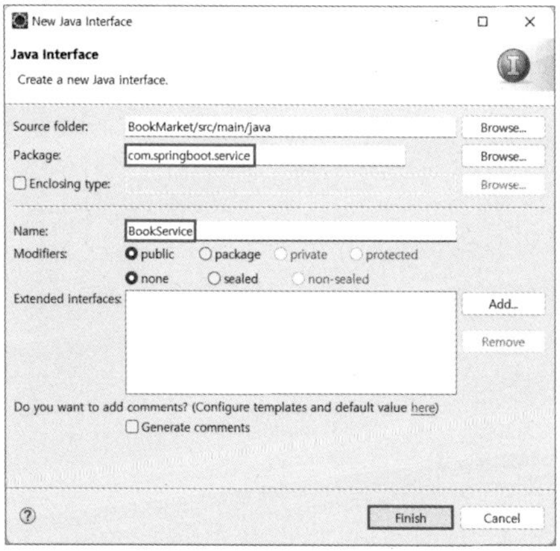

2 도서 목록을 가져오는 메서드 작성 생성된 BookService 인터페이스에 다음과 같이 메서드를 작성합니다.

BookMarket/src/main/java/com/springboot/service/BookService.java

```
package com.springboot.service;
import java.util.List;
import com.springboot.domain.Book;
public interface BookService {
    List<Book> getAllBookList();
}
```

3 BookServiceImpl 클래스 생성 BookMarket 프로젝트에서 마우스 오른쪽 버튼을 눌러 **New → Class**를 선택합니다. New Java Class 창에서 Package 항목에 **com.springboot.service**, Name 항목에 **BookServiceImpl**, Interfaces 항목에 **BookService** 인터페이스를 등록한 후 **Finish**를 클릭합니다.

Interfaces 항목에 BookService 인터페이스를 등록하는 방법은 다음과 같습니다.

❶ New Java Class 창에서 **Add** 클릭

❷ **BookService** 검색

❸ 검색 목록에서 **BookService** 인터페이스 선택

❹ **OK** 클릭하여 Interfaces 항목에 등록

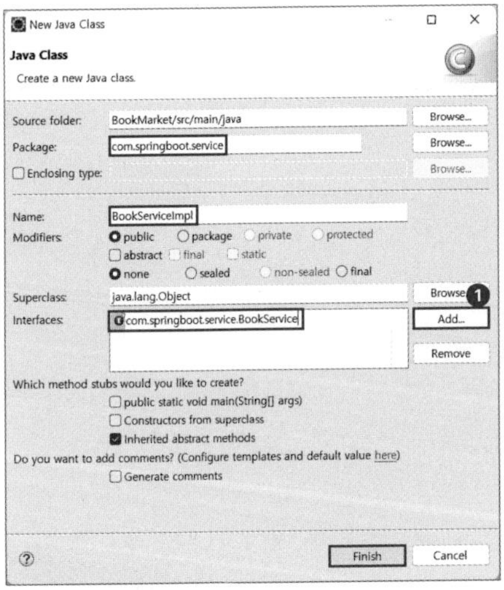

4 도서 목록을 가져오는 메서드 작성 생성된 BookServiceImpl 클래스에 다음과 같이 메서드를 작성합니다.

BookMarket/src/main/java/com/springboot/service/BookServiceImpl.java

```
package com.springboot.service;

import java.util.List;
import org.springframework.beans.factory.annotation.Autowired;
import org.springframework.stereotype.Service;
import com.springboot.domain.Book;
import com.springboot.repository.BookRepository;
```

```
@Service
public class BookServiceImpl implements BookService {
    @Autowired
    private BookRepository bookRepository;
    public List<Book> getAllBookList() {
        return bookRepository.getAllBookList();
    }
}
```
❶

❶ BookRepository 인터페이스에 저장된 모든 도서 목록을 가져오는 메서드입니다.

NOTE **@Autowired로 Setter() 메서드 대체하기**

외부 패키지에 정의된 BookRepository 인터페이스에 접근하려면 인터페이스형 참조변수인 bookRepository의 Setter() 메서드를 매번 작성해야 해서 번거롭습니다. 하지만 @Autowired 애너테이션을 선언하면 이 작업을 대체할 수 있습니다.

@Autowired를 사용하지 않으면 다음과 같이 작성해야 합니다.

```
package com.springboot.service;
...
@Service
public class BookServiceImpl implements BookService {
   private BookRepository bookRepository;

   public void setBookRepository(BookRepository bookRepository) {
      this.bookRepository = bookRepository;
   }
}
```

3.5 MVC를 담당하는 프레젠테이션 계층

프레젠테이션 계층은 웹 브라우저로 들어오는 요청을 처리하고 그 결과를 웹 브라우저에 표현합니다. 프레젠테이션 계층은 웹에서 들어오는 요청을 처리하는 자바 클래스인 컨트롤러, 웹 요청의 처리 결과를 웹 브라우저에 보여 주는 웹 페이지인 뷰, 웹 페이지에 출력할 데이터인 모델을 포함합니다.

앞에서 생성한 클래스 간 의존 관계를 설정하고 요청한 도서 목록을 호출하는 컨트롤러와 도서 목록을 출력하는 뷰를 만들겠습니다. 컨트롤러는 @Controller로 표현하고 뷰는 타임리프(Thymeleaf) 템플릿 엔진을 적용하여 웹 페이지로 표현합니다. 웹 요청을 처리하는 컨트롤러는 스프링 부트에서 가장 중요한 역할을 하는 것으로 구현 방법은 4장에서 자세히 살펴보겠습니다.

요청한 도서 목록을 호출하는 컨트롤러 구현하기: BookController.java

1 BookController 클래스 생성 /src/main/java/ 폴더의 com.springboot.controller 패키지에 BookController 클래스를 생성합니다.

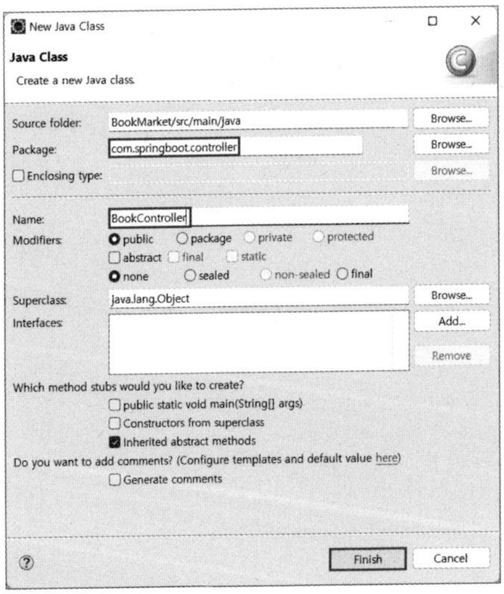

2 도서 목록을 가져오는 메서드 작성 생성된 BookController 클래스에 다음 내용을 작성합니다.

BookMarket/src/main/java/com/springboot/controller/BookController.java

```
package com.springboot.controller;


import java.util.List;
import org.springframework.beans.factory.annotation.Autowired;
import org.springframework.stereotype.Controller;
import org.springframework.ui.Model;
```

```
import org.springframework.web.bind.annotation.RequestMapping;
import org.springframework.web.bind.annotation.RequestMethod;
import com.springboot.domain.Book;
import com.springboot.service.BookService;

@Controller ❶
public class BookController {
    @Autowired
    private BookService bookService;
    @RequestMapping(value = "/books", method = RequestMethod.GET) ❷
    public String requestBookList(Model model) {
        List<Book> list = bookService.getAllBookList();
        model.addAttribute("bookList", list); ❹                          ❸
        return "books"; ❺
    }
}
```

NOTE

지금 작성한 내용은 컨트롤러를 구현한 코드로, 4장의 컨트롤러 구현에서 자세히 설명할 것이므로 여기서는 간단히 이해하고 넘어갑니다.

❶ @Controller: 자바 클래스 BookController가 컨트롤러임을 나타내는 애너테이션입니다.

❷ @RequestMapping: 컨트롤러에서 웹 요청을 처리할 메서드에 매핑하는 애너테이션입니다. 웹 브라우저의 주소 창에 http://localhost:8080/books를 입력하면 @RequestMapping("/books")로 매핑되어 요청 처리 메서드인 requestBookList()가 실행됩니다.

❸ requestBookList(): 웹 요청을 처리할 메서드입니다.

❹ 모델 데이터로, 모델 속성 이름인 bookList에 저장된 도서 목록을 저장합니다.

❺ 뷰 이름으로 books를 반환하므로 뷰 페이지 파일은 books.html이 됩니다.

도서 목록을 출력하는 뷰 구현하기: books.html

1 도서 목록을 출력하는 웹 페이지 생성 src/main/resources/templates 폴더에서 마우스 오른쪽 버튼을 눌러 **New → File**을 선택합니다. Create New File 창의 File name 항목에 **books.html**을 입력하고 **Finish**를 클릭합니다.

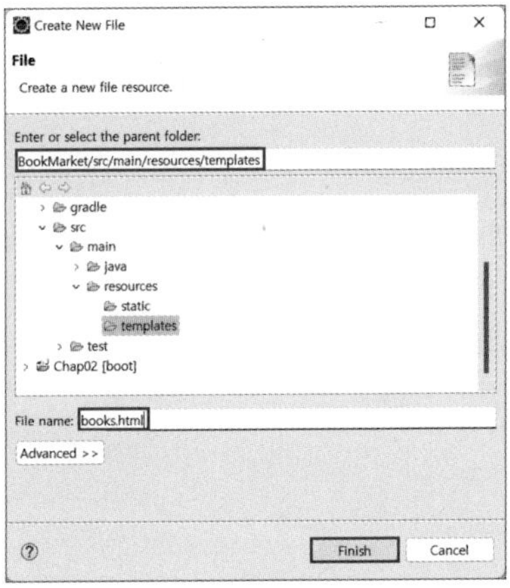

2 도서 목록을 출력하는 코드 작성 생성된 books.html에 다음 내용을 작성합니다.

BookMarket/src/main/resources/templates/books.html

```
<html>
<head>
    <meta charset="UTF-8">  ❶
    <title>도서 목록</title>
    <link href="https://cdn.jsdelivr.net/npm/bootstrap@5.3.3/dist/css/bootstrap.min.
     css" rel="stylesheet" integrity="sha384-QWTKZyjpPEjISv5WaRU9OFeRpok6YctnYmDr5pN
     lyT2bRjXh0JMhjY6hW+ALEwIH" crossorigin="anonymous">  ❷
</head>
<body>
<div class="container py-4">
    <header class="pb-3 mb-4 border-bottom">
        <a href="/welcome.html" class="d-flex align-items-center text-body-emphasis
         text-decoration-none">
            <svg xmlns="http://www.w3.org/2000/svg" width="32" height="32"
             fill="currentColor" class="bi bi-book-half me-2" viewBox="0 0 16 16">
```

```
                <path d="M8.5 2.687c.654-.689 1.782-.886 3.112-.752 1.234.124 2.503.523
                3.388.893v9.923c-.918-.35-2.107-.692-3.287-.81-1.094-.111-2.278-.039-
                3.213.492zM8 1.783C7.015.936 5.587.81 4.287.94c-1.514.153-3.042.672-
                3.994 1.105A.5.5 0 0 0 0 2.5v11a.5.5 0 0 0 .707.455c.882-.4 2.303-.881
                3.68-1.02 1.409-.142 2.59.087 3.223.877a.5.5 0 0 0 .78 0c.633-.79 1.814-
                1.019 3.222-.877 1.378.139 2.8.62 3.681 1.02A.5.5 0 0 0 16 13.5v-11a.5.5
                0 0 0-.293-.455c-.952-.433-2.48-.952-3.994-1.105C10.413.809 8.985.936 8
                1.783"/>
            </svg>
            <span class="fs-4">BookMarket</span>
        </a>
    </header>
    <div class="p-5 mb-4 bg-body-tertiary rounded-3">
        <div class="container-fluid py-5">
            <h1 class="display-5 fw-bold">도서 목록</h1>
            <p class="col-md-8 fs-4">BookMarket</p>
        </div>
    </div>
    <div class="row align-items-md-stretch text-center">
        <div class="col-md-4" th:each="book:${bookList}">
            <h3 th:text ="${book.name}"></h3>
            <p th:text = "${book.author}">
            <p th:text = "${book.publisher} + '|'+ ${book.releaseDate}">   ❸
            <p align="left" th:text = "${book.description}">
            <p th:text = "${book.unitPrice}">원
        </div>
    </div>
    <footer class="pt-3 mt-4 text-body-secondary border-top">
        <span class="text-body-secondary">&copy; BookMarket</span>
    </footer>
</div>
</body>
</html>
```

❶ 한글 깨짐 방지 코드입니다.

❷ 뷰 페이지에 부트스트랩에서 제공하는 스타일시트(bootstrap.css)를 적용하기 위해 URL을 연결합니다.

❸ th:each="book:${bookList}"은 반복문으로 도서 목록을 모두 출력하고 bookList는 BookController 컨트롤러에서 전달된 모델 데이터입니다. 모델 데이터의 멤버 변수는 ${book.name}, ${book.author}, ${book.publisher}, ${book.releaseDate}, ${book.description}, ${book.unitPrice}를 이용하여 name, author, publisher, releaseDate, description, unitPrice를 출력합니다.

> **NOTE 뷰 페이지에 템플릿 엔진 머스테치 사용하기**
>
> 타임리프로 작성된 뷰 페이지에서 소스 코드를 머스테치(Mustache)로 변경하면 다음과 같습니다.
>
> ```
> {{ #bookList }}
>     
>         <h3>{{ name }}</h3>
>         <p>{{ author }}
>         <br>{{ publisher }} | {{ releaseDate }}
>         <p align="left">{{ description }}
>         <p>{{ unitPrice }}원
>     
> {{ /bookList }}
> ```
>
> 머스테치를 사용하기 위해 의존 라이브러리를 추가합니다.
>
> ```
> dependencies {
>     implementation 'org.springframework.boot:spring-boot-starter-mustache'
>     ...
> }
> ```
>
> 머스테치는 스프링 부트에서 기본으로 제공하는 뷰 템플릿이므로 의존 라이브러리를 생략해도 됩니다.

3.6 의존 라이브러리 설정하기

1 의존 라이브러리 추가 BookMarket 프로젝트에서 마우스 오른쪽 버튼을 눌러 **Spring → Add Starters**를 선택합니다.

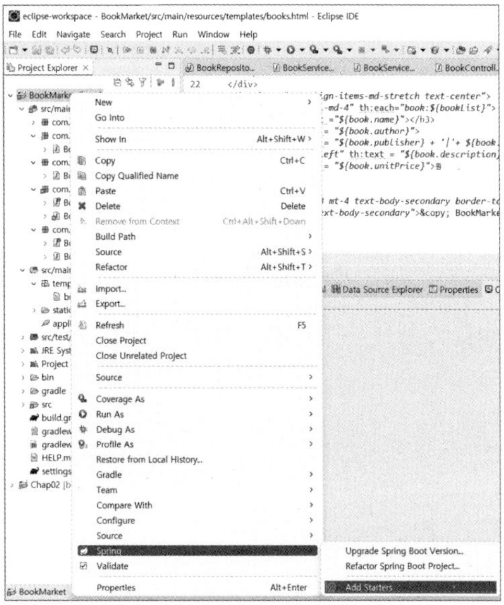

2 의존 라이브러리 설정 New Spring Starter Project Dependencies 창이 나타나면 **Thymeleaf**와 **Spring Web**을 선택하고 **Next**를 클릭한 뒤 이어서 나타나는 창에서 항목을 모두 선택하고 **Finish**를 클릭합니다.

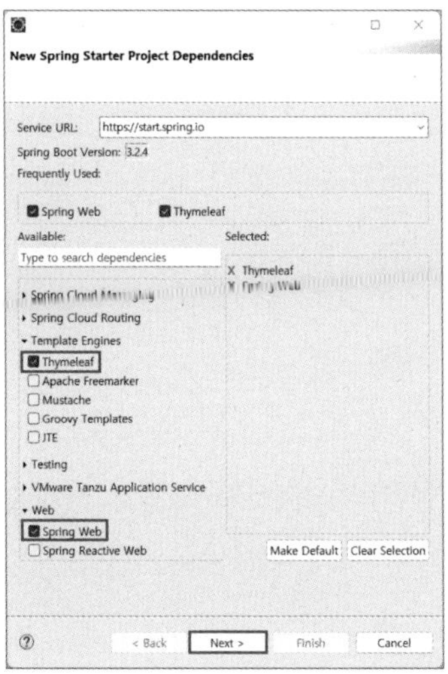

BookMarket/build.gradle

```
...
dependencies {
    implementation 'org.springframework.boot:spring-boot-starter-thymeleaf'
    implementation 'org.springframework.boot:spring-boot-starter-web'
    testImplementation 'org.springframework.boot:spring-boot-starter-test'
}
...
```

3 의존 라이브러리 갱신 BookMarket 프로젝트에서 build.gradle을 선택한 후 마우스 오른쪽 버튼을 누르고 **Gradle → Refresh Gradle Project**를 선택하여 build.gradle을 실행합니다.

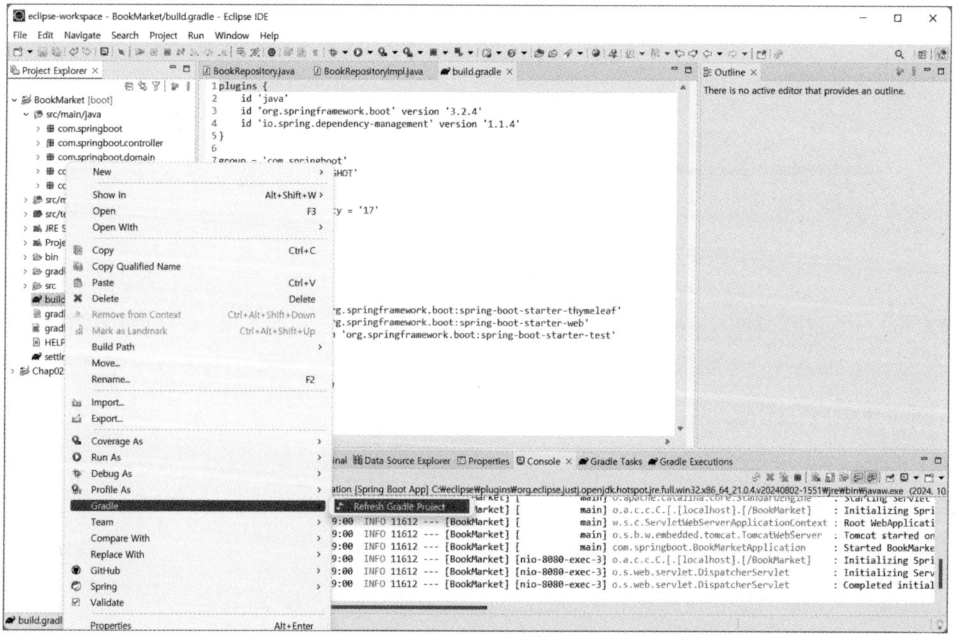

3.7 실행 결과 확인하기

웹 브라우저의 주소 창에 **http://localhost:8080/books**를 입력하여 실행하면 저장소 객체에 저장된 도서 목록을 출력하는 것을 볼 수 있습니다.

1 프로젝트 실행 현재 프로젝트의 구현 파일을 열고 이클립스에서 실행 아이콘을 클릭합니다. Run As → Spring Boot App을 선택합니다.

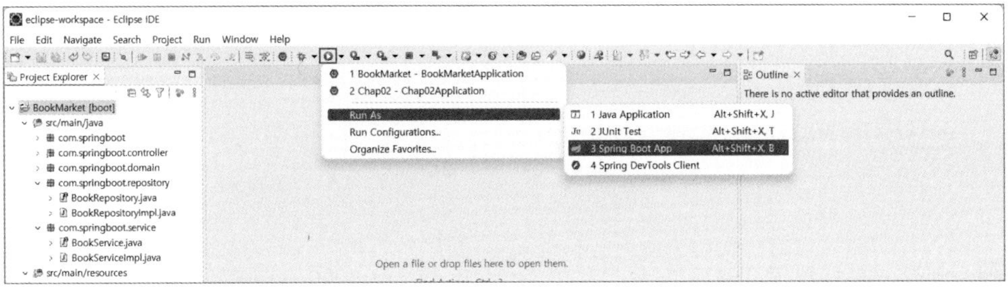

2 실행 결과 확인 웹 브라우저의 주소 창에 http://localhost:8080/books를 입력하여 실행 결과를 확인합니다.

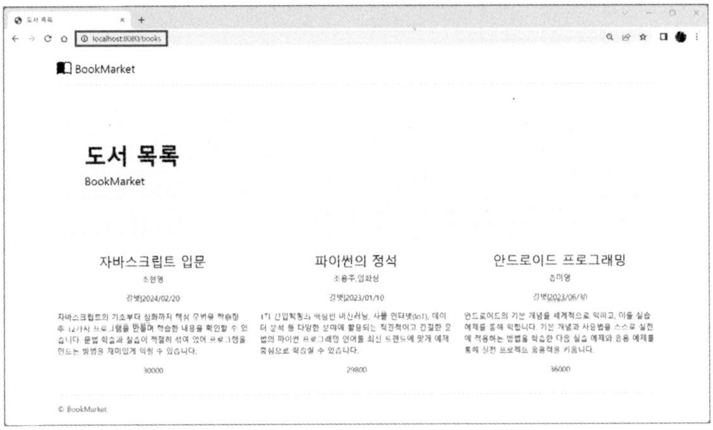

3.8 프로젝트 실행 경로 변경하기

도서 쇼핑몰 애플리케이션에 도서 목록 페이지를 만들고 실행해 보았습니다. 웹 브라우저에 주소를 입력할 때 http://localhost:8080/books처럼 요청하면 프로젝트 이름을 확인하기 어렵습니다. 그래서 도서 쇼핑몰 애플리케이션은 프로젝트 이름인 BookMarket이 보이도록 http://localhost:8080/BookMarket/books 형식으로 요청하여 실행할 수 있게 변경하겠습니다.

1 프로젝트 실행 경로 설정 BookMarket 프로젝트에서 application.properties 파일을 열고 다음 내용을 추가 작성합니다.

BookMarket/src/main/resources/application.properties

```
pspring.application.name=BookMarket
server.servlet.context-path=/BookMarket
```

2 실행 결과 확인 웹 브라우저의 주소 창에 **http://localhost:8080/BookMarket/books**를 입력하여 실행 결과를 확인합니다.

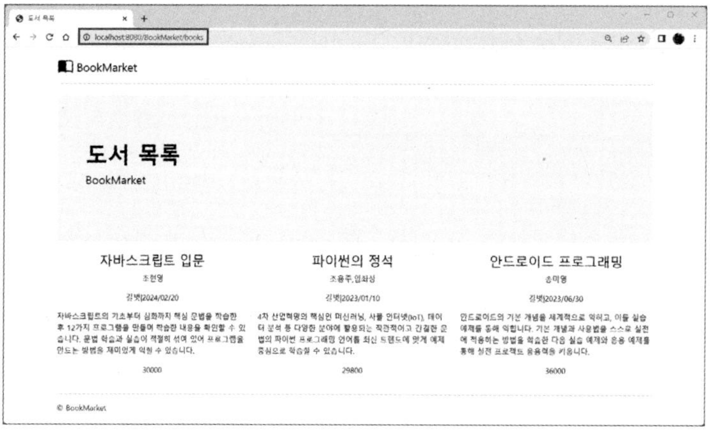

요약

1. 계층적 구조

- 웹 애플리케이션을 개발할 때 유연성, 확장성, 재사용성을 높이기 위해 적용하는 설계 방식입니다.
- 애플리케이션에서 연결 관계가 긴밀한 부분끼리 묶어 특정 기술이나 인터페이스로부터 분리시키는 방법입니다.
- 각 계층을 느슨하게 결합하여 유연하게 동작할 수 있어서 웹 애플리케이션을 효율적으로 개발할 수 있습니다.
- 개발 이후 유지보수를 쉽게 하기 위해서도 시스템 구조를 계층화해서 개발합니다.

2. 스프링 부트의 계층적 구조

- 퍼시스턴스 계층(persistence layer): 데이터베이스나 파일에 접근하여 데이터를 처리하는 곳으로, 데이터 액세스 계층이라고도 합니다.
- 비즈니스 계층(business layer): 애플리케이션이 제공하는 포괄적인 서비스를 표현하는 것으로 서비스 계층이라고도 합니다. 클라이언트에서 요청한 데이터를 가져오거나 변경하기 위해 퍼시스턴스 계층을 호출할 때 비즈니스 계층은 프레젠테이션 계층과 퍼시스턴스 계층을 연결하는 역할을 합니다.
- 프레젠테이션 계층(presentation layer): 애플리케이션과 사용자의 최종 접점으로, 사용자에게 데이터를 입력받거나 데이터 결과를 웹 서버에 전달해 사용자에게 보여 주는 계층입니다. 즉, 애플리케이션 요청을 받아 처리하고 동시에 처리된 결과를 사용자에게 보여 줍니다.
- 도메인 객체(domain object): 데이터 모델로, 객체 정보를 저장합니다.

3. 계층적 구조의 구현 과정

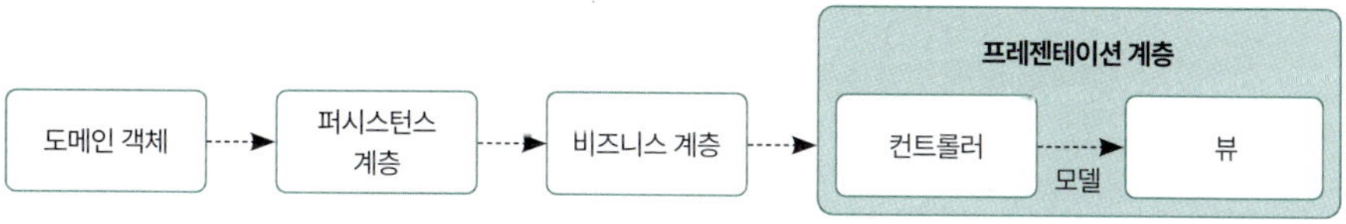

연습문제

01. 다음 중 웹 URL 요청에 대해 HTML, JSP 등의 동적 파일을 매핑할 때 설정하는 경로로 옳은 것은?

① src/main/resources/
② src/main/resources/static
③ src/main/resources/templates
④ src/main/

02. 다음 중 웹 URL 요청에 대해 JS, CSS 이미지 등 정적 리소스 파일을 매핑할 때 설정하는 경로로 옳은 것은?

① src/main/resources/
② src/main/resources/static
③ src/main/resources/templates
④ src/main/

03. @SpringBootApplication에 포함되는 애너테이션으로 옳지 않은 것은?

① @EnableAutoConfiguration
② @ComponentScan
③ @Configuration
④ @EnableConfiguration

04. 스프링 부트 프로젝트의 기본 의존 라이브러리로 옳은 것은?

① spring-boot-starter-web
② spring-boot-starter-data-jpa
③ spring-boot-starter-security
④ spring-boot-starter-thymeleaf

05. 다음 중 스프링 부트 애플리케이션의 계층에 대한 설명으로 옳지 않은 것은?

① 도메인 객체(domain object): 데이터 모델로, 객체 정보를 저장합니다.
② 퍼시스턴스 계층(persistence layer): 데이터베이스나 파일에 접근하여 데이터를 처리하는 곳으로 데이터 액세스 계층이라고도 합니다.
③ 비즈니스 계층(business layer): 애플리케이션이 제공하는 포괄적인 서비스를 표현하며 서비스 계층이라고도 합니다.
④ 프레젠테이션 계층(presentation layer): 사용자에게 데이터를 입력받거나 데이터 결과를 웹 서버에 전달하여 사용자 요청을 처리하는 서버단의 계층입니다.

06. 다음 중 스프링 부트 애플리케이션 계층에서 프레젠테이션 계층에 해당하지 않는 것은?

① 데이터베이스

② 모델

③ 뷰

④ 컨트롤러

07. 다음 중 도메인 객체에 접근할 수 있는 저장소 객체(repository object)를 표현하는 데 사용하는 애너테이션으로 옳은 것은?

① @Controller

② @Repository

③ @Service

④ @Autowired

08. 다음 중 프레젠테이션 계층과 퍼시스턴스 계층 간 연결을 표현하는 데 사용하는 애너테이션으로 옳은 것은?

① @Controller

② @Repository

③ @Service

④ @Autowired

09. 다음 중 자바 클래스가 컨트롤러임을 알려 주는 애너테이션으로 옳은 것은?

① @Controller

② @RequestMapping

③ @Repository

④ @Service

10. 2장에서 생성한 Exercise 프로젝트의 실행 경로를 http://localhost:8080/my.html에서 http://localhost:8080/Exercise/my.html로 변경하기 위해 application.properties 파일에 작성하는 방법으로 옳은 것은?

① spring.application.name = Exercise

② server.servlet.context-path=/Exercise

③ spring.application.name = /Exercise

④ server.servlet.context-path=Exercise

4 장

컨트롤러 구현

[도서 쇼핑몰] 도서 목록 표시하기

학 습 목 표

- 웹 요청을 처리하는 컨트롤러 구현에 대해 알아봅니다.
- @Controller, @RequestMapping, 뷰와 모델을 살펴봅니다.
- [도서 쇼핑몰] 도서 목록을 출력하는 방법을 알아봅니다.

4.1 컨트롤러 개요

컨트롤러는 무엇이고 어떻게 구현하는지 살펴봅니다.

1.1 컨트롤러

스프링 부트를 기반으로 웹 애플리케이션을 개발할 때 스프링 MVC 패턴을 따르면 스프링 MVC 설정을 자동으로 처리할 수 있습니다. 스프링 부트는 톰캣 서버가 내장되어 서버를 별도로 설정하지 않아도 되므로 웹 애플리케이션의 실행과 배포를 훨씬 쉽게 해줍니다.

스프링 MVC 패턴과 연동하는 스프링 부트가 웹에서 사용자 요청을 받으면 가장 먼저 내장된 톰캣 서버의 디스패처 서블릿으로 전달합니다. 디스패처 서블릿은 요청을 받는 창구 역할만 할 뿐 실제 처리는 컨트롤러(controller)가 합니다.

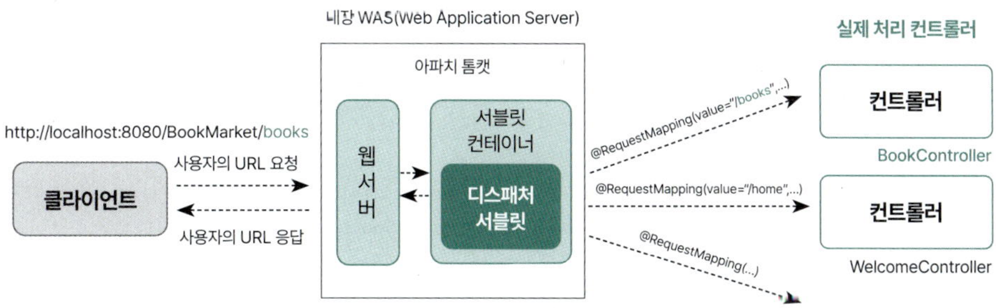

그림 4-1 사용자 요청을 처리하는 과정

NOTE

- 웹 서버: 정적 HTML과 이미지를 제공하는 서버로, 동적 서버 콘텐츠를 수행하지 못합니다. 예) IIS, 아파치
- WAS: 웹 서버 역할을 하고 동적 처리를 담당하는 서버로, 컨테이너, 웹 컨테이너, 서블릿 컨테이너가 여기에 속합니다. 예) 아파치 톰캣, Jetty

컨트롤러는 웹 브라우저에서 들어온 사용자 요청을 구현된 메서드에서 처리하고 그 결과를 뷰에 전달하는 스프링의 빈 객체입니다. 웹 요청을 전달받으면 내용을 해석한 후 요청을 처리할 수 있는 메서드를 호출하고 요청을 처리하고 나면 사용자에게 결과를 반환합니다.

컨트롤러로 사용할 클래스와 클래스 내부에 사용자 요청을 처리하는 메서드를 구현하는 것을 '컨트롤러를 구현한다'고 표현합니다.

1.2 컨트롤러 구현 과정

3장에서 만든 도서 쇼핑몰 애플리케이션에서는 BookController 클래스를 컨트롤러로 사용합니다. BookController 클래스는 사용자의 웹 요청 URL(http://localhost:8080/BookMarket/books)을 받아 도서 쇼핑몰의 전체 도서 목록을 웹 브라우저 화면에 출력합니다. 이 클래스가 어떻게 컨트롤러 역할을 하는지 원리를 살펴보겠습니다.

도서 쇼핑몰에서 전체 도서 목록을 가져와 웹 브라우저에 출력하는 BookController 컨트롤러를 구현하는 과정은 다음과 같습니다.

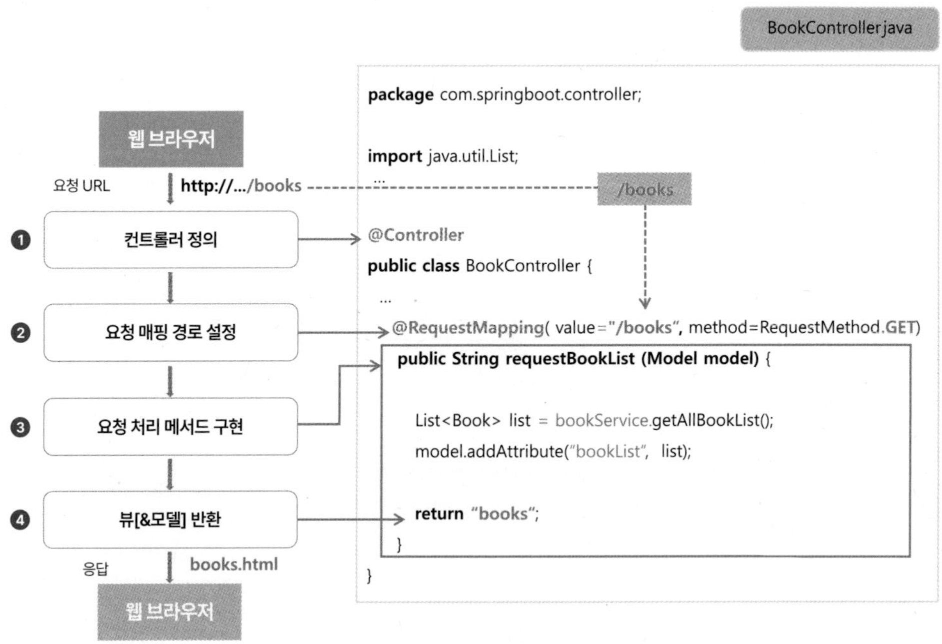

그림 4-2 컨트롤러 구현 과정

❶ 컨트롤러로 사용할 자바 클래스에 @Controller 또는 @RestController를 선언합니다.

❷ 사용자의 웹 요청 URL과 자바 클래스 또는 메서드가 매핑되도록 @RequestMapping을 설정합니다.

❸ 사용자 요청을 처리하는 메서드를 만듭니다.

❹ 처리된 결과를 반환하도록 메서드 안에 뷰 이름이나 뷰 이름을 포함한 모델을 설정합니다.

4

4.2 컨트롤러 정의

컨트롤러가 웹에서 사용자 요청을 전달받아 처리하고 결과를 반환할 수 있도록 특정 자바 클래스를 컨트롤러로 정의하는 @Controller 및 @RestController를 알아봅니다.

2.1 @Controller로 컨트롤러 정의하기

웹 애플리케이션에서 사용자의 요청과 응답을 처리하는 컨트롤러는 웹 브라우저에서 들어온 요청을 처리하는 메서드를 포함하는 특정 자바 클래스입니다. @Controller를 선언하면 특정 자바 클래스가 컨트롤러 역할을 하게 할 수 있습니다.

다음은 Example01Controller 클래스에 @Controller를 선언하여 컨트롤러를 정의한 예입니다.

[@Controller를 이용한 컨트롤러 정의 예]

Example01Controller.java

```
package com.springboot.controller;
...
import org.springframework.stereotype.Controller;

@Controller    ❶
public class Example01Controller {
    @RequestMapping(value = "/exam01", method = RequestMethod.GET)    ❷
    public void requestMethod() {
        return "viewPage01";    ❹    ─❸
    }
}
```

❶ 웹 요청 URL에 대해 디스패처 서블릿이 컨트롤러를 선택할 수 있도록 자바 클래스가 컨트롤러임을 알려 줍니다.

❷ 사용자의 웹 요청 URL이 http://localhost:8080/exam01이면 매핑하는 경로입니다.

❸ 웹 요청 URL을 처리하는 요청 처리 메서드입니다.

❹ 뷰 이름을 viewPage01로 반환해 웹 브라우저에 응답하는 뷰 페이지가 viewPage01.html이 됩니다.

viewPage01.html

```
<html>
<head>
    <title>Chap04</title>
</head>
<body>
    @Controller 예제입니다
</body>
</html>
```

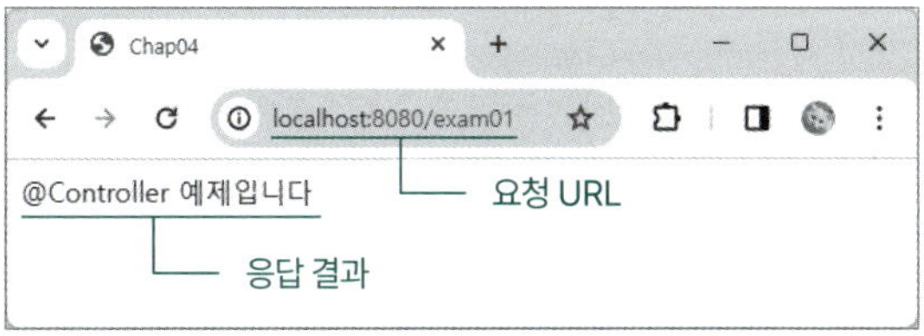

[한눈에 보기]

사용자의 웹 요청 URL(http://localhost:8080/exam01)에 대한 응답으로 viewPage01 페이지를 웹 브라우저에 출력하는 과정입니다.

4

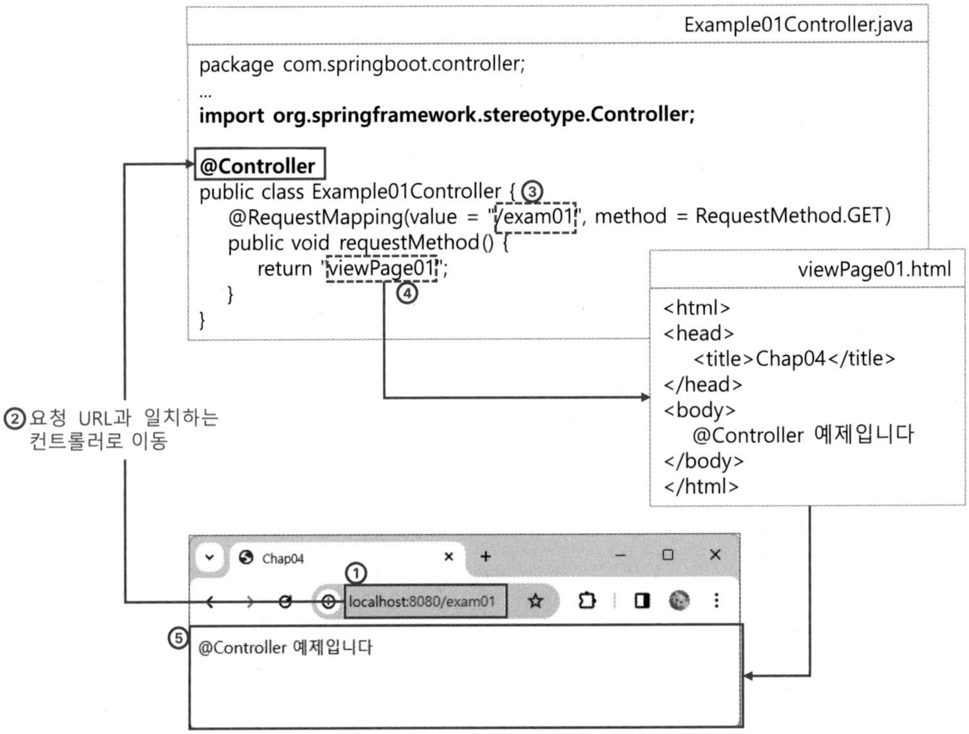

NOTE

스프링 MVC를 기반으로 웹 애플리케이션을 개발하려면 컨트롤러와 의존 관계에 있는 자바 클래스를 빈으로 등록하기 위해 스프링 MVC 환경 설정 파일(servlet-context.xml)에 〈context:component-scan〉을 사용해야 합니다.

```
<?xml version="1.0" encoding="UTF-8"?>
<beans:beans...>
    ...
    <context:component-scan base-package="com.springboot.*"/> // 컨트롤러의 빈 객체
                                                                 등록
</beans:beans>
```

하지만 스프링 부트는 메인 파일에 선언된 @SpringBootApplication이 컨트롤러와 의존 관계에 있는 자바 클래스를 모두 자동으로 등록하기 때문에 이 과정이 필요 없습니다.

2.2 @RestController로 컨트롤러 정의하기

Restful 웹 서비스(13장 참고)는 HTTP 요청에 대한 응답을 RESTful 아키텍처 스타일에 맞춰 처리하는 특정 자바 클래스로, @RestController를 선언하여 사용합니다. @RestController는 @Controller와 @ResponseBody가 합쳐진 형태로 뷰(view) 없이 문자열과 JSON 형식의 데이터를 반환합니다.

다음은 Example02Controller 클래스에 @RestController를 선언하여 컨트롤러를 정의한 예입니다.

[@RestController를 이용한 컨트롤러 정의 예]

Example02Controller.java

```
package com.springboot.controller;
...
import org.springframework.web.bind.annotation.RestController;

@RestController    ❶
public class Example02Controller {
    @RequestMapping(value = "/exam02", method = RequestMethod.GET)    ❷
    public String requestMethod() {
        return "@RestController 예제입니다";    ❹
    }    ❸
}
```

❶ 웹 요청 URL에 대해 디스패처 서블릿이 컨트롤러를 선택할 수 있도록 자바 클래스가 컨트롤러임을 알려 줍니다.

❷ 사용자의 웹 요청 URL이 http://localhost:8080/exam02이면 매핑하는 경로입니다.

❸ 웹 요청 URL을 처리하는 요청 처리 메서드입니다.

❹ 웹 브라우저에 문자열을 출력하며 웹 브라우저에 응답하는 뷰 페이지는 없습니다.

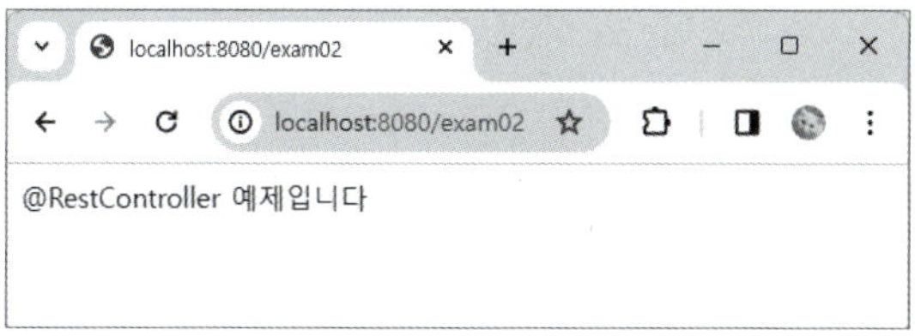

[한눈에 보기]

사용자의 웹 요청 URL(http://localhost:8080/exam02)에 대한 응답으로 문자열을 출력하는 과정입니다.

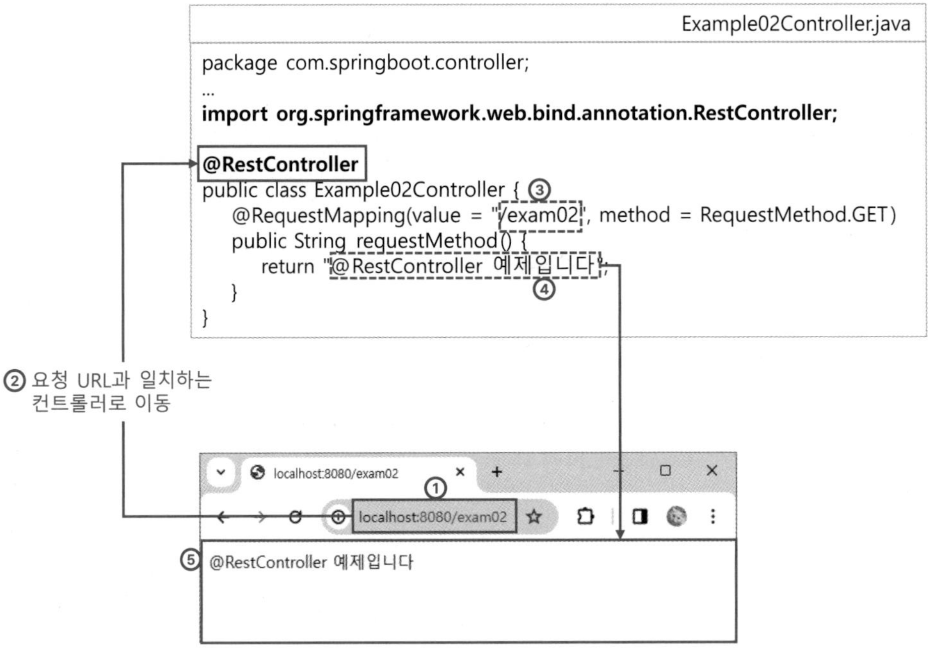

앞의 예제를 @Controller가 선언된 컨트롤러로 변경하려면 요청 처리 메서드에 @ResponseBody를 반드시 선언해야 합니다.

```
package com.springboot.controller;
...
import org.springframework.stereotype.Controller;
import org.springframework.web.bind.annotation.ResponseBody;

@Controller
public class Example02Controller {
    @RequestMapping(value = "/exam02", method = RequestMethod.GET)
```

```
    public @ResponseBody String requestMethod() {
        return "@RestController 예제입니다";
    }
}
```


NOTE **@Controller와 @RestController의 차이점**

@Controller	@RestController
스프링 2.5 버전에서 추가된 애너테이션	스프링 4.0 버전에서 추가된 애너테이션
JSP, HTML과 같은 뷰(view)에 데이터를 전달	JSON 또는 XML 형식으로만 데이터를 전달
뷰(view) 필요함	뷰(view) 필요 없음
응답 데이터 전송시 @ResponseBody 필요함	응답 데이터 전송시 @ResponseBody 필요 없음

4.3 @RequestMapping을 이용한 요청 매핑 경로 설정

웹에서 사용자 요청이 들어오면 컨트롤러와 메서드가 호출되어 요청을 처리합니다. 이때 사용자 요청 URL에 맞는 컨트롤러나 메서드로 연결시키는 것이 @RequestMapping입니다. 사용 형식은 다음과 같습니다.

```
@RequestMapping(value="웹 요청 URL"[, method=RequestMethod.HTTP 요청 방식 ...])
```

@RequestMapping에서 사용할 수 있는 속성은 다음과 같습니다.

표 4-1 @RequestMapping의 속성

속성	타입	설명
value	String	기본 매핑 경로 이름
method	RequestMethod	HTTP 요청 방식(GET, POST, PUT, DELETE)
headers	String	매핑된 요청의 헤더
name	String	해당 매핑에 이름 지정
params	String	매핑된 요청 파라미터
path	String	서블릿 환경만의 경로 매핑 URI
consumes	String	매핑된 요청의 소비 가능한 미디어 유형
produces	String	매핑된 요청의 생산 가능한 미디어 유형

@RequestMapping의 형식은 클래스 수준과 메서드 수준으로 이루어집니다.

3.1 컨트롤러에 @RequestMapping 적용하기

웹에서 사용자가 요청한 URL에 매핑되는 @RequestMapping이 컨트롤러에 선언되는 경우에 클래스 수준의 @RequestMapping이라고 합니다. 이를 사용할 때는 기본 매핑 경로를 설정하지 않은 @RequestMapping만 선언된 요청 처리 메서드가 있어야 합니다.

다음은 컨트롤러에 적용한 클래스 수준의 @RequestMapping의 예입니다. 웹 요청 URL이 http://.../exam03이면 Example03Controller 컨트롤러의 requestMethod() 메서드에 매핑되어 요청을 처리합니다.

4

[컨트롤러에 @RequestMapping을 적용한 예]

Example03Controller.java

```
package com.springboot.controller;
...
import org.springframework.web.bind.annotation.RequestMapping;
import org.springframework.web.bind.annotation.RequestMethod;

@Controller
@RequestMapping(value = "/exam03", method = RequestMethod.GET)   ❶
public class Example03Controller {
    @RequestMapping   ❷
    public String requestMethod() {
        return "viewPage03";   ❸
    }
}
```

viewPage03.html

```
<html>
<head>
    <title>Chap04</title>
</head>
<body>
    <h3>@RequestMapping 예제</h3>
    <p>웹 요청 URL은 /exam03 입니다.
</body>
</html>
```

❶ 클래스 수준의 @RequestMapping 선언으로 웹 요청 URL과 매핑할 기본 경로를 선언합니다. 웹 요청 URL이 /exam03이면 해당 컨트롤러에 매핑합니다.

❷ 클래스 수준의 @RequestMapping에 대한 실제 요청을 처리할 메서드로 매핑합니다.

❸ 실제 요청을 처리하는 메서드입니다.

@RequestMapping의 속성은 다음과 같이 생략할 수도 있습니다.

```
@Controller
@RequestMapping(value = "/exam03")
public class Example03Controller {
    @RequestMapping
    public String requestMethod() {
        return "viewPage03";
    }
}
```

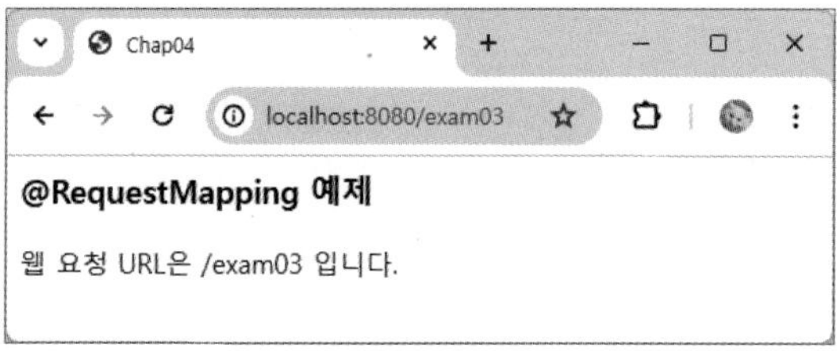

[한눈에 보기]

사용자의 웹 요청 URL(http://localhost:8080/exam03)에 대한 응답으로 viewPage03 페이지를 웹 브라우저에 출력하는 과정입니다.

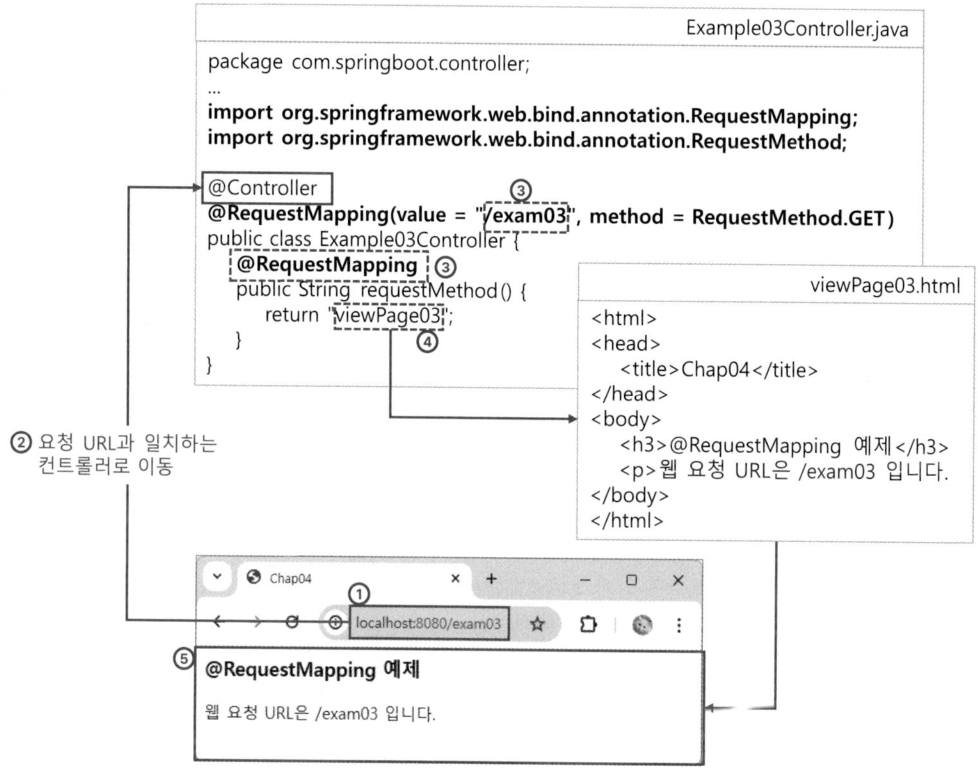

3.2 메서드에 @RequestMapping 적용하기

웹에서 사용자가 요청한 URL에 대해 컨트롤러 안의 어떤 메서드를 처리할지 선언하여 사용하는 경우를 메서드 수준의 @RequestMapping이라고 합니다. 메서드 수준의 @RequestMapping에서 method 속성의 기본값은 GET 방식이므로 생략할 수 있습니다.

다음은 메서드에 적용한 메서드 수준의 @RequestMapping 예입니다. 웹 요청 URL이 http://localhost:8080/.../exam04이면 컨트롤러인 Example04Controller 클래스의 requestMethod() 메서드에 매핑되어 요청을 처리합니다. 이는 앞에서 살펴본 클래스 수준의 @RequestMapping을 적용한 결과와 동일합니다.

[메서드에 @RequestMapping을 적용한 예]

Example04Controller.java

```
package com.springboot.controller;
...
import org.springframework.web.bind.annotation.RequestMapping;
import org.springframework.web.bind.annotation.RequestMethod;

@Controller
public class Example04Controller {
    @RequestMapping(value = "/exam04", method = RequestMethod.GET)    ❶
    public String requestMethod() {
        return "viewPage04";                                           ❷
    }
}
```

❶ 메서드 수준의 @RequestMapping 선언으로 웹 요청 URL과 매핑할 기본 경로를 선언합니다. 웹 요청 URL이 /exam04이면 해당 메서드에 매핑합니다.

❷ 메서드 수준의 @RequestMapping에 대한 실제 요청을 처리하는 메서드입니다.

@RequestMapping의 value와 method 속성이 HTTP 요청 방식의 기본값인 GET 방식이면 다음과 같이 생략할 수 있습니다.

```
@Controller
public class Example04Controller {
    @RequestMapping(value = "/exam04")
    public String requestMethod() {
        return "viewPage04";
    }
}
```

[한눈에 보기]

사용자의 웹 요청 URL(http://localhost:8080/exam04)에 대한 응답으로 viewPage04 페이지를 웹 브라우저에 출력하는 과정입니다.

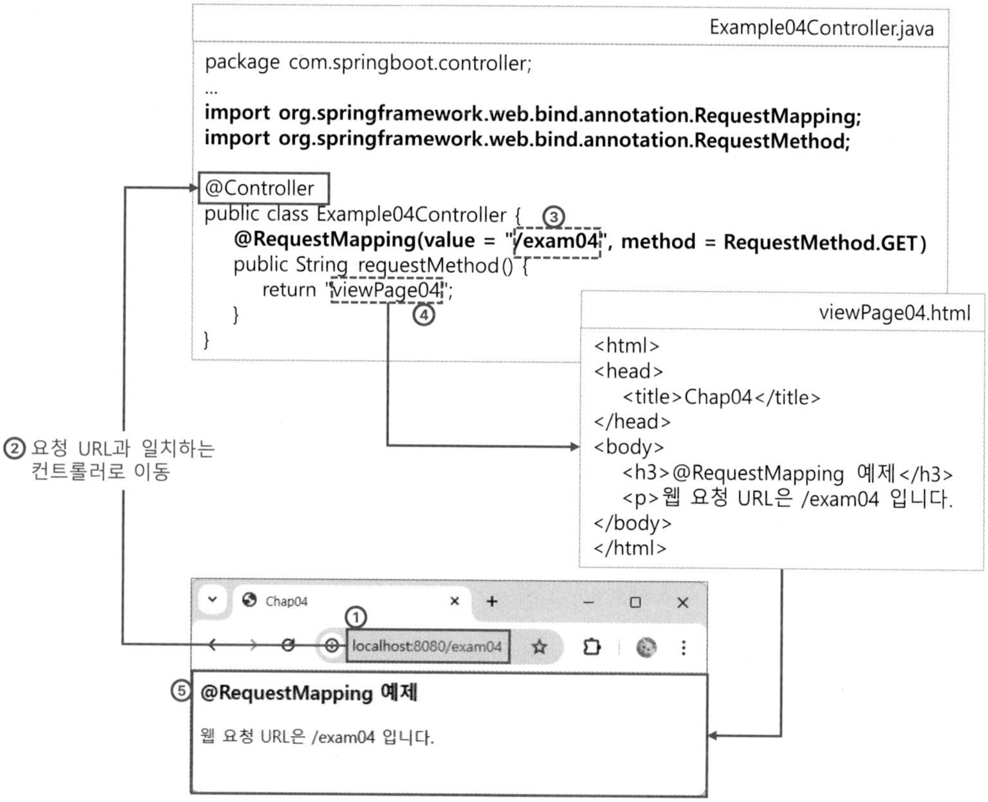

3.3 @RequestMapping 단순화하기

스프링 4.3부터는 HTTP 요청 방식에 대한 매핑을 단순화하고, 요청 처리 메서드의 의미를 좀 더 잘 표현하는 데 도움이 되도록 메서드 수준의 @RequestMapping을 변형하여 지원합니다. 예를 들어 HTTP 요청 방식이 GET이면 @GetMapping 애너테이션으로 표현하고 이를 GET @RequestMapping으로 읽습니다.

표 4-2 단순화된 다양한 @RequestMapping

애너테이션	설명	method 속성 사용
@GetMapping	매핑할 HTTP 요청 방식이 GET인 경우	method=RequestMethod.GET
@PostMapping	매핑할 HTTP 요청 방식이 POST인 경우	method=RequestMethod.POST
@PutMapping	매핑할 HTTP 요청 방식이 PUT인 경우	method=RequestMethod.PUT

@DeleteMapping	매핑할 HTTP 요청 방식이 DELETE인 경우	method=RequestMethod.DELETE
@PatchMapping	매핑할 HTTP 요청 방식이 PATCH인 경우	method=RequestMethod.PATCH

다음은 앞에서 살펴본 @RequestMapping을 GET @RequestMapping으로 단순화한 예입니다.

[메서드에 @RequestMapping을 단순화한 예]

Example05Controller.java

```
package com.springboot.controller;
...
import org.springframework.web.bind.annotation.GetMapping;


@Controller
@RequestMapping("/home")
public class Example05Controller {
    @GetMapping("/exam05")
    public String requestMethod() {
        return "viewPage05";
    }
}
```

viewPage05.html

```
<html>
<head>
    <title>Chap04</title>
</head>
<body>
    <h3>@RequestMapping 예제</h3>
    <p>웹 요청 URL은 /home/exam05 입니다.
</body>
</html>
```

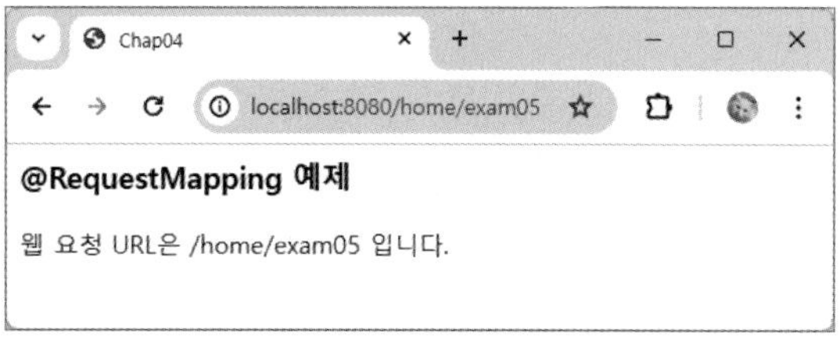

4

[한눈에 보기]

사용자의 웹 요청 URL(http://localhost:8080/home/exam05)에 대한 응답으로 viewPage05 페이지를 웹 브라우저에 출력하는 과정입니다.

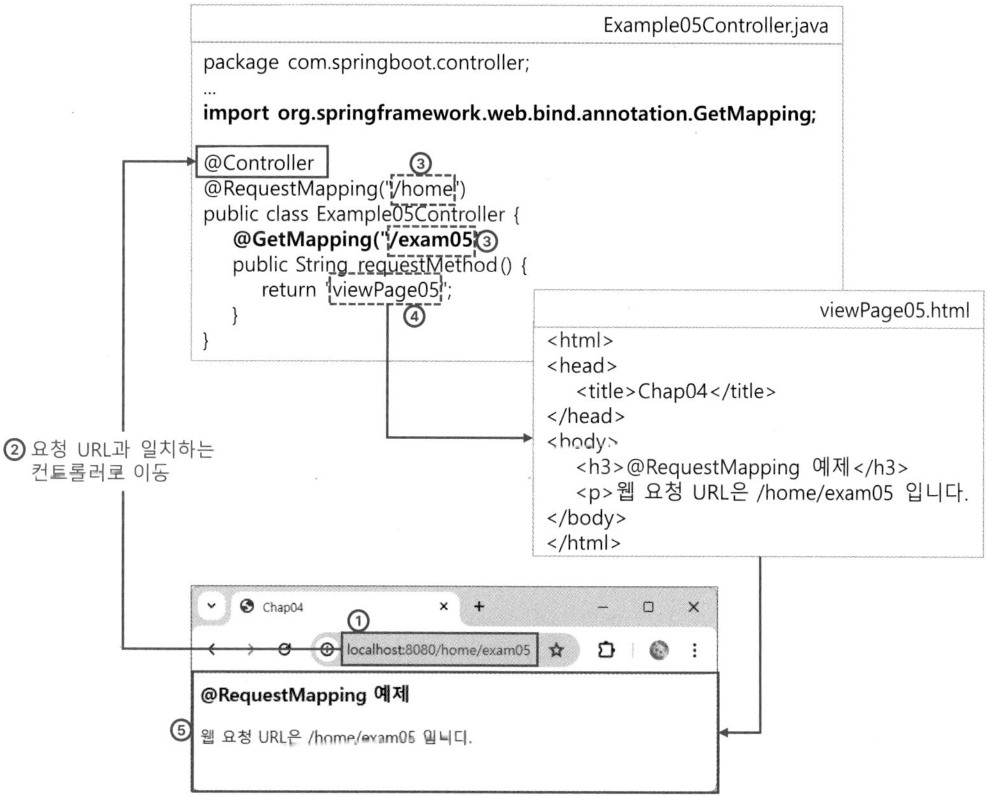

4.4 요청 처리 메서드와 모델 유형

요청 처리 메서드는 웹에서 들어온 사용자 요청을 처리하는 것으로, @RequestMapping에 설정된 요청 매핑 경로에 따라 호출됩니다. 요청 처리 메서드는 사용자 요청을 처리한 결과 데이터를 관리하고 전달하는 모델과 처리된 결과 데이터를 웹 브라우저에 출력하는 웹 페이지 역할의 뷰를 포함합니다. 요청 처리 메서드에서 응답 데이터를 저장하는 모델(&뷰) 클래스(또는 인터페이스)의 유형은 다음과 같습니다.

- Model: 데이터 또는 객체 정보를 저장합니다.
- ModelMap: 데이터 또는 객체 정보를 저장합니다.
- ModelAndView: 모델 및 뷰 정보를 저장합니다.

4.1 Model 인터페이스로 메서드 작성하기

Model 인터페이스는 사용자 요청에 대한 처리 결과를 뷰에 보여 주는 데 필요한 데이터를 Model 객체의 addAttribute() 메서드에 담아 전달합니다. 형식은 다음과 같습니다.

```
Model addAttribute(String attributeName, Object attributeValue)
```

- 역할: 지정한 이름(attributeName)에 지정한 값(attributeValue)을 등록합니다.
- 매개변수:
  - attributeName: 모델 속성의 이름(null이 될 수 없음)
  - attributeValue: 모델 속성의 값(null이 될 수 있음)

다음은 요청 처리 메서드 requestMethod()에 Model 객체를 사용해 모델 속성 이름 data1과 data2에 뷰로 전송할 값을 각각 저장하는 예입니다. 뷰 이름을 viewPage로 반환하면 viewPage.html 파일을 웹 브라우저에 출력합니다.

[Model을 적용한 요청 처리 메서드 예]

Example06Controller.java

```
package com.springboot.controller;
...
import org.springframework.ui.Model;

@Controller
public class Example06Controller {
    @GetMapping("/exam06")
    public String requestMethod(Model model) {
        model.addAttribute("data1", "Model 예제");
        model.addAttribute("data2", "웹 요청 URL은 /exam06 입니다");   ❶
        return "viewPage";   ❷
    }
}
```

❶ 모델 속성 이름 data1과 data2에 웹 브라우저로 전송할 데이터 값을 저장합니다.

❷ 뷰 이름을 viewPage로 반환하여 응답 페이지로 viewPage.html을 호출합니다.

viewPage.html

```
<html>
<head>
    <title>Chap04</title>
</head>
<body>
    <h3 th:text="${data1}"/>   ❶
    <p th:text="${data2}"/>   ❷
</body>
</html>
```

❶ 컨트롤러에서 전달된 모델 속성 이름 data1에 저장된 값을 출력합니다.

❷ 컨트롤러에서 전달된 모델 속성 이름 data2에 저장된 값을 출력합니다.

뷰 페이지의 타임리프 코드를 다음과 같이 변경하여 작성해도 됩니다.

```
<html>
<head>
    <title>Chap04</title>
</head>
<body>
    <h3>[[${data1}]]
    <p>[[${data2}]]
</body>
</html>
```

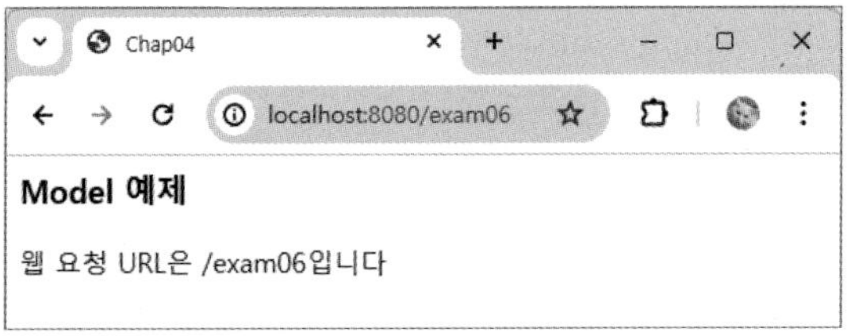

[한눈에 보기]

사용자의 웹 요청 URL(http://localhost:8080/exam06)에 대한 응답으로 viewPage 페이지를 웹 브라우저에 출력하는 과정입니다.

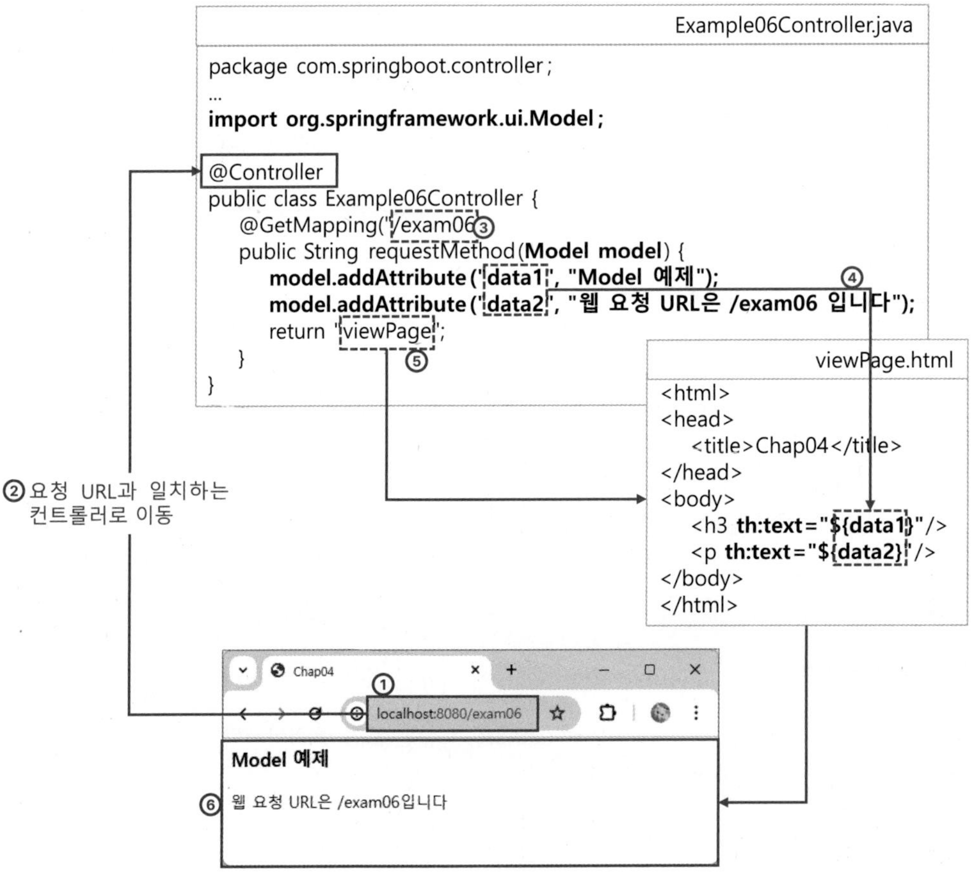

예제에서 모델 속성명 data1과 data2에 웹 브라우저로 전송할 데이터 값을 저장합니다. 이렇게 저장된 데이터는 뷰 페이지에서 모델 속성명으로 접근할 수 있습니다.

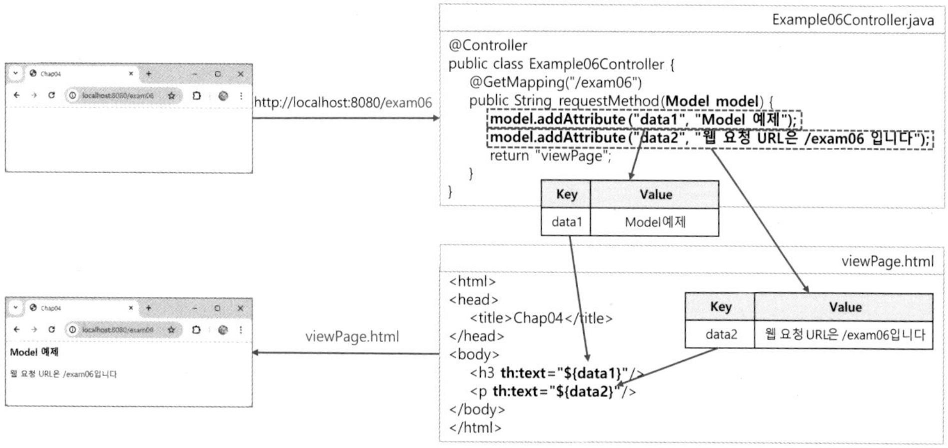

4.2 ModelMap 클래스로 메서드 작성하기

ModelMap 클래스는 Model 인터페이스와 동일하게 사용자 요청에 대한 처리 결과를 뷰에 보여 줄 때 필요한 데이터를 ModelMap 객체의 addAttribute() 메서드에 담아 전달합니다. 사용 형식은 다음과 같습니다.

`ModelMap addAttribute(String attributeName, Object attributeValue)`

- 역할: 지정된 이름(attributeName)에 지정한 값(attributeValue)을 등록합니다.
- 매개변수:
  - attributeName: 모델 속성의 이름(null이 될 수 없음)
  - attributeValue: 모델 속성의 값(null이 될 수 있음)

다음은 ModelMap 객체를 적용한 예입니다. 앞에서 살펴본 Model 객체를 이용한 것과 동일하게 모델 속성 이름 data1과 data2에 뷰로 전송할 데이터를 저장하고 뷰 이름을 viewPage07로 반환합니다.

[ModelMap을 적용한 요청 처리 메서드 예]

Example07Controller.java

```
package com.springboot.controller;
...
import org.springframework.ui.ModelMap;

@Controller
public class Example07Controller {
    @GetMapping("/exam07")
    public String requestMethod(ModelMap model) {
        model.addAttribute("data1", "ModelMap 예제");
        model.addAttribute("data2", "웹 요청 URL은 /exam07입니다");   ❶
        return "viewPage";   ❷
    }
}
```

❶ 모델 속성 이름 data1과 data2에 웹 브라우저로 전송할 데이터 값을 저장합니다.

❷ 뷰 이름을 viewPage로 반환하여 응답 페이지로 viewPage.html을 호출합니다.

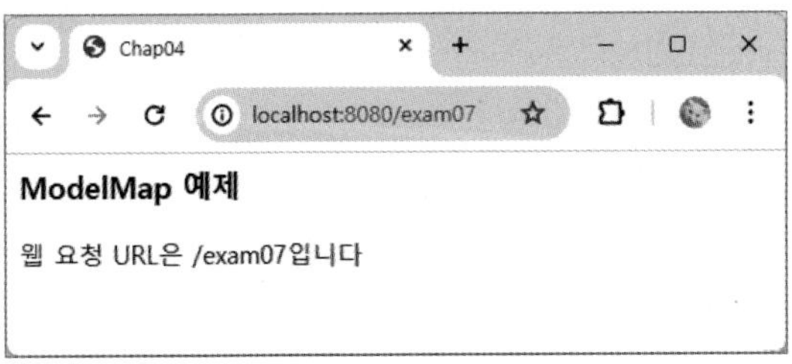

[한눈에 보기]

사용자의 웹 요청 URL(http://localhost:8080/exam07)에 대한 응답으로 viewPage 페이지를 웹 브라우저에 출력하는 과정입니다.

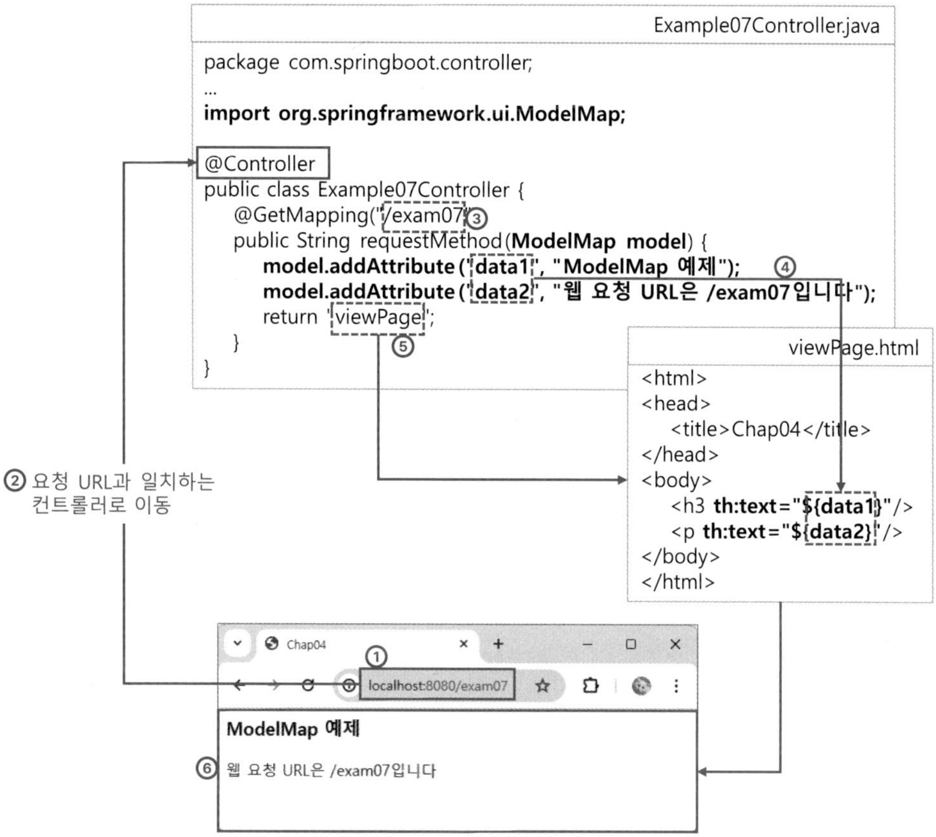

4.3 ModelAndView 클래스로 메서드 작성하기

ModelAndView 클래스는 모델과 뷰 이름을 합친 것입니다. 사용자 요청에 대한 처리 결과 데이터를 ModelAndView 객체의 addObject() 메서드에 담아 전달하고 setViewName() 메서드로 뷰 이름을 설정합니다. 사용 형식은 다음과 같습니다.

```
ModelAndView addObject(String attributeName, Object attributeValue)
```

- 역할: 지정된 이름(attributeName)에 지정된 값(attributeValue)을 등록합니다.
- 매개변수:
  - attributeName: 모델 속성의 이름(null이 될 수 없음)
  - attributeValue: 모델 속성의 값(null이 될 수 있음)

```
void setViewName(String viewName)
• 역할: 뷰 이름을 설정합니다.
• 매개변수:
  - viewName: 뷰 이름
```

다음은 ModelAndView 객체를 적용한 예입니다. 앞에서 살펴본 Model과 ModelMap 객체를 사용한 예와 동일합니다.

[ModelAndView를 적용한 요청 처리 메서드 예]

Example08Controller.java

```
package com.springboot.controller;
...
import org.springframework.web.servlet.ModelAndView;

@Controller
public class Example08Controller {
    @GetMapping("/exam08")
    public ModelAndView requestMethod() {
        ModelAndView mav = new ModelAndView();
        mav.addObject("data1", "ModelAndView 예제");                  ❶
        mav.addObject("data2", "웹 요청 URL은  /exam08 입니다");
        mav.setViewName("viewPage");    ❷
        return mav;
    }
}
```

❶ 모델 속성 이름 data1과 data2에 웹 브라우저로 전송할 데이터 값을 저장합니다.

❷ 뷰 이름을 viewPage로 설정하여 응답 페이지로 viewPage.html을 출력합니다.

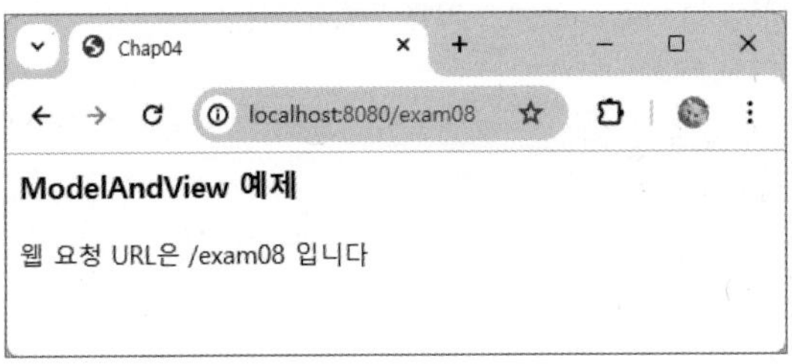

[한눈에 보기]

사용자의 웹 요청 URL(http://localhost:8080/exam08)에 대한 응답으로 viewPage 페이지를 웹 브라우저에 출력하는 과정입니다.

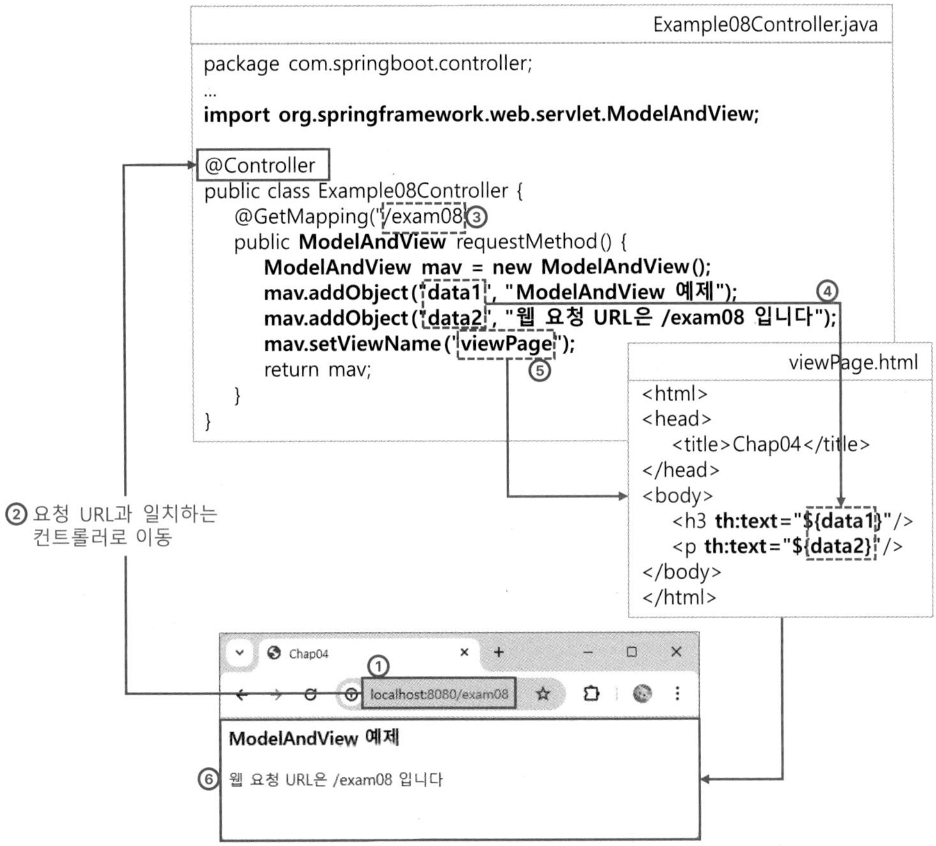

NOTE Model(ModelMap)과 ModelAndView 차이

	Model(ModelMap) 클래스	ModelAndView 클래스
뷰에 사용할 데이터	addAttribute() 메서드 사용	addObject() 메서드 사용
요청할 뷰 이름	요청 처리 메서드의 문자열로 뷰 이름 반환	setViewName() 메서드 사용

SPRING BOOT

4.5 [도서 쇼핑몰] 도서 목록 표시하기

웹 페이지에 도서 데이터를 보여 주는 자바 클래스인 컨트롤러를 구현하여 도서 쇼핑몰에서 도서 목록을 출력합니다. 또한 시작 페이지를 호출하는 컨트롤러도 구현합니다.

[미리보기] 도서 쇼핑몰 로드맵

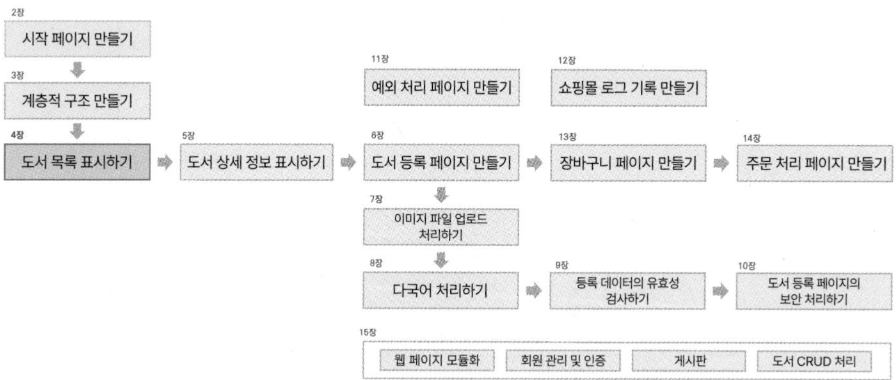

[미리보기] 도서 목록 표시

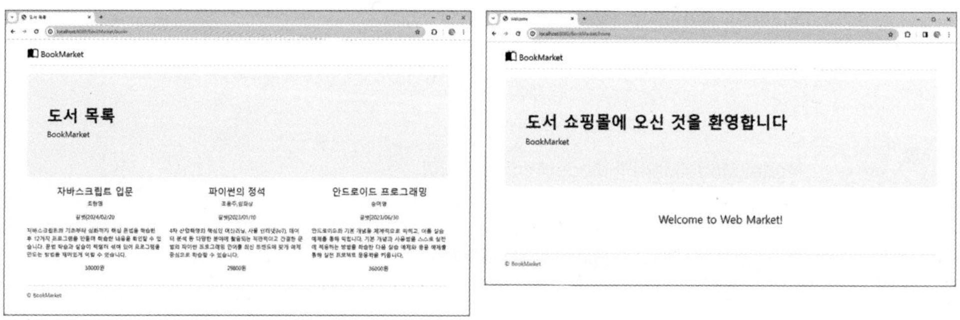

실습 1 @Controller로 도서 목록 출력하기

3장에서 생성한 BookController 클래스에 @Controller를 선언하여 컨트롤러를 만듭니다.

1 @Controller로 컨트롤러 생성 BookController 클래스에 @Controller가 선언된 것을 확인합니다.

4

BookMarket/src/main/java/com/springboot/controller/BookController.java

```
package com.springboot.controller;

import java.util.List;

import org.springframework.beans.factory.annotation.Autowired;
import org.springframework.stereotype.Controller;
import org.springframework.ui.Model;
import org.springframework.web.bind.annotation.RequestMapping;
import org.springframework.web.bind.annotation.RequestMethod;

import com.springboot.domain.Book;
import com.springboot.service.BookService;

@Controller
public class BookController {

    @Autowired // 클래스의 프로퍼티(멤버 변수)에 선언
    private BookService bookService;

    @RequestMapping(value = "/books", method = RequestMethod.GET)  ❶
    public String requestBookList(Model model) {                   ─❷
        List<Book> list = bookService.getAllBookList();  ❸
        model.addAttribute("bookList", list);  ❹
        return "books";  ❺
    }
}
```

❶ 요청 매핑 경로를 books로 설정합니다.

❷ 요청 처리 메서드입니다.

❸ 도서 목록을 가져옵니다.

❹ 도서 목록을 모델 속성 bookList에 저장합니다.

❺ 뷰 이름을 books로 반환합니다.

@Controller가 정의된 BookController 클래스는 컨트롤러 역할을 합니다.

2 프로젝트 실행 웹 브라우저에 **http://localhost:8080/BookMarket/books**를 입력하여 실행 결과를 확인합니다.

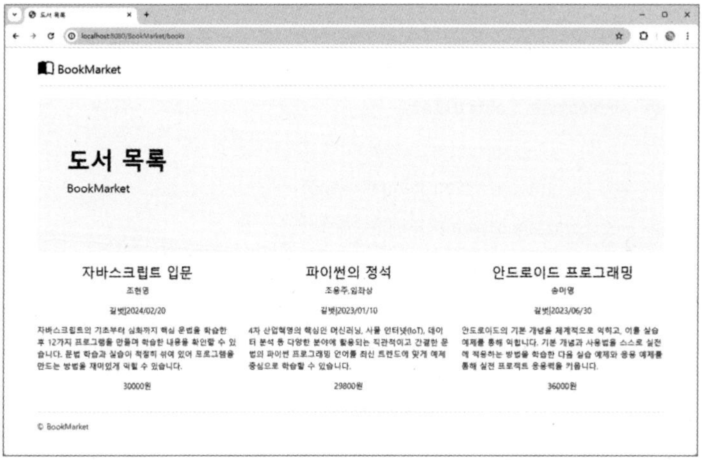

실습 2 @RestController로 시작 페이지 출력하기

시작 페이지의 클래스를 만들고 @RestController로 선언하여 컨트롤러를 만듭니다.

1 @RestController로 컨트롤러 생성 WelcomeController 클래스를 생성하고 다음과 같이 작성합니다.

BookMarket/src/main/java/com/springboot/controller/WelcomController.java

```
package com.springboot.controller;

import org.springframework.web.bind.annotation.RequestMapping;
import org.springframework.web.bind.annotation.RequestMethod;
import org.springframework.web.bind.annotation.RestController;

@RestController ❶
public class WelcomeController {

    @RequestMapping(value = "/home", method = RequestMethod.GET) ❷ ❸
    public String welcomeMethod() {
        String outHtml = ❹
            "<html> "+
            "<head> "+
            "<meta charset='UTF-8'> "+
            "<title>Welcome</title> "+
            "<link href='https://cdn.jsdelivr.net/npm/bootstrap@5.3.3/dist/
              css/bootstrap.min.css' rel='stylesheet' integrity='sha384-QWTK
              ZyjpPEjISv5WaRU9OFeRpok6YctnYmDr5pNlyT2bRjXh0JMhjY6hW+ALEwIH'
              crossorigin='anonymous'>"+
            "</head>"+
            "<body>"+
            "<div class='container py-4'>"+
            "<header class='pb-3 mb-4 border-bottom'>"+
            "<a href='./home' class='d-flex align-items-center text-body-emphasis text-
              decoration-none'>"+ ❺
            "<svg xmlns='http://www.w3.org/2000/svg' width='32' height='32'
              fill='currentColor' class='bi bi-book-half me-2' viewBox='0 0 16 16'>"+
            "<path d='M8.5 2.687c.654-.689 1.782-.886 3.112-.752 1.234.124 2.503.523
              3.388.893v9.923c-.918-.35-2.107-.692-3.287-.81-1.094-.111-2.278-.039-
              3.213.492zM8 1.783C7.015.936 5.587.81 4.287.94c-1.514.153-3.042.672-
              3.994 1.105A.5.5 0 0 0 0 2.5v11a.5.5 0 0 0 .707.455c.882-.4 2.303-.881
              3.68-1.02 1.409-.142 2.59.087 3.223.877a.5.5 0 0 0 .78 0c.633-.79 1.814-
              1.019 3.222-.877 1.378.139 2.8.62 3.681 1.02A.5.5 0 0 0 16 13.5v-11a.5.5
              0 0 0-.293-.455c-.952-.433-2.48-.952-3.994-1.105C10.413.809 8.985.936 8
              1.783'/>"+
```

```
            "</svg>"+
            "<span class='fs-4'>BookMarket</span>"+
            "</a>"+
            "</header>"+
            "<div class='p-5 mb-4 bg-body-tertiary rounded-3'>"+
            "   <div class='container-fluid py-5'>"+
            "       <h1 class='display-5 fw-bold'>도서 쇼핑몰에 오신 것을 환영합니다</
                    h1>"+
            "       <p class='col-md-8 fs-4'>BookMarket</p>"+
            "   </div>"+
            "</div>"+

            "<div class='row align-items-md-stretch text-center'>"+
            "   <div class='col-md-12'>"+
            "       <div class='h-100 p-5'>"+
            "           <h2>Welcome to Web Market!</h2>"+
            "       </div>"+
            "   </div>"+
            "</div>"+

            "<footer class='pt-3 mt-4 text-body-secondary border-top'>"+
            "   <span class='text-body-secondary'>&copy; BookMarket</span>"+
            "</footer>"+
            "</div>"+
            "</body>"+
            "</html>";
        return outHtml;    ❻
    }
}
```

❶ WelcomeController 클래스에 @RestController를 선언합니다.

❷ 웹 요청 URL이 http://localhost:8080/home이면 매핑합니다.

❸ 웹 요청 URL을 처리하는 요청 처리 메서드입니다.

❹ src/main/resources/static/ 폴더의 welcome.html 파일 내용을 복사 후 붙여넣기를 하여 문자열을 작성합니다.

❺ BookMarket 메뉴를 선택하면 시작 페이지인 home으로 이동합니다.

❻ outHtml에 저장된 값을 전달하여 웹 브라우저에 출력합니다.

NOTE

welcome.html 파일의 내용을 복사하여 가져올 때 문자열은 큰따옴표(") 내에 표현하기 때문에 html 태그 안의 큰따옴표(")를 모두 작은따옴표(')로 변경하거나 ₩"로 수정해야 합니다.

4

2 프로젝트 실행 웹 브라우저에 http://localhost:8080/BookMarket/home을 입력하여 실행 결과를 확인합니다.

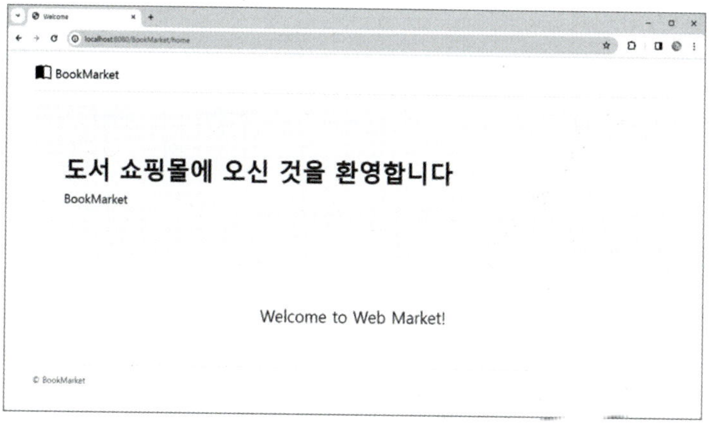

실습 3 클래스 수준의 @RequestMapping 작성하기

컨트롤러에 @RequestMapping을 작성하여 저장된 도서 목록을 출력하는 요청 매핑 경로를 설정합니다.

1 @RequestMapping을 적용한 클래스 생성 BookController 클래스에 @RequestMapping을 다음과 같이 수정합니다.

BookMarket/src/main/java/com/springboot/controller/BookController.java

```
package com.springboot.controller;
...
@Controller
```

```
@RequestMapping(value = "/books")  ❶
public class BookController {
    Autowired
    private BookService bookService;

    @RequestMapping  ❷
    public String requestBookList(Model model) {
        List<Book> list = bookService.getAllBookList();
        model.addAttribute("bookList", list);          ❸
        return "books";
    }
}
```

❶ 클래스 수준의 @RequestMapping 및 웹 요청 URL의 매핑 기본 경로를 /books로 설정합니다.

❷ 클래스 수준의 @RequestMapping에 대한 실제 요청을 처리할 메서드에 작성합니다.

❸ 실제 요청을 처리하는 메서드입니다.

2 도서 목록 페이지 수정 books.html 파일을 다음과 같이 수정합니다.

BookMarket/src/main/resources/temaplates/books.html

```
...
    <header class="pb-3 mb-4 border-bottom">
        <a href="/BookMarket/home" class="d-flex align-items-center text-body-emphasis
         text-decoration-none">  ❶
            <svg xmlns="http://www.w3.org/2000/svg" width="32" height="32"
             fill="currentColor" class="bi bi-book-half me-2" viewBox="0 0 16 16">
...
```

❶ 웹 페이지에서 BookMarket 메뉴 선택 시 시작 페이지인 home으로 이동하도록 작성합니다.

3 프로젝트 실행 웹 브라우저에 http://localhost:8080/BookMarket/books를 입력하여 실행 결과를 확인합니다.

실습 4 메서드 수준의 @RequestMapping 작성하기

메서드에 @RequestMapping을 작성하여 저장된 도서 목록을 출력하는 요청 매핑 경로를 설정합니다.

4

1 @RequestMapping을 적용한 메서드 생성 BookController 클래스에 다음과 같이 메서드를 추가 작성합니다.

BookMarket/src/main/java/com/springboot/controller/BookController.java

```
package com.springboot.controller;
...
@Controller
@RequestMapping(value = "/books")
public class BookController {

    @Autowired
    private BookService bookService;
    ...
    @RequestMapping("/all")  ❶
    public String requestAllBooks(Model model) {
        List<Book> list = bookService.getAllBookList();
        model.addAttribute("bookList", list);           ❷
        return "books";
    }
}
```

❶ 메서드 수준의 @RequestMapping 및 웹 요청 URL의 매핑 기본 경로를 /all로 설정합니다.

❷ 메서드 수준의 @RequestMapping에 대한 실제 요청을 처리하는 메서드입니다.

2 프로젝트 실행 웹 브라우저에 http://localhost:8080/BookMarket/books/all을 입력하여 실행 결과를 확인합니다.

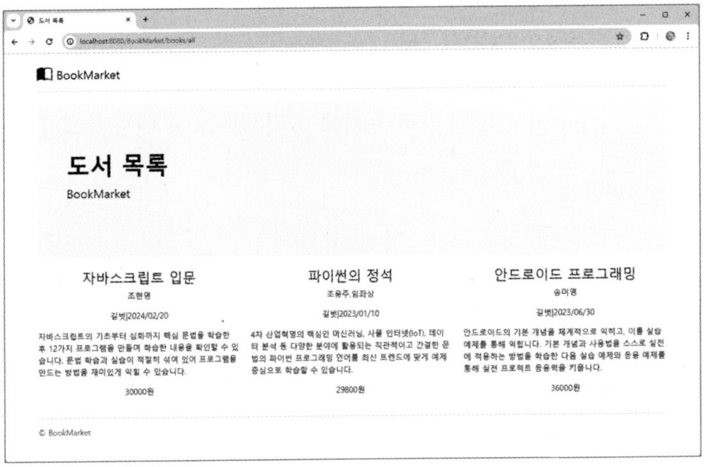

실습 5 단순화한 @RequestMapping 작성하기

단순화한 메서드 수준의 @RequestMapping을 작성하여 저장된 도서 목록을 출력하는 요청 매핑 경로를 설정합니다.

1 요청 처리 메서드에 @GetMapping 적용 BookController 클래스를 다음과 같이 수정합니다.

BookMarket/src/main/java/com/springboot/controller/BookController.java

```
package com.springboot.controller;
...
import org.springframework.web.bind.annotation.GetMapping;
...

@Controller
@RequestMapping(value = "/books")
public class BookController {

    @Autowired
    private BookService bookService;

```

```
    @GetMapping
    public String requestBookList(Model model) {
        List<Book> list = bookService.getAllBookList();
        model.addAttribute("bookList", list);
        return "books";
    }

    @GetMapping("/all")
    public String requestAllBooks(Model model) {
        List<Book> list = bookService.getAllBookList();
        model.addAttribute("bookList", list);
        return "books";
    }
}
```

❶ 웹 요청 URL이 /books이면 requestBookList() 메서드가 처리합니다. 이는 @RequestMapping과 같습니다.

❷ 웹 요청 URL이 /books/all이면 requestAllBooks() 메서드가 처리합니다. 이는 @RequestMapping(value="/all", method=RequestMethod.GET) 또는 @RequestMapping("/all")과 같습니다.

2 프로젝트 실행 웹 브라우저에 http://localhost:8080/BookMarket/books 또는 http://localhost:8080/BookMarket/books/all을 입력하여 실행 결과를 확인합니다.

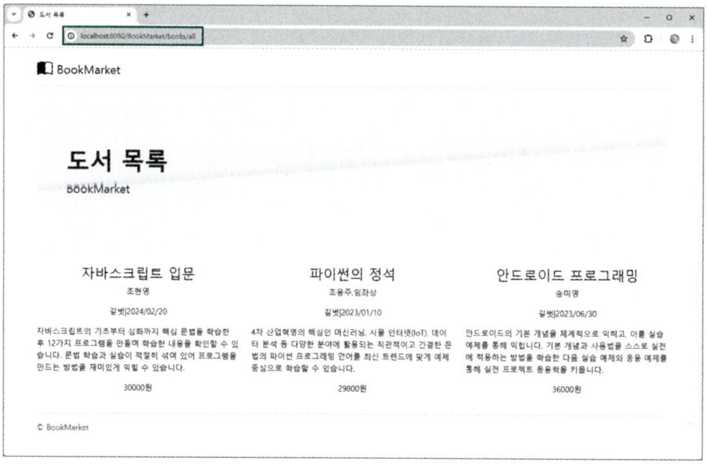

실습 6 ModelAndView 클래스로 결과 반환하기

모델과 뷰를 한 번에 처리할 수 있는 ModelAndView 클래스를 사용하여 도서 목록을 출력합니다.

1 ModelAndView 적용 BookController 클래스를 다음과 같이 수정합니다.

BookMarket/src/main/java/com/springboot/controller/BookController.java

```
package com.springboot.controller;
...
import org.springframework.web.servlet.ModelAndView;
...
@Controller
@RequestMapping("/books")
public class BookController {
    ...
    @GetMapping("/all")
    public ModelAndView requestAllBooks() {
        ModelAndView modelAndView = new ModelAndView();   ❶
        List<Book> list = bookService.getAllBookList();
        modelAndView.addObject("bookList", list);   ❷
        modelAndView.setViewName("books");   ❸
        return modelAndView;   ❹
    }
}
```

❶ ModelAndView 클래스의 인스턴스인 modelAndView를 생성합니다.

❷ 도서 목록을 가져오는 서비스 객체의 메서드를 호출하여 모델 속성 이름 bookList에 저장합니다.

❸ 도서 목록 페이지를 출력하도록 뷰 이름을 books로 작성하여 books.html을 출력합니다.

❹ ModelAndView 클래스의 인스턴스인 modelAndView를 반환합니다.

2 프로젝트 실행 웹 브라우저에 http://localhost:8080/BookMarket/books/all을 입력하여 실행 결과를 확인합니다.

요약

1. 컨트롤러의 개요

- 스프링 MVC 패턴과 연동된 스프링 부트가 웹에서 사용자 요청을 받으면 가장 먼저 내장된 톰캣 서버의 디스패처 서블릿으로 요청을 전달하고 컨트롤러(controller)는 이 요청을 실제로 처리합니다.
- 웹 요청을 전달받은 컨트롤러는 내용을 해석한 후 요청을 처리할 수 있는 메서드를 호출하여 처리한 후에 사용자에게 결과를 반환합니다.
- 컨트롤러로 사용할 클래스와 클래스 내부에 사용자 요청을 처리하는 메서드를 구현하는 것을 컨트롤러를 구현한다고 표현합니다.

2. 컨트롤러 구현 과정

- 컨트롤러 정의: 컨트롤러로 사용할 자바 클래스에 @Controller 또는 @RestController를 선언합니다.
- 요청 매핑 경로 설정: 사용자의 웹 요청 URL과 자바 클래스 또는 메서드가 매핑되도록 @RequestMapping을 설정합니다.
- 요청 처리 메서드 구현: 사용자 요청을 처리하는 메서드를 만듭니다.
- 뷰 또는 뷰&모델 반환: 처리 결과를 반환하도록 메서드 안에 뷰 이름이나 뷰 이름을 포함한 모델을 설정합니다.

3. 요청 처리 메서드

- 웹에서 들어온 사용자 요청을 처리하는 것으로, @RequestMapping에 설정된 요청 매핑 경로에 따라 호출됩니다.
- 사용자 요청을 처리한 결과 데이터를 관리하고 전달하는 모델과 처리된 결과 데이터를 웹 브라우저에 출력하는 웹 페이지 역할의 뷰를 포함합니다.

4. 요청 처리 메서드에서 응답 데이터를 저장하는 모델 유형

- Model 인터페이스: 데이터 또는 객체 정보 저장
- ModelMap 클래스: 데이터 또는 객체 정보 저장
- ModelAndView 클래스: 모델 및 뷰 정보 저장

연습문제

01. 다음 중 웹 브라우저에서 들어온 요청을 처리하는 메서드를 포함하고 있는 특정 자바 클래스를 컨트롤러로 사용하는 애너테이션으로 옳은 것은?

① @Controller

② @Repository

③ @Service

④ @RequestMapping

02. 다음 중 스프링 부트의 컨트롤러에 대한 설명으로 옳은 것은?

① @Controller가 선언된 특정 자바 클래스입니다.

② 컨트롤러 역할을 하는 자바 클래스는 오직 하나이어야 합니다.

③ 컨트롤러와 의존 관계에 있는 자바 클래스들을 build.gradle 빈 객체로 등록해야 합니다

④ 웹 요청 URL이 들어오면 컨트롤러를 검색하는 별도의 웹 서버가 있어야 합니다.

03. 다음 중 어떤 컨트롤러와 메서드가 웹에서 들어온 사용자 요청을 처리할지 매핑할 수 있게 하는 애너테이션으로 옳은 것은?

① @Controller

② @Repository

③ @Service

④ @RequestMapping

04. 다음 중 요청 처리 메서드에서 사용자 요청을 처리한 결과를 웹 브라우저 화면에 보여 주는 모델과 뷰의 유형으로 옳지 않은 것은?

① Model

② ModelMap

③ ModelAndMap

④ ModelAndView

05. 다음 중 요청 처리 메서드에서 사용자 요청을 처리한 결과를 웹 브라우저 화면에 보여 주는 ModelAndView에 대한 설명으로 옳지 않은 것은?

① addObject() 메서드를 사용하여 뷰에 사용할 데이터를 저장합니다.

② addAttribute() 메서드를 사용하여 뷰에 사용할 데이터를 저장합니다.

③ setViewName() 메서드를 사용하여 요청할 뷰 이름을 저장합니다.

④ ModelAndView는 모델 정보 및 뷰 정보를 저장하는 데 사용합니다.

※ 다음 코드를 보고 06~10번의 물음에 답하시오.

```
package com.springboot.chap04;
...
@Controller
@RequestMapping("/movies")
public class Chap04Controller {
    @RequestMapping(value="/books", method=RequestMethod.GET)
    public String requestBooks(Model model) {
        model.addAttribute("bookList", "도서목록");
        return "books";
    }
    @RequestMapping
    public String requestMovies(Model model) {
        model.addAttribute("movieList", "영화목록");
        return "movies";
    }
}
```

06. 다음 중 요청 처리 메서드 requestMovies(...)에 매핑하기 위해 웹 브라우저 주소 창에 입력하는 것으로 옳은 것은?

① http://localhost:8080/
② http://localhost:8080/movies
③ http://localhost:8080/movies/books
④ http://localhost:8080/books

07. 다음 중 요청 처리 메서드 requestBooks(...)에 매핑하기 위해 웹 브라우저 주소 창에 입력하는 것으로 옳은 것은?

① http://localhost:8080/
② http://localhost:8080/movies
③ http://localhost:8080/movies/books
④ http://localhost:8080/books

08. 다음 중 메서드 수준의 @RequestMapping을 단순화하는 애너테이션의 유형으로 옳지 않은 것은?

① @GetMapping
② @PostMapping
③ @UpdateMapping
④ @DeleteMapping

09. 다음 중 요청 처리 메서드 requestMovies(...)에 매핑하기 위해 @RequestMapping을 단순화한 것으로 옳은 것은?

① @GetMapping
② @GetMapping("/movies")
③ @RequestMapping(value="/movies")
④ @RequestMapping("/movies")

10. 다음 중 요청 처리 메서드 requestBooks(...)에 매핑하기 위해 @RequestMapping을 단순화한 것으로 옳은 것은?

① @RequestMapping(value="/books")
② @RequestMapping("/books")
③ @GetMapping(value="/books")
④ @GetMapping("/books")

5 장

요청 처리 메서드의 파라미터 유형

[도서 쇼핑몰] 도서 상세 정보 표시하기

학 습 목 표

- 다양한 요청 조건을 포함하는 요청 처리 메서드에 대해 알아봅니다.
- 요청 처리 메서드의 파라미터에 사용하는 애너테이션을 살펴봅니다.
- [도서 쇼핑몰] 도서 목록에서 선택한 도서의 상세 정보를 출력하고 다양한 조건으로 검색한 도서 목록을 출력하는 방법을 알아봅니다.

SPRING BOOT

5.1 요청 파라미터와 @RequestParam

요청 처리 메서드는 웹에서 들어온 요청 URL에 포함된 파라미터(쿼리문) 값을 전달받아 처리합니다. 이 메서드의 매개변수에 선언하는 @RequestParam 애너테이션에 대해 알아봅니다.

1.1 요청 파라미터

요청 파라미터(request parameters)는 일반적인 웹 서버 애플리케이션에서 GET 방식의 쿼리문을 '이름=값(name=value)' 형태의 데이터로 전송합니다. 웹 요청 URL에 다중 쿼리문을 가지면 color=red&year=2024처럼 &로 구분하여 표현합니다.

웹 요청 URL이 http://.../mycar?color=red라면 요청 파라미터 이름은 color, 값은 red를 전달받습니다.

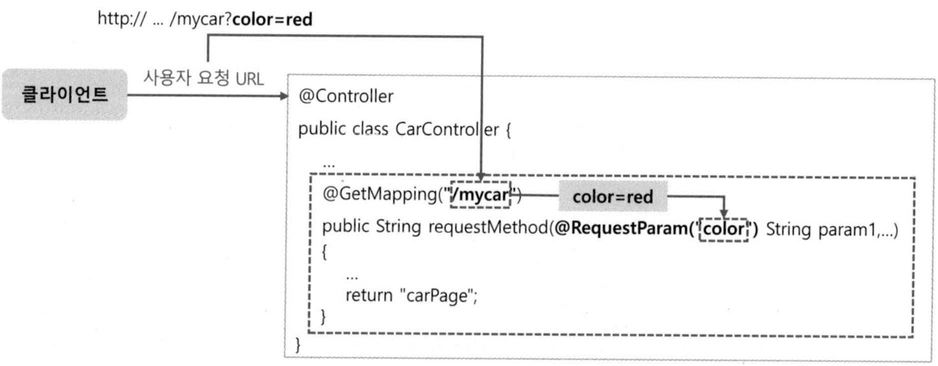

그림 5-1 웹 요청 URL에 포함된 요청 파라미터와 @RequestParam의 매핑

@GetMapping에 설정된 요청 매핑 경로에 쿼리문이 포함되면 요청 처리 메서드의 매개변수에 @RequestParam을 이용해 요청 파라미터 값을 전달받습니다. @RequestParam은 컨트롤

러의 요청 처리 메서드를 구현할 때 가장 많이 사용하는 애너테이션으로, 요청 파라미터의 수가 많지 않을 때 주로 사용합니다.

1.2 @RequestParam으로 요청 파라미터 처리

일반적으로 @RequestParam은 메서드의 매개변수에 설정하는데, 기본값은 웹 요청 URL로 전송되는 요청 파라미터 이름과 똑같이 설정합니다. 이 요청 파라미터의 값은 메서드 매개변수의 데이터 타입에 따라 적절하게 변환됩니다. @RequestParam은 @RequestMapping의 요청 매핑 경로에 포함된 요청 파라미터 값을 요청 처리 메서드의 매개변수로 전달받습니다. 사용 형식은 다음과 같습니다.

```
@RequestMapping("요청_경로")
public String 메서드_이름(@RequestParam("요청_파라미터"), ...) {
...
}

@RequestMapping("요청_경로")
public String 메서드_이름(@RequestParam(value="요청_파라미터") 매개변수, ...) {
...
}
```

다음은 @RequestParam 애너테이션에서 사용하는 속성입니다.

표 5-1 @RequestParam 애너테이션의 속성

속성	타입	설명
defaultValue	String	요청 파라미터가 없으면 기본값으로 대체하여 사용
name	String	요청 파라미터의 이름
required	boolean	요청 파라미터의 필수 여부를 설정
value	String	name의 별칭

요청 처리 메서드의 매개변수에 @RequestParam을 이용하여 웹 요청 URL에서 전송되는 요청 파라미터에 접근하는 방식을 예로 살펴보겠습니다.

5

[@RequestParam을 이용해 요청 파라미터에 접근한 예]

Example01Controller.java

```
package com.springboot.controller;
...
import org.springframework.web.bind.annotation.RequestParam;

@Controller
public class Example01Controller {
    @GetMapping("/exam01") ❶
    public String requestMethod(@RequestParam("id") String userId, ❷
            @RequestParam("passwd") String userPw, Model model) {
        model.addAttribute("data1", "@RequestParam 예제");
        model.addAttribute("data2", "요청 파라미터 id 값 : " + userId + "<br>요청 파라미
              터 passwd 값" + userPw);
        return "viewPage";
    }
}
```

❶ 웹 요청 URL이 http://.../exam01?id=admin&passwd=admin1234이면 요청 파라미터는 ? 다음에 전달되는 id와 passwd가 됩니다.

❷ @RequestParam에 설정된 매개변수 userId는 요청 파라미터 id에 전달된 값인 admin, userPw는 요청 파라미터 passwd에 전달된 값인 admin12를 전달받습니다.

다음은 웹 브라우저의 응답 페이지로 출력되는 뷰 페이지인 viewPage.html입니다.

viewPage.html

```
<html>
<head>
    <title>Chap05</title>
</head>
<body>
    <h3 th:text="${data1}"/> ❶
    <p th:utext="${data2}"/> ❷
</body>
</html>
```

❶ 컨트롤러에서 전달된 모델 속성 이름 data1에 저장된 값을 출력합니다.

❷ 컨트롤러에서 전달된 모델 속성 이름 data2에 저장된 값을 출력하는데 HTML 태그가 적용되어 출력됩니다.

뷰 페이지의 타임리프 코드를 다음과 같이 변경해도 됩니다.

```
<html>
<head>
    <title>Chap04</title>
</head>
<body>
    <h3>[[${data1}]]
     <p>[(${data2})]
</body>
</html>
```

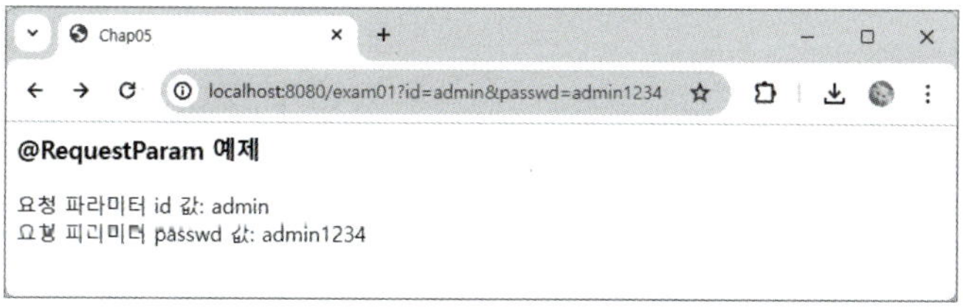

NOTE 타임리프의 th:text와 th:utext의 차이점

- **th:text**: HTML 태그 내에 데이터를 출력할 때 사용하며 HTML 태그 대신 데이터를 직접 출력하고 싶으면 [[...]]를 사용합니다. 출력하려는 데이터에 HTML 태그가 포함되어 있으면 특수문자인 이스케이프(escape) 형식으로 웹 브라우저에 출력됩니다.
- **th:utext**: th:text와 같이 HTML 태그 내에 데이터를 출력할 때 사용하며 데이터를 직접 출력하고 싶으면 [(..)]를 사용합니다. 출력하려는 데이터에 HTML 태그가 포함되어 있으면 웹 브라우저에 HTML 태그가 적용되어 출력됩니다.

[한눈에 보기]

사용자의 웹 요청 URL(http://localhost:8080/exam01?id=admin&passwd=admin1234)에 대한 응답으로 viewPage 페이지를 웹 브라우저에 출력하는 과정입니다.

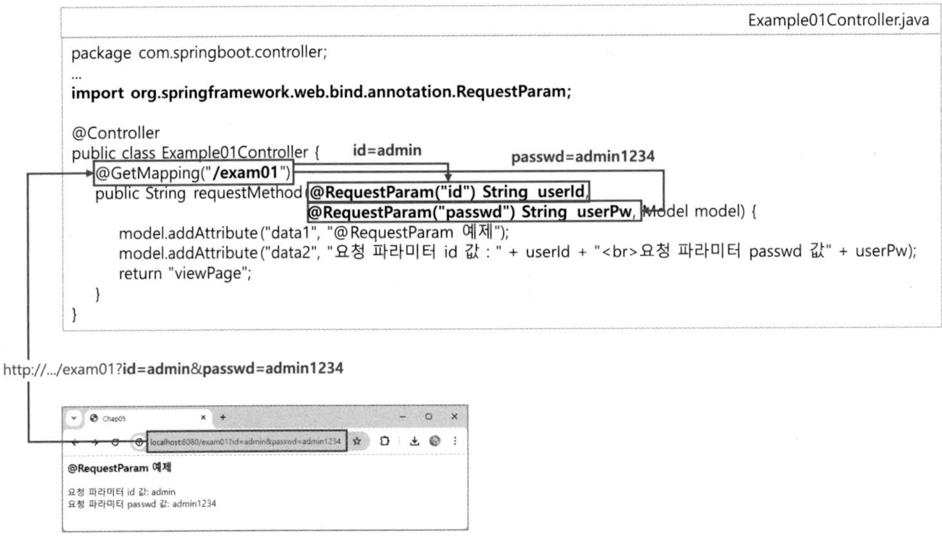

다음은 @RequestParam의 defaultValue 속성을 사용하는 예로, 웹 요청 URL에 요청 파라미터 값이 없으면 기본값으로 설정하는 경우입니다.

사용자의 웹 요청 URL이 http://.../exam02?id&passwd=admin1234처럼 요청 파라미터의 id 값이 null이면 빈 문자열로 처리합니다. requestMethod() 메서드에 defaultValue="관리자"와 같이 설정되어 있다면 userId는 기본값으로 '관리자'를, userPw 값은 기본값으로 admin1234를 전달받습니다.

[@RequestParam을 이용해 요청 파라미터에 접근한 예]

Example02Controller.java

```
package com.springboot.controller;
...
import org.springframework.web.bind.annotation.RequestParam;

@Controller
public class Example02Controller {
    @GetMapping("/exam02")
```

```
    public String requestMethod(@RequestParam(value="id", defaultValue="관리자") String
            userId, @RequestParam("passwd") String userPw, Model model) {
        model.addAttribute("data1", "@RequestParam 예제");
        model.addAttribute("data2", "요청 파라미터 id 값 : " + userId + "<br>요청 파라미터
              passwd 값" + userPw);
        return "viewPage";
    }
}
```


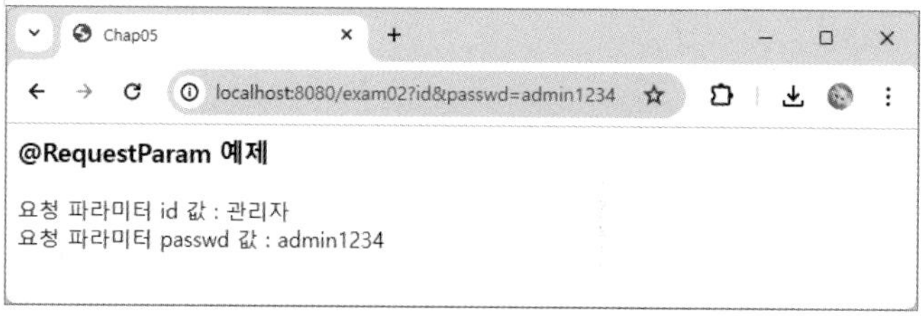

[한눈에 보기]

사용자의 웹 요청 URL(http://localhost:8080/exam02?id&passwd=admin1234)에 대한 응답으로 viewPage 페이지를 웹 브라우저에 출력하는 과정입니다.

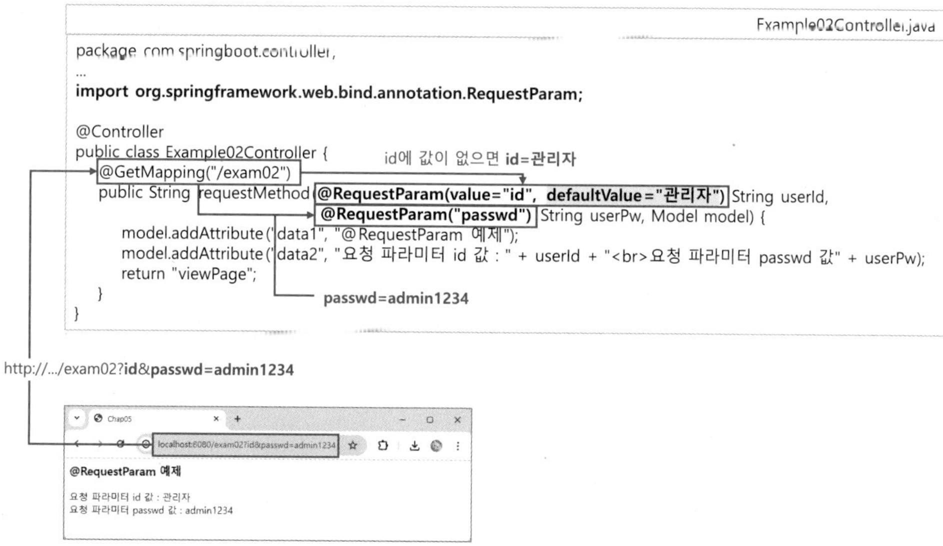

5.2 경로 변수와 @PathVariable

웹 요청 URL에 포함된 파라미터 값을 전달받는 경로 변수와 이를 처리하는 요청 처리 메서드의 매개변수에 선언하는 @PathVariable 애너테이션에 대해 알아봅니다.

2.1 경로 변수

경로 변수(path variables)는 웹 요청 URL에 포함된 파라미터 값을 전달받을 때 사용하는 변수입니다. 매핑 경로를 설정하는 @RequestMapping(단순화한 @RequestMapping 포함)에 중괄호({})를 사용해 웹 요청 URL에 포함된 요청 조건 값을 전달받습니다. 중괄호 안에 명시된 것이 경로 변수이며, 하나 또는 그 이상의 경로 변수를 포함할 수 있습니다.

다음 그림을 보면 @GetMapping에 설정된 요청 매핑 경로에서 중괄호 안에 명시된 color가 경로 변수에 해당합니다. 웹 요청 URL이 http://localhoat:8080/car/red라면 경로 변수 color는 red를 값으로 전달받습니다.

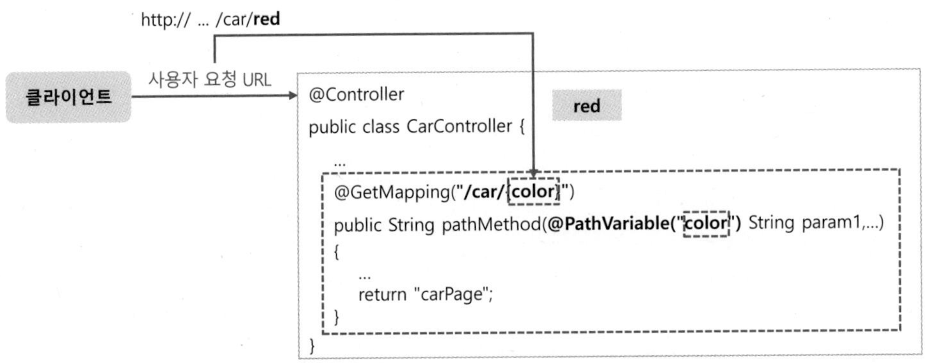

그림 5-2 웹 요청 URL에 포함된 경로 변수와 @PathVariable의 매핑

@RequestMapping에 설정된 요청 매핑 경로가 경로 변수를 포함하면 @PathVariable로 요청 처리 메서드의 파라미터에 경로 변수 값을 전달받을 수 있습니다.

2.2 @PathVariable로 경로 변수 처리

@PathVariable은 @RequestMapping에 설정된 경로 변수 값을 요청 처리 메서드의 매개변수로 전달받습니다. 사용 형식은 다음과 같습니다.

```
@RequestMapping(.../{"경로_변수"})
public String 메서드_이름(@PathVariable("경로_변수") 매개변수,... ) {
    ...
}
@RequestMapping(.../{"경로_변수"})
public String 메서드_이름(@PathVariable(value="경로_변수") 매개변수,... ) {
    ...
}
```

사용자의 웹 요청 URL에 포함된 경로 변수 값은 요청 처리 메서드의 매개변수와 데이터 타입(data type)이 일치해야 합니다. 메서드의 매개변수가 int형이면 해당 경로 변수의 값은 숫자여야 합니다.

다음은 @PathVariable을 이용하여 경로 변수에 접근하는 예입니다.

[@PathVariable을 이용해 경로 변수에 접근한 예]

Example03Controller.java

```
package com.springboot.controller;
...
import org.springframework.web.bind.annotation.PathVariable;

@Controller
public class Example03Controller {
    @GetMapping("/exam03/{id}") ❶
    public String requestMethod(@PathVariable("id") String userId, Model model) { ❷
        model.addAttribute("data1", "@PathVariable 예제");
```

```
        model.addAttribute("data2", "경로 변수 id 값: " + userId);
        return "viewPage";
    }
}
```

❶ id는 경로 변수로 웹 요청 URL이 http://.../exam03/admin이면 웹 요청 URL로 전송된 파라미터 값 admin을 전달받습니다.

❷ @PathVariable에 설정된 매개변수 userId는 경로 변수 id에 전달된 값인 admin을 전달받습니다.

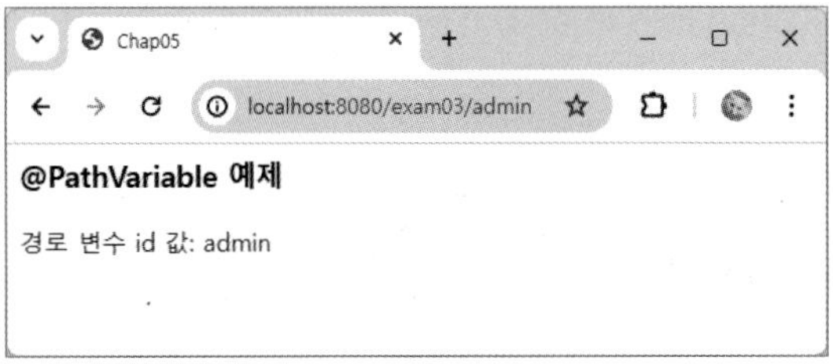

[한눈에 보기]

사용자의 웹 요청 URL(http://localhost:8080/exam03/admin)에 대한 응답으로 viewPage 페이지를 웹 브라우저에 출력하는 과정입니다.

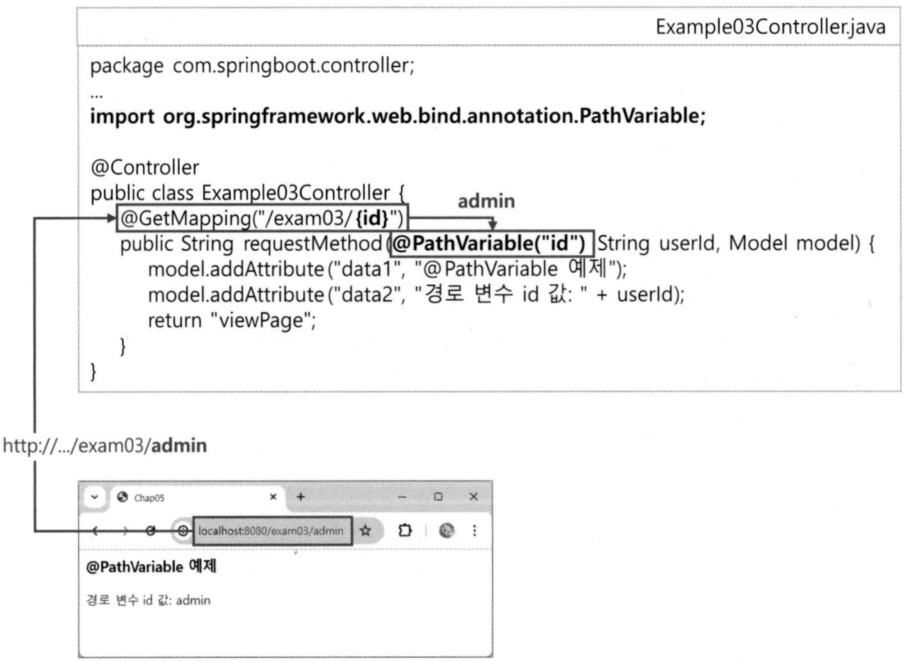

다음은 @PathVariable을 이용해 여러 개의 경로 변수에 접근하는 예입니다.

[@PathVariable을 이용해 다중 경로 변수에 접근한 예]

Example04Controller.java

```
package com.springboot.controller;
...
import org.springframework.web.bind.annotation.PathVariable;

@Controller
public class Example04Controller {
    @GetMapping("/exam04/{id}/{passwd}") ❶                    ❷
    public String requestMethod(@PathVariable("id") String userId,
        ❸ @PathVariable("passwd") String userPw, Model model) {
        model.addAttribute("data1", "@PathVariable 예제");
        model.addAttribute("data2", "경로 변수 id 값: " + userId +"<br> 경로 변수 passwd
              값: " + userPw);
        return "viewPage";
    }
}
```

❶ id와 passwd는 경로 변수로, 웹 요청 URL이 http://.../exam04/admin/admin1234이면 파라미터 값인 admin과 admin1234를 전달받습니다.

❷, ❸ @PathVariable에 설정된 매개변수 userId와 userPw는 경로 변수 id와 passwd에 전달된 값인 admin과 admin1234를 전달받습니다.

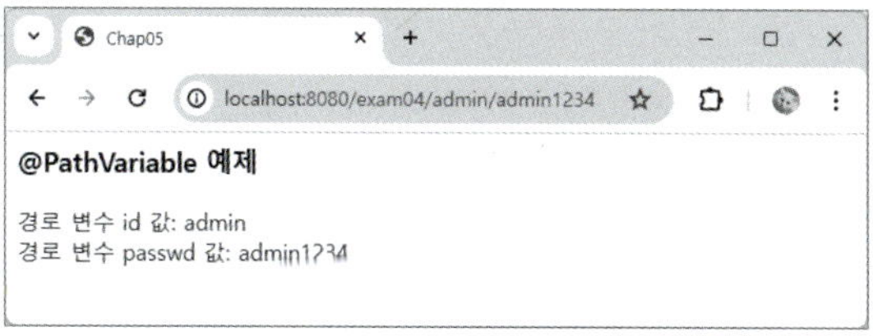

[한눈에 보기]

사용자의 웹 요청 URL(http://localhost:8080/exam04/admin/admin1234)에 대한 응답으로 viewPage 페이지를 웹 브라우저에 출력하는 과정입니다.

Example04Controller.java

```
package com.springboot.controller;
..
import org.springframework.web.bind.annotation.PathVariable;

@Controller
public class Example04Controller {
    @GetMapping("/exam04/{id}/{passwd}")
    public String requestMethod(@PathVariable("id") String userId,
                                @PathVariable("passwd") String userPw, Model model) {
        model.addAttribute("data1", "@PathVariable 예제");
        model.addAttribute("data2", "경로 변수 id 값: " + userId +"<br> 경로 변수 passwd 값: " + userPw);
        return "viewPage";
    }
}
```

admin　admin1234

http//.../exam04/**admin**/**admin1234**

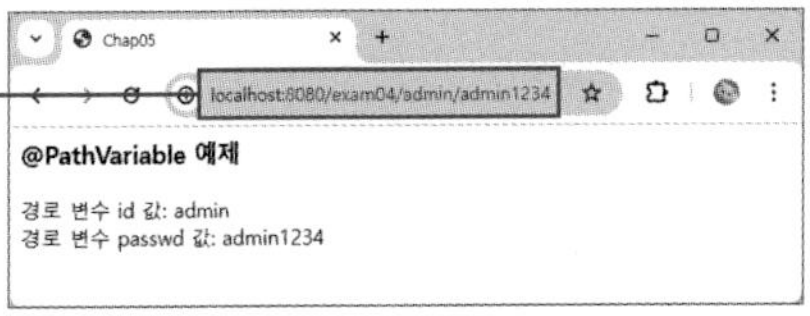

5.3 매트릭스 변수와 @MatrixVariable

웹 요청 URL에 포함된 다중 파라미터 값을 전달받는 매트릭스 변수와 이를 처리하는 요청 처리 메서드의 매개변수에 선언하는 @MatrixVariable 애너테이션에 대해 알아봅니다.

3.1 매트릭스 변수

매트릭스 변수(matrix variables)는 경로 변수와 마찬가지로 웹 요청 URL에 포함된 파라미터 값을 전달받는 데 사용되지만, 세미콜론으로 구분하여 다중 데이터를 전달받는 것이 차이입니다. @RequestMapping의 경로 변수에 '매트릭스 변수=값' 형태로 사용하며, 매트릭스 변수가 여러 개이면 color=red,green,blue처럼 콤마(,)로 구분하거나 color=red;color=green;color=blue처럼 변수 이름을 반복해서 사용합니다.

웹 요청 URL이 http://.../cars/mycar;color=red;year=2024라면 매트릭스 변수 color와 year 값은 red와 2024입니다.

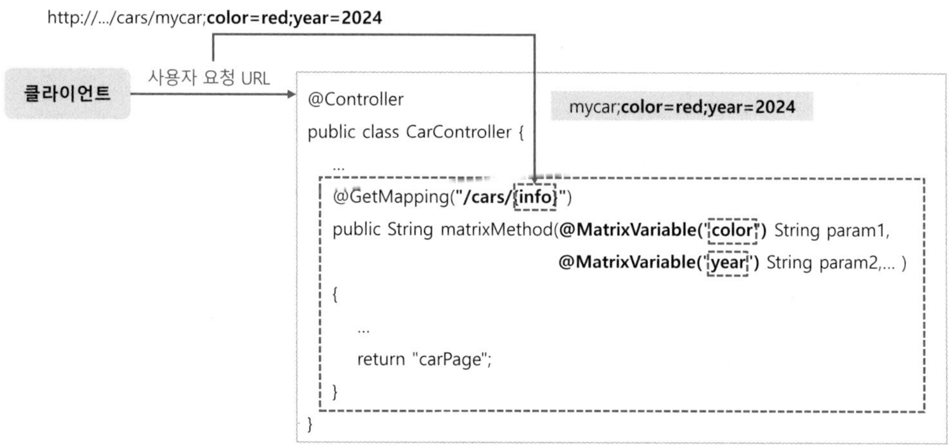

그림 5-3 웹 요청 URL에 포함된 매트릭스 변수와 @MatrixVariable의 매핑

@RequestMapping에 설정된 요청 매핑 경로가 경로 변수를 포함하면 @PathVariable로 요청 처리 메서드의 파라미터에 경로 변수 값을 전달받을 수 있습니다.

3.2 @MatrixVariable로 매트릭스 변수 처리

@MatrixVariable은 @RequestMapping에 설정된 경로 변수에 포함된 매트릭스 변수 값을 요청 처리 메서드의 매개변수로 전달받으며, 사용 형식은 다음과 같습니다.

```
@RequestMapping("{경로_변수}")
public String 메서드_이름(@MatrixVariable("매트릭스_변수") 매개변수,... ) {
    ...
}

@RequestMapping("{경로_변수}")
public String 메서드_이름(@MatrixVariable(value="매트릭스_변수") 매개변수,... ) {
    ...
}
```

@MatrixVariable에서 사용하는 속성은 다음과 같습니다.

표 5-2 @MatrixVariable 애너테이션의 속성

속성	타입	설명
defaultValue	String	기본값으로 대체하여 사용
name	String	매트릭스 변수의 이름
pathVar	String	매트릭스 변수가 있는 URI 경로 변수의 이름으로, 하나 이상의 경로 구분(/)에서 동일한 이름을 명확하게 구분할 때 사용
required	boolean	매트릭스 변수의 필요 여부 설정
value	String	매트릭스 변수인 name=value에서 name을 가리킴

다음은 @MatrixVariable을 이용하여 매트릭스 변수에 접근하는 예입니다. 웹 요청 URL에 포함된 파라미터 값을 경로 변수 이름 id로 전달받고 요청 처리 메서드 requestMethod()에서 매트릭스 변수 passwd로 접근합니다.

[@MatrixVariable을 이용해 매트릭스 변수에 접근한 예]

Example05Controller.java

```
package com.springboot.controller;
...
import org.springframework.web.bind.annotation.MatrixVariable;

@Controller
public class Example05Controller {
    @GetMapping("/exam05/{id}") ❶
    public String requestMethod(@PathVariable("id") String userId, ❷
        ❸ @MatrixVariable("passwd") String userPw, Model model) {
        model.addAttribute("data1", "@MatrixVariable 예제");
        model.addAttribute("data2", "경로 변수 id 값: " + userId +"<br> 매트릭스 변수
            passwd 값: " + userPw);
        return "viewPage";
    }
}
```

❶ id는 경로 변수로, 웹 요청 URL이 http://.../exam05/admin;passwd=admin1234이면 파라미터 값인 admin을 전달받습니다.

❷ @PathVariable에 설정된 매개변수 userId는 경로 변수 id에 전달된 값인 admin을 전달받습니다.

❸ @MatrixVariable에 설정된 매개변수 userPw는 웹 요청 URL로 전송된 파라미터 값에서 매트릭스 변수 passwd 값인 admin1234를 전달받습니다.

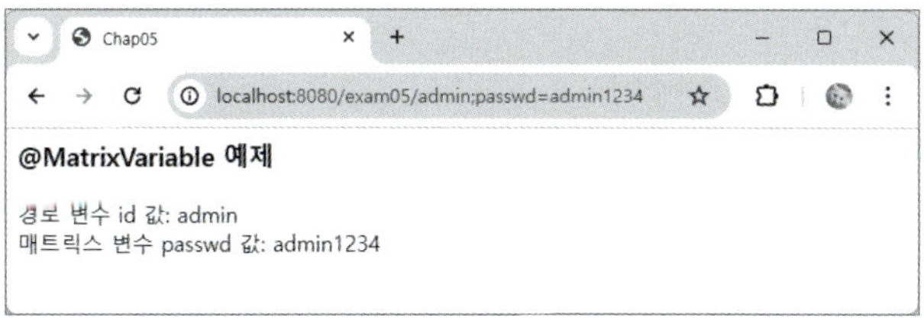

[한눈에 보기]

사용자의 웹 요청 URL(http://localhost:8080/exam05/admin;passwd=admin1234)에 대한 응답으로 viewPage 페이지를 웹 브라우저에 출력하는 과정입니다.

```
                                                            Example05Controller.java
package com.springboot.controller;
...
import org.springframework.web.bind.annotation.MatrixVariable;

@Controller
public class Example05Controller {   admin
    @GetMapping("/exam05/{id}")                          passwd=admin1234
    public String requestMethod(@PathVariable("id") String userId,
                                @MatrixVariable("passwd") String userPw, Model model) {
        model.addAttribute("data1", "@MatrixVariable 예제");
        model.addAttribute("data2", "경로 변수 id 값: " + userId +"<br> 매트릭스 변수 passwd 값: " + userPw);
        return "viewPage";
    }
}
```

http://.../exam05/**admin;passwd=admin1234**

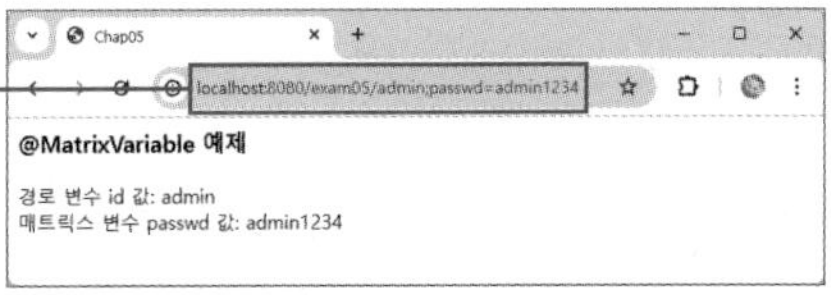

다음은 @MatrixVariable의 value와 pathVar 속성을 이용해 웹 요청 URL에 포함된 파라미터를 경로 변수에 매핑하는 예입니다.

[@MatrixVariable에 value 및 pathVar 속성을 사용한 예]

```
                                                            Example06Controller.java
package com.springboot.controller;
...
import org.springframework.web.bind.annotation.MatrixVariable;

@Controller
public class Example06Controller {
    @GetMapping("/exam06/{id1}/user/{id2}") ❶
    public String requestMethod(@PathVariable("id1") String userId1, ❷
      ❸ @MatrixVariable(value="passwd", pathVar="id1") String userPw1,
      ❹ @PathVariable("id2") String userId2,
      ❺ @MatrixVariable(value="passwd", pathVar="id2") String userPw2, Model model) {
        model.addAttribute("data1", "@MatrixVariable 예제");
        model.addAttribute("data2", "경로 변수 id1 값: " + userId1 + " 매트릭스 변수
            passwd 값: " + userPw1 +"<br> 경로 변수 id2 값: " + userId2 + " 매트릭스 변
            수 passwd 값: " + userPw2);
```

```
        return "viewPage";
    }
}
```

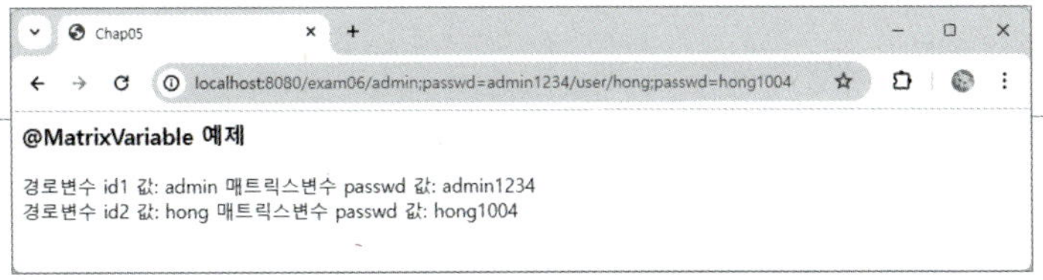

❶ id1과 id2는 경로 변수로, 웹 요청 URL이 http://.../exam06/admin;passwd=admin1234/user/hong;passwd=hong1004이면 전송된 파라미터 값 admin은 경로 변수 id1로, hong은 id2로 전달받습니다.

❷, ❹ @PathVariable에 설정된 매개변수 userId1은 경로 변수 id1에 전달된 값인 admin을, userId2는 경로 변수 id2에 전달된 값인 hong을 전달받습니다.

❸, ❺ @MatrixVariable에 설정된 매개변수 userPw1은 웹 요청 URL로 전송된 파라미터 값에서 경로 변수 id1에 해당하는 매트릭스 변수 passwd의 값인 admin1234를, userPw2는 웹 요청 URL로 전송된 파라미터 값에서 경로 변수 id2에 해당하는 매트릭스 변수 passwd의 값인 hong1004를 전달받습니다.

[한눈에 보기]

사용자의 웹 요청 URL(http://localhost:8080/exam06/admin;passwd=admin1234/user/hong;passwd=hong1004)에 대한 응답으로 viewPage 페이지를 웹 브라우저에 출력하는 과정입니다.

Example06Controller.java

```
package com.springboot.controller;
...
import org.springframework.web.bind.annotation.MatrixVariable;

@Controller
public class Example06Controller {
    @GetMapping("/exam06/{id1}/user/{id2}")
    public String requestMethod(@PathVariable("id1") String userId1,
                                @MatrixVariable(value="passwd", pathVar="id1") String userPw1,
                                @PathVariable("id2") String userId2,
                                @MatrixVariable(value="passwd", pathVar="id2") String userPw2, Model model) {
        model.addAttribute("data1", "@MatrixVariable 예제");
        model.addAttribute("data2", "경로 변수 id1 값: " + userId1 + " 매트릭스 변수 passwd 값: " + userPw1 +"<br>
                                     경로 변수 id2 값: " + userId2 + " 매트릭스 변수 passwd 값: " + userPw2);

        return "viewPage";
    }
}
```

passwd=admin1234

passwd=hong1004

http://.../exam06/**admin;passwd=admin1234**/user/**hong;passwd=hong1004**

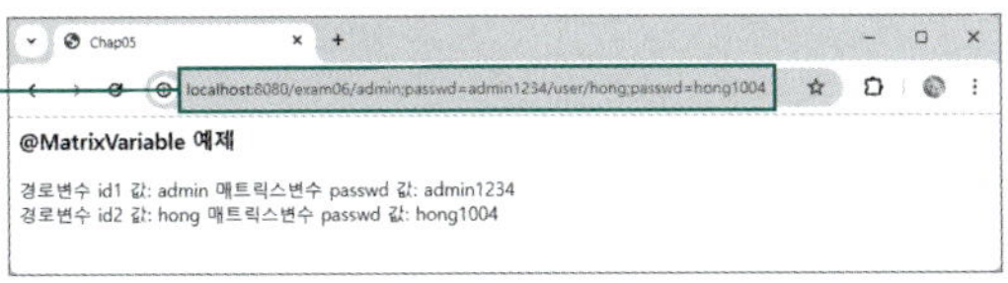

다음은 @MatrixVariable의 defaultValue 속성을 사용해 웹 요청 URL에 매트릭스 변수가 포함되지 않으면 기본값을 설정하는 예입니다. 사용자의 웹 요청 URL이 http://.../exam07/admin으로 name=value 형식의 매트릭스 변수를 포함하지 않으면 @MatrixVariable의 required 속성 값은 false, defaultValue 속성 값은 매트릭스 변수 값이 되어 userPw 값은 admin123이 됩니다.

[@MatrixVariable에 required 및 defaultValue 속성을 사용한 예]

Example07Controller.java

```
package com.springboot.controller;
...
import org.springframework.web.bind.annotation.MatrixVariable;

@Controller
public class Example07Controller {
    @GetMapping("/exam07/{id}")  ❶
    public String requestMethod(@PathVariable("id") String userId, @MatrixVariable  ❷ ❸
            (value="passwd",defaultValue="admin123") String userPw, Model model) {
        model.addAttribute("data1", "@MatrixVariable 예제");
        model.addAttribute("data2", "경로 변수 id 값: " + userId + "<br> 매트릭스변수
                passwd 값: " + userPw);
        return "viewPage";
    }
}
```

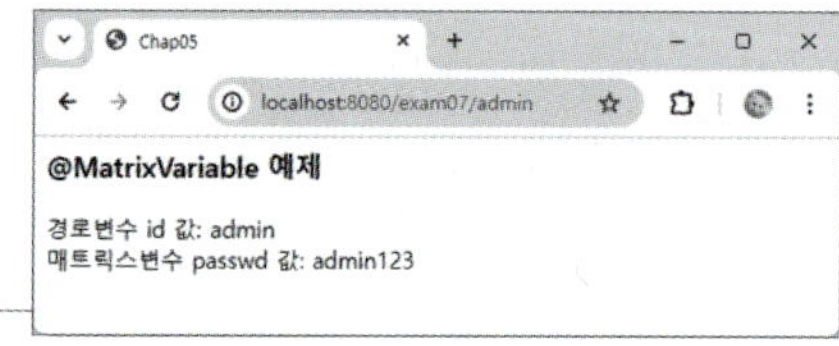

❶ id는 경로 변수로, 웹 요청 URL이 http://.../exam07/admin이면 전송된 파라미터 값인 admin을 전달받습니다.

❷ @PathVariable에 설정된 매개변수 userId는 경로 변수 id에 전달된 값인 admin을 전달받습니다.

❸ @MatrixVariable에 설정된 매개변수 userPw는 웹 요청 URL로 전송된 파라미터 값에서 매트릭스 변수 passwd의 값이 없다면 기본값인 admin123을 전달받습니다.

[한눈에 보기]

사용자의 웹 요청 URL(http://localhost:8080/exam07/admin)에 대한 응답으로 viewPage 페이지를 웹 브라우저에 출력하는 과정입니다.

Example07Controller.java

```java
package com.springboot.controller;
...
import org.springframework.web.bind.annotation.MatrixVariable;

@Controller
public class Example07Controller {
    @GetMapping("/exam07/{id}")
    public String requestMethod(@PathVariable("id") String userId,
                                @MatrixVariable(value="passwd", defaultValue="admin123") String userPw,
                                Model model) {
        model.addAttribute("data1", "@MatrixVariable 예제");
        model.addAttribute("data2", "경로 변수 id 값: " + userId + "<br> 매트릭스변수 passwd 값: " + userPw);
        return "viewPage";
    }
}
```

passwd에 값이 없으면 **passwd=admin123**

http://.../exam07/**admin**

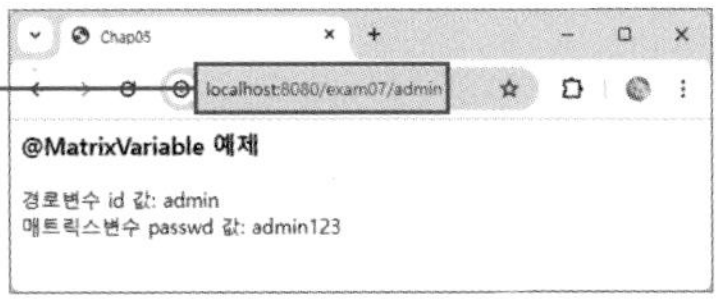

다음은 웹 요청 URL의 어느 위치에나 포함될 수 있는 매트릭스 변수를 MultiValueMap 객체에 저장하여 처리하는 예입니다.

[@MatrixVariable에 Map을 사용한 예]

Example08Controller.java

```java
package com.springboot.controller;
...
import org.springframework.util.MultiValueMap;
import org.springframework.web.bind.annotation.MatrixVariable;

@Controller
public class Example08Controller {
    @GetMapping("/exam08/{id1}/user/{id2}") ❶
    public String requestMethod(@MatrixVariable MultiValueMap<String, String> var1, ❷
            @MatrixVariable(pathVar="id2") MultiValueMap<String, String> var2, Model
            model) { ❸
        model.addAttribute("data1", "@MatrixVariable 예제");
        model.addAttribute("data2", var1 +"<p>"+ var2);
```

```
        return "viewPage";
    }
}
```

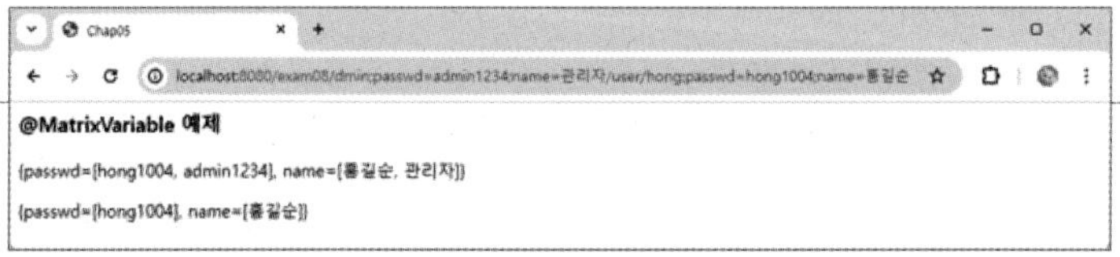

❶ id1과 id2는 경로 변수로, 웹 요청 URL이 http://.../exam08/admin;passwd=admin1234;name=관리자/user/hong;passwd=hong1004;name=홍길순이면 전송된 파라미터 값인 admin을 id1이, hong을 id2가 전달받습니다.

❷ @MatrixVariable에 설정된 매개변수 var1은 매트릭스 변수 name과 passwd를 모두 전달받으므로 {passwd=[admin1234, hong1004], name=[관리자, 홍길순]}이 됩니다.

❸ @MatrixVariable에 설정된 매개변수 var2는 pathVar 옵션 설정으로 경로 변수 id2에 설정된 매트릭스 변수 name과 passwd만 전달받아 {passwd=[hong1004], name=[홍길순]}이 됩니다.

[한눈에 보기]

사용자의 웹 요청 URL(http://localhost:8080/exam08/admin;passwd=admin1234;name=관리자/user/hong;passwd=hong1004;name=홍길순)에 대한 응답으로 viewPage 페이지를 웹 브라우저에 출력하는 과정입니다.

Example08Controller.java

```
package com.springboot.controller;
...
import org.springframework.util.MultiValueMap;
import org.springframework.web.bind.annotation.MatrixVariable;

@Controller
public class Example08Controller {
    @GetMapping("/exam08/{id1}/user/{id2}")
    public String requestMethod(@MatrixVariable MultiValueMap<String, String> var1,
                                @MatrixVariable(pathVar="id2") MultiValueMap<String, String> var2,
                                Model model) {
        model.addAttribute("data1", "@MatrixVariable 예제");
        model.addAttribute("data2", var1 +"<p>"+ var2);
        return "viewPage";
    }
}
```

passwd=admin1234;name=관리자
passwd=hong1004;name=홍길순
passwd=hong1004;name=홍길순

http://.../exam08/admin;**passwd=admin1234;name=관리자**/user/hong;**passwd=hong1004;name=홍길순**

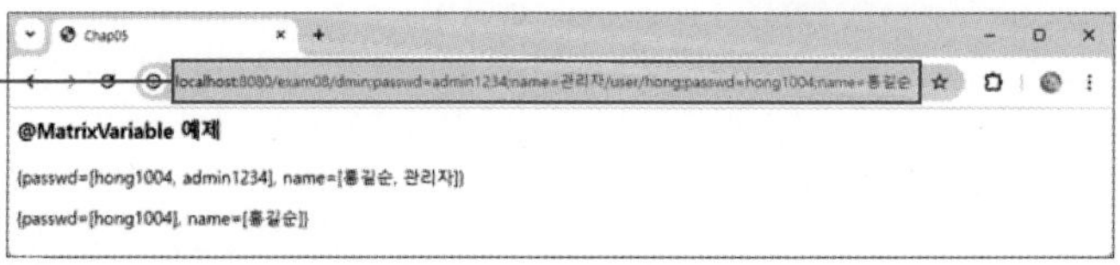

5.4 [도서 쇼핑몰] 도서 상세 정보 표시하기

도서 쇼핑몰의 도서 목록에서 선택한 도서의 상세 정보를 출력합니다. 그리고 다양한 조건으로 검색한 도서 목록도 출력해 봅니다.

[미리보기] 도서 쇼핑몰 로드맵

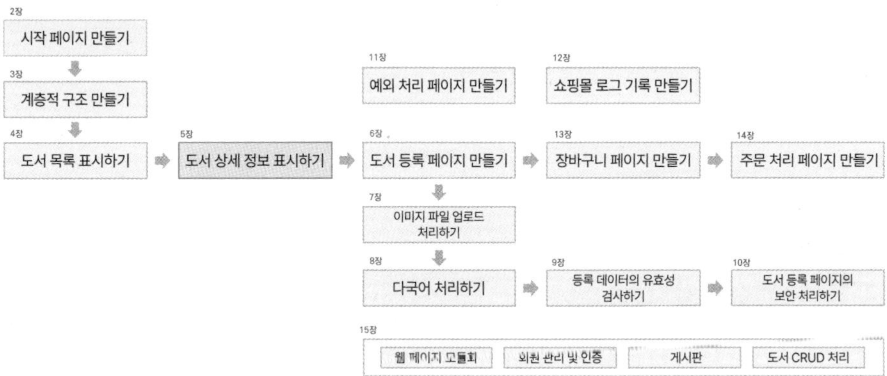

[미리보기] 도서 상세 정보 표시

실습 1 @RequestParam으로 ID와 일치하는 도서 상세 정보 출력하기

@RequestParam을 이용해 웹 요청 URL에 포함된 요청 파라미터의 도서 ID와 일치하는 도서의 상세 정보를 출력하는 페이지를 만들어 봅니다.

1 도서 상세 정보를 가져오는 메서드 정의 BookRepository 인터페이스에 다음과 같이 추가 작성합니다.

BookMarket/src/main/java/com/springboot/repository/BookRepository.java

```
package com.springboot.repository;

import java.util.List;
import java.util.Map;
import java.util.Set;

import com.springboot.domain.Book;

public interface BookRepository {
    List<Book> getAllBookList();
    Book getBookById(String bookId);
}
```

2 도서 상세 정보를 가져오는 메서드 작성 BookRepositoryImpl 클래스에 다음과 같이 추가 작성합니다.

BookMarket/src/main/java/com/springboot/repository/BookRepositoryImpl.java

```
package com.springboot.repository;
...
@Repository
public class BookRepositoryImpl implements BookRepository {
    ...                                                          ❶
    public Book getBookById(String bookId) {
        Book bookInfo = null;
        for(int i = 0; i<listOfBooks.size(); i++) {
```

```
            Book book = listOfBooks.get(i);
            if(book!=null && book.getBookId()!=null && book.getBookId().equals(bookId)) {
                bookInfo = book;
                break;
            }
        }
        if(bookInfo == null)
        throw new IllegalArgumentException("도서ID가 "+bookId + "인 해당 도서를 찾을 수
            없습니다.");
        return bookInfo;
    }
}
```

❶ 매개변수 bookId가 도서 ID를 전달받아서 일치하는 도서를 검색하는 메서드입니다.

❷ 매개변수 bookId가 저장소 객체에 저장된 도서 목록의 ID와 비교하여 일치하는 도서 정보를 반환합니다.

❸ 매개변수 bookId와 장소 객체에 저장된 도서 목록의 ID와 일치하는 도서가 없으면 발생하는 예외입니다.

3 도서 상세 정보를 가져오는 메서드 정의 BookService 인터페이스에 다음과 같이 추가 작성합니다.

BookMarket/src/main/java/com/springboot/service/BookService.java

```
package com.springboot.service;

import java.util.List;

import com.springboot.domain.Book;

public interface BookService {
    List<Book> getAllBookList();
    Book getBookById(String bookId);
}
```

4 도서 상세 정보를 가져오는 메서드 작성 BookServiceImpl 클래스에 다음과 같이 추가 작성합니다.

BookMarket/src/main/java/com/springboot/service/BookServiceImpl.java

```
package com.springboot.service;
...
@Service
public class BookServiceImpl implements BookService {
    ...
    public Book getBookById(String bookId) {
        Book bookById = bookRepository.getBookById(bookId);
        return bookById;
    }
}
```

5 도서 상세 정보를 가져오는 요청 처리 메서드 생성 BookController 클래스에 다음과 같이 추가 작성합니다.

BookMarket/src/main/java/com/springboot/controller/BookController.java

```
package com.springboot.controller;
...
import org.springframework.web.bind.annotation.RequestParam;
...
@Controller
@RequestMapping(value = "/books")
public class BookController {
    ...
    @GetMapping("/book")                                                          ❶
    public String requestBookById(@RequestParam("id") String bookId, Model model) {   ❷
        Book bookById = bookService.getBookById(bookId);
        model.addAttribute("book", bookById);
        return "book";
    }
}
```

❶ 웹 요청 URL이 http://.../books/book?id=도서ID이면 해당 도서 ID의 상세 정보를 가져오는 요청 처리 메서드 requestBookById()입니다. @GetMapping("/book")은 @RequestMapping(value="/book", method=RequestMethod.GET) 또는 @RequestMapping("/book")과 같습니다.

❷ 웹 요청 URL에서 요청 파라미터인 도서 ID를 전달받도록 요청 처리 메서드 requestBookById()의 매개변수에 @RequestParam("id")를 작성합니다. 웹 요청 URL이 http://.../books/book?id=ISBN1234이면 메서드의 매개변수 bookId 값은 ISBN1234가 됩니다.

5

6 도서 상세 정보 버튼 작성 books.html 파일에 다음과 같이 추가 작성합니다.

BookMarket/src/main/resources/templates/books.html

```
<html>
...
    <div class="row align-items-md-stretch text-center">
        <div class="col-md-4" th:each="book:${bookList}">
            <h3 th:text ="${book.name}"></h3>
            <p th:text = "${book.author}">
            <p th:text = "${book.publisher} + '|'+ ${book.releaseDate}">
            <p align="left" th:text = "${book.description}">
            <p th:text = "${book.unitPrice}+'원'">
            <p><a th:href= "'/BookMarket/books/book?id='+${book.bookId}" class=" btn btn-
            Secondary" role="button">상세정보 &raquo;</a>    ❶
        </div>
    </div>
...
```

❶ [상세정보>>] 버튼을 만들고, 버튼을 누르면 요청 경로 및 요청 파라미터로 해당 도서 ID를 전달합니다.

7 프로젝트 실행 웹 브라우저에 http://localhost:8080/BookMarket/books를 입력하면 [상세 정보»] 버튼이 생성된 실행 결과를 확인할 수 있습니다.

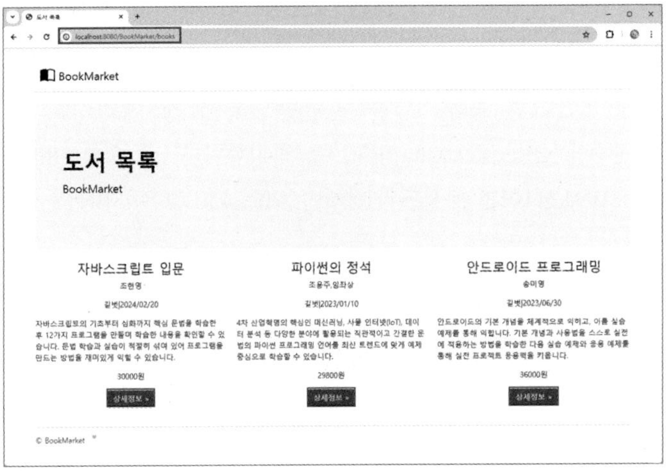

8 도서 상세 정보 페이지 작성 book.html 파일을 생성하여 다음과 같이 작성합니다.

BookMarket/src/main/resources/templates/book.html

```
<html>
<head>
    <meta charset="UTF-8">
    <title>도서 상세 정보</title>
    <link href="https://cdn.jsdelivr.net/npm/bootstrap@5.3.3/dist/css/bootstrap.min.
     css" rel="stylesheet" integrity="sha384-QWTKZyjpPEjISv5WaRU9OFeRpok6YctnYmDr5pN
     lyT2bRjXh0JMhjY6hW+ALEwIH" crossorigin="anonymous">
</head>
<body>
<div class="container py-4">
    <header class="pb-3 mb-4 border-bottom">
        <a href="/BookMarket/home" class="d-flex align-items-center text-body-emphasis
         text-decoration-none">
            <svg xmlns="http://www.w3.org/2000/svg" width="32" height="32"
             fill="currentColor" class="bi bi-book-half me-2" viewBox="0 0 16 16">
                <path d="M8.5 2.687c.654-.689 1.782-.886 3.112-.752 1.234.124 2.503.523
                 3.388.893v9.923c-.918-.35-2.107-.692-3.287-.81-1.094-.111-2.278-.039-
```

```
            3.213.492zM8 1.783C7.015.936 5.587.81 4.287.94c-1.514.153-3.042.672-
            3.994 1.105A.5.5 0 0 0 0 2.5v11a.5.5 0 0 0 .707.455c.882-.4 2.303-.881
            3.68-1.02 1.409-.142 2.59.087 3.223.877a.5.5 0 0 0 .78 0c.633-.79 1.814-
            1.019 3.222-.877 1.378.139 2.8.62 3.681 1.02A.5.5 0 0 0 16 13.5v-11a.5.5
            0 0 0-.293-.455c-.952-.433-2.48-.952-3.994-1.105C10.413.809 8.985.936 8
            1.783"/>
        </svg>
        <span class="fs-4">BookMarket</span>
    </a>
</header>

<div class="p-5 mb-4 bg-body-tertiary rounded-3">
    <div class="container-fluid py-5">
        <h1 class="display-5 fw-bold">도서 정보</h1>
        <p class="col-md-8 fs-4">BookMarket</p>
    </div>
</div>

<div class="row align-items-md-stretch">
    <div class="col-md-12">
        <h3 th:text ="${book.name}"></h3>
        <p th:text ="${book.description}"></p>
        <br>
        <p><b>도서코드 : </b><span class="badge text-bg-info" th:text ="${book.
        bookId}"></span>
        <p><b>저자</b> : <span th:text ="${book.author}">                          ❶
        <p><b>출판사</b> : <span th:text ="${book.publisher}">
        <p><b>출판일</b> : <span th:text ="${book.releaseDate}">
        <p><b>분류</b> : <span th:text ="${book.category}">
        <p><b>재고수</b> : <span th:text ="${book.unitsInStock}">
        <h4 th:text ="${book.unitPrice}+'원'"></h4>
        <br>
        <p><a href="#" class="btn btn-primary">도서주문 &raquo;</a>
        <a href="/BookMarket/books" class="btn btn-secondary">도서 목록&raquo;</a>   ❷
    </div>
</div>
```

```
        <footer class="pt-3 mt-4 text-body-secondary border-top">
            <span class="text-body-secondary">&copy; BookMarket</span>
        </footer>
    </div>
    </body>
    </html>
```

❶ 컨트롤러 BookController의 요청 처리 메서드 requestBookById()에서 모델 데이터 book에 저장된 도서 상세 정보를 출력합니다.

❷ [도서 목록>>] 버튼을 누르면 전체 도서 목록으로 이동합니다.

9 프로젝트 실행 웹 브라우저에 **http://localhost:8080/BookMarket/books**를 입력하여 실행한 후 [상세정보>>] 버튼을 누르거나 **http://localhost:8080/BookMarket/books/book?id=도서ID**를 입력하여 실행 결과를 확인합니다.

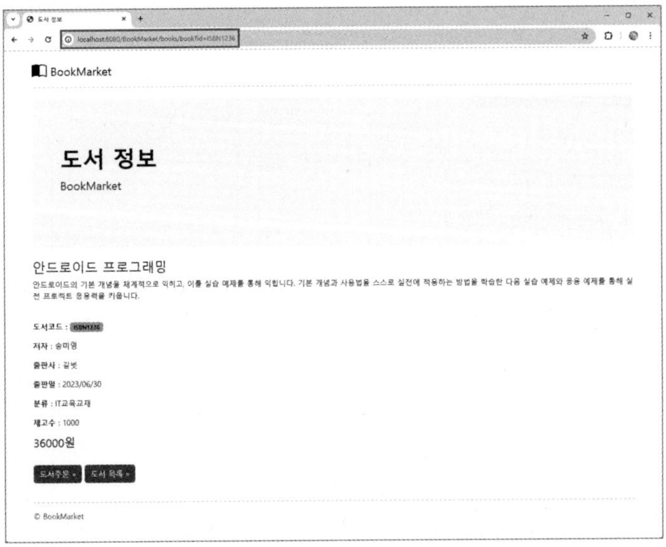

실습 2 @PathVariable로 분야 일치하는 도서 목록 출력하기

@PathVariable을 이용해 웹 요청 URL에 전송된 도서 분야(category) 값을 경로 변수 category로 전달받아 도서 목록에서 일치하는 도서를 검색한 뒤 목록을 출력합니다.

1 도서 분야를 가져오는 메서드 정의 BookRepository 인터페이스에 다음과 같이 추가 작성합니다.

BookMarket/src/main/java/com/springboot/repository/BookRepository.java

```
package com.springboot.repository;
...
public interface BookRepository {
    List<Book> getAllBookList();
    Book getBookById(String bookId);
    List<Book> getBookListByCategory(String category);
}
```

2 도서 분야를 가져오는 메서드 작성 BookRepositoryImpl 클래스에 다음과 같이 추가 작성합니다. com.springboot.repository 패키지의 BookRepositoryImpl 클래스에 getBookListByCategory() 메서드를 구현합니다. getBookListByCategory() 메서드는 웹 요청 URL로 전송된 경로 변수 값과 도서 목록의 도서 분야(category 필드 값)를 비교하여 일치하는 도서 정보를 저장한 후 반환합니다.

BookMarket/src/main/java/com/springboot/repository/BookRepositoryImpl.java

```
package com.springboot.repository;
...
@Repository
public class BookRepositoryImpl implements BookRepository {
    ...
    public Book getBookById(String bookId) {
        Book bookInfo = null;
        for(int i = 0; i<listOfBooks.size(); i++) {
            Book book = listOfBooks.get(i);
            if(book!= null && book.getBookId()!= null && book.getBookId().equals(bookId)) {
                bookInfo = book;
                break;
            }
        }
        if(bookInfo == null)
        throw new IllegalArgumentException("도서ID가 "+bookId + "인 해당 도서를 찾을 수 없습
            니다.");
```

```java
        return bookInfo;
    }
    public List<Book> getBookListByCategory(String category) {
        List<Book> booksByCategory = new ArrayList<Book>();
        for(int i = 0; i<listOfBooks.size(); i++) {
            Book book = listOfBooks.get(i);
            if(category.equalsIgnoreCase(book.getCategory()))     ❷     ❶
                booksByCategory.add(book);
        }
        return booksByCategory;
    }
}
```

❶ 분야가 일치하는 도서 목록을 가져오는 요청 처리 메서드입니다.

❷ 전달받은 매개변수 category와 저장소 객체에 저장된 전체 도서 목록에서 분야가 일치하는 도서 정보를 저장합니다.

3 도서 분야를 가져오는 메서드 정의 BookService 인터페이스에 다음과 같이 추가 작성합니다.

BookMarket/src/main/java/com/springboot/service/BookService.java

```java
package com.springboot.service;
...
public interface BookService {
    List<Book> getAllBookList();
    Book getBookById(String bookId);
    List<Book> getBookListByCategory(String category);
}
```

4 도서 분야를 가져오는 메서드 작성 BookServiceImpl 클래스에 다음과 같이 추가 작성합니다.

BookMarket/src/main/java/com/springboot/service/BookServiceImpl.java

```java
package com.springboot.service;
...
```

```java
@Service
public class BookServiceImpl implements BookService {
    ...
    public Book getBookById(String bookId) {
        Book bookById = bookRepository.getBookById(bookId);
        return bookById;
    }
    public List<Book> getBookListByCategory(String category) {
        List<Book> booksByCategory = bookRepository.getBookListByCategory(category);
        return booksByCategory;
    }
}
```

❶ 매개변수 category와 도서 분야가 일치하는 목록을 저장소 객체에서 가져오는 메서드입니다.

5 도서 분야를 가져오는 요청 처리 메서드 작성 BookController 클래스에 다음과 같이 추가 작성합니다.

BookMarket/src/main/java/com/springboot/controller/BookController.java

```java
package com.springboot.controller;
...
import org.springframework.web.bind.annotation.PathVariable;
...
@Controller
@RequestMapping(value = "/books")
public class BookController {
    @Autowired
    private BookService bookService;
    ...
    @GetMapping("/book")
    public String requestBookById(@RequestParam("id") String bookId, Model model) {
        Book bookById = bookService.getBookById(bookId);
        model.addAttribute("book", bookById);
        return "book";
```

```
    }
    @GetMapping("/{category}")
    public String requestBooksByCategory (
        @PathVariable("category") String bookCategory, Model model) {
        List<Book> booksByCategory=bookService.getBookListByCategory(bookCategory);
        model.addAttribute("bookList", booksByCategory);
        return "books";
    }
}
```

❶ 웹 요청 URL이 http://.../books/{도서 분야}이면 해당 도서의 정보를 가져오는 요청 처리 메서드 requestBooksByCategory()를 작성합니다. 이 코드는 @RequestMapping(value= "/{category}", method=RequestMethod.GET) 또는 @RequestMapping("/{category}")와 같고 {category}는 경로 변수입니다.

❷ 웹 요청 URL에서 경로 변수 category(도서 분야)를 전달받도록 요청 처리 메서드 requestBooksByCategory()의 매개변수에 @PathVariable("category")를 작성합니다. 웹 요청 URL이 http://.../books/IT전문서라면 bookCategory 값은 IT전문서가 됩니다.

❸ 경로 변수 category(도서 분야)와 일치하는 도서 목록을 가져오는 서비스 객체의 메서드를 호출하여 이를 모델 데이터에 저장합니다.

❹ 도서 목록 페이지를 출력하도록 뷰 이름을 books로 작성합니다.

6 도서 분야를 가져오는 뷰 페이지 작성 books.html 파일을 다음과 같이 추가 작성합니다.

BookMarket/src/main/resources/templates/books.html

```
<html>
...
<div class="container py-4">
    <header class="py-3 mb-4 border-bottom">
        <div class="container d-flex flex-wrap justify-content-center">
            <a href="/BookMarket/home" class="d-flex align-items-center link-body-
            emphasis text-body-emphasis text-decoration-none mb-3 mb-lg-0 me-lg-
            auto">
```

```
                <svg xmlns="http://www.w3.org/2000/svg" width="32" height="32"
                 fill="currentColor" class="bi bi-book-half me-2" viewBox="0 0 16 16">
                    <path d="M8.5 2.687c.654-.689 1.782-.886 3.112-.752 1.234.124
                     2.503.523 3.388.893v9.923c-.918-.35-2.107-.692-3.287-.81-1.094-
                     .111-2.278-.039-3.213.492zM8 1.783C7.015.936 5.587.81 4.287.94c-
                     1.514.153-3.042.672-3.994 1.105A.5.5 0 0 0 0 2.5v11a.5.5 0 0
                     0 .707.455c.882-.4 2.303-.881 3.68-1.02 1.409-.142 2.59.087
                     3.223.877a.5.5 0 0 0 .78 0c.633-.79 1.814-1.019 3.222-.877 1.378.139
                     2.8.62 3.681 1.02A.5.5 0 0 0 16 13.5v-11a.5.5 0 0 0-.293-.455c-.952-
                     .433-2.48-.952-3.994-1.105C10.413.809 8.985.936 8 1.783"/>
                </svg>
                <span class="fs-4">BookMarket</span>
            </a>
            </a>                                                                        ❶
            <a href="/BookMarket/books/IT전문서" class="nav-link">IT전문서</a>  ¦ 
            <a href="/BookMarket/books/IT교육교재" class="nav-link">IT교육교재</a>
        </div>
    </header>
...
```

❶ 도서 목록에서 분야가 IT전문서 또는 IT교육교재인 도서를 검색하여 가져옵니다.

7 프로젝트 실행 웹 브라우저에 http://localhost:8080/BookMarket/books를 입력하여 실행하고 화면 오른쪽 상단에 IT전문서 또는 IT교육교재를 선택하여 결과를 확인합니다.

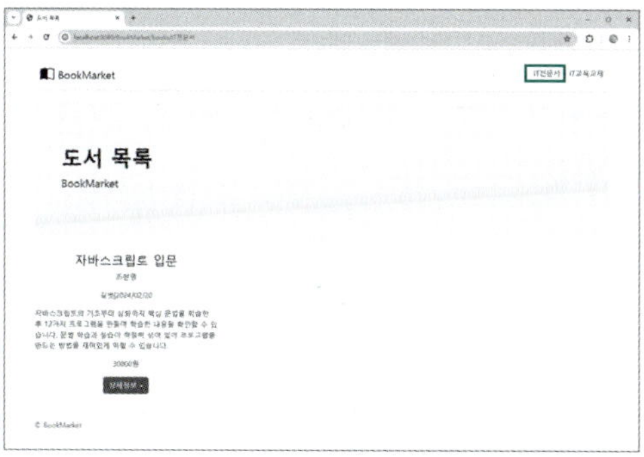

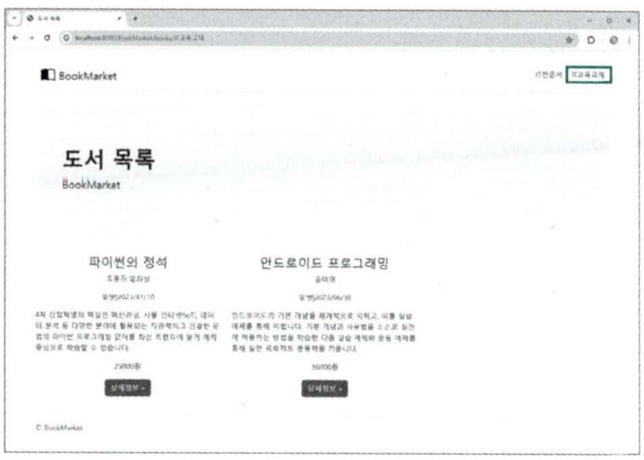

실습 3 MatrixVariable로 분야와 출판사가 일치하는 도서 목록 출력하기

@MatrixVariable을 이용해 웹 요청 URL에 포함된 도서 분야(category)와 출판사(publisher)를 전달받아 도서 목록에서 매트릭스 변수 값이 일치하는 도서를 검색한 뒤 목록을 출력해 봅시다.

1 도서 분야와 출판사를 가져오는 메서드 정의 BookRepository 인터페이스에 다음과 같이 추가 작성합니다.

BookMarket/src/main/java/com/springboot/repository/BookRepository.java

```
package com.springboot.repository;
...
import java.util.Map;
import java.util.Set;

public interface BookRepository {
    ...
    List<Book> getBookListByCategory(String category);
    Set<Book> getBookListByFilter(Map<String, List<String>> filter);
}
```

2 도서 분야와 출판사를 가져오는 메서드 작성 BookRepositoryImpl 클래스에 다음과 같이 추가 작성합니다.

BookMarket/src/main/java/com/springboot/repository/BookRepositoryImpl.java

```
package com.springboot.repository;
...
import java.util.HashSet;

@Repository
public class BookRepositoryImpl implements BookRepository {
```

```
    ...
    public List<Book> getBookListByCategory(String category) {
        List<Book> booksByCategory = new ArrayList<Book>();
        for(int i = 0; i<listOfBooks.size(); i++) {
            Book book = listOfBooks.get(i);
            if(category.equalsIgnoreCase(book.getCategory()))
                booksByCategory.add(book);
        }
        return booksByCategory;
    }
    public Set<Book> getBookListByFilter(Map<String, List<String>> filter) {
        Set<Book> booksByPublisher = new HashSet<Book>();
        Set<Book> booksByCategory = new HashSet<Book>();
        Set<String> booksByFilter = filter.keySet();
        if(booksByFilter.contains("publisher")) {
            for(int j = 0; j < filter.get("publisher").size(); j++) {
                String pubisherName = filter.get("publisher").get(j);
                for (int i = 0; i < listOfBooks.size(); i++) {
                    Book book = listOfBooks.get(i);                          ❶
                    if (pubisherName.equalsIgnoreCase(book.getPublisher()))
                        booksByPublisher.add(book);
                }
            }
        }
        if(booksByFilter.contains("category")) {
            for(int i = 0; i < filter.get("category").size(); i++) {
                String category = filter.get("category").get(i);
                List<Book> list = getBookListByCategory(category);           ❷
                booksByCategory.addAll(list);
            }
        }
        booksByCategory.retainAll(booksByPublisher);
        return booksByCategory;                                              ❸
    }
}
```

❶ 웹 요청 URL에 매트릭스 변수 publisher가 포함되어 있으면 전체 도서 목록에서 출판사(publisher)가 일치하는 도서를 검색하여 booksByPublisher 객체에 저장합니다.

❷ 웹 요청 URL에 매트릭스 변수 category가 포함되어 있으면 전체 도서 목록에서 도서 분야(category)가 일치하는 도서를 검색하여 booksByCategory 객체에 저장합니다.

❸ booksByCategory 객체와 booksByPublisher에 등록된 도서 중 중복되는 것만 booksByCategory 객체에 저장한 뒤 반환합니다.

3 도서 분야와 출판사를 가져오는 메서드 정의 BookService 인터페이스에 다음과 같이 추가 작성합니다.

BookMarket/src/main/java/com/springboot/BookService/BookService.java

```
package com.springboot.service;
...
import java.util.Map;
import java.util.Set;

public interface BookService {
    ...
    List<Book> getBookListByCategory(String category);
    Set<Book> getBookListByFilter(Map<String, List<String>> filter);
}
```

4 도서 분야와 출판사를 가져오는 메서드 작성 BookServiceImpl 클래스에 다음과 같이 추가 작성합니다.

BookMarket/src/main/java/com/springboot/BookService/BookServiceImpl.java

```
package com.springboot.service;
...
import java.util.Map;
import java.util.Set;
...
@Service
public class BookServiceImpl implements BookService {
```

```
    ...
    public List<Book> getBookListByCategory(String category) {
        List<Book> booksByCategory = bookRepository.getBookListByCategory(category);
        return booksByCategory;
    }

    public Set<Book> getBookListByFilter(Map<String, List<String>> filter) {
        Set<Book> booksByFilter = bookRepository.getBookListByFilter(filter);
        return booksByFilter;
    }
}
```

❶ 매개변수 filter와 도서 분야 및 출판사가 일치하는 도서 목록을 저장소 객체에서 가져오는 메서드입니다.

5 도서 분야와 출판사를 가져오는 요청 처리 메서드 작성 BookController 클래스에 다음과 같이 추가 작성합니다.

BookMarket/src/main/java/com/springboot/controller/BookController.java

```
package com.springboot.controller;
...
import java.util.Map;
import java.util.Set;
import org.springframework.web.bind.annotation.MatrixVariable;
...
@Controller
@RequestMapping(value = "/books")
public class BookController {
    ...
    @GetMapping("/{category}")
    public String requestBooksByCategory (
    @PathVariable("category") String bookCategory, Model model) {
        List<Book> booksByCategory = bookService.getBookListByCategory(bookCategory);
        model.addAttribute("bookList", booksByCategory);
        return "books";
    }
```

```
    @GetMapping("/filter/{bookFilter}")                                          ❶
    public String requestBooksByFilter (
    @MatrixVariable(pathVar = "bookFilter") Map<String,List<String>> bookFilter,
                                                  Model model) {   ❷
        Set<Book> booksByFiter = bookService.getBookListByFilter(bookFilter);
        model.addAttribute("bookList", booksByFiter);
        return "books";   ❹                                                      ❸
    }
}
```

❶ 웹 요청 URL이 http://.../books/filter/bookFilter;publisher=길벗;category=IT전문서라면 출판사가 길벗, 도서 분야가 IT전문서에 해당하는 도서의 정보를 가져오는 요청 처리 메서드 requestBooksByFilter()를 작성합니다.

❷ 웹 요청 URL에서 매트릭스 변수를 전달받는 요청 처리 메서드 requestBooksByFilter()의 매개변수에 @MatrixVariable(pathVar="bookFilter")를 작성합니다.

❸ 매트릭스 변수 publisher(출판사), category(도서 분야)와 일치하는 도서 목록을 가져오는 서비스 객체의 메서드를 호출하여 모델 데이터에 저장합니다.

❹ 도서 목록 페이지를 출력하도록 뷰 이름을 books로 작성합니다.

6 프로젝트 실행 웹 브라우저에 **http://localhost:8080/BookMarket/books/filter/bookFilter;publisher=길벗;category=IT전문서**를 입력하고 실행 결과를 확인합니다.

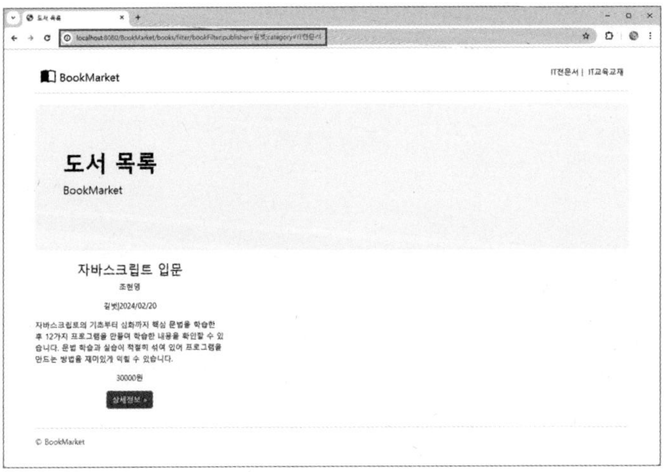

이번에는 **http://localhost:8080/BookMarket/books/filter/bookFilter;publisher=길벗;category=IT전문서,IT교육교재**를 입력합니다. 다음과 같은 실행 결과를 확인할 수 있습니다. BookController 컨트롤러의 requestBooksByFilter() 메서드에서 매트릭스 변수 bookFilter 값은 {publisher : [길벗]}, {category : [IT전문서, IT교육교재]}가 됩니다.

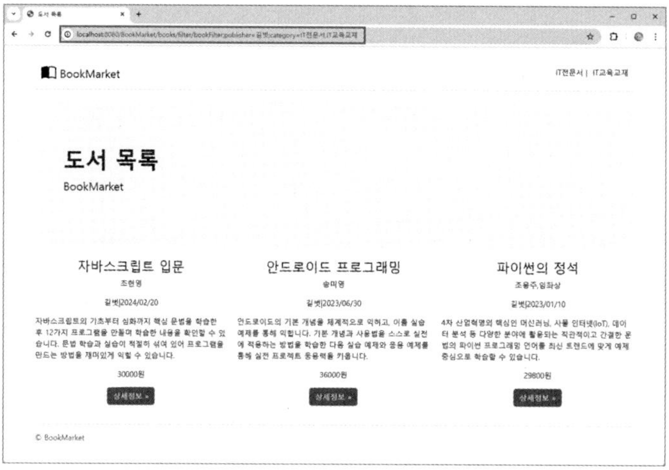

요약

1. 요청 파라미터

- 요청 파라미터(request parameters)는 웹 서버 애플리케이션에서 GET 방식의 쿼리문을 '이름=값(name=value)' 형태의 데이터로 전송하는 것을 말합니다.
- 웹 요청 URL이 http://.../mycar?color=red라면 요청 파라미터 이름은 color, 값은 red입니다.
- @GetMapping에 설정된 요청 매핑 경로에 쿼리문이 포함되면 요청 처리 메서드의 매개변수에 @RequestParam을 이용해 요청 파라미터 값을 전달받습니다.
- @RequestParam은 컨트롤러의 요청 처리 메서드를 구현할 때 가장 많이 사용하는 애너테이션으로, 요청 파라미터의 수가 많지 않을 때 주로 사용합니다.

2. 경로 변수

- 경로 변수(path variables)는 URL에 포함된 요청 파라미터 값을 전달받을 때 사용하는 변수입니다.
- 매핑 경로를 설정하는 @RequestMapping에 {}를 사용해 웹 요청 URL에 포함된 요청 파라미터 값을 전달받습니다.
- 웹 요청 URL이 http://localhoat:8080/car/red라면 경로 변수 color는 red를 값으로 전달받습니다.

3. 매트릭스 변수

- 매트릭스 변수(matrix variables)는 경로 변수와 동일하게 웹 요청 URL에 포함된 파라미터 값을 전달받지만, 세미콜론을 사용해 다중 데이터를 전달받을 수 있습니다.
- @RequestMapping의 경로 변수에 '매트릭스 변수=값' 형태로 사용하며, 매트릭스 변수가 여러 개이면 color=red,green,blue 또는 color=red;color=green;color=blue 형태로 사용합니다.
- 웹 요청 URL이 http://.../cars/mycar;color=red;year=2024라면 매트릭스 변수 color와 year 값은 red와 2024입니다.

연습문제

01. 다음 중 컨트롤러의 요청 처리 메서드를 구현할 때 가장 많이 사용하며 요청 파라미터의 수가 많지 않을 때 사용하는 애너테이션으로 옳은 것은?

① @PathVariable
② @MatrixVariable
③ @RequestParam
④ @RequestMapping

02. 다음 중 웹 요청 URL에 포함된 쿼리문을 처리하는 요청 처리 메서드의 파라미터에 사용하는 애너테이션으로 옳은 것은?

① @PathVariable
② @MatrixVariable
③ @RequestParam
④ @RequestMapping

03. 다음 중 요청 처리 메서드에 포함된 다양한 요청 조건에서 파라미터에 사용하는 경로 변수에 대한 설명으로 옳지 않은 것은?

① 웹 요청 URL에 포함된 파라미터 값을 전달받는 데 사용하는 변수입니다.
② 매핑 경로를 설정하는 @RequestMapping의 중괄호 안에 명시된 것이 경로 변수이며, 하나 또는 그 이상의 경로 변수를 포함할 수 있습니다.
③ 매핑 경로를 설정하는 @RequestMapping에 중괄호({})를 사용하여 웹 요청 URL에 포함된 요청 조건 값을 전달받습니다.
④ 웹 요청 URL에 포함된 파라미터는 '이름=값' 형태로 전달됩니다.

04. 다음 중 @RequestMapping에 설정된 요청 매핑 경로가 경로 변수를 포함하면 요청 처리 메서드의 파라미터를 경로 변수의 값으로 전달받는 데 사용하는 애너테이션으로 옳은 것은?

① @PathVariable
② @MatrixVariable
③ @RequestParam
④ @RequestMapping

05. 다음 중 요청 처리 메서드에 포함된 다양한 요청 조건에서 파라미터에 사용하는 매트릭스 변수에 대한 설명으로 옳지 않은 것은?

① 웹 요청 URL에 포함된 파라미터 값을 전달받는 데 사용됩니다
② 세미콜론으로 데이터를 구분하여 다중 데이터를 전달받습니다.
③ 매트릭스 변수가 여러 개일 경우 콤마(,)로 구분하지만 변수 이름을 반복하여 사용할 수 없습니다.
④ 웹 요청 URL에 포함된 파라미터는 '변수=값' 형태로 전달됩니다.

06. 다음 중 @RequestMapping에 설정된 요청 매핑 경로가 매트릭트 변수를 포함하면 요청 처리 메서드의 파라미터를 매트릭트 변수의 값으로 전달받는 데 사용하는 애너테이션으로 옳은 것은?

① @PathVariable

② @MatrixVariable

③ @RequestParam

④ @RequestMapping

07. 다음 중 웹 요청 URL에 포함된 쿼리문을 포함하는 요청 파라미터에 대한 설명으로 옳지 않은 것은?

① 웹 요청 URL에 포함된 파라미터 값을 전달받는 데 사용됩니다.

② 웹 서버 애플리케이션의 GET 방식의 쿼리문을 '이름=값' 형태의 데이터로 전송합니다.

③ 웹 요청 URL에 다중 쿼리문을 가지면 변수 이름을 반복할 수 있습니다.

④ 웹 요청 URL에 다중 쿼리문을 가지면 &로 구분하여 표현합니다.

※ 다음 코드를 보고 08~09번의 물음에 답하시오.

```
package com.springboot.chap05;
...
@Controller
public class Chap05Controller {
    @GetMapping("/books/{movie}")
    public String requestBooks(Model model) {
        model.addAttribute("bookList", "도서목록");
        return "books";
    }
    @GetMapping("/movies/{title}")
    public String requestMovies01(@PathVariable("title") String title, Model model) {
        model.addAttribute("movieList", title);
        return "movies";
    }
    @GetMapping("/movies")
    public String requestMovies02(@RequestParam("title") String title, Model model) {
        model.addAttribute("movieList", title);
        return "movies";
    }
}
```

08. 다음 중 웹 브라우저의 주소 창에 http://localhost:8080/movies/FindingNemo를 입력하면 매핑하는 요청 처리 메서드로 옳은 것은?

① requestBooks(...)

② requestMovies01(...)

③ requestMovies02(...)

④ 없음

09. 다음 중 웹 브라우저의 주소 창에 http://localhost:8080/movies?title=FindingNemo를 입력하면 매핑하는 요청 처리 메서드로 옳은 것은?

① requestBooks(...)

② requestMovies01(...)

③ requestMovies02(...)

④ 없음

10. 다음 코드를 보고 웹 브라우저의 주소 창에 http://localhost:8080/movies/FindingNemo;genre=animation을 입력하면 콘솔에 출력되는 실행 결과를 작성하시오.

```
package com.springboot.controller;

@Controller
public class MyController {
    @GetMapping("/movies/{title}")
    public String requestMovies03(@PathVariable("title") String title,
            @MatrixVariable("genre") String genre, Model model) {
        System.out.println("영화 제목: " + title);
        System.out.println("영화 분야: " + genre);
        return "movies";
    }
}
```

6 장

폼 태그

[도서 쇼핑몰] 도서 등록 페이지 만들기

학 습 목 표

- 폼 태그에 대해 알아봅니다.
- 폼 태그로 입력받은 데이터를 처리하는 @ModelAttribute와 데이터를 제한하는 @InitBinder를 살펴봅니다.
- [도서 쇼핑몰] 폼 태그를 적용하여 도서 등록 페이지를 구현해 봅니다.

6.1 폼 태그 개요

동적 웹 애플리케이션에서 가장 중요한 기능은 사용자에게 입력받은 정보를 처리하는 것입니다. 이렇게 사용자가 입력하거나 선택한 정보를 웹 서버로 전달하는 폼 태그를 알아봅니다.

1.1 폼

폼(form)은 사용자가 웹 브라우저를 통해 입력한 모든 데이터를 서버로 전송하는 양식입니다. 전송된 데이터는 서버가 처리하고 결과에 따라 다른 웹 페이지를 보여 줍니다. 폼은 사용자와 웹 애플리케이션이 상호 작용하는 중요한 기술입니다. 웹 애플리케이션에서 사용자가 어떤 내용을 원하고 요구 사항은 무엇인지 파악할 때 가장 많이 사용하는 필수 요소입니다.

다음 두 그림은 사용자의 웹 요청 URL을 GET과 POST 전송 방식의 폼 페이지로 처리하는 과정입니다. GET 전송 방식은 웹 브라우저에 출력하는 폼 페이지를 통해 응답하고, POST 전송 방식은 폼 페이지의 입력 데이터를 전송받아 처리한 결과인 응답 페이지를 웹 브라우저로 전송합니다.

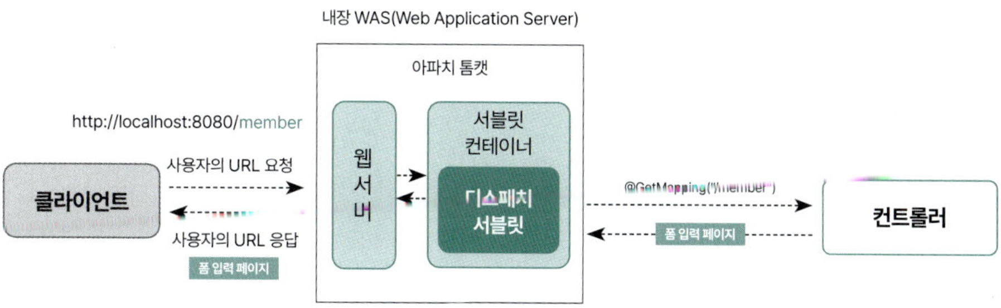

그림 6-1 GET 전송 방식의 폼 페이지 처리 과정

① 폼 페이지(폼이 있는 웹 페이지)의 URL을 요청합니다.

② 사용자의 웹 요청 URL과 매핑되는 @GetMapping이 설정된 컨트롤러로 처리를 요청합니다.

③ 컨트롤러는 폼 페이지를 뷰로 반환합니다.

④ 서버는 전송받은 폼 페이지를 웹 브라우저로 보냅니다.

⑤ 웹 브라우저는 전송 결과를 폼 페이지로 보여 줍니다.

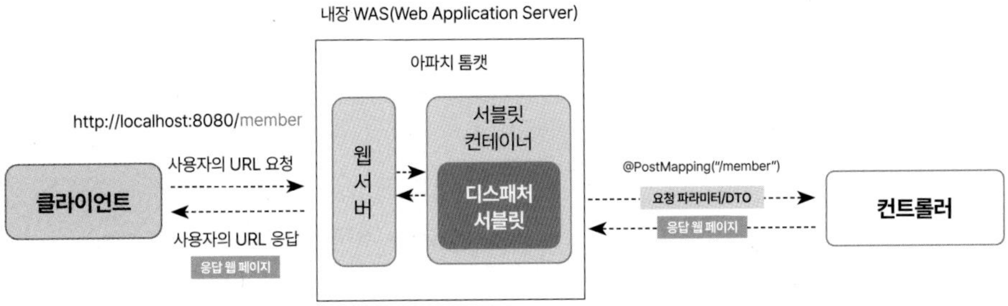

그림 6-2 POST 전송 방식의 폼 페이지 처리 과정

① 폼 페이지의 입력 항목에 데이터를 입력한 후 URL을 요청합니다.

② 사용자의 웹 요청 URL과 매핑되는 @PostMapping이 설정된 컨트롤러에 폼 입력 데이터를 전송하고 처리를 요청합니다.

③ 컨트롤러는 전송받은 폼 데이터를 처리하고 응답 웹 페이지를 뷰로 반환합니다.

④ 서버는 전송받은 응답 웹 페이지를 웹 브라우저로 보냅니다.

⑤ 웹 브라우저는 전송받은 응답 웹 페이지를 보여 줍니다.

1.2 〈form〉 태그 사용법

〈form〉 태그는 단독으로 사용하지 않습니다. 사용자에게 데이터를 입력받아 상호 작용하는 다양한 양식과 관련된 내용을 포함하는 최상위 태그로 사용합니다. 사용 형식은 다음과 같습니다.

```
<form 속성1="값1" [속성2="값2" ...]>
    // 다양한 입력 양식 태그(<input>, <select>, <textarea>)
</form>
```

〈form〉 태그는 다음과 같은 다양한 속성을 사용할 수 있으며 모든 속성은 필수가 아닌 선택입니다.

표 6-1 form 태그의 속성

속성	설명
action	데이터를 받아 처리하는 웹 페이지의 URL 설정
method	데이터를 전송하는 HTTP 방식 설정
name	폼을 식별하는 이름 설정
target	폼 처리 결과를 응답으로 실행할 프레임 설정
enctype	폼을 전송하는 콘텐츠 MIME 유형 설정
accept-charset	폼 전송에 사용할 문자 인코딩 설정

〈form〉~〈/fom〉 태그 내에 입력 양식으로 사용할 수 있는 태그는 다음과 같습니다.

표 6-2 fom 태그에서 사용할 수 있는 입력 양식 태그

태그	설명
〈input〉	• 사용자가 입력할 수 있는 태그

속성	값	설명
type	text	한 줄 텍스트 입력
	radio	라디오 버튼으로 열거된 것 중 하나만 선택
	checkbox	체크 박스로 열거된 것 중 여러 개 선택
	password	암호 입력
	hidden	값을 보이지 않게 숨겨서 전송
	file	파일 업로드를 위한 파일 선택
	button	버튼 모양 출력
	reset	폼에 입력된 값을 모두 초기화
	submit	폼에 입력된 값을 서버에 모두 전송
name	텍스트	입력 양식을 식별하는 이름 설정
value	텍스트	입력 양식의 초깃값 설정

〈select〉

- 항목을 선택할 수 있는 태그

속성	값	설명
name	텍스트	목록 상자의 이름 설정
size	숫자	한 번에 표시할 항목의 개수 설정
multiple		Ctrl 키를 눌러 다중 선택 설정

- 하위 태그인 〈option〉을 이용해 목록 상자의 항목 표시

속성	값	설명
value	텍스트	항목의 값 설정
selected		해당 항목을 초깃값으로 선택
disabled		항목을 비활성화

〈textarea〉

- 여러 줄을 입력할 수 있는 태그

속성	값	설명
name	텍스트	이름 설정
cols	숫자	입력할 텍스트 영역의 너비(열 크기) 설정
rows	숫자	입력할 텍스트 영역의 높이(행 크기) 설정
wrap	off soft hard	줄 바꿈 설정 • off: 줄 바꿈을 하지 않음 • soft: Enter 를 누르지 않아도 입력 행 끝에서 자동 줄 바꿈 • hard: soft 상태와 비슷하며, 서버에 전송할 때 캐리지 리턴 문자를 전달

〈form〉 태그 내에서 사용하는 〈input〉이나 〈hidden〉의 name 속성 값을 커맨드 객체의 프로퍼티(멤버 변수, 필드)와 동일한 이름으로 사용하면 폼 페이지에서 전송되는 요청 파라미터 값이 Setter() 메서드를 가진 커맨드 객체의 프로퍼티(멤버 변수, 필드)에 전달할 수 있습니다.

다음은 〈form〉 태그와 입력 양식 태그인 〈input〉, 〈select〉, 〈textarea〉로 간단한 회원 가입 폼 페이지를 만들어 뷰 페이지로 출력하는 예입니다.

Example01Controller.java

```java
package com.springboot.controller;

import org.springframework.stereotype.Controller;
import org.springframework.web.bind.annotation.GetMapping;

@Controller
public class Example01Controller {
    @GetMapping("/member")
    public String showForm() {
        return "viewPage01";
    }
}
```

웹 브라우저의 응답 페이지로 출력되는 뷰 페이지 viewPage01.html입니다.

viewPage01.html

```html
<html>
<head>
    <title>Chap06</title>
</head>
<body>
    <h3>회원가입</h3>
    <form action="member" method="post">
        <p>아이디 : <input type="text" name="id">  ❶
        <p>비밀번호 : <input type="password" name="passwd">  ❷
        <p>거주지 : <select name="city">
            <option value="서울시">서울시</option>
            <option value="경기도">경기도</option>
            <option value="인천시">인천시</option>  ❸
            <option value="충청도">충청도</option>
            <option value="전라도">전라도</option>
            <option value="경상도">경상도</option>
        </select>
```

```
        <p>성별 : <input type="radio" name="sex" value="남성" checked>남성
                  <input type="radio" name="sex" value="여성">여성          ④
        <p>취미 : <input type="checkbox" name="hobby" value="독서" checked>독서
                  <input type="checkbox" name="hobby" value="운동">운동     ⑤
                  <input type="checkbox" name="hobby" value="영화">영화
        <p><textarea name ="greetings" cols = "30" rows ="3" placeholder = "가입 인사를
        입력해주세요"></textarea>  ⑥
        <p><input type="submit" value="가입하기">
           <input type="reset" value="다시쓰기">  ⑦
    </form>
</body>
<html>
```

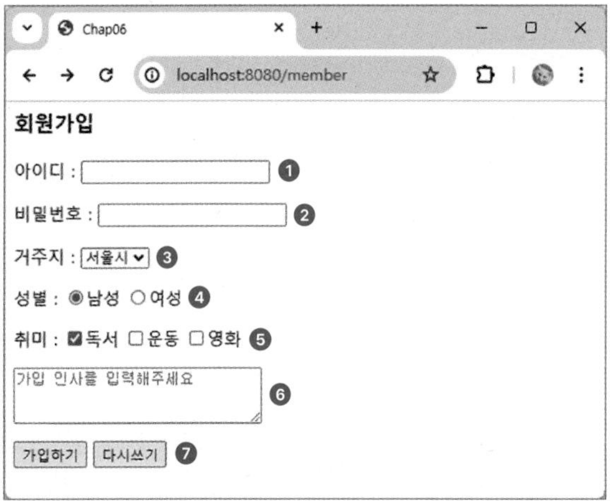

SPRING BOOT

6.2 @ModelAttribute를 이용한 데이터 바인딩

6

웹 요청 URL을 처리하는 메서드가 호출되기 전에 미리 커맨드 객체에 데이터를 담는 @ModelAttribute를 알아봅니다.

2.1 커맨드 객체와 롬복

커맨드 객체(command object)란 HttpServletRequest를 통해 들어온 요청 파라미터를 Setter() 메서드를 이용해 도메인 객체에 정의된 프로퍼티(멤버 변수, 필드)로 데이터를 바인딩하는 객체입니다. 보통 DTO(Data Transfer Object)를 의미하며, 폼 페이지로부터 전송되는 요청 파라미터와 동일한 이름의 프로퍼티와 Setter() 메서드를 가져야 합니다.

> **NOTE 데이터 바인딩**
>
> 데이터 바인딩은 웹 페이지에서 전달되는 요청 파라미터 값을 도메인 객체의 프로퍼티에 동적으로 설정해 주는 것을 의미합니다. 사용자가 웹 애플리케이션에서 입력하여 웹 페이지로 전달되는 값은 일반적으로 문자열입니다. 이 문자열로 전달된 파라미터는 도메인 객체의 프로퍼티 타입(int, boolean, char 등)에 맞게 변환해야 합니다. 이렇게 사용자가 입력한 문자열 값을 프로퍼티 타입에 맞게 자동 변환하여 할당하는 것을 데이터 바인딩이라고 합니다.

커맨드 객체로 사용할 클래스(도메인 객체)의 프로퍼티에 접근하려면 Getter()와 Setter() 메서드를 작성해야 해서 번거롭습니다. 그러나 스프링 부트는 롬복(lombok)에서 제공하는 애너테이션을 이용하면 Getter() 및 Setter() 메서드를 작성할 필요 없이 자동 생성해 주므로 애플리케이션을 개발할 때 생산성이 향상되고 코드가 줄어들어 가독성 및 유지보수성을 높일 수 있습니다.

스프링 부트에서 롬복(lombok)를 사용하려면 build.gradle 파일에 의존성 주입을 해야 합니다.

```
dependencies {
    ...
    compileOnly 'org.projectlombok:lombok'
    annotationProcessor 'org.projectlombok:lombok'
    ...
}
```

다음은 커맨드 객체로 사용할 Member 클래스에 롬복이 제공하는 애너테이션을 설정하여 Getter()와 Setter() 메서드 및 생성자 등을 생략한 예입니다.

[커맨드 객체에 롬복 애너테이션을 사용한 예]

```
package com.springboot.domain;

import lombok.Data;

@Data    ❶
public class Member {
    private String id;
    private int passwd;
    private String city;
    private String sex;
    private String[] hobby;
    private String greetings;
}
```

❶ Member 클래스의 Getter(), Setter() 메서드와 생성자를 자동 생성합니다.

> **NOTE 롬복이 제공하는 애너테이션**
>
> 롬복(lombok)을 사용해 작성한 코드는 컴파일 과정에서 스프링 컨테이너가 애너테이션을 이용해 코드를 생성하고 .class로 자동 컴파일됩니다. 이용할 수 있는 애너테이션은 다음과 같습니다.
>
> - @Getter: getXXX() 메서드 자동 생성
> - @Setter: setXXX() 메서드 자동 생성
> - @NoArgsConstructor: 파라미터가 없는 기본 생성자 생성

- @AllArgsConstructor: 모든 프로퍼티(멤버 변수, 필드) 값을 파라미터로 하는 일반 생성자 생성
- @RequiredArgsConstructor: final이나 @NonNull인 프로퍼티 값만 파라미터로 하는 일반 생성자 생성
- @ToString: toString() 메서드 자동 생성
- @EqualsAndHashCode: equals(), hashCode() 메서드 자동 생성
- @Data: @Getter+@Setter+@RequiredArgsConstructor+@ToString+@EqualsAndHashCode 자동 생성

NOTE 롬복이 적용되지 않을 때 해결 방법

1. 애너테이션 프로세싱 설정: 스프링 부트 프로젝트를 선택한 후 마우스 오른쪽 버튼을 눌러 **Properties**를 선택합니다. 창이 나타나면 **Java Comiler → Anotation Processing** 항목을 선택하고 다음 그림과 같이 선택한 뒤 **Apply and Close**를 클릭합니다.

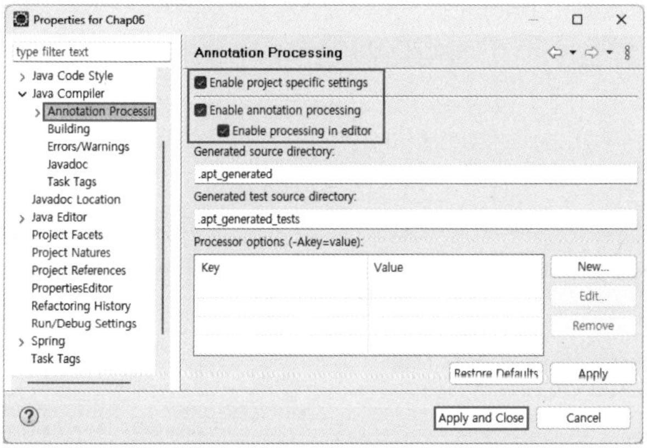

2. 이클립스에 롬복 설치: 외부에 참조된 롬복 라이브러리를 찾기 위해 스프링 부트 프로젝트 하위의 **Project and External Dependencies** 항목을 선택한 뒤 lombok-xxx.jar 파일을 찾습니다. 그리고 해당 파일이 위치한 경로에서 lombok-xxx.jar 파일을 실행합니다. 또는 https://projectlombok.org/all-versions 사이트에서 lombok-xxx.jar 파일을 다운로드하여 설치합니다.

- 실행 방법: java -jar [jar 파일.jar]

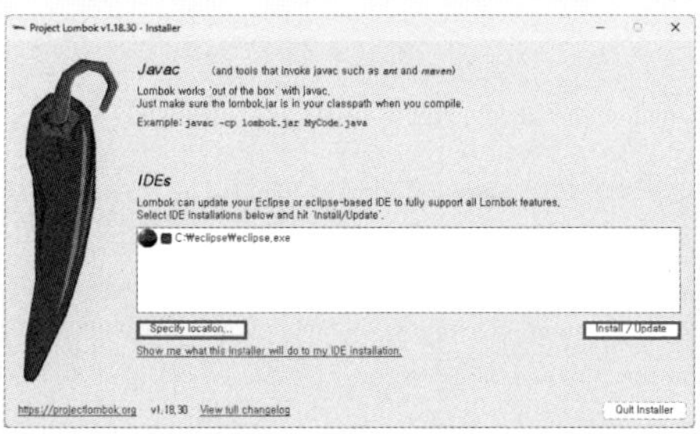

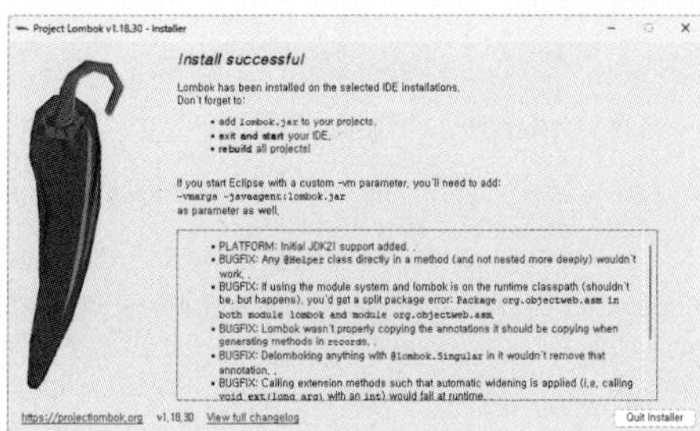

3. 이클립스를 종료한 후 재실행합니다.

2.2 요청 처리 메서드의 매개변수에 적용

@ModelAttribute는 폼 페이지에서 입력된 데이터가 전달되면 커맨드 객체에 매핑하여 데이터를 프로퍼티에 채우는 역할을 합니다. 컨트롤러 안의 @RequestMapping이 적용된 요청 처리 메서드의 매개변수로 설정해서 사용하며 사용 형식은 다음과 같습니다.

```
public String 메서드_이름(@ModelAttribute 매개변수, Model model) {
   // model.addAttributte(...);
   return "뷰";
}
```

요청 처리 메서드의 매개변수에 @ModelAttribute를 사용하면 폼 페이지에서 입력된 데이터를 자동으로 할당해 주기 때문에 폼 입력 양식 구문을 개별적으로 분석하지 않아도 됩니다. 또한 요청 처리 메서드의 매개변수인 커맨드 객체 이름도 자유롭게 변경할 수 있습니다.

다음은 요청 처리 메서드의 매개변수에 @ModelAttribute를 적용한 예입니다. 폼 페이지에서 전달된 파라미터 값이 @ModelAttribute가 설정된 커맨드 객체 member에 자동 할당되고 해당 커맨드 객체의 프로퍼티 값을 뷰 페이지에 출력합니다.

[요청 처리 메서드의 매개변수에 @ModelAttribute를 적용한 예]

Example02Controller.java

```
package com.springboot.controller;
...
import org.springframework.web.bind.annotation.ModelAttribute;
import com.springboot.domain.Member;

@Controller
public class Example02Controller {
    @PostMapping("/member")
    public String submitForm(@ModelAttribute Member member, Model model) {
        model.addAttribute("member", member);
        return "viewPage02";
    }
}
```

웹 브라우저의 응답 페이지로 출력되는 뷰 페이지 viewPage02.html입니다.

viewPage02.html

```
<html>
<head>
    <title>Chap06</title>
</head>
<body>
    <p>아이디: <span th:text="${member.id}"/>  ❶
    <p>비밀번호: <span th:text="${member.passwd}"/>  ❷
    <p>거주지: <span th:text="${member.city}"/>  ❸
    <p>성 별: <span th:text="${member.sex}"/>  ❹
    <p>취 미: <span th:each="hobby : ${member.hobby}" th:text="${hobby}+'  '"/>  ❺
    <p>가입인사: <span th:text="${member.greetings}"/>  ❻
</body>
</html>
```

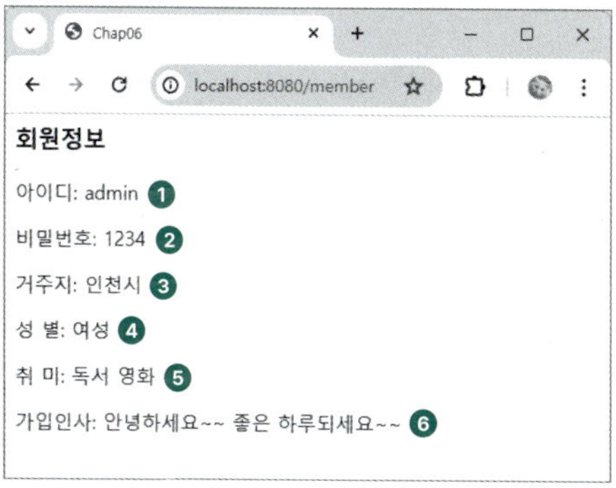

웹 요청 URL이 http://.../member이면 컨트롤러 Example01Controller의 요청 처리 메서드 showForm()으로 viewPage01.html 파일을 출력합니다. 해당 폼 페이지의 항목에 데이터를 입력한 후 [가입하기] 버튼을 누르면 POST 방식으로 전송하므로 컨트롤러 Example02Controller의 @PostMapping("/member")로 매핑되어 요청 처리 메서드 submitForm()으로 viewPage02.html 파일을 출력합니다.

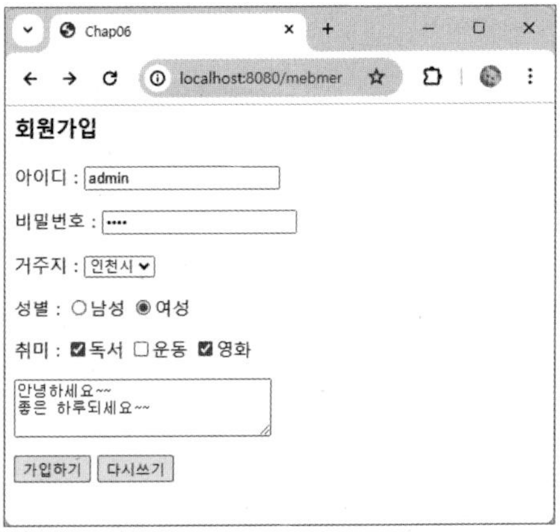

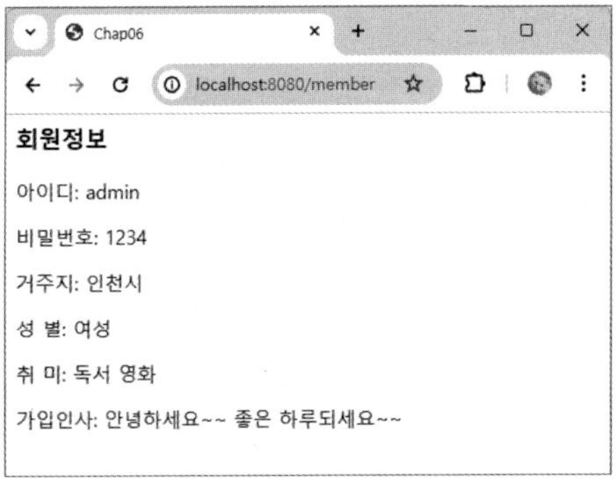

스프링 부트는 @ModelAttribute와 관계없이 데이터 바인딩과 커맨드 객체에 데이터를 담는 일을 처리하므로 submitForm() 메서드를 다음과 같이 작성해도 동일한 결과를 얻을 수 있습니다.

[@ModelAttribute를 사용하지 않는 경우]

```
@PostMapping("/member")
public String submitForm(Member member, Model model) {
    model.addAttribute("member", member);
    return "viewPage02";
}
```

또한 커맨드 객체 이름을 자유롭게 바꿔 사용할 수 있습니다. 다음은 앞의 예제에서 커맨드 객체 이름 member를 mem으로 변경한 예입니다.

[커맨드 객체 이름을 변경한 경우]

```
@PostMapping("/member")
public String submitForm(@ModelAttribute("member") Member mem, Model model) {
    model.addAttribute("member", mem);
    return "viewPage02";
}
```

2.3. 메서드에 적용

컨트롤러 안에 @RequestMapping이 적용되지 않은 별도의 일반 메서드를 만들어 @ModelAttribute를 적용하는 것을 메서드 수준의 @ModelAttribute라고 합니다. 사용 형식은 다음과 같습니다.

```
@ModelAttribute("모델_속성_이름")
public String 메서드_이름( ) {
    ...
}
```

```
@ModelAttribute
public void 메서드_이름(Model model) {
    // model.addAttributte(...);
}
```

메서드 수준의 @ModelAttribute는 뷰 페이지에서 공통으로 사용할 수 있는 커맨드 객체의 프로퍼티(멤버 변수, 필드)를 설정하여 뷰 페이지에 출력하는 역할을 합니다. @RequestMapping이 선언된 요청 처리 메서드처럼 웹 요청 URL을 처리할 수는 없지만 먼저 호출되며 컨트롤러 안에 여러 개를 만들 수 있습니다.

다음은 메서드 수준의 @ModelAttribute를 적용하는 예로, @ModelAttribute가 설정된 모델 속성 값을 뷰 페이지에 출력합니다.

[메서드 수준의 @ModelAttribute를 적용한 예]

Example03Controller.java

```
package com.springboot.controller;
...
import org.springframework.web.bind.annotation.ModelAttribute;

@Controller
public class Example03Controller {
    @GetMapping("/exam03")
    public String showForm() {
        return "viewPage03";
```

```
    }
    @ModelAttribute ❶
    public void setTitle(Model model) {
        model.addAttribute("title", "@ModelAttribute 예제");
    }
    @ModelAttribute("color") ❷
    public List<String> populateColor() {
        return Arrays.asList("red", "green", "blue");
    }
}
```

웹 브라우저의 응답 페이지로 출력되는 뷰 페이지 viewPage03.html입니다.

viewPage03.html

```
<html>
<head>
    <title>Chap06</title>
</head>
<body>
    <h3 th:utext="${title}"/> ❶
    <span th:each="colorList: ${color}" th:utext="${colorList}+'<br>'"/> ❷
</body>
</html>
```

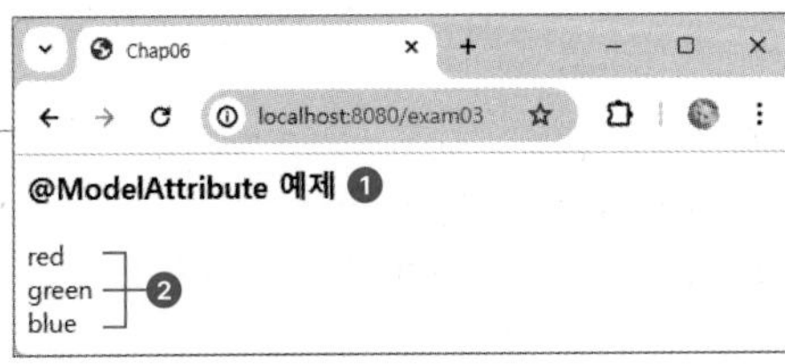

웹 요청 URL이 http://.../exam03이면 Example03Controller 컨트롤러의 요청 처리 메서드 showForm()으로 viewPage03.html 파일을 출력하기 전에, @ModelAttribute가 선언된 setTitle()과 populateColor() 메서드를 먼저 호출하여 모델 속성 title과 color 값을 저장합니다. 그리고 viewPage03.html 파일에 각각 title과 color 값을 출력합니다.

SPRING BOOT

6.3 @InitBinder를 이용한 커스텀 데이터 바인딩

폼 페이지에서 전송되는 요청 파라미터의 데이터 바인딩을 사용자가 정의할 수 있는 @InitBinder 애너테이션을 알아봅니다.

6

3.1 메서드에 적용

@InitBinder는 사용자가 입력한 데이터가 커맨드 객체의 프로퍼티에 매핑되기 전에 데이터 바인딩을 사용자 정의(customizing)하고 WebDataBinder 객체를 초기화하는 메서드와 함께 사용됩니다. 사용 형식은 다음과 같습니다.

```
@InitBinder
public void 메서드_이름(WebDataBinder binder, ...) {
    // 구현 생략
}
```

```
@InitBinder("커맨드_객체")
public void 메서드_이름(WebDataBinder binder ...) {
    // 구현 생략
}
```

@InitBinder가 선언된 메서드의 매개변수로 WebDataBinder를 사용해 폼 페이지에서 입력된 데이터를 커맨드 객체의 프로퍼티로 전체 또는 일부만 전달할지 구성할 수 있습니다.

3.2 폼 파라미터의 커스텀 데이터 바인딩

setAllowedFields() 메서드에서 매개변수의 기본값은 폼 페이지의 모든 파라미터지만, 폼 페이지에서 원치 않는 파라미터가 할당되는 것을 방지하려면 데이터 바인딩을 허용하는 폼 파라미터를 설정합니다. 이에 반하는 메서드는 setDisallowedFields()입니다.

```
public void setAllowedFields("폼_파라미터_이름1" ...)
public void setDisallowedFields("폼_파라미터_이름1" ...)
```

다음은 setAllowedFields() 메서드를 사용해 폼 페이지에서 전달된 파라미터에 데이터 바인딩을 허용하는 예입니다. 앞의 예제에서 폼 페이지 viewPage01.html의 hobby 파라미터를 제외한 모든 파라미터를 바인딩합니다.

[데이터 바인딩을 허용하는 setAllowedFields() 메서드를 적용한 예]

Example02Controller.java

```
package com.springboot.controller;
...
import org.springframework.web.bind.WebDataBinder;
import org.springframework.web.bind.annotation.InitBinder;
import com.springboot.domain.Member;

@Controller
public class Example02Controller {
    @PostMapping("/member")
    public String submitForm(@ModelAttribute Member member, Model model) {
        model.addAttribute("member", member);
        return "viewPage02";
    }
    @InitBinder
    public void initBinder(WebDataBinder binder) {
        binder.setAllowedFields("id","passwd","city","sex","greetings");    // hobby
                                                                             항목 없음
    }
}
```

웹 요청 URL이 http://.../member이면 Example02Controller 컨트롤러의 요청 처리 메서드 showForm()으로 viewPage02.html 파일을 출력합니다. 이때 해당 폼 페이지에서 입

력된 값인 파라미터에서 setAllowedFields() 메서드는 hobby를 제외한 항목만 허용하여 viewPage02.html 파일을 출력합니다.

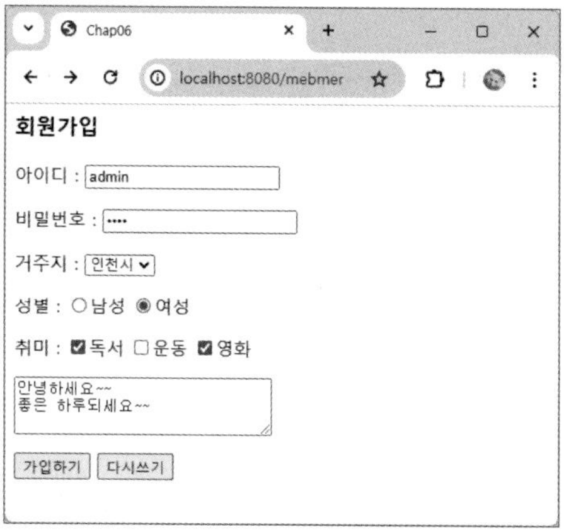

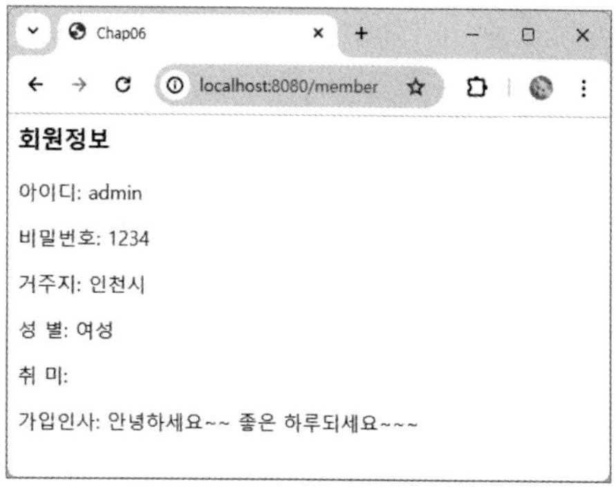

setDisallowedFields() 메서드에서 매개변수의 기본값은 none입니다. 이 메서드에서도 폼 페이지에서 원치 않는 파라미터가 바인딩되는 것을 방지하려면 데이터 바인딩을 허용하지 않는 폼 파라미터를 설정해야 합니다.

```
public void setDisallowedFields("폼_파라미터1"...)
```

다음은 setDisallowedFields() 메서드를 사용해 폼 페이지에서 전달된 파라미터의 데이터 바인딩을 허용하지 않는 예입니다. 앞의 예처럼 폼 페이지의 파라미터 중 hobby가 바인딩되지 않도록 합니다.

[데이터 바인딩을 허용하지 않는 setDisallowedFields() 메서드를 적용한 예]

```
@InitBinder
public void initBinder(WebDataBinder binder) {
    binder.setDisallowedFields("hobby");
}
```

6.4 [도서 쇼핑몰] 도서 등록 페이지 만들기

도서 쇼핑몰에 폼 태그를 적용하여 도서 정보를 등록하는 폼 페이지를 만들고, 사용자로부터 새로운 도서 정보 데이터를 입력받아 등록한 후 출력합니다.

[미리보기] 도서 쇼핑몰 로드맵

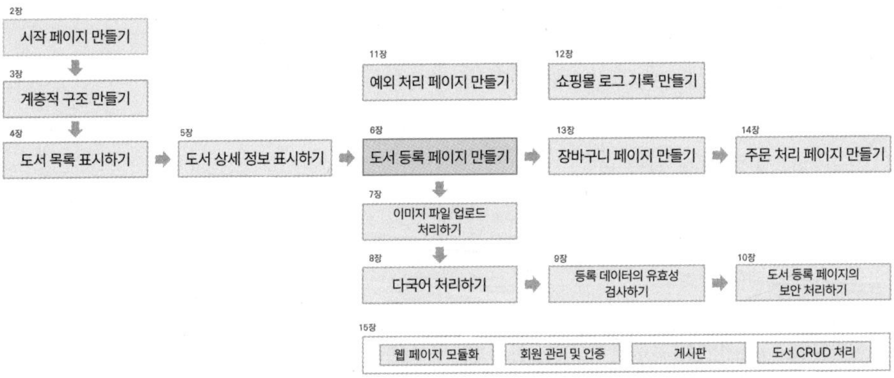

[미리보기] 도서 등록 페이지

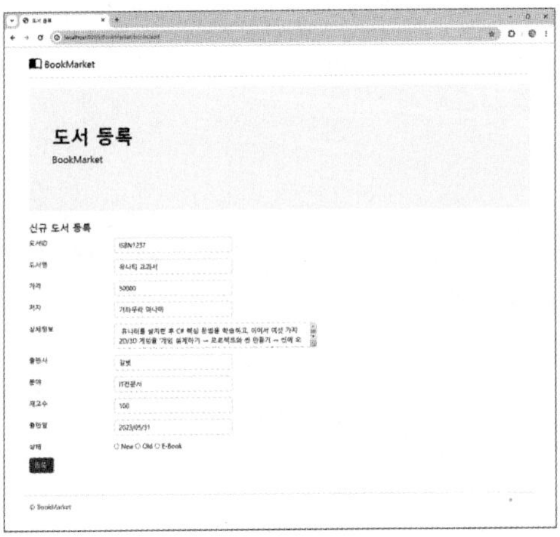

실습 1 폼 태그로 도서 등록 페이지 만들기

폼 태그를 이용하여 신규로 도서 정보를 등록할 수 있는 도서 등록 페이지를 만듭니다.

1 도서 등록 페이지를 출력하는 요청 처리 메서드 작성 BookController 클래스에 다음과 같이 추가 작성합니다.

BookMarket/src/main/java/com/springboot/controller/BookController.java

```
package com.springboot.controller;
...
@Controller
@RequestMapping(value = "/books")
public class BookController {
    ...
    @GetMapping("/filter/{bookFilter}")
    public String requestBooksByFilter (
    @MatrixVariable(pathVar="bookFilter") Map<String,List<String>> bookFilter, Model
                                                        model) {
        Set<Book> booksByFiter = bookService.getBookListByFilter(bookFilter);
        model.addAttribute("bookList", booksByFiter);
        return "books";
    }
    @GetMapping("/add")
    public String requestAddBookForm() {
        return "addBook";   ❷
    }                                   ─❶
}
```

❶ 웹 요청 URL이 http://.../books/add이면 도서 등록 페이지를 출력하는 요청 처리 메서드 requestAddBookForm()입니다. @GetMapping("/add")는 @RequestMapping(value="/add", method=RequestMethod.GET) 또는 @RequestMapping("/add")와 같습니다.

❷ 뷰 이름을 addBook으로 반환하여 addBook.html 파일을 출력합니다.

2 도서 등록 페이지 작성 addBook.html 파일을 생성하여 다음과 같이 작성합니다.

BookMarket/src/main/resources/templates/addBook.html

```
<html>
<head>
    <title>도서 등록</title>
    <link href="https://getbootstrap.com/docs/5.3/dist/css/bootstrap.min.css"
     rel="stylesheet">
</head>
<body>
<div class="container py-4">
    <header class="pb-3 mb-4 border-bottom">
        <a href="…/home" class="d-flex align-items-center text-body-emphasis text-
         decoration-none">
            <svg xmlns="http://www.w3.org/2000/svg" width="32" height="32"
             fill="currentColor" class="bi bi-book-half me-2" viewBox="0 0 16 16">
                <path d="M8.5 2.687c.654-.689 1.782-.886 3.112-.752 1.234.124 2.503.523
                 3.388.893v9.923c-.918-.35-2.107-.692-3.287-.81-1.094-.111-2.278-
                 .039-3.213.492zM8 1.783C7.015.936 5.587.81 4.287.94c-1.514.153-
                 3.042.672-3.994 1.105A.5.5 0 0 0 0 2.5v11a.5.5 0 0 0 .707.455c.882-
                 .4 2.303-.881 3.68-1.02 1.409-.142 2.59.087 3.223.877a.5.5 0 0 0 .78
                 0c.633-.79 1.814-1.019 3.222-.877 1.378.139 2.8.62 3.681 1.02A.5.5
                 0 0 0 16 13.5v-11a.5.5 0 0 0-.293-.455c-.952-.433-2.48-.952-3.994-
                 1.105C10.413.809 8.985.936 8 1.783"/>
            </svg>
            <span class="fs-4">BookMarket</span>
        </a>
    </header>
    <div class="p-5 mb-4 bg-body-tertiary rounded-3">
        <div class="container-fluid py-5">
            <h1 class="display-5 fw-bold">도서 등록</h1>
            <p class="col-md-8 fs-4">BookMarket</p>
        </div>
    </div>
    <div class="row align-items-md-stretch">                               ❶
        <form action="/BookMarket/books/add" method="post">
            <legend>신규 도서 등록</legend>
```

```
<div class="mb-3 row">
    <label class="col-sm-2 control-label">도서ID</label>
    <div class="col-sm-3">
        <input type="text" name="bookId" class="form-control"/>   ❷
    </div>
</div>
<div class="mb-3 row">
    <label class="col-sm-2 control-label">도서명</label>
    <div class="col-sm-3">
        <input type="text" name="name" class="form-control"/>   ❷
    </div>
</div>
<div class="mb-3 row">
    <label class="col-sm-2 control-label">가격</label>
    <div class="col-sm-3">
        <input type="text" name="unitPrice" class="form-control"/>   ❷
    </div>
</div>
<div class="mb-3 row">
    <label class="col-sm-2 control-label">저자</label>
    <div class="col-sm-3">
        <input type="text" name="author" class="form-control"/>   ❷
    </div>
</div>
<div class="mb-3 row">
    <label class="col-sm-2 control-label">상세정보</label>
    <div class="col-sm-5">
        <textarea type="text" name="description" cols="50" rows="2"
         class="form-control"></textarea>   ❸
    </div>
</div>
<div class="mb-3 row">
    <label class="col-sm-2 control-label">출판사</label>
    <div class="col-sm-3">
        <input type="text" name="publisher" class="form-control"/>   ❷
```

```
            </div>
        </div>
        <div class="mb-3 row">
            <label class="col-sm-2 control-label">분야</label>
            <div class="col-sm-3">
                <input type="text" name="category" class="form-control"/>   ❷
            </div>
        </div>
        <div class="mb-3 row">
            <label class="col-sm-2 control-label">재고수</label>
            <div class="col-sm-3">
                <input type="text" name="unitsInStock" class="form-control"/>   ❷
            </div>
        </div>
        <div class="mb-3 row">
            <label class="col-sm-2 control-label">출판일</label>
            <div class="col-sm-3">
                <input type="text" name="releaseDate" class="form-control"/>   ❷
            </div>
        </div>
        <div class="mb-3 row">
            <label class="col-sm-2 control-label">상태</label>
            <div class="col-sm-3">
                <input type="radio" name="condition" value="New"/>New
                <input type="radio" name="condition" value="Old"/>Old          ❹
                <input type="radio" name="condition" value="E-Book"/>E-Book
            </div>
        </div>
        <div class="mb-3 row">
            <div class="col-sm-offset-2 col-sm-10">
                <input type="submit" class="btn btn-primary" value ="등록"/>   ❺
            </div>
        </div>
    </form>
    <footer class="pt-3 mt-4 text-body-secondary border-top">
        <span class="text-body-secondary">&copy; BookMarket</span>
    </footer>
```

```
    </div>
</body>
</html>
```

❶ 입력 양식에 입력된 데이터를 서버로 전송하여 폼 데이터를 처리하도록 form 태그의 action 속성 값, method 방식을 설정합니다.

❷ 도서ID, 도서명, 가격, 저자, 출판사, 분야, 재고수, 출판일을 입력받도록 input 태그의 type 속성 값을 text로 설정하고 name 속성 값을 각각 bookId, name, unitPrice, author, publisher, category, unitsInStock, releaseDate로 설정합니다.

❸ 도서 설명 값을 여러 줄로 입력받도록 너비와 높이를 각각 50, 2로 textarea 태그를 설정하고 name 속성 값을 description으로 설정합니다.

❹ 도서 상태 값 중 하나만 선택해서 입력받도록 input 태그 3개의 type 속성 값을 radio로 설정하고 name 속성 값을 condition으로 설정합니다.

❺ 입력된 데이터를 서버로 전송하도록 input 태그의 type 속성 값을 submit로 설정합니다.

3 프로젝트 실행 웹 브라우저에 **http://localhost:8080/BookMarket/books/add**를 입력하여 실행 결과를 확인합니다.

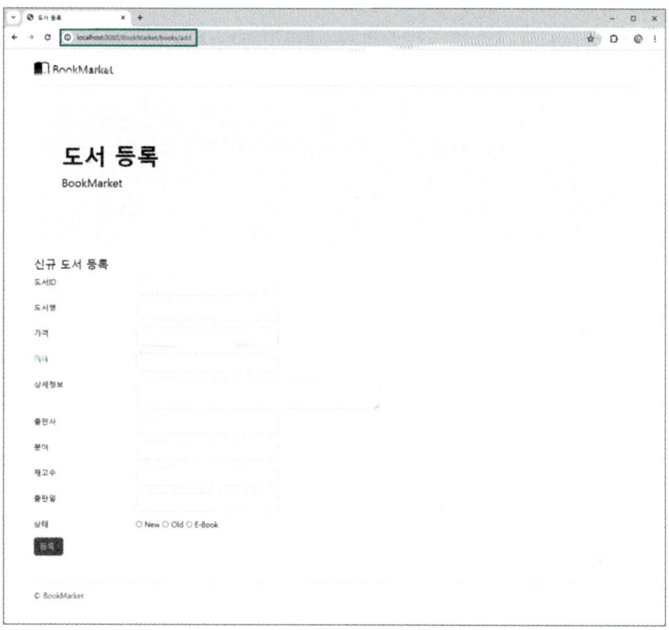

실습 2 @ModelAttribute로 도서 등록 처리하기

@ModelAttribute를 이용해 도서 등록 페이지에서 입력된 파라미터 값을 모델 객체로 바인딩하여 저장소 객체에 신규 도서 정보로 저장합니다.

1 의존 라이브러리 등록 build.gradle 파일에 다음과 같이 추가 작성합니다.

BookMarket/build.gradle

```
...
dependencies {
    implementation 'org.springframework.boot:spring-boot-starter-thymeleaf'
    implementation 'org.springframework.boot:spring-boot-starter-web'
    compileOnly 'org.projectlombok:lombok'                          ❶
    annotationProcessor 'org.projectlombok:lombok'
    testImplementation 'org.springframework.boot:spring-boot-starter-test'
}
...
```

❶ Book 클래스에 롬복을 지원하도록 롬복 의존 라이브러리를 작성합니다.

2 롬복 애너테이션 선언 Book 클래스를 다음과 같이 수정합니다.

BookMarket/src/main/java/com/springboot/domain/Book.java

```
package com.springboot.domain;
import java.math.BigDecimal;
import lombok.Data;
@Data    ❶
public class Book {
    private String bookId;              // 도서ID
    private String name;                // 도서명
    private BigDecimal unitPrice;       // 가격
    private String author;              // 저자
    private String description;         // 설명
    private String publisher;           // 출판사
    private String category;            // 분류
```

```
    private long unitsInStock;          // 재고수
    private String releaseDate;         // 출판일
    private String condition;           // 상태: 신규도서/E-Book/중고도서
    // Getter(), Setter() 메서드 삭제
}
```

❶ Getter(), Setter() 생성자를 자동 생성하기 위해 롬복에서 지원하는 @Data입니다. @Data 대신 @Getter, @Setter, @NoArgsConstructor를 선언하는 것으로 변경할 수도 있습니다.

BookMarket/src/main/java/com/springboot/domain/Book.java

```
package com.springboot.domain;
import lombok.Getter;
import lombok.Setter;
import lombok.NoArgsConstructor;
@Getter
@Setter
@NoArgsConstructor
public class Book {
    private String bookId;              // 도서ID
    ...
    private String condition;           // 상태: 신규도서/E-Book/중고도서
}
```

3 신규 도서를 등록하는 메서드 정의 BookRepository 인터페이스에 다음과 같이 추가 작성합니다.

BookMarket/src/main/java/com/springboot/repositpry/BookRepository.java

```
package com.springboot.repository;
...
public interface BookRepository {
    ...
    Book getBookById(String bookId);
    void setNewBook(Book book);
}
```

4 신규 도서를 등록하는 메서드 작성 BookRepositoryImpl 클래스에 다음과 같이 추가 작성합니다.

BookMarket/src/main/java/com/springboot/repositpry/BookRepositoryImpl.java

```
package com.springboot.repository;
...
@Repository
public class BookRepositoryImpl implements BookRepository {
    ...
    public Book getBookById(String bookId) {
        ...
        return bookInfo;
    }
    public void setNewBook(Book book) {
        listOfBooks.add(book);          ❶
    }
}
```

❶ 신규 도서 정보를 저장하는 메서드입니다.

5 신규 도서를 등록하는 메서드 정의 BookService 인터페이스에 다음과 같이 추가 작성합니다.

BookMarket/src/main/java/com/springboot/service/BookService.java

```
package com.springboot.service;
...
public interface BookService {
    ...
    Book getBookById(String bookId);
    void setNewBook(Book book);
}
```

6 신규 도서를 등록하는 메서드 작성 BookServiceImpl 클래스에 다음과 같이 추가 작성합니다.

BookMarket/src/main/java/com/springboot/service/BookServiceImpl.java

```
package com.springboot.service;
...
@Service
public class BookServiceImpl implements BookService {
    ...
    public Book getBookById(String bookId) {
        Book bookById = bookRepository.getBookById(bookId);
        return bookById;
    }
    public void setNewBook(Book book) {
        bookRepository.setNewBook(book);    ❷ ─❶
    }
}
```

❶ 신규 도서 정보를 저장소 객체에 저장하는 메서드입니다.

❷ 신규 도서 정보를 저장하는 저장소 객체의 setNewBook() 메서드를 호출합니다.

7 신규 도서를 등록하는 메서드 작성 BookController 클래스에 다음과 같이 추가 작성합니다.

BookMarket/src/main/java/com/springboot/controller/BookController.java

```
package com.springboot.controller;
...
import org.springframework.web.bind.annotation.ModelAttribute;
...
@Controller
@RequestMapping(value = "/books")
public class BookController {
    ...
    @GetMapping("/add")
    public String requestAddBookForm() {
        return "addBook";
    }
```

6

```
    @PostMapping("/add")
    public String submitAddNewBook(@ModelAttribute Book book) {   ❷
        bookService.setNewBook(book);   ❸
        return "redirect:/books";   ❹
    }                                                              ─❶
}
```

❶ 웹 요청 URL이 http://.../books/add이면 신규 도서를 저장하는 요청 처리 메서드 submitAddNewBook()입니다.

❷ 웹 요청 URL에서 커맨드 객체 Book을 전달받도록 요청 처리 메소드 submitAddNewBook()의 매개변수에 @ModelAttribute를 설정합니다. @RequestMapping(value="/add", method=RequestMethod.POST)와 같습니다.

❸ 신규 도서 정보를 저장하려고 서비스 객체의 setNewBook() 메서드를 호출합니다.

❹ 웹 요청 URL을 /books로 강제 이동시켜 @RequestMapping("/books")에 매핑합니다.

NOTE 뷰 리다이렉션

뷰 리다이렉션(view redirection)은 사용자 웹 요청에 따라 현재 뷰 페이지에서 다른 뷰 페이지로 이동하는 것을 의미합니다. 뷰 리다이렉션에는 redirect 방식과 forward 방식이 있습니다. 컨트롤러의 요청 처리 메서드는 기본적으로 GET 방식을 사용하므로 뷰 페이지 이동 방식은 forward 방식을 따릅니다.

```
@RequestMapping(...)
public String 함수이름( ) {
    // 모델 객체를 통한 응답 데이터 저장
    return "redirect:/요청 URL"; // or "forword:/요청 URL"
}
```

1. redirect 방식

- 웹 브라우저가 요청 URL을 변경하면서 응답 뷰 페이지로 이동하는 방식입니다.
- 웹 브라우저에서 URL을 요청하면 응답 뷰 페이지의 URL로 이동합니다. 이때 웹 브라우저는 새로운 요청을 생성하여 이동할 URL에 다시 요청합니다. 그 결과, 처음 보냈던 최초 요청 정보는 이동된 URL에서는 더이상 유효하지 않습니다.
- 폼에서 데이터를 입력받아 등록하면 시스템(세션, DB)에 변화가 생기는 요청(로그인, 회원 가입, 글쓰기 등)이 있을 때 사용합니다.

2. forward 방식

- 웹 브라우저가 최초로 요청한 URL을 유지하면서 응답 뷰 페이지를 표현하는 방식입니다.
- 현재 뷰 페이지에서 이동할 URL로 요청 정보를 그대로 전달하므로 사용자가 최초로 요청한 정보는 이동된 URL에서도 유효합니다. 실제로 웹 브라우저는 다른 페이지로 이동했음을 알 수 없습니다. 따라서 웹 브라우저에는 최초에 호출한 URL이 표시되고, 이동한 페이지의 URL 정보는 확인할 수 없습니다.
- 시스템에 변화가 없는 단순 조회 요청(글 목록 보기, 검색 등)에 사용합니다.

6

8 도서 등록 페이지에 제목을 출력하는 메서드 작성 BookController 클래스에 다음과 같이 추가 작성합니다. 도서 등록 페이지에 제목을 출력하려면 BookController 클래스에 메서드 수준의 @ModelAttribute를 선언한 addAttributes() 메서드를 추가해야 합니다.

BookMarket/src/main/java/com/springboot/controller/BookController.java

```
package com.springboot.controller;
...
@Controller
@RequestMapping("/books")
public class BookController {
    ...
    @PostMapping("/add")
    public String submitAddNewBook(@ModelAttribute Book book) {
        bookService.setNewBook(book);
        return "redirect:/books";
    }
    @ModelAttribute
    public void addAttributes(Model model) {
        model.addAttribute("addTitle", "신규 도서 등록");   ❶
    }
}
```

❶ 도서 등록 페이지에 제목을 출력하기 위해 메서드 수준의 @ModelAttribute를 선언한 addAttributes() 메서드입니다.

9 도서 등록 페이지 작성 addBook.html 파일을 다음과 같이 수정 작성합니다.

BookMarket/src/main/resources/templates/addBook.html

```
<html>
    ...
    <div class="row align-items-md-stretch">
        <form action="/BookMarket/books/add" method="post">
        <legend>[[${addTitle}]]</legend>    ❶
        <div class="mb-3 row">
            <label class="col-sm-2 control-label">도서ID</label>
            <div class="col-sm-3">
                <input type="text" name="bookId" class="form-control"/>
            </div>
        </div>
    ...
```

❶ 컨트롤러 BookController에서 전달된 모델 속성 addTitle 값을 출력합니다.

10 프로젝트 실행 웹 브라우저에 http://localhost:8080/BookMarket/books/add를 입력한 실행 결과에서 도서 정보를 입력하고 [등록] 버튼을 누릅니다. 입력한 도서 정보가 새로 등록된 것을 확인할 수 있습니다.

실습 3 @InitBinder로 커스텀 데이터 바인딩하기

@InitBinder를 이용해 도서 등록 페이지에서 입력된 모든 파라미터 값을 모델 객체로 바인딩하여 저장소 객체에 신규 도서 정보를 저장합니다.

1 커스텀 데이터 바인딩 메서드 작성 BookController 클래스에 다음과 같이 추가 작성합니다.

BookMarket/src/main/java/com/springboot/controller/BookController.java

```
package com.springboot.controller;
...
import org.springframework.web.bind.WebDataBinder;
import org.springframework.web.bind.annotation.InitBinder;
...
@Controller
@RequestMapping("/books")
public class BookController {
    ...
    @ModelAttribute
    public void addAttributes(Model model) {
        model.addAttribute("addTitle", "신규 도서 등록");
    }
    @InitBinder
    public void initBinder(WebDataBinder binder) {
        binder.setAllowedFields("bookId","name","unitPrice","author","description",
                "publisher","category","unitsInStock","totalPages","releaseDate","cond
                ition");
    }
}
```

① @InitBinder를 설정하여 폼 페이지로부터 바인딩할 커맨드 객체의 모든 프로퍼티(필드)를 허용하는 initBinder() 메서드입니다.

6

요약

1. 폼 태그의 개요

- 폼 태그는 사용자가 입력하거나 선택한 정보를 웹 서버로 전달하는 역할을 합니다.
- 사용자가 웹 브라우저를 통해 입력한 모든 데이터를 서버로 전송하는 양식을 폼(form)이라고 합니다.
- 사용자의 웹 요청 URL을 폼 페이지로 처리하는 것에는 GET 전송 방식과 POST 전송 방식이 있습니다.

2. GET 전송 방식의 폼 페이지 처리 과정

- 폼 페이지의 URL을 요청합니다.
- 사용자의 웹 요청 URL과 매핑되는 @GetMapping이 설정된 컨트롤러로 처리를 요청합니다.
- 컨트롤러는 폼 페이지를 뷰로 반환합니다.
- 서버는 전송받은 폼 페이지를 웹 브라우저로 보냅니다.
- 웹 브라우저는 전송 결과를 폼 페이지로 보여 줍니다.

3. POST 전송 방식의 폼 페이지 처리 과정

- 폼 페이지의 입력 항목에 데이터를 입력한 후 URL을 요청합니다
- 사용자의 웹 요청 URL과 매핑되는 @PostMapping이 설정된 컨트롤러에 폼 입력 데이터를 전송하고 처리를 요청합니다.
- 컨트롤러는 전송받은 폼 데이터를 처리하고 응답 웹 페이지를 뷰로 반환합니다.
- 서버는 전송받은 응답 웹 페이지를 웹 브라우저로 보냅니다.
- 웹 브라우저는 전송받은 응답 웹 페이지를 보여 줍니다.

4. 커맨드 객체와 롬복

- 커맨드 객체(command object)는 HttpServletRequest를 통해 들어온 요청 파라미터를 Setter() 메서드를 이용해 도메인 객체에 정의된 프로퍼티(멤버 변수, 필드)로 데이터를 바인딩하는 객체입니다.
- 커맨드 객체로 사용할 클래스의 프로퍼티에 접근하려면 Getter()와 Setter() 메서드를 작성해야 하는데 스프링 부트는 롬복(lombok)에서 제공하는 애너테이션을 이용하면 자동 생성해 줍니다.
- 롬복(lombok)를 사용하려면 build.gradle 파일에 의존성 주입을 해야 합니다.

연습문제

01. 다음 중 폼 태그의 input 태그에 대한 설명으로 옳지 않은 것은?

① text: 한 줄의 텍스트를 입력할 때 사용합니다.
② hidden: 웹 브라우저가 출력하지 않는 입력 폼으로 사용합니다
③ password: 암호를 입력할 때 사용합니다
④ checkbox: 많은 옵션 중 하나를 선택할 때 사용합니다.

02. 다음 중 스프링 폼 태그 〈form〉의 속성에 대한 설명으로 옳지 않은 것은?

① modelAttribute: 대소문자 상관없이 참조하는 커맨드 객체를 설정합니다.
② action: 데이터를 받아 처리하는 웹 페이지의 URL을 설정합니다.
③ enctype: 폼을 전송하는 콘텐츠 MIME 유형을 설정합니다
④ method: 데이터가 전송되는 HTTP 방식을 설정합니다

03. 다음 중 롬복에 대한 설명으로 옳지 않은 것은?

① build.gradle 파일에 lombok 의존성 주입을 해야 합니다.
② Getter/Setter 메서드를 자동 생성하는 @Getter/@Setter를 제공합니다.
③ 파라미터가 없는 기본 생성자를 생성하는 @NoArgsConstructor를 제공합니다.
④ 파라미터를 갖는 일반 생성자를 생성하는 @RequiredArgsConstructor를 제공합니다.

04. 다음 중 웹 요청 URL을 처리하는 요청 처리 메서드가 호출되기 전에 폼 페이지에서 입력된 데이터를 커맨드 객체에 미리 담아 주는 애너테이션으로 옳은 것은?

① @PathVariable
② @MatrixVariable
③ @InitBinder
④ @ModelAttribute

05. 다음 중 폼 페이지에서 사용자가 입력한 데이터가 커맨드 객체의 프로퍼티에 매핑되기 전에 데이터 바인딩을 사용자 정의(customizing)할 수 있는 애너테이션으로 옳은 것은?

① @PathVariable
② @MatrixVariable
③ @InitBinder
④ @ModelAttribute

06. 다음 중 사용자 웹 요청에 따라 현재 뷰 페이지에서 다른 뷰 페이지로 이동을 의미하는 것으로 옳은 것은?

① 뷰 리다이렉션(view redirection)
② redirect 방식: "redirect:/요청 URL"
③ forward 방식: "forword:/요청 URL"
④ 모두 해당됨

07. 다음 중 사용자 웹 요청에 따라 뷰 페이지를 이동하는 redirect 방식에 대한 설명으로 옳지 않은 것은?

① 웹 브라우저가 요청 URL을 변경하면서 응답 뷰 페이지로 이동하는 방식입니다.
② 웹 브라우저에서 URL을 요청하면 응답 뷰 페이지의 URL로 이동합니다.
③ 폼에서 데이터를 입력받아 등록하여 시스템에 변화가 생기는 요청이 있을 때 사용합니다.
④ 웹 브라우저가 최초 요청한 URL을 유지하면서 응답 뷰 페이지를 표현하는 방식입니다.

※ 다음 코드를 보고 08~10번 물음에 답하시오.

```
package com.springboot.chap06;
...
@Controller
@RequestMapping("/movies")
public class Chap06Controller {
    @ModelAttribute("title")
    public String requestMovies01() {
        return "영화 유형";
    }
    @GetMapping("/add")
    public String requestMovies02(@ModelAttribute("NewMovie") Movie movie, Model model) {
        model.addAttribute("movie", movie);
        return "addMovie";
    }
    @PostMapping("/add")
    public String requestMovies03(@ModelAttribute("NewMovie") Movie movie, Model model) {
        return "redirect:/movies/add";
    }
}
```

08. 다음 중 메서드 수준의 @ModelAttribute로 뷰 페이지에서 공통으로 사용할 수 있는 커맨드 객체의 프로퍼티를 설정하여 뷰 페이지에 출력하는 역할을 하는 메서드로 옳은 것은?

① requestMovies01()

② requestMovies02(...)

③ requestMovies03(...)

④ 없음

09. 다음 중 웹 브라우저의 주소 창에 http://localhost:8080/movies/add를 입력하면 매핑하는 요청 처리 메서드로 옳은 것은?

① requestMovies01()

② requestMovies02(...)

③ requestMovies03(...)

④ 없음

10. 다음 중 요청 처리 메서드 requestMovies03()을 실행한 후 웹 브라우저에 출력되는 뷰 페이지로 옳은 것은?

① 영화 유형.html

② addMovie.html

③ movies.html

④ movie.html

7 장

파일 업로드 처리

[도서 쇼핑몰] 도서 이미지 파일 업로드하기

학 습 목 표

- 정적 리소스인 이미지 파일을 처리하는 방법을 알아봅니다.
- 웹 서버에 이미지 파일을 업로드하는 환경을 설정하고 업로드 처리 방법을 살펴봅니다.
- [도서 쇼핑몰] 도서 이미지 파일을 업로드할 수 있게 구현합니다.

7.1 파일 업로드 개요

파일 업로드는 파일을 웹 브라우저에서 서버로 전송하여 저장하는 것입니다. 서버로 업로드할 수 있는 파일에는 텍스트 파일, 바이너리 파일, 이미지 파일, 문서 파일 등 다양합니다. 웹 브라우저에서 서버로 파일을 전송하기 위해서는 웹 페이지에서 폼 태그를 사용하고, 전송된 파일을 서버에 업로드하는 것은 추가 라이브러리 없이 단순한 설정만으로도 가능합니다.

1.1 파일 업로드를 위한 설정

스프링 부트에서 파일 업로드를 처리하기 위해서는 별도의 의존 라이브러리를 추가할 필요 없이 application.properties 파일을 다음과 같이 설정하면 됩니다.

```
spring.servlet.multipart.enabled: ❶
spring.servlet.multipart.file-size-threshold: ❷
spring.servlet.multipart.location: ❸
spring.servlet.multipart.max-file-size: ❹
spring.servlet.multipart.max-request-size: ❺
```

❶ 멀티 파트 업로드 지원 여부로 기본값(default)은 true입니다.

❷ 파일이 메모리에 기록되는 임계값으로 기본값(default)은 0B입니다.

❸ 업로드된 파일의 임시 저장 공간입니다.

❹ 파일의 최대 크기로 기본값(default)은 1MB입니다.

❺ 요청의 최대 크기로 기본값(default)은 10MB입니다.

파일 업로드를 위해 필요한 application.properties 파일 설정 예는 다음과 같습니다.

[파일 업로드를 위한 application.properties 파일의 설정 예]

```
spring.servlet.multipart.enabled=true ❶
spring.servlet.multipart.file-size-threshold=2KB ❷
spring.servlet.multipart.location=C:/upload ❸
spring.servlet.multipart.max-file-size=200MB ❹
spring.servlet.multipart.max-request-size=215MB ❺
```

1.2 파일 업로드를 위한 웹 페이지

파일 업로드를 위해서는 먼저, 웹 브라우저에서 서버로 파일을 전송할 수 있는 폼 페이지가 필요합니다. 웹 페이지에 폼 태그를 작성할 때는 몇 가지 규칙을 반드시 따라야 합니다. 사용 형식은 다음과 같습니다.

```
<form method="POST" enctype="multipart/form-data" action="실행파일">
    <input type="file" name="요청파라미터이름">
</form>
```

❶ <form> 태그의 method 속성은 반드시 POST 방식으로 설정합니다.

❷ <form> 태그의 enctype 속성은 반드시 multipart/form-data로 설정합니다.

❸ <form> 태그의 action 속성은 파일 업로드를 처리할 실행 파일로 설정합니다.

❹ <input> 태그의 type 속성은 file로 설정합니다. 만약 파일 여러 개를 업로드하려면 두 개 이상의 <input> 태그를 사용하고 name 속성은 서로 다른 값으로 설정합니다.

다음은 웹 페이지에 파일을 업로드하는 폼 태그를 사용한 예입니다.

[파일 업로드를 위해 폼 태그를 사용한 예]

```
<html>
<head>
<title>File Upload</title>
</head>
<body>
    <form method="post" enctype="multipart/form-data" action="viewPage_process.html">
        <p>제목 : <input type="text" name="title">
        <p>파일 : <input type="file" name="fileName">
        <p><input type="submit" value="submit">
    </form>
</body>
<html>
```

1.3 정적 리소스 위치 설정하기

스프링 부트는 정적 리소스를 쉽게 처리할 수 있는 ResourceHttpRequestHandler 클래스를 제공합니다. 이 클래스는 기본적으로 /static, /public, /resources, /META-INF/resources 폴더에 있는 정적 콘텐츠를 제공합니다. 이 폴더들은 src/main/resources에 배치됩니다.

정적 리소스가 저장된 WAR이나 파일 시스템에 접근하려면 ResourceHandlerRegistry를 이용해 웹 컨텍스트 설정 클래스 내부에서 작업합니다.

[WAR에 저장된 리소스 접근]

```
@Configuration
@EnableWebMvc
public class MvcConfig implements WebMvcConfigurer {
    @Override
    public void addResourceHandlers(ResourceHandlerRegistry registry) {
        registry
        .addResourceHandler("/resources/**")
        .addResourceLocations("/resources/");
    }
}
```

❶ 외부 연결 URI 경로를 설정합니다.

❷ 리소스가 위치한 실제 경로를 설정합니다. 경로는 반드시 /로 끝나야 합니다.

앞의 코드는 /resources/로 시작하는 웹 요청이 들어오면 /resources/ 하위의 리소스를 반환합니다.

[파일 시스템에 저장된 리소스 접근]

```
@Configuration
@EnableWebMvc
public class MvcConfig implements WebMvcConfigurer {
    @Override
    public void addResourceHandlers(ResourceHandlerRegistry registry) {
        registry
        .addResourceHandler("/files/**")
        .addResourceLocations("file:///C:/upload/files/"); // 운영체제가 Windows인 경우
        // .addResourceLocations("file:/upload/files/");   // 운영체제가 리눅스인 경우
    }
}
```

위의 코드는 /files/로 시작하는 웹 요청이 들어오면 C 드라이브의 /upload/files/ 하위의 리소스를 반환합니다.

NOTE 정적 리소스 경로의 사용자 정의 형식

기본적으로 스프링은 모든 정적 콘텐츠를 루트 하위로 제공하지만 설정을 변경할 수 있습니다. 스프링 부트 프로젝트의 src/main/resources 폴더에 있는 application.properties 파일에서 사용자 정의 경로를 정의하거나 application.yml 파일을 생성하여 설정할 수 있습니다.

- application.properties

```
spring.mvc.static-path-pattern=/경로이름[/경로이름 ...]/**
```

• application.yml

```
spring:
    mvc:
        static-path-pattern:
            /경로이름[/경로이름 ...]/**
```

스프링 부트에서 src/main/resources 하위의 /static 폴더에 webPage.html 파일을 넣으면 http://localhost:8080/webPage.html을 통해 접근할 수 있습니다. 하지만 application.properties 파일에 spring.mvc.static-path-pattern=/chap07/**로 설정하면 http://localhost:8080/chap07/webPage.html로 접근해야 합니다.

SPRING BOOT

7.2 MultipartFile을 이용한 파일 업로드 처리

MultipartFile 인터페이스를 이용해 파일을 업로드하는 방법에 대해 알아봅니다.

7

2.1 MultipartFile 인터페이스

MultipartFile 인터페이스는 컨트롤러에 멀티 파트 요청으로 들어오는 매개변수 중에서 업로드된 파일과 파일 데이터를 표현할 때 사용합니다. MultipartFile 인터페이스를 사용하면 파일을 더욱 쉽게 단일 또는 다중으로 업로드할 수 있습니다. MultipartFile 인터페이스의 주요 메서드는 다음과 같습니다.

표 7-1 MultipartFile 인터페이스의 주요 메서드

메서드	타입	설명
getName()	String	멀티 파트 폼에서 파라미터 이름을 반환
getContentType()	String	파일의 콘텐츠 형식을 반환
getOriginalFilename()	String	클라이언트의 파일 시스템에서 실제 파일 이름을 반환
isEmpty()	boolean	업로드한 파일의 존재 여부를 반환
getSize()	long	바이트의 파일 크기를 반환
getBytes()	byte[]	바이트의 배열로 파일 내용을 반환
getInputStream()	InputStream	파일 콘의 내용을 읽어 InputStream으로 반환
transferTo(File dest)	void	전송된 파일을 지정한 대상 파일로 전송

2.2 파일 업로드 유형

MultipartHttpServletRequest 인터페이스 이용하기

MultipartHttpServletRequest 인터페이스를 이용하여 파일을 업로드하려면 먼저 스프링에서 제공하는 HttpServletRequest와 MultipartRequest 인터페이스를 상속받아야 합니다. 이때 웹 요청 정보를 얻으려면 HttpServletRequest가 제공하는 getParameter() 메서드를 사용해야 하고 MultipartFile 데이터를 받으려면 MultipartRequest가 제공하는 getFile() 메서드를 사용해야 합니다.

NOTE MultipartHttpServletRequest와 HttpServletRequest 인터페이스의 주요 메서드

MultipartHttpServletRequest와 HttpServletRequest 인터페이스의 주요 메서드는 다음 사이트를 참고하세요.

- https://docs.spring.io/spring-framework/docs/current/javadoc-api/org/springframework/web/multipart/MultipartHttpServletRequest.html
- https://jakarta.ee/specifications/platform/9/apidocs/jakarta/servlet/http/httpservletrequest

다음은 MultipartHttpServletRequest를 이용하여 폼 페이지에서 멀티 파트 타입으로 전송되는 매개변수나 업로드한 파일 데이터를 모두 전달받는 예입니다.

[MultipartHttpServletRequest를 이용한 파일 업로드 예]

Example01Controller.java

```
package com.springboot.controller;
...
import java.io.File;
import java.io.IOException;
import org.springframework.web.multipart.MultipartFile;
import org.springframework.web.multipart.MultipartHttpServletRequest;

@Controller
@RequestMapping("/exam01")
public class Example01Controller {

    @GetMapping("/form")
    public String requestForm() {
        return "viewPage";
    }
    @PostMapping("/form")
    public String submitForm(MultipartHttpServletRequest request, Model model) {
```

```
        String name = request.getParameter("name");  ❶
        MultipartFile file = request.getFile("fileImage");  ❷

        String filename = file.getOriginalFilename();
        File saveFile = new File("c:\\upload\\" + name + "_" + filename);

        try {
            file.transferTo(saveFile);  ❸
            model.addAttribute("data1","MultipartHttpServletRequest 예제");
            model.addAttribute("data2",filename);
            model.addAttribute("data3", saveFile.getName());
        } catch (IOException e) {
            e.printStackTrace();
        }
        return "viewPage_process";
    }
}
```

❶ 폼 페이지의 요청 파라미터 name의 값을 전송받습니다.

❷ 폼 페이지의 요청 파라미터 fileImage의 파일을 전송받습니다.

❸ 파일을 업로드합니다.

다음은 웹 브라우저의 응답 페이지로 출력되는 viewPage.html과 viewPage_process.html입니다.

viewPage.html

```
<html>
<head>
<title>File Upload</title>
</head>
<body>
    <h3>파일업로드</h3>
    <form action ="form" method="post" enctype="multipart/form-data">
        <p>이름 : <input type="text" name="name"/>
        <p>파일 : <input type="file" name="fileImage"/>
```

```
        <p><input type="submit" value="전송하기"/>
            <input type="reset" value="다시쓰기"/>
    </form>
</body>
<html>
```

viewPage_process.html

```
<html>
<head>
<title>Chap07</title>
</head>
<body>
    <h3 th:text="${data1}"></h3>    ❶
    <p>실제 파일 이름: <span th:utext="${data2}"/>    ❷
    <p>서버 파일 이름 : <span th:utext="${data3}"/>    ❸
    <p><img th:src="'/images/'+${data3}" style = "width: 15%"/>    ❹
</body>
<html>
```

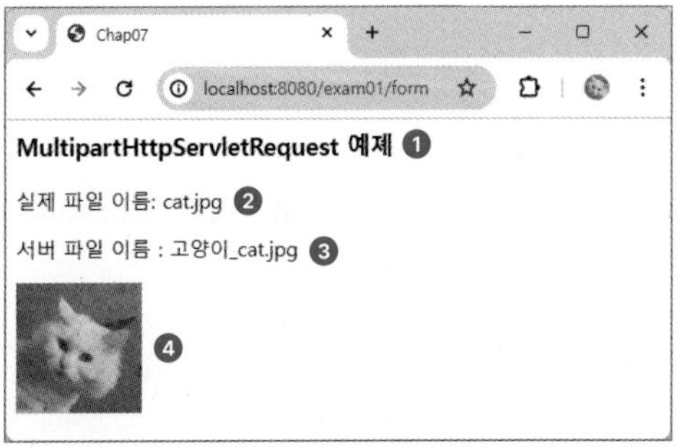

다음은 /images/로 시작하는 웹 요청이 들어오면 C 드라이브의 /upload/ 하위에 업로드한 이미지를 출력하기 위해 파일 시스템에 저장된 리소스에 접근하는 예입니다.

ResourceConfig.java

```
package com.springboot.config;


import org.springframework.context.annotation.Configuration;
```

```
import org.springframework.web.servlet.config.annotation.ResourceHandlerRegistry;
import org.springframework.web.servlet.config.annotation.WebMvcConfigurer;

@Configuration
public class ResourceConfig implements WebMvcConfigurer {
    @Override
    public void addResourceHandlers(ResourceHandlerRegistry registry) {
        registry.addResourceHandler("/images/**")
        .addResourceLocations("file:///C:/upload/");
    }
}
```


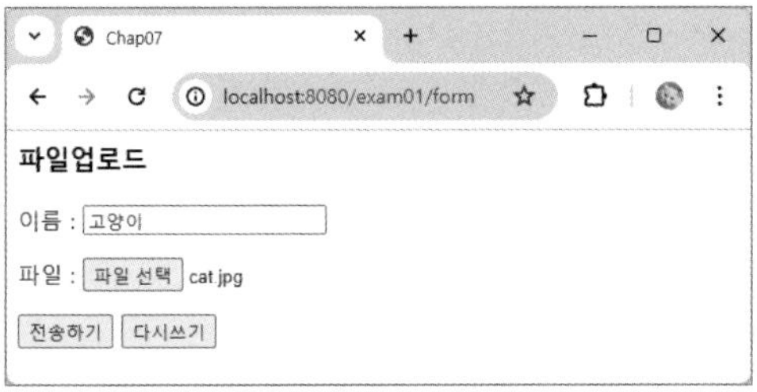

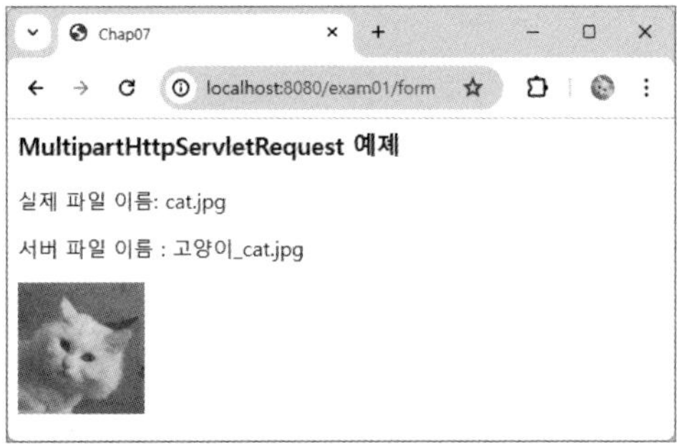

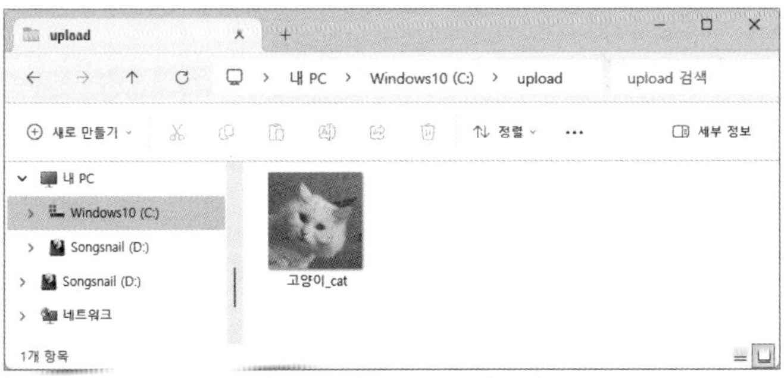

@RequestParam 이용하기

@RequestParam으로 파일을 업로드하려면 멀티 파트 요청이 들어올 때 요청 처리 메서드의 매개변수에 @RequestParam이 적용된 MultipartFile 타입의 매개변수를 사용하면 됩니다.

다음은 @RequestParam을 이용하여 폼 페이지에서 MultipartFile 타입으로 전송되는 매개변수나 업로드한 파일 데이터를 전달받는 예입니다. 업로드한 파일 데이터를 전달받으려면

@RequestParam과 MultipartFile 타입의 매개변수를 사용해야 합니다.

[@RequestParam을 이용한 파일 업로드 예]

Example02Controller.java

```
package com.springboot.controller;

import org.springframework.web.bind.annotation.RequestParam;
import org.springframework.web.multipart.MultipartFile;

@Controller
@RequestMapping("/exam02")
public class Example02Controller {

    @GetMapping("/form")
    public String requestForm() {
        return "viewPage";
    }

    @PostMapping("/form")
    public String submitForm(@RequestParam("name") String name,
            @RequestParam("fileImage") MultipartFile file, Model model) {
        String filename = file.getOriginalFilename();
        File saveFile = new File("c:\\upload\\" + name + "_" + filename);

        try {
            file.transferTo(saveFile);  // 파일 업로드하기
            model.addAttribute("data1","MultipartHttpServletRequest 예제");
            model.addAttribute("data2",filename);
            model.addAttribute("data3", saveFile.getName());
        } catch (IOException e) {
            e.printStackTrace();
        }
        return "viewPage_process";
    }
}
```

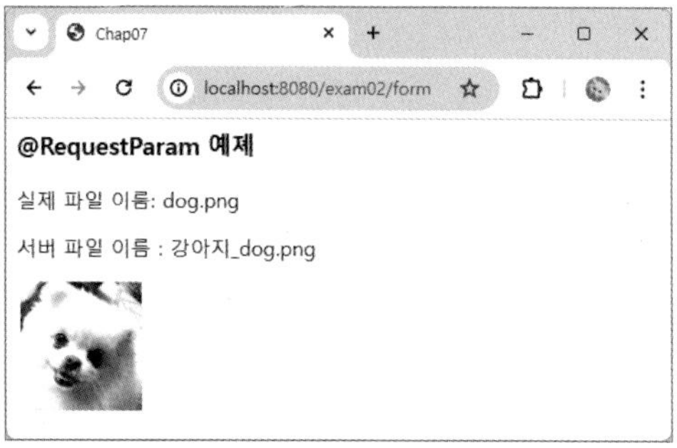

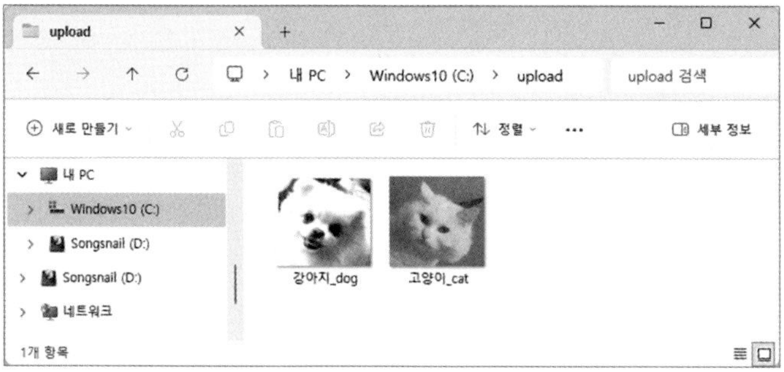

@ModelAttribute 이용하기

@ModelAttribute를 이용하여 파일을 업로드하려면 폼 페이지에서 멀티 파트 요청 매개변수와 동일한 이름으로 커맨드 객체 내에 MultipartFile 타입의 프로퍼티(멤버 변수)를 추가합니다. 그리고 요청 처리 메서드의 매개변수에 @ModelAttribute를 선언하여 업로드할 파일을 포함한 요청 파라미터를 전송받으면 됩니다.

예를 들어, 폼 페이지에서 〈input type="file" name="fileImage"〉처럼 〈input〉 태그의 file 타입에서 name 속성의 이름이 fileImage이면 커맨드 객체에 동일한 이름으로 MultipartFile 타입의 fileImage 프로퍼티를 추가해야 합니다.

[커맨드 객체를 적용한 파일 업로드 예]

Member.java

```
package com.springboot.domain;

import org.springframework.web.multipart.MultipartFile;
import lombok.Data;
```

```
@Data
public class Member {
    private String name;
    private MultipartFile fileImage;
}
```

커맨드 객체 Member로 모든 웹 요청 파라미터를 전달받는 예입니다.

Example03Controller.java

```
package com.springboot.controller;
...
import org.springframework.web.multipart.MultipartFile;
import com.springboot.domain.Member;

@Controller
@RequestMapping("/exam03")
public class Example03Controller {
    @GetMapping("/form")
    public String requestForm(Member member) {
        return "viewPage";
    }
    @PostMapping("/form")
    public String submitForm(@ModelAttribute Member member, Model model) {
        String name = member.getName();  ❶
        MultipartFile file = member.getFileImage();  ❷
        String filename = file.getOriginalFilename();
        File saveFile = new File("c:\\upload\\" + name + "_" + filename);
        try {
            file.transferTo(saveFile);  ❸
            model.addAttribute("data1","@ModelAttribute 예제");
            model.addAttribute("data2",filename);
            model.addAttribute("data3", saveFile.getName());
        } catch (IOException e) {
            e.printStackTrace();
        }
```

```
        return "viewPage_process";
    }
}
```

❶ 폼 페이지의 요청 파라미터 name의 값을 전송받습니다.

❷ 폼 페이지의 요청 파라미터 fileImage의 파일을 전송받습니다.

❸ 파일을 업로드합니다.

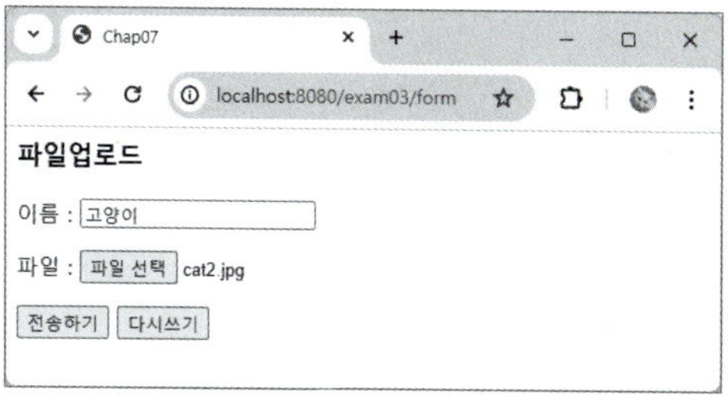

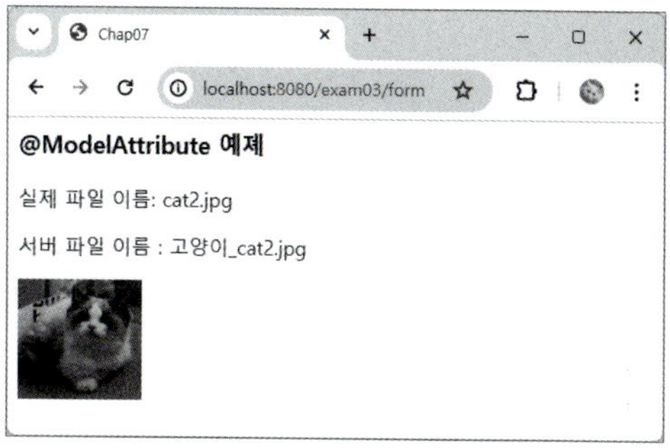

NOTE 파일 다운로드 방법

스프링 부트 프로젝트에서 업로드한 이미지를 다운로드하는 예입니다. 뷰 페이지에서 /images/가 C:/upload 경로로 매핑할 수 있게 파일 시스템 리소스 접근이 설정되어 있어야 합니다.

Example04Controller.java

```
@Controller
@RequestMapping("/exam04")
public class Example04Controller {
```

```java
@GetMapping
public String photoDownload(Model model) {
    return "viewPage02";
}
```

```java
@GetMapping("/download")
public void photoDownload(@RequestParam("file") String paramKey,
        HttpServletResponse response) throws IOException {
    File f = new File("c:\\upload\\" + paramKey);
    // file 다운로드 설정
    response.setContentType("application/download");
    response.setContentLength((int)f.length());
    response.setHeader("Content-disposition", "attachment;filename=\"" +
            paramKey + "\"");
    // response 객체를 통해서 서버로부터 파일 다운로드
    OutputStream os = response.getOutputStream();
    // 파일 입력 객체 생성
    FileInputStream fis = new FileInputStream(f);
    FileCopyUtils.copy(fis, os);
    fis.close();
    os.close();
}
}
```

viewPage02.html

```html
...
<body>
    <h3>파일다운로드</h3>
    <a href="/exam04/download?file=cat.jpg">
        <img src="/images/cat.jpg" width="100">고양이</a>
    <a href="/exam04/download?file=dog.png">
        <img src="/images/dog.png" width="100">강아지</a>
</body>
...
```

7.3 [도서 쇼핑몰] 도서 이미지 업로드 처리하기

이미지 파일을 정적 리소스로 관리하여 도서 목록과 도서 상세 페이지에 이미지를 출력해 보고, 파일 업로드 처리 방법을 이용하여 도서 이미지를 등록할 수 있는 폼 페이지를 만들고 도서 이미지를 업로드하여 도서 이미지를 출력합니다.

[미리보기] 도서 쇼핑몰 로드맵

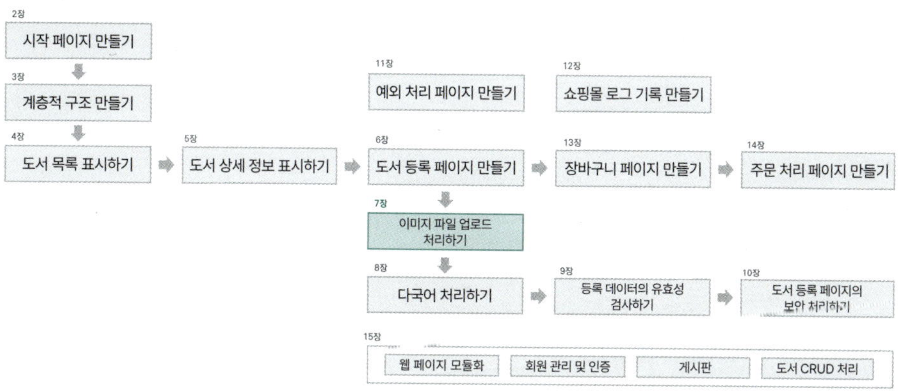

[미리보기] 도서 이미지 업로드 처리

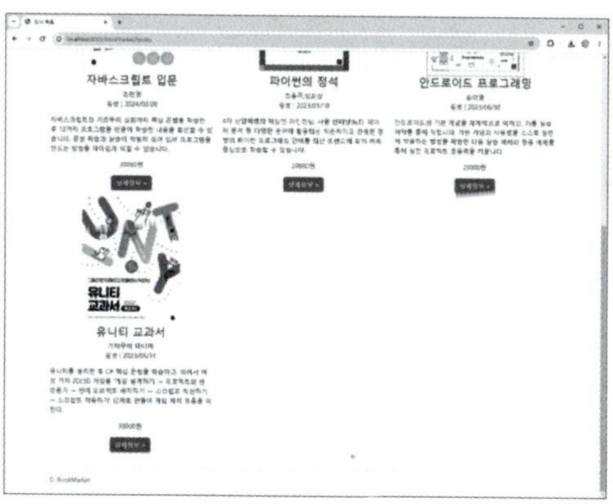

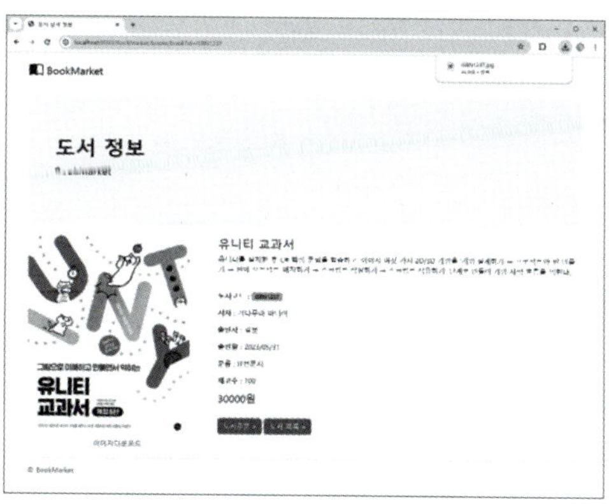

실습 1 정적 리소스로 이미지와 부트스트랩 관리하기

도서 이미지나 부트스트랩 CSS와 같은 정적 리소스를 관리하여 도서 목록과 도서 상세 페이지에 이미지를 출력해 봅시다.

1 정적 리소스 관리 폴더 생성 src/main/resources/static 폴더에 이미지 파일을 관리하는 images 폴더와 부트스트랩 파일을 관리하는 css 폴더를 생성합니다.

① 생성된 images 폴더에 이미지 파일명을 도서 아이디로 설정하여 등록합니다.

② css 폴더에 부트스트랩 CSS 파일인 bootstrap.min.css를 다운로드하여 등록합니다.

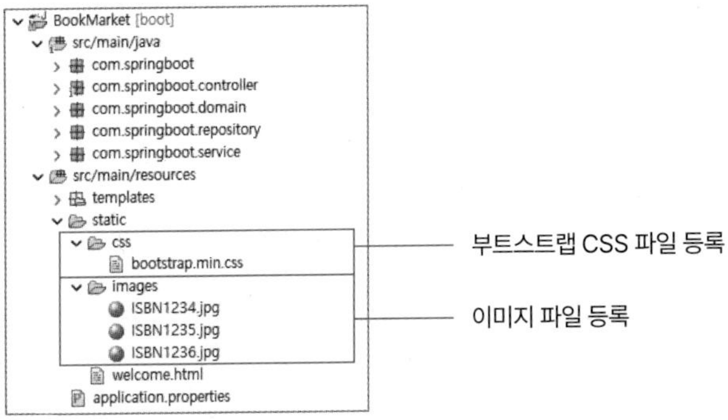

NOTE 부트스트랩 CSS 파일 설치 방법

1. 배포 사이트(http://getbootstrap.com/)에서 bootstrap-5.5.3-dist.zip 파일을 다운로드합니다.

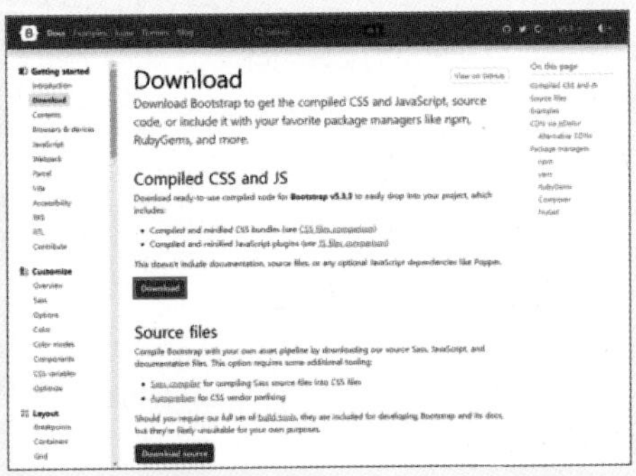

2. 다운로드한 파일의 압축을 풀고 css 폴더에서 bootstrap.min.css 파일을 찾습니다.

3. 웹 애플리케이션의 src/main/resources/static/css/ 폴더에 bootstrap.min.css 파일을 붙여넣습니다.

2 도서 클래스에 멤버 변수 추가 도서 이미지를 저장 및 관리하기 위해 Book 클래스에 필드를 선언합니다.

BookMarket/src/main/java/com/springboot/domain/Book.java

```
package com.springboot.domain;
...
@Data
public class Book {
    ...
    private String condition;       // 상태: 신규도서/E-Book/중고도서
    private String fileName;        // 도서 이미지 파일
}
```

7

3 도서 데이터 저장소 클래스 수정 BookRepositoryImpl 클래스의 기본 생성자에 도서 이미지를 설정하도록 다음 내용을 추가 작성합니다.

BookMarket/src/main/java/com/springboot/repository/BookRepositoryImpl.java

```
package com.springboot.repository;
...
@Repository
public class BookRepositoryImpl implements BookRepository {
    private List<Book> listOfBooks = new ArrayList<Book>();
    public BookRepositoryImpl() {
        Book book1 = new Book();
        ...
        book1.setReleaseDate("2024/02/20");
        book1.setFileName("ISBN1234.jpg");
        Book book2 = new Book();
        ...
        book2.setReleaseDate("2023/01/10");
        book2.setFileName("ISBN1235.jpg");
        Book book3 = new Book();
        ...
        book3.setReleaseDate("2023/06/30");
```

```
        book3.setFileName("ISBN1236.jpg");

        listOfBooks.add(book1);
        listOfBooks.add(book2);
        listOfBooks.add(book3);
    }
...
}
```

4 도서 목록 페이지 수정 부트스트랩 CSS를 포함하고 도서 이미지를 출력하기 위해 books.html 파일을 다음과 같이 수정합니다.

BookMarket/src/main/resources/templates/books.html

```
<html>
...
    <link href="/BookMarket/css/bootstrap.min.css" rel="stylesheet">
</head>
...
    <div class="row align-items-md-stretch text-center">
        <div class="col-md-4" th:each="book:${bookList}">
            <img th:src="'/BookMarket/images/'+${book.fileName}" alt="image"
             style="width: 60%"/>
            <h3 th:text="${book.name}"></h3>
            <p th:text="${book.author}">
...
```

5 도서 상세 정보 페이지 수정 부트스트랩 CSS를 포함하고 도서 이미지를 출력하기 위해 book.html 파일을 다음과 같이 수정합니다.

BookMarket/src/main/resources/templates/book.html

```
<html>
...
    <link href="/BookMarket/css/bootstrap.min.css" rel="stylesheet">
```

```
</head>
...
    <div class="row align-items-md-stretch">
    <div class="col-md-4">
        <img th:src="'/BookMarket/images/'+${book.getFileName()}" style="width: 90%"/>
    </div>
    <div class="col-md-8">
        <h3 th:text="${book.name}"></h3>
        <p th:text="${book.description}"></p>
...
```


6 프로젝트 실행 웹 브라우저에 http://localhost:8080/BookMarket/books를 입력하여 실행 결과를 확인합니다.

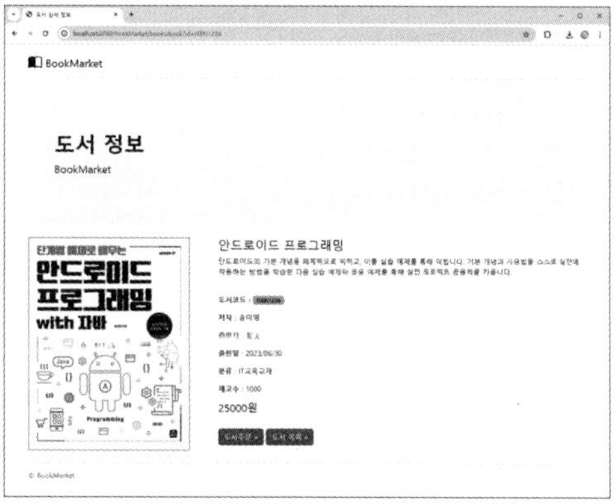

실습 2 도서 이미지 업로드하기

커맨드 객체를 이용하여 도서 등록 페이지에 도서 이미지 파일 업로드를 작성하고 이를 처리하여 출력해 봅시다.

❶ **도서 이미지 파일의 저장 위치 생성** C 드라이브에 upload 폴더를 생성합니다. 그리고 파일 이름은 도서ID.jpg로 저장합니다. 도서 등록 페이지에서 업로드할 이미지 파일은 C:₩upload 폴더에 저장될 것입니다.

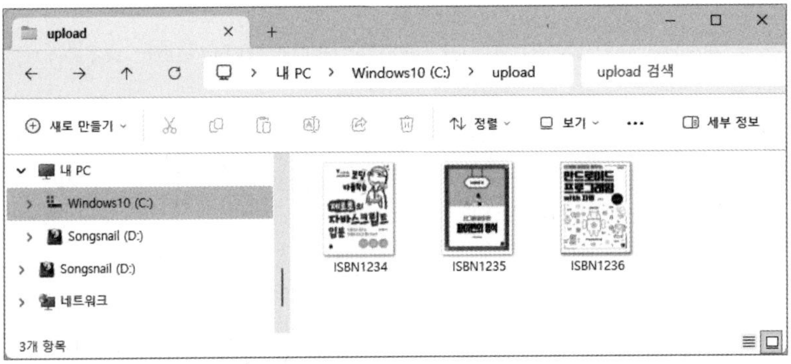

❷ **파일 업로드 저장 위치 설정** application.properties 파일에 도서 이미지를 업로드하기 위한 설정과 저장 위치를 다음과 같이 추가 작성합니다.

BookMarket/src/main/resources/application.properties

```
spring.application.name=BookMarket
server.servlet.context-path=/BookMarket

spring.servlet.multipart.enabled=true
spring.servlet.multipart.file-size-threshold=2KB
spring.servlet.multipart.location=C:/upload
spring.servlet.multipart.max-file-size=200MB
spring.servlet.multipart.max-request-size=215MB

file.uploadDir=C:/upload/
```

❸ **파일 시스템에 저장된 이미지에 접근하는 클래스 생성** ResourceConfig 클래스를 생성하여 다음과 같이 작성합니다.

BookMarket/src/main/java/com/springboot/config/ResourceConfig.java

```
package com.springboot.config;
import org.springframework.beans.factory.annotation.Value;
```

```
import org.springframework.context.annotation.Configuration;
import org.springframework.web.servlet.config.annotation.ResourceHandlerRegistry;
import org.springframework.web.servlet.config.annotation.WebMvcConfigurer;

@Configuration
public class ResourceConfig implements WebMvcConfigurer {
    @Value("${file.uploadDir}") // application.properties에 선언한 파일 저장 위치 설정
    String fileDir;

    @Override
    public void addResourceHandlers(ResourceHandlerRegistry registry) {
        registry.addResourceHandler("/BookMarket/images/**")    ❶
        .addResourceLocations("file:///"+fileDir)    ❷
        .setCachePeriod(60 * 60 * 24 * 365); // 접근 파일 캐싱 시간
    }
}
```

❶ 사용자의 웹 요청에 /BookMarket/images/가 포함되도록 외부 연결 URI 경로를 작성합니다.

❷ 이미지 파일의 리소스가 위치한 실제 경로인 C:/upload/를 작성합니다.

4 도서 클래스에 멤버 변수 추가 도서 이미지를 업로드하기 위해 Book 클래스에 다음과 같이 필드를 선언합니다.

BookMarket/src/main/java/com/springboot/domain/Book.java

```
package com.springboot.domain;
import org.springframework.web.multipart.MultipartFile;
...
@Data
public class Book {
    ...
    private String condition;          // 상태: 신규도서/E-Book/중고도서
    private String fileName;
    private MultipartFile bookImage;   // 도서 이미지
}
```

5 도서 이미지 파일 업로드 BookController 컨트롤러에 도서 이미지를 업로드할 수 있도록 submitAddNewBook() 메서드를 수정합니다.

BookMarket/src/main/java/com/springboot/controller/BookController.java

```
package com.springboot.controller;
...
import java.io.File;
import org.springframework.web.multipart.MultipartFile;
import org.springframework.beans.factory.annotation.Value;
...
@Controller
@RequestMapping("/books")
public class BookController {
    ...
    @Value("${file.uploadDir}")
    String fileDir;
    ...
    @GetMapping("/add")
    public String requestAddBookForm() {
    return "addBook";
    }

    @PostMapping("/add")
    public String submitAddNewBook(@ModelAttribute Book book) {
        MultipartFile bookImage = book.getBookImage();   ❶
        String saveName = bookImage.getOriginalFilename();   ❷
        File saveFile = new File(fileDir, saveName);
        if (bookImage != null && !bookImage.isEmpty()) {
            try {
                bookImage.transferTo(saveFile);   ❸
            } catch (Exception e) {
                throw new RuntimeException("도서 이미지 업로드가 실패하였습니다", e);
            }
        }
        book.setFileName(saveName);
        bookService.setNewBook(book);
```

```
        return "redirect:/books";
    }
    ...
    @InitBinder
    public void initBinder(WebDataBinder binder) {
        binder.setAllowedFields("bookId", "name", "unitPrice", "author", "description",
                "publisher", "category", "unitsInStock", "totalPages", "releaseDate",
                "condition " , "bookImage");   ❹
    }
}
```

❶ 신규 도서 등록 페이지에서 커맨드 객체의 파라미터 중 도서 이미지에 해당하는 것을 MultipartFile 객체의 bookImage 변수로 전달합니다.

❷ MultipartFile 타입으로 전송받은 이미지의 파일 이름을 얻는 getOriginalFilename() 메서드입니다.

❸ 도서 이미지 파일을 C:₩upload 경로로 업로드하는 transferTo() 메서드입니다.

❹ 〈input〉 태그의 file 타입에서 name 속성 이름이 bookImage의 바인딩을 허용하도록 bookImage를 추가합니다.

6 도서 등록 페이지 수정 도서 이미지를 업로드하기 위해 addBook.html 파일을 다음과 같이 수정합니다.

BookMarket/src/main/resources/templates/addBook.html

```
<html>
<head>
    <title>도서 등록</title>
    <link href="/BookMarket/css/bootstrap.min.css" rel="stylesheet">   ❶
</head>
...
    <form action="/BookMarket/books/add" method="post" enctype="multipart/form-data">
        <legend>{{{addTitle}}}</legend>   ❷
        ...
        <div class="mb-3 row">
            <label class="col-sm-2 control-label">상태</label>
```


7

```
            <div class="col-sm-3">
                <input type="radio" name="condition" value="New"/>New
                <input type="radio" name="condition" value="Old"/>Old
                <input type="radio" name="condition" value="E-Book"/>E-Book
            </div>
        </div>
        <div class="mb-3 row">
            <label class="col-sm-2 control-label">도서이미지</label>
            <div class="col-sm-7">
                <input type="file" name="bookImage" class="form-control"/>    ❸
            </div>
        </div>
    ...
```

❶ 프로젝트 내의 정적 리소스에 부트스트랩 CSS가 포함되도록 수정합니다.

❷ 파일을 업로드하기 위해 멀티 파트 요청으로 인코딩 속성을 〈form〉 태그 안에 작성합니다.

❸ 이미지 파일을 첨부하기 위해 〈input〉 태그 안에 type="file"을 작성하고 name 속성은 커맨드 객체 Book 클래스의 필드 이름과 동일하게 작성합니다.

7 프로젝트 실행 웹 브라우저에 http://localhost:8080/BookMarket/books/add를 입력하여 실행한 후 이미지 파일을 첨부해 실행 결과를 확인합니다.

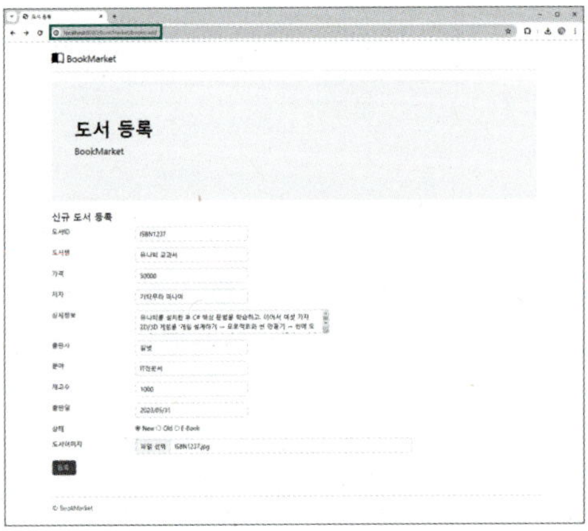

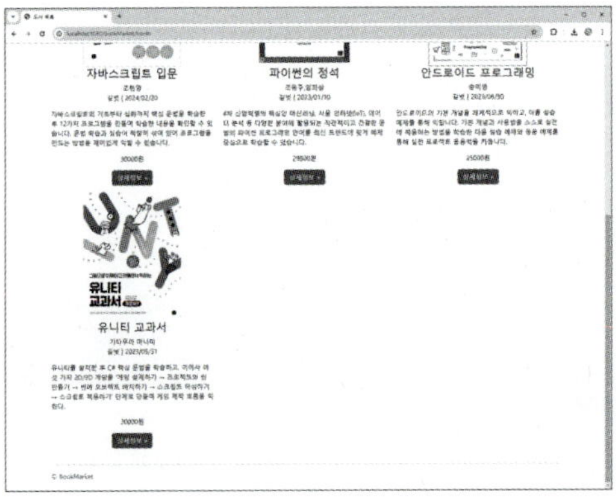

실습 3 이미지 파일 다운로드하기

도서 등록 페이지에서 업로드한 도서 이미지 파일을 다운로드해 봅시다.

1 도서 이미지 파일 다운로드 BookController 컨트롤러에 도서 이미지를 다운로드할 수 있는 downloadBookImage() 메서드를 추가 작성합니다.

BookMarket/src/main/java/com/springboot/controller/BookController.java

```
package com.springboot.controller;
...
import java.io.File;
import org.springframework.web.multipart.MultipartFile;
import org.springframework.beans.factory.annotation.Value;
...
@Controller
@RequestMapping("/books")
public class BookController {
...
    @GetMapping("/download")
    public void downloadBookImage(@RequestParam("file") String paramKey,
            HttpServletResponse response) throws IOException {
        File imageFile = new File(fileDir + paramKey);
        response.setContentType("application/download");  ❶
        response.setContentLength((int)imageFile.length());  ❷
        response.setHeader("Content-disposition", "attachment;filename=\"" + paramKey +
                "\"");
        OutputStream os = response.getOutputStream();  ❸
        FileInputStream fis = new FileInputStream(imageFile);  ❹
        FileCopyUtils.copy(fis, os);
        fis.close();
        os.close();
    }

    @ModelAttribute
    public void addAttributes(Model model) {
```

```
        model.addAttribute("addTitle", "신규 도서 등록");
    }
    @InitBinder
    public void initBinder(WebDataBinder binder) {
        binder.setAllowedFields("bookId","name","unitPrice","author","description","pu
                blisher","category","unitsInStock","totalPages","releaseDate","conditi
                on","bookImage");
    }
}
```

❶ 파일을 다운로드하기 위해 콘텐츠 타입을 설정하는 setContentType() 메서드입니다.

❷ 다운로드 파일의 크기를 설정하는 setContentLength() 메서드입니다.

❸ 서버로부터 파일을 다운로드하는 getOutputStream() 메서드입니다.

❹ 파일 입력 객체를 생성하는 FileInputStream() 메서드입니다.

2 도서 정보 상세 페이지 수정 도서 이미지를 다운로드하기 위해 book.html 파일을 다음과 같이 수정합니다.

BookMarket/src/main/resources/templates/book.html

```
<html>
...
    <div class="row align-items-md-stretch">
        <div class="col-md-4">
            <img th:src="'.../images/'+${book.getFileName()}" style="width: 90%"/>
            <div class="text-center">
                <a th:href="@{download(file=${book.fileName})}" style="text-decoration-
                line:none">이미지다운로드</a>    ❶
            </div>
        </div>
...
```

❶ 출력된 이미지를 다운로드하도록 타임리프로 작성합니다.

NOTE 타임리프로 URL 설정하기

- 특정 url로 이동

〈a th:href="@{https://www.gilbut.co.kr/}"〉길벗홈페이지〈/a〉

- 현재 서버 내에서 이동

〈a th:href="@{/BookMakret/books}"〉도서목록보기〈/a〉

- 파라미터 1개 넘기기

〈a th:href="@{/BookMakret/books/book(id=${book.id})}"〉도서상세정보 보기〈/a〉

- 파라미터 여러 개 넘기기(파라미터를 여러 개 사용할 때는 쉼표로 구분)

〈a th:href="@{/BookMakret/books/book(id=${book.id}, author=${book.author})}"〉도서상세정보 보기〈/a〉

3 프로젝트 실행 웹 브라우저에 **http://localhost:8080/BookMarket/books**를 입력하고 **이미지 다운로드**를 클릭하여 실행 결과를 확인합니다.

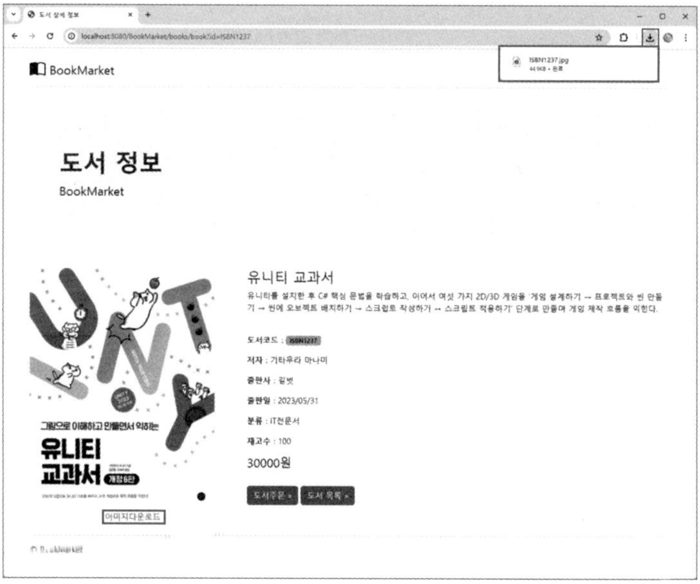

☑ 요약

1. 파일 업로드

- 웹 브라우저에서 서버로 파일을 전송하기 위해서는 웹 페이지에서 폼 태그를 사용합니다.
- 전송된 파일을 서버에 업로드하는 것은 별도의 의존 라이브러리를 추가할 필요 없이 application.properties 파일에 설정하면 됩니다.

2. 파일 업로드를 위한 폼 태그 작성 규칙

- 〈form〉 태그의 method 속성은 반드시 POST 방식으로 설정합니다.
- 〈form〉 태그의 enctype 속성은 반드시 multipart/form-data로 설정합니다.
- 〈form〉 태그의 action 속성은 파일 업로드를 처리할 실행 파일로 설정합니다.
- 〈input〉 태그의 type 속성은 file로 설정합니다. 만약 파일 여러 개를 업로드하려면 두 개 이상의 〈input〉 태그를 사용하고 name 속성은 서로 다른 값으로 설정합니다.

3. MultipartFile 인터페이스를 이용한 파일 업로드 처리

- MultipartFile 인터페이스는 컨트롤러에 멀티 파트 요청으로 들어오는 매개변수 중에서 업로드된 파일과 파일 데이터를 표현할 때 사용합니다.
- 파일을 단일 또는 다중으로 쉽게 업로드할 수 있습니다.

연습문제

01. 다음 중 파일 업로드를 위한 폼 태그의 규칙으로 옳지 않은 것은?

① 〈form〉 태그의 method 속성은 반드시 POST 방식으로 설정해야 합니다.

② 〈form〉 태그의 enctype 속성은 반드시 multipart/form-data로 설정해야 합니다.

③ 〈input〉 태그의 type 속성은 file로 설정해야 합니다.

④ 파일 여러 개를 업로드하려면 두 개 이상의 〈input〉 태그를 사용해야 하고, name 속성은 같은 값으로 설정해야 합니다.

02. 다음 중 파일을 업로드하는 방법으로 사용하는 클래스(또는 인터페이스)로 옳은 것은?

① MultipartFile

② MultipartHttpServletRequest

③ HttpRequest

④ 없음

03. 다음 중 컨트롤러에 멀티 파트 요청으로 들어오는 업로드한 파일 데이터를 전달받기 위해 MultipartFile 인터페이스와 함께 사용할 수 있는 애너테이션으로 옳은 것은?

① @Controller

② @RequestParam

③ @GetMapping

④ @PostMapping

04. 다음 중 MultipartHttpServletRequest 인터페이스에서 MultipartFile 데이터를 전달받는 메서드로 옳은 것은?

① getParameter()

② getFile()

③ getName()

④ transferTo()

05. 다음 중 MultipartFile 인터페이스의 메서드에 대한 설명으로 옳지 않은 것은?

① getName(): 멀티 파트 폼에서 매개변수 이름을 반환합니다.

② getSize(): 바이트의 파일 크기를 반환합니다.

③ getOriginalFilename(): 클라이언트의 파일 시스템에서 실제 파일 이름을 반환합니다.

④ transferTo(): 수신된 파일의 경로를 이동하여 전송합니다.

※ 다음 코드를 보고 06~10번 물음에 답하시오.

```
package com.springboot.chap07;
...
@Controller
@RequestMapping("/movies")
public class Chap07Controller {
    @GetMapping("/add")
    public String requestForm() {
        return "addMovie";
    }

    @PostMapping("/add")
    public String submitForm(@ModelAttribute Movie movie, Model model) {
        String name = movie.getTitle();
        _______❶_______ file = movie.getImage();

        String filename = file.getOriginalFilename();
        File saveFile = new File("c:\\upload\\" + name + "_" + filename);

        try {
            file._______❷_______(saveFile);
            model.addAttribute("data1",filename);
            model.addAttribute("data2", saveFile.getName());
        } catch (IOException e) {
            e.printStackTrace();
        }
        return "addMovie_process";
    }
}
```

06. 다음 중 ❶에 지정하는 클래스로 옳은 것은?

① MultipartFile

② MultipartHttpServletRequest

③ MultipartHttpFile

④ MultipartfileServletRequest

07. 다음 중 ❷에 지정하는 파일을 업로드하는 메서드로 옳은 것은?

① upload( )

② uploadTo( )

③ transfer( )

④ transferTo( )

08. 다음 중 앞의 예제에 따라 appliction.properties 파일에 업로드할 파일의 저장 경로 설정에 해당하는 구문으로 옳은 것은?

① spring.servlet.multipart.location=C://upload//

② spring.servlet.multipart.location=c:₩₩upload₩₩

③ spring.servlet.multipart.location=C:/upload

④ spring.servlet.multipart.location=C:₩upload

09. 다음 중 앞의 예제에 따라 appliction.properties 파일에 업로드할 파일의 최대 사이즈를 200MB로 설정하는 구문으로 옳은 것은?

① spring.servlet.multipart.max-file-size=200MB

② spring.servlet.multipart.max-request-size=200MB

③ spring.servlet.multipartfile.max-size=200MB

④ spring.servlet.multipartfile.max-request-size=200MB

10. 다음 중 앞의 예제에 따라 윈도 운영체제에서 빈칸에 들어가는 정적 리소스 위치 설정에 해당하는 구문으로 옳은 것은?

```
public class ResourceConfig implements WebMvcConfigurer {
    @Override
    public void addResourceHandlers(ResourceHandlerRegistry registry) {
        registry.addResourceHandler("/images/**")
        .addResourceLocations("_______________");
    }
}
```

① file:///C://upload//

② file:///C:₩₩upload₩₩

③ file:///C:/upload/

④ file:///C:₩upload₩

8 장

다국어 처리

[도서 쇼핑몰] 도서 등록 페이지의 다국어 처리하기

학 습 목 표

- 다국어를 지원하는 서비스에 대해 알아봅니다.
- 웹에서 사용자 요청이 있을 때 메시지 리소스 파일을 사용하여 다국어로 변경하는 방법을 살펴봅니다.
- [도서 쇼핑몰] 도서 등록 페이지를 다국어로 변환할 수 있게 구현해봅니다.

8.1 다국어 처리의 개요

다국어 처리는 웹 브라우저의 로케일(locale)에 따라 다양한 언어를 지원하는 서비스입니다. 언어와 지역 등의 차이에도 코드를 수정할 필요 없이 웹 브라우저의 로케일을 기준으로 각 언어에 해당하는 메시지로 변경해 주는 서비스입니다.

NOTE

로케일은 프로그램이 세계적으로 사용되면서 사용자의 나라 혹은 환경에 따라 결정되는 여러 가지 요소를 의미합니다. 예를 들어 나라별로 다른 언어, 글자, 날짜나 시간 표시 양식, 통화 기호, 문자열 정렬 순서 등의 요소를 의미합니다.

예전에는 웹 사이트를 구축할 때 사용자의 웹 브라우저 환경을 기반으로 각 국가에서 사용하는 언어로 웹 페이지를 만들어야 했습니다. 이때는 텍스트가 포함된 이미지를 사용하지 않는 디자인 템플릿이 필요하며, 다국어 지원 기능을 직접 개발해야 했습니다.

스프링 부트에서는 사용자의 로케일에 따라 표시되는 언어를 변경하는 서비스인 국제화를 지원합니다. 국제화(internationalization)란 언어와 지역의 차이에 따라 기술적인 변경 없이 소프트웨어에 적용할 수 있게 설계하는 과정입니다. 즉, 웹 애플리케이션 코드를 수정하지 않고 사용자의 다양한 로케일에 따라 언어를 변경하는 서비스로, 다국어 지원이라고도 합니다.

다국어 처리를 하려면 사용자가 언어를 쉽고 자유롭게 설정할 수 있도록 MessageSource를 적용해야 합니다. 이를 적용하면 화면에 출력할 메시지를 가져와 쉽게 화면에 다국어로 표현할 수 있습니다. MessageSource를 기반으로 하는 LocaleResolver와 LocaleChangeInterceptor를 이용하면 사용자가 원하는 언어를 웹 애플리케이션에서 자유롭게 선택하거나 변경할 수 있습니다.

다국어 처리를 위해 스프링 부트에서 지원하는 MessageSource와 LocaleResolver의 유형, 사용자의 웹 요청 URL을 다국어로 변경하는 LocaleChangeInterceptor를 알아보겠습니다.

SPRING BOOT

8.2 MessageSource를 이용한 다국어 처리

다양한 언어로 작성된 메시지 리소스 파일을 웹 브라우저의 로케일에 따라 각 언어에 해당하는 메시지로 표현할 수 있는 MessageSource에 대해 알아봅니다.

2.1 메시지 리소스 파일 작성

프로젝트에서 지원할 수 있는 각 언어에 대해 메시지 리소스 파일(*.properties)을 생성하고 출력할 메시지를 작성합니다. 메시지 리소스 파일은 key=value 쌍으로 구성되는데 key는 뷰 페이지에서 메시지를 참조하는 데 사용됩니다. 기본 언어의 메시지 리소스 파일은 messages.properties입니다.

다음은 기본 언어가 한국어, 메시지 리소스 파일은 messages.properties로 작성한 예입니다. 여기에서 key는 Person.form.Enter.message, value는 '당신의 정보를 입력하세요.'이며 뷰 페이지에서 key를 사용해 value에 설정된 메시지를 출력합니다.

[messages.properties 파일 예]

```
Person.form.Enter.message = 당신의 정보를 입력하세요.
```

다양한 언어로 된 뷰 페이지를 지원하려면 특정 언어별로 메시지 리소스 파일을 작성해야 합니다. 이처럼 특정 언어에 대한 각각의 메시지 리소스 파일은 다음과 같은 형태로 작성합니다.

```
파일이름_언어코드_국가코드.properties
파일이름_언어코드.properties
파일이름.properties
```

표 8-1 언어별로 구분한 파일 유형

파일 형식	설명
파일이름.properties	시스템의 언어 및 지역에 맞는 리소스 파일이 없을 때 사용
파일이름_ko.properties	시스템의 언어 코드가 한국어일 때 사용
파일이름_en.properties	시스템의 언어 코드가 영어일 때 사용
파일이름_en_US.properties	시스템의 언어 코드가 영어, 국가 코드가 영국일 때 사용
파일이름_ja.properties	시스템의 언어 코드가 일본어일 때 사용

NOTE

locale이 en_US이고 다음과 같이 동일한 메시지 리소스 파일이 여러 개 있는 경우에는 message_en_US.properties 〉 message_en.properties 〉 messages.properties 순서로 찾습니다.

8

기본 언어의 메시지 리소스 파일은 src/main/resources/ 폴더에 위치해야 합니다.

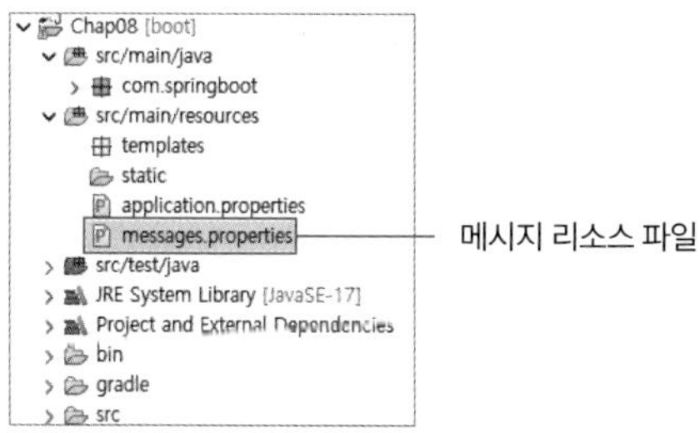

그림 8-1 메시지 리소스 파일(messages.properties)의 저장 경로

다음은 한글 메시지 리소스 파일인 messages_ko.properties와 영어 메시지 리소스 파일인 messages_en.properties를 작성한 예입니다.

[messages_ko.properties 파일의 예]

```
Person.form.Enter.message = 당신의 정보를 입력하세요.
```

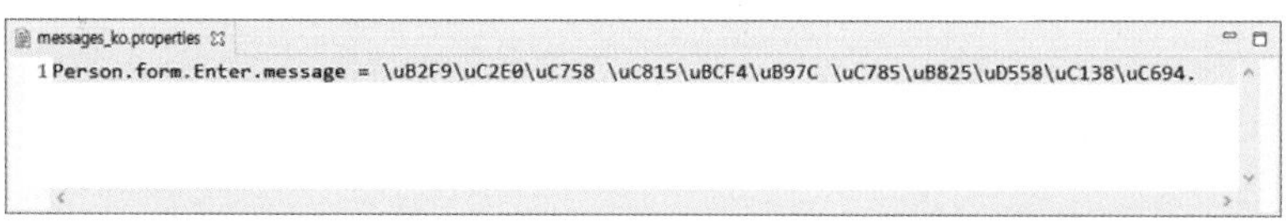

[messages_en.properties 파일의 예]

```
Person.form.Enter.message = Input your information
```

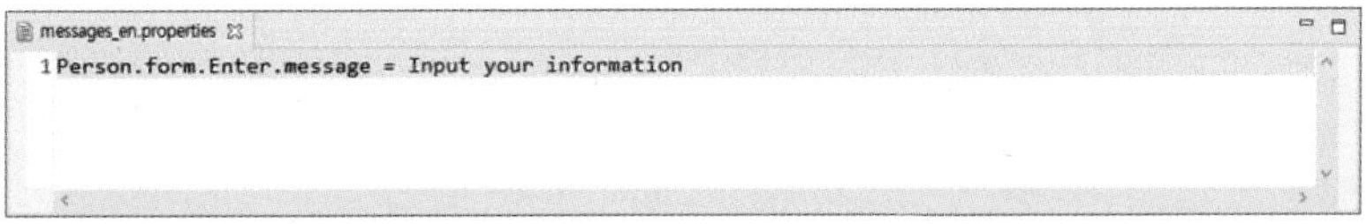

NOTE **이클립스에 PropertiesEditor 플러그인 설치하기**

이클립스에 PropertiesEditor 플러그인을 설치해서 사용하면 메시지 리소스 파일(*.properties)에 한국어를 작성할 때 유니코드 대신 한국어로 쉽게 할 수 있습니다. 설치 방법은 다음과 같습니다.

1. https://sourceforge.net/p/propedit/activity로 이동합니다.
2. 목록에서 **Properties Editor released /PropertiesEditor_6.0.5.zip**을 클릭하여 다운로드합니다.

3. 다운로드한 파일의 압축을 해제하고 폴더 하위에 있는 eclipse 폴더를 복사하여 현재 이클립스가 설치된 곳에 붙여넣기를 합니다.

2.2 기본 환경 설정

스프링 부트는 웹 브라우저의 로케일에 따라 다양한 언어의 메시지를 출력할 수 있도록 MessageSource 인터페이스를 제공합니다. 이 인터페이스는 웹 애플리케이션 화면에 한글을 비롯한 외국어를 표현할 수 있도록 메시지 리소스 파일의 메시지를 가져와 출력합니다.

스프링 부트에서는 MessageSource 인터페이스의 구현체인 ResourceBundleMessageSource가 자동으로 빈 객체로 등록되어 있습니다. 그래서 빈 객체를 등록하지 않아도 resources 폴더에 위치한 기본 언어의 메시지 리소스 파일(messages.properties)로부터 메시지를 가져올 수 있습니다.

> NOTE **MessageSource 인터페이스의 구현체 유형**
>
> - **ResourceBundleMessageSource**: ResourceBundle과 MessageFormat 클래스를 기반으로 만들어졌으며 특정 이름으로 메시지에 접근할 수 있습니다.
> - **ReloadableResourceBundleMessageSource**: 프로퍼티 설정을 통해 다시 시작하지 않아도 애플리케이션 실행 도중에 메시지를 다시 로드할 수 있습니다.

다음은 앞에서 작성한 기본 언어 메시지 리소스 파일인 messages.properties, 한글 메시지 리소스 파일인 messages_ko.properties, 영어 메시지 리소스 파일인 messages_en.properties를 이용해 웹 브라우저의 기본 언어 설정에 따라 메시지를 변경해서 출력하는 예입니다.

[MessageSource의 기본 환경 설정 예]

messages.properties

```
Person.form.Enter.message = 당신의 정보를 입력하세요.
```

messages_ko.properties

```
Person.form.Enter.message = 당신의 정보를 입력하세요.
```

messages_en.properties

```
Person.form.Enter.message = Input your information
```

8

Example01Controller.java

```
package com.springboot.controller;
...
@Controller
public class Example01Controller {
    @GetMapping("/exam01")
    public String requestMethod(Model model) {
        return "viewPage01";
    }
}
```

viewPage01.html

```
<html>
<head>
<title>Chap08</title>
</head>
<style>
span {
    color: red;
}
</style>
<body>
    <h3>다국어 처리</h3>
    <p><span th:text="#{Person.form.Enter.message}"/>  ❶
    <form action="#" method="post">
        <p>이름 : <input type="text" name="name"/>
        <p>이메일 : <input type="text" name="email"/>
        <p><input type="submit" value="확인"/>
            <input type="reset" value="취소"/>
    </form>
</body>
<html>
```

❶ 웹 브라우저 설정이 한국어면 messages.properties, messages_ko.properties 파일의 메시지를 가져오고 영어면 messages_en.properties 파일의 메시지를 가져옵니다.

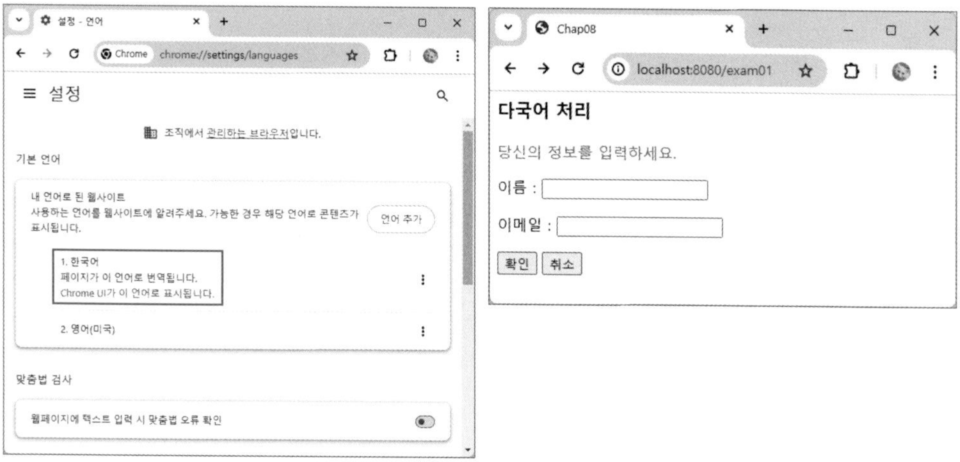

▲ 웹 브라우저 설정 → 기본 언어 → 한국어 선택

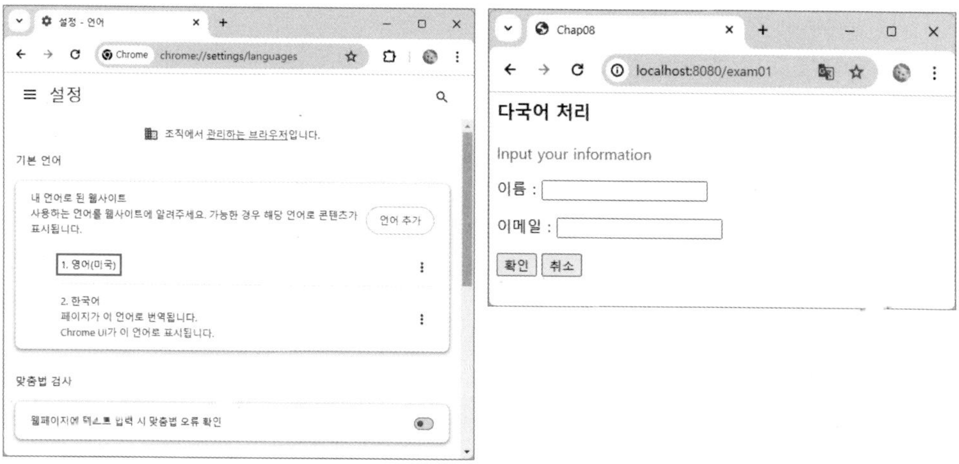

▲ 웹 브라우저 설정 → 기본 언어 → 영어 선택

NOTE MessageSource 인터페이스의 getMessage() 메서드 사용하기

MessageSource 인터페이스의 getMessage() 메서드를 사용하면 기본 언어의 메시지 리소스 파일인 messages.properties로부터 메시지를 가져올 수 있습니다. 사용 형식은 다음과 같습니다.

```
String getMessage(String code, Object[] args, String defaultMessage, Locale locale)
String getMessage(String code, Object[] args, Locale locale)
String getMessage(MessageSourceResolvable resolvable, Locale locale)
```

사용 예는 다음과 같습니다.

```
@Controller
public class Example01Controller2 {
    @Autowired
    private MessageSource messageSource;

    @GetMapping("/exam01")
    public String requestMethod(Model model) {
        model.addAttribute("data", messageSource.getMessage("Person.form.Enter.
                message", null, Locale.getDefault()));
        return "viewPage01";
    }
}
```

```
...
<body>
    <h3>다국어 처리</h3>
    <p><span th:text="${data}"/>
    <form action="#" method="post">
        ...
    </form>
</body>
<html>
```

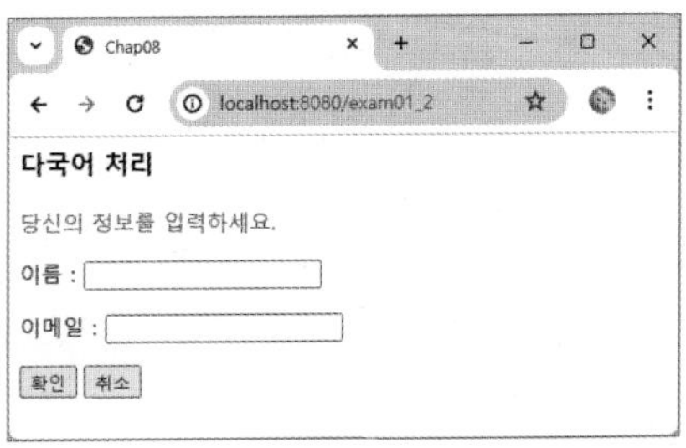

2.3 사용자 정의 환경 설정

스프링 부트에서는 기본적으로 resources 폴더에 있는 기본 언어의 메시지 리소스 파일 messages.properties로부터 메시지를 가져옵니다. 하지만 메시지 소스 파일의 저장 위치, 파일 이름, 인코딩 방식 등 기본 설정을 변경하고 싶다면 application.properties나 application.yml 파일에 메시지 리소스 속성을 설정할 수 있습니다.

표 8-2 MessageSource 속성 및 기본 설정

속성	타입	설명	기본값
basename	String	basename 목록을 쉼표(,)로 구분	messages
encoding	Charset	메시지 인코딩 방식	StandardCharsets.UTF-8
cacheDuration	Duration	로드된 리소스 번들 파일 캐시의 기간을 지정하지 않으면 초 단위를 사용	영구적으로 캐시됨
fallbackToSystemLocale	boolean	요청받은 로케일(locale)에 대한 파일을 찾지 못하면 시스템 설정 로케일을 사용할 것인지 설정	true
alwaysUseMessageFormat	boolean	전달받은 인자를 제외한 메시지를 읽어들이는 MessageFormat 규칙을 항상 적용할 것인지 설정	false
useCodeAsDefaultMessage	boolean	코드에 해당하는 값이 메시지 파일에 없으면 No-SuchMessageException 대신 코드를 메시지로 사용할 것인지 설정	false

[application.properties 설정 예]

```
spring.messages.basename=messages/i18n      // messages 폴더 하위에 i18n.properties 파일
spring.messages.encoding=UTF-8                  // 인코딩 유형이 UTF-8
spring.messages.fallbackToSystemLocale=false    // 로케일에 사용 안함
spring.messages.alwaysUseMessageFormat=true     // MessageFormat 규칙 적용
```

[application.yml 설정 예]

```
spring:
messages:
   basename:messages/i18n                    // messages 폴더 하위에 i18n.properties 파일
   encoding:UTF-8                            // 인코딩 유형이 UTF-8
   fallbackToSystemLocale:false              // 로케일에 사용 안함
   alwaysUseMessageFormat:true               // MessageFormat 규칙 적용
```

NOTE MessageSource 인터페이스 구현체를 빈 객체로 등록하기

application.properties나 application.yml 파일 대신에 MessageSource 인터페이스의 구현체를 빈 객체로 등록하여 MessageSource의 환경 설정을 할 수 있습니다.

- ResourceBundleMessageSource 클래스를 사용하는 경우

```
@Configuration
@ComponentScan("server")
public class MessageConfig implements WebMvcConfigurer {
@Bean
    public MessageSource messageSource() {
        ResourceBundleMessageSource messageSource = new
                                        ResourceBundleMessageSource();
        messageSource.setBasename("messages/i18n_ko");
        messageSource.setDefaultEncoding("UTF-8");
        messageSource.setFallbackToSystemLocale(false);
        messageSource.setAlwaysUseMessageFormat(true);
        return messageSource;
    }
}
```

- ReloadableResourceBundleMessageSource 클래스를 사용하는 경우

setBasename() 메서드에 classpath:를 설정해야 합니다.

```
@Configuration
@ComponentScan("server")
public class MessageConfig implements WebMvcConfigurer {
@Bean
    public MessageSource messageSource() {
        ReloadableResourceBundleMessageSource messageSource = new ReloadableRe
                                                    sourceBundleMessageSource();
        messageSource.setBasename("classpath:/messages/i18n");
        ...
        return messageSource;
    }
}
```

다음은 앞에서 정의한 application.properties 파일에 MessageSource의 사용자 정의 환경 설정을 변경하고 메시지 리소스 파일로부터 메시지를 읽어와 웹 브라우저의 기본 언어 설정에 따라 변경하여 메시지를 출력하는 예입니다.

[MessageSource의 사용자 정의 환경 설정 예]

messages/i18n.properties

```
Person.form.Enter.message = 당신의 정보를 입력하세요.
Person.form.name = 이름
Person.form.email = 이메일
```

messages/i18n_ko.properties

```
Person.form.Enter.message = 당신의 정보를 입력하세요.
Person.form.name = 이름
Person.form.email = 이메일
```

messages/i18n_en.properties

```
Person.form.Enter.message = Input your information
Person.form.name = name
Person.form.email = email
```

application.properties

```
spring.application.name=Chap08

spring.messages.basename=messages/i18n
spring.messages.encoding=UTF-8
spring.messages.fallbackToSystemLocale=false
spring.messages.alwaysUseMessageFormat=true
```

Example02Controller.java

```
package com.springboot.controller;
...
```

8

```java
@Controller
public class Example02Controller {
    @GetMapping("/exam02")
    public String requestMethod(Model model) {
        return "viewPage02";
    }
}
```

viewPage02.html

```html
<html>
<head>
<title>Chap08</title>
</head>
<style>
span {
    color: red;
}
</style>
<body>
    <h3>다국어 처리</h3>
    <p><span th:text="#{Person.form.Enter.message}"/>  ❶
    <form action="#" method="post">                      ❶
        <p><span th:text="#{Person.form.name}"/> : <input type="text" name="name"/>
        <p><span th:text="#{Person.form.email}"/> : <input type="text" name="email"/>
        <p><input type="submit" value="확인"/> ❶
            <input type="reset" value="취소"/>
    </form>
</body>
<html>
```

❶ 웹 브라우저 설정이 한국어면 messages 폴더의 i18n.properties, i18n_ko.properties 파일의 메시지를 가져오고 영어면 i18n_en.properties 파일의 메시지를 가져옵니다.

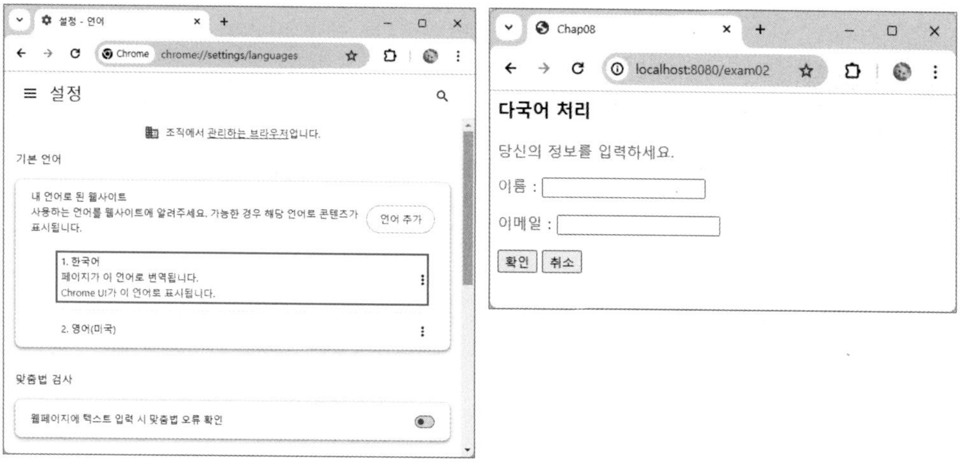

▲ 웹 브라우저 설정 → 기본 언어 → 한국어 선택

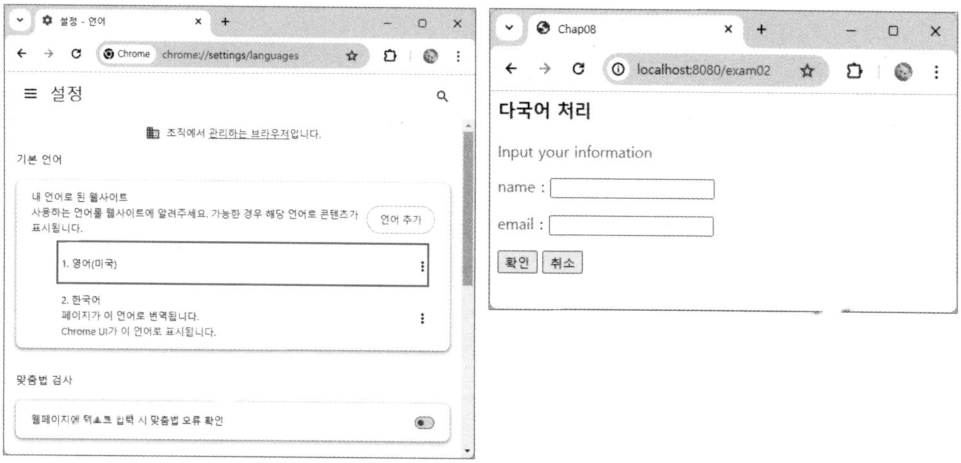

▲ 웹 브라우저 설정 → 기본 언어 → 영어 선택

8.3 LocaleResolver와 LocaleChangeInterceptor를 이용한 다국어 변경

다양한 언어를 자유롭게 선택해서 변경할 수 있는 LocaleResolver와 LocaleChangeInterceptor를 함께 알아봅니다.

3.1 로케일 설정

LocaleResolver를 이용하면 웹 브라우저 설정과 상관없이 로케일을 결정할 수 있습니다. 또는 웹 브라우저의 로케일을 추출해서 알맞은 언어를 선택하여 메시지를 출력합니다. 즉, 웹 브라우저의 언어 설정에 따라 알맞은 메시지를 출력합니다.

표 8-3 LocaleResolver 구현체의 유형

유형	설명
AcceptHeaderLocaleResolver	웹 브라우저에 설정된 기본 로케일 정보를 사용합니다. HTTP 요청의 accept-language 헤더에 지정된 기본 로케일을 사용합니다.
CookieLocaleResolver	쿠키를 이용한 로케일 정보를 사용합니다. 사용자 지정 로케일과 표준 시간대 정보를 브라우저 쿠키로 유지합니다.
SessionLocaleResolver	세션을 이용한 로케일 정보를 사용합니다. 사용자 세션에서 Locale 속성을 사용해 지정한 기본 로케일이나 요청의 accept-header 로케일로 대체합니다.
FixedLocaleResolver	특정 로케일을 지정합니다. 항상 고정된 기본 로케일을 반환하고 선택적으로 시간대를 반환합니다.

CookieLocaleResolver와 SessionLocaleResolver는 웹 브라우저의 로케일에 따라 원하는 언어를 선택하여 서비스할 수 있습니다. 하지만 FixedLocaleResolver는 웹 브라우저의 로케일과 상관없이 지정된 언어만 서비스합니다.

다음은 LocaleResolver 구현체의 빈 객체 SessionLocaleResolver를 사용하는 예입니다. 로케일은 영어로 설정하였습니다.

[SessionLocaleResolver 빈 객체 설정 예]

MessageConfig.java

```
package com.springboot.config;
...
import org.springframework.web.servlet.LocaleResolver;
import org.springframework.web.servlet.i18n.SessionLocaleResolver;

@Configuration
@ComponentScan("server")
public class MessageConfig implements WebMvcConfigurer {
    @Bean
    public LocaleResolver localeResolver() {
        SessionLocaleResolver resolver = new SessionLocaleResolver();
        resolver.setDefaultLocale(Locale.ENGLISH);      // 로케일을 영어로 설정
        return resolver;
    }
}
```

Example03Controller.java

```
package com.springboot.controller;
...
@Controller
public class Example03Controller {
    @GetMapping("/exam03")
    public String requestMethod(Model model) {
        return "viewPage03";
    }
}
```

viewPage03.html

```
<html>
<head>
<title>Chap08</title>
</head>
```

8

```
<style>
span {
    color: red;
}
</style>
<body>
    <h3>다국어 처리</h3>
    <p><span th:text="#{Person.form.Enter.message}"/>
    <form action="#" method="post">
        <p><span th:text="#{Person.form.name}"/> : <input type="text" name="name"/>
        <p><span th:text="#{Person.form.email}"/> : <input type="text" name="email"/>
        <p><input type="submit" value="확인"/>
            <input type="reset" value="취소"/>
    </form:form>
</body>
<html>
```

❶ 로케일을 영어로 설정했기 때문에 웹 브라우저 설정이 한국어든 영어든 상관없이 i18n_en.properties 파일의 메시지를 가져옵니다.

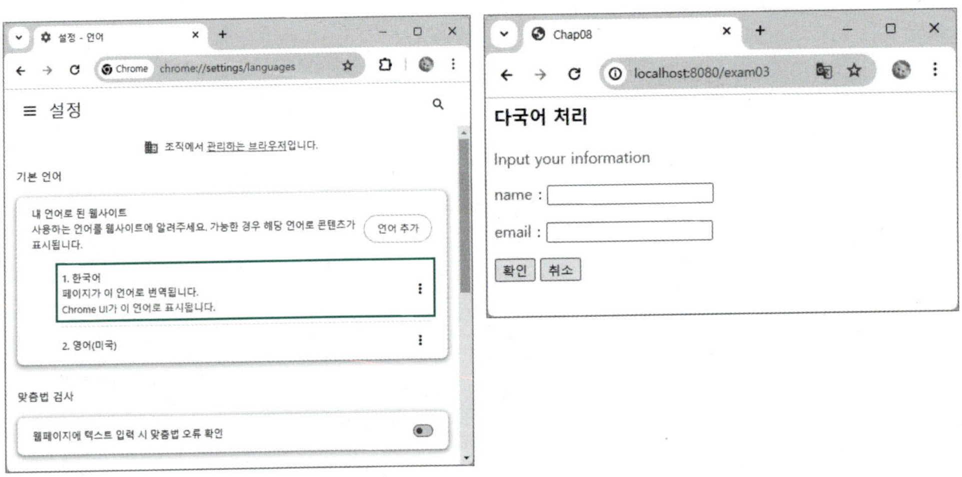

▲ 웹 브라우저 설정 → 기본 언어 → 한국어 선택

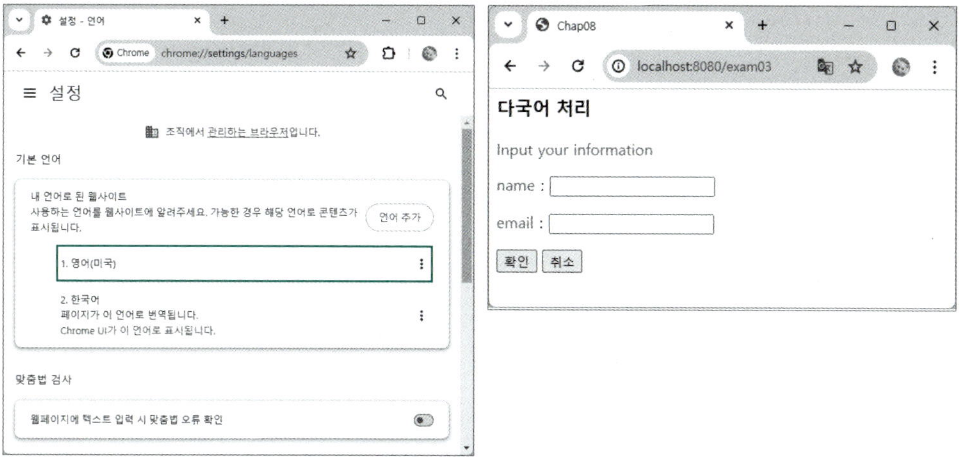

▲ 웹 브라우저 설정 → 기본 언어 → 영어 선택

3.2 로케일 변경

LocaleChangeInterceptor 클래스를 사용하면 로케일을 변경하는 별도의 컨트롤러를 구현할 필요 없이 메시지 소스 파일로부터 가져온 메시지를 해당 언어로 변경할 수 있습니다. 즉, 웹 요청의 파라미터에 로케일 값을 전달하여 손쉽게 로케일을 바꿀 수 있습니다.

웹 요청 경로가 http://localhost:8080/exam04라면 'language=언어코드'를 파라미터로 전달합니다. 다음은 http://localhost:8080/exam04?language=ko나 http://localhost:8080/exam04?language=en과 같이 'language=언어코드'라는 요청 파라미터를 포함한 웹 요청이 들어오는 경우에 언어 코드가 ko이면 한국어, en이면 영어, ja이면 일본어로 변환하는 예입니다.

[LocaleChangeInterceptor 빈 객체 등록 예]

MessageConfig.java

```
package com.springboot.config;
...
@Configuration
@ComponentScan("server")
public class MessageConfig implements WebMvcConfigurer {
    @Bean
    public LocaleResolver localeResolver() {
```

```
        SessionLocaleResolver resolver = new SessionLocaleResolver();
        resolver.setDefaultLocale(Locale.ENGLISH);
        return resolver;
    }
    @Bean
    public LocaleChangeInterceptor localeChangeInterceptor() {
        LocaleChangeInterceptor interceptor = new LocaleChangeInterceptor();
        interceptor.setParamName("language");
        return interceptor;
    }
    @Override
    public void addInterceptors(InterceptorRegistry registry) {
        registry.addInterceptor(localeChangeInterceptor());
    }
}
```

웹 요청 URL의 파라미터 이름

Example04Controller.java

```
package com.springboot.controller;
...
@Controller
public class Example04Controller {
    @GetMapping("/exam04")
    public String requestMethod(Model model) {
        return "viewPage04";
    }
}
```

viewPage04.html

```
<html>
<head>
<title>Chap08</title>
</head>
<style>
span {
```

```
        color: red;
    }
    </style>
    <body>
        <h3>다국어 처리</h3>
        <p><a href="?language=ko">Korean</a>|<a href="?language=en">Engish</a>
        <p><span th:utext="#{Person.form.Enter.message}"/>
        <form action="#" method="post">
            <p><span th:text="#{Person.form.name}"/> : <input type="text" name="name"/>
            <p><span th:text="#{Person.form.email}"/> : <input type="text" name="email"/>
            <p><input type="submit" value="확인"/>
                <input type="reset" value="취소"/>
        </form:form>
    </body>
    <html>
```

로케일을 한국어나 영어로 변경

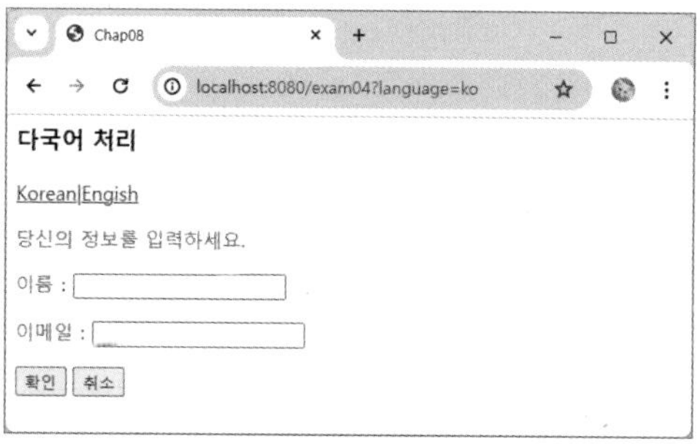

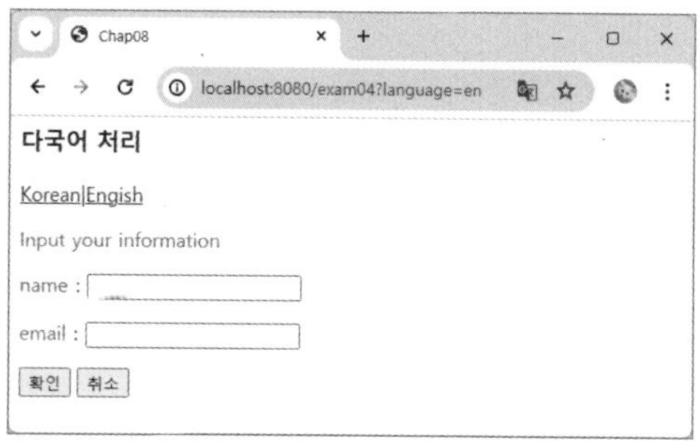

SPRING BOOT

8.4 [도서 쇼핑몰] 도서 등록 페이지의 다국어 처리하기

메시지 리소스 파일을 사용하여 도서 등록 페이지를 한글 또는 영문으로 변경할 수 있는 다국어 페이지를 만듭니다.

[미리보기] 도서 쇼핑몰 로드맵

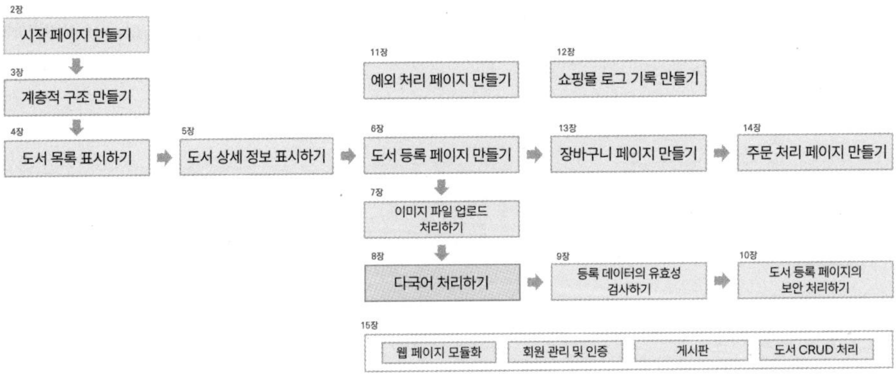

[미리보기] 다국어 도서 등록 페이지

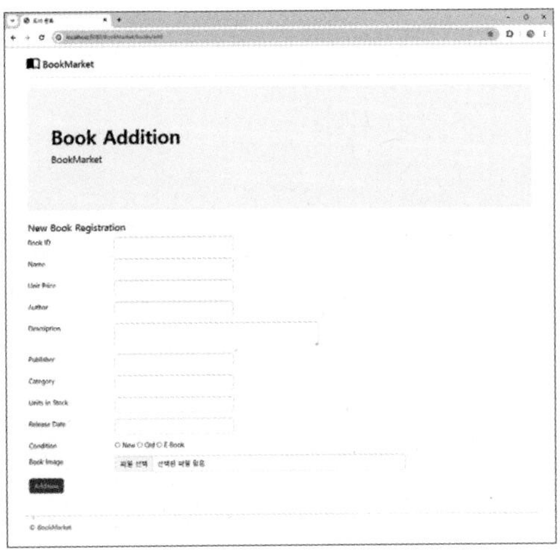

실습 1 다국어 처리하기

MessageSource를 이용하여 메시지 리소스 파일에서 메시지를 가져와 도서 등록 페이지의 폼 필드 이름을 출력해 봅니다.

1 MessageSource의 사용자 환경 설정 application.properties 파일을 다음과 같이 추가 작성합니다.

BookMarket/src/main/resources/application.properties

```
spring.application.name=BookMarket
server.servlet.context-path=/BookMarket
...
spring.messages.basename=messages/messages    ❶
spring.messages.encoding=UTF-8    ❷
spring.messages.fallbackToSystemLocale=false    ❸
spring.messages.alwaysUseMessageFormat=true    ❹
```

❶ messages 폴더 하위의 메시지 리소스 파일 messages.properties로부터 메시지를 가져옵니다.

❷ 한글 출력을 위해 인코딩 유형을 UTF-8로 설정합니다.

❸ 로케일을 사용하지 않도록 fallbackToSystemLocale=false로 설정합니다.

❹ MessageFormat의 규칙을 적용하도록 alwaysUseMessageFormat=true로 설정합니다.

❶ ~ ❹ 를 대신해 MessageSource 인터페이스의 구현체인 ResourceBundleMessageSource를 빈 객체로 등록할 수 있습니다.

```
@Configuration
@ComponentScan("server")
public class MessageConfig implements WebMvcConfigurer {
    @Bean
        public MessageSource messageSource() {
        ResourceBundleMessageSource messageSource = new ResourceBundleMessageSource();
```

```
        messageSource.setBasename("messages/messages");
        messageSource.setDefaultEncoding("UTF-8");
        messageSource.setCacheSeconds(60);
        messageSource.setUseCodeAsDefaultMessage(true);
        return messageSource;
    }
}
```

2 메시지 리소스 파일 작성 /src/main/resources/ 폴더에 messages 폴더를 생성하고 한국어와 영어 메시지 리소스 파일로 messages_ko.properties와 messages_en.properties를 각각 만들어 다음과 같이 메시지를 작성합니다.

BookMarket/src/main/resources/messages/messages_ko.properties

```
addBook.form.title.label = 도서 등록
addBook.form.subtitle.label = 신규 도서 등록
addBook.form.bookId.label = 도서ID
addBook.form.name.label = 도서명
addBook.form.unitPrice.label = 가격
addBook.form.author.label = 저자
addBook.form.description.label = 상세정보
addBook.form.publisher.label = 출판사
addBook.form.category.label = 분류
addBook.form.unitsInStock.label = 재고수
addBook.form.releaseDate.label = 출판일
addBook.form.condition.label = 상태
addBook.form.bookImage.label = 도서이미지
addBook.form.button.label = 등록
```

BookMarket/src/main/resources/messages/messages_en.properties

```
addBook.form.title.label = Book Addition
addBook.form.subtitle.label = New Book Registration
addBook.form.bookId.label = Book ID
addBook.form.name.label = Name
addBook.form.unitPrice.label = Unit Price
```

```
addBook.form.author.label = Author
addBook.form.description.label = Description
addBook.form.publisher.label = Publisher
addBook.form.category.label = Category
addBook.form.unitsInStock.label = Units in Stock
addBook.form.releaseDate.label = Release Date
addBook.form.condition.label = Condition
addBook.form.bookImage.label = Book Image
addBook.form.button.label = Addition
```

3 도서 등록 페이지의 메시지 출력 addBook.html 파일에서 폼의 입력 항목 이름을 다음과 같이 수정합니다.

BookMarket/src/main/resources/templates/addBook.html

```
<html>
...
  <div class="p-5 mb-4 bg-body-tertiary rounded-3">
    <div class="container-fluid py-5">
      <h1 class="display-5 fw-bold"><span th:text="#{addBook.form.title.
      label}"/></h1>                                                    ❶
      <p class="col-md-8 fs-4">BookMarket</p>
    </div>
  </div>
  <div class="row align-items-md-stretch">
    <form action="/BookMarket/books/add" method="post" enctype="multipart/form-
     data">
      <legend>[[#{addBook.form.subtitle.label}]]</legend>               ❶
      <div class="mb-3 row">
        <label class="col-sm-2 control-label"><span th:text="#{addBook.form.
        bookId.label}"/></label>                                        ❶
        <div class="col-sm-3">
          <input type="text" name="bookId" class="form-control"/>
        </div>
      </div>
      <div class="mb-3 row">
```

```
        <label class="col-sm-2 control-label"><span th:text="#{addBook.form.
        name.label}"/></label>
        <div class="col-sm-3">
            <input type="text" name="name" class="form-control"/>
        </div>
    </div>
    <div class="mb-3 row">
        <label class="col-sm-2 control-label"><span th:text="#{addBook.form.
        unitPrice.label}"/></label>
        <div class="col-sm-3">
            <input type="text" name="unitPrice" class="form-control"/>
        </div>
    </div>
    <div class="mb-3 row">
        <label class="col-sm-2 control-label"><span th:text="#{addBook.form.
        author.label}"/></label>
        <div class="col-sm-3">
            <input type="text" name="author" class="form-control"/>
        </div>
    </div>
    <div class="mb-3 row">
        <label class="col-sm-2 control-label"><span th:text="#{addBook.form.
        description.label}"/></label>
        <div class="col-sm-5">
            <textarea type="text" name="description" cols="50" rows="2"
             class="form-control"></textarea>
        </div>
    </div>
    <div class="mb-3 row">
        <label class="col-sm-2 control-label"><span th:text="#{addBook.form.
        publisher.label}"/></label>
        <div class="col-sm-3">
            <input type="text" name="publisher" class="form-control"/>
        </div>
    </div>
    <div class="mb-3 row">
```

```
        <label class="col-sm-2 control-label"><span th:text="#{addBook.form.
        category.label}"/></label>
        <div class="col-sm-3">
            <input type="text" name="category" class="form-control"/>
        </div>
    </div>
    <div class="mb-3 row">
        <label class="col-sm-2 control-label"><span th:text="#{addBook.form.
        unitsInStock.label}"/></label>
        <div class="col-sm-3">
            <input type="text" name="unitsInStock" class="form-control"/>
        </div>
    </div>
    <div class="mb-3 row">
        <label class="col-sm-2 control-label"><span th:text="#{addBook.form.
        releaseDate.label}"/></label>
        <div class="col-sm-3">
            <input type="text" name="releaseDate" class="form-control"/>
        </div>
    </div>
    <div class="mb-3 row">
        <label class="col-sm-2 control-label"><span th:text="#{addBook.form.
        condition.label}"/></label>
        <div class="col-sm-3">
            <input type="radio" name="condition" value="New"/>New
            <input type="radio" name="condition" value="Old"/>Old
            <input type="radio" name="condition" value="E-Book"/>E-Book
        </div>
    </div>
    <div class="mb-3 row">
        <label class="col-sm-2 control-label"><span th:text="#{addBook.form.
        bookImage.label}"/></label>
        <div class="col-sm-7">
            <input type="file" name="bookImage" class="form-control"/>
        </div>
    </div>
```

```
            <div class="mb-3 row">
                <div class="col-sm-offset-2 col-sm-10">
                    <input type="submit" class="btn btn-primary" th:text="#{addBook.form.
                    button.label}"/>
                </div>
            </div>
        </form>
        <footer class="pt-3 mt-4 text-body-secondary border-top">
            <span class="text-body-secondary">&copy; BookMarket</span>
        </footer>
    </div>
</body>
</html>
```

① 메시지 리소스 파일 messages.properties에서 폼의 입력 항목에 해당하는 값의 메시지를 읽어와 출력합니다.

4 프로젝트 실행 웹 브라우저에 http://localhost:8080/BookMarket/books/add를 입력하여 도서 등록 페이지에서 입력 항목 이름이 출력되는 실행 결과를 확인합니다.

▲ 로케일이 한국어인 경우

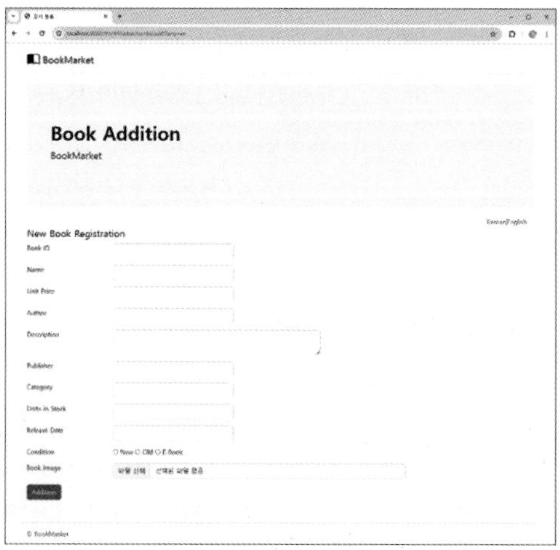

▲ 로케일이 영어인 경우

실습 2 다국어 변경하기

LocaleResolver와 LocaleChangeInterceptor를 이용하여 언어별 변경을 쉽게 할 수 있도록 도서 등록 페이지에서 폼의 입력 항목 이름을 출력해 봅니다.

앞서 생성한 src/main/resources/messages 폴더에 메시지 리소스 파일 messages_ko.properties와 messages_en.properties를 사용합니다.

1 다국어 변경을 위한 빈 객체 등록 MessageConfig 클래스를 생성하고 언어별로 변경할 수 있게 LocaleResolver와 LocaleChangeInterceptor 객체를 등록합니다.

BookMarket/src/main/java/com/springboot/config/MessageConfig.java

```
package com.springboot.config;

import org.springframework.context.annotation.Bean;
import org.springframework.context.annotation.ComponentScan;
import org.springframework.context.annotation.Configuration;
import org.springframework.web.servlet.LocaleResolver;
import org.springframework.web.servlet.config.annotation.InterceptorRegistry;
import org.springframework.web.servlet.config.annotation.WebMvcConfigurer;
import org.springframework.web.servlet.i18n.LocaleChangeInterceptor;
import org.springframework.web.servlet.i18n.SessionLocaleResolver;
import java.util.Locale;

@Configuration
@ComponentScan("server")
public class MessageConfig implements WebMvcConfigurer {
    @Bean
    public LocaleResolver localeResolver() {                                  ─❶
    SessionLocaleResolver resolver = new SessionLocaleResolver();
        resolver.setDefaultLocale(Locale.KOREA); ❷
        return resolver;
    }
```

8

```
    @Bean
    public LocaleChangeInterceptor localeChangeInterceptor() {
        LocaleChangeInterceptor interceptor = new LocaleChangeInterceptor();
        interceptor.setParamName("lang"); ❹
        return interceptor;
    }                                                                       ❸

    public void addInterceptors(InterceptorRegistry registry) {
        registry.addInterceptor(localeChangeInterceptor());
    }
}
```

❶ 세션에 로케일 정보를 저장하도록 SessionLocaleResolver 클래스를 작성합니다.

❷ setDefaultLocale() 메서드에 Locale.KOREA를 사용하여 기본 로케일을 한국어로 설정합니다.

❸ 로케일을 변경하도록 LocaleChangeInterceptor 클래스를 작성합니다.

❹ 웹 요청을 하면 로케일을 변경하도록 요청 파라미터 lang을 설정합니다. 예를 들어, 웹 요청 URL이 http://.../books/add?lang=en이면 요청 파라미터가 lang=en이므로 로케일을 영어로 설정합니다.

2 도서 등록 페이지에 요청 파라미터 추가 addBook.html 파일에서 한국어 또는 영어를 선택할 수 있도록 다음과 같이 수정합니다.

BookMarket/src/main/resources/templates/addBook.html

```
<html>
...
    <div class="p-5 mb-4 bg-body-tertiary rounded-3">
        <div class="container-fluid py-5">
            <h1 class="display-5 fw-bold"><span th:text="#{addBook.form.title.label}"/></h1>
            <p class="col-md-8 fs-4">BookMarket</p>
        </div>
    </div>
    <div class="row align-items-md-stretch">
```

```
    ...
    <div class="text-end" style="padding-right:30px">
        <a href="?lang=ko" style="text-decoration-line:none">Korean</a>|
        <a href="?lang=en" style="text-decoration-line:none">English</a>
    </div>
    <form action="/BookMarket/books/add" method="post" enctype="multipart/form-data">
...
```

❶ Korean을 클릭하면 폼의 입력 항목 이름이 한국어로, English를 클릭하면 폼의 입력 항목 이름이 영어로 변경되도록 요청 파라미터를 한국어는 lange=ko, 영어는 lange=en으로 설정합니다.

3 프로젝트 실행 웹 브라우저에 **http://localhost:8080/BookMarket/books/add**를 입력하여 도서 등록 페이지에서 입력 항목 이름이 출력되는 실행 결과를 확인합니다. 기본 언어를 한국어로 설정했으므로 도서 등록 페이지는 한국어로 출력되고 화면 오른쪽에서 **English**를 클릭하면 영문 페이지가 출력됩니다. **Korean|English**를 번갈아 클릭하여 언어의 메시지 변환을 확인합니다.

8

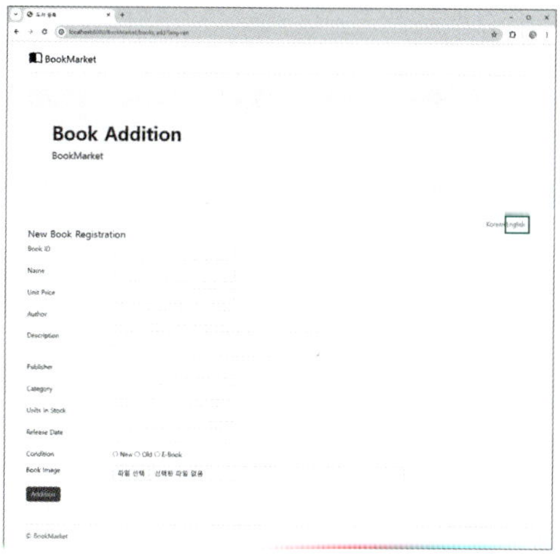

✔ 요약

1. 다국어 처리의 개요

- 다국어 처리는 웹 브라우저의 로케일(locale)에 따라 다양한 언어를 지원하는 서비스로, 언어와 지역 등의 차이에도 코드를 수정할 필요 없이 웹 브라우저의 로케일을 기준으로 각 언어에 해당하는 메시지로 변경해 줍니다.
- 스프링 부트에서는 사용자의 로케일에 따라 표시되는 언어를 변경하는 서비스인 국제화를 지원합니다. 국제화(internationalization)란 언어와 지역의 차이에 따라 기술적인 변경 없이 소프트웨어에 적용할 수 있게 설계하는 과정으로, 다국어 지원이라고도 합니다.

2. 스프링 부트의 다국어 처리 방법

- MessageSource: 다양한 언어로 작성된 메시지 리소스 파일을 웹 브라우저의 로케일에 따라 각 언어에 해당하는 메시지로 표현할 수 있습니다.
- LocaleResolver: 웹 브라우저 설정과 상관없이 로케일을 결정할 수 있습니다. 또는 웹 브라우저의 로케일을 추출해서 알맞은 언어를 선택하여 메시지를 출력할 수 있습니다.
- LocaleChangeInterceptor: 웹 요청의 파라미터에 값을 전달하여 손쉽게 로케일을 바꿀 수 있습니다.

연습문제

01. 다음 중 다양한 언어로 작성된 메시지 리소스 파일을 읽어 웹 브라우저의 로케일에 따라 각 언어에 해당하는 메시지로 설정할 수 있는 메시지 리소스에 대한 설명으로 옳지 않은 것은?

① 메시지 리소스 파일을 생성하여 출력할 메시지를 작성합니다.
② 메시지 리소스 파일에는 key=value 쌍으로 구성합니다.
③ 기본 언어의 메시지 리소스 파일을 '파일이름.properties' 형태로 작성합니다.
④ 다양한 언어를 지원에 상관없이 '파일이름.properties' 형태로 작성합니다.

02. 다음 중 웹 브라우저의 로케일에 따라 다양한 언어의 메시지를 출력할 수 있도록 지원하는 클래스(또는 인터페이스)로 옳은 것은?

① MessageSource
② MessageProperties
③ MessageResource
④ ResourceBundleMessage

03. 다음 중 다양한 언어로 작성된 메시지 리소스 파일을 읽어 웹 브라우저의 로케일에 따라 각 언어에 해당하는 메시지로 설정할 수 있는 클래스(또는 인터페이스)로 옳은 것은?

① LocaleResolver
② LocaleChangeInterceptor
③ LocaleInterceptor
④ 없음

04. 다음 중 웹 브라우저의 로케일을 추출해서 알맞은 언어를 선택하여 메시지를 출력하는 클래스(또는 인터페이스)로 옳지 않은 것은?

① AcceptHeaderLocaleResolver
② CookiesLocaleResolver
③ SessionLocaleResolver
④ FixedLocaleResolver

05. 다음 중 로케일을 변경하는 별도의 컨트롤러 클래스를 구현할 필요 없이 메시지를 다국어로 변경할 수 있는 클래스(또는 인터페이스)로 옳은 것은?

① LocaleResolver
② LocaleChangeInterceptor
③ LocaleInterceptor
④ 없음

※ 다음 코드를 보고 06~10번 물음에 답하시오.

```
@Configuration
@ComponentScan("server")
public class MessageConfig implements WebMvcConfigurer {
    @Bean
    public LocaleResolver localeResolver() {
        ______❶______ resolver = new ______❶______();
        resolver.setDefaultLocale(Locale.KOREA);
        return resolver;
    }
```

```
    @Bean
    public LocaleChangeInterceptor localeChangeInterceptor() {
        ____❷____ interceptor = new ____❷____();
        interceptor.setParamName("lang");
        return interceptor;
    }
    @Override
    public void addInterceptors(InterceptorRegistry registry) {
        registry.addInterceptor(localeChangeInterceptor());
    }
}
```

06. 다음 중 ❶에 들어갈 클래스로 옳은 것은?

① AcceptHeaderLocaleResolver
② CookiesLocaleResolver
③ SessionLocaleResolver
④ FixedLocaleResolver

07. 다음 중 ❷에 들어갈 클래스로 옳은 것은?

① LocaleResolver
② LocaleChangeInterceptor
③ LocaleInterceptor
④ 없음

08. 다음 중 위의 예제에 따라 appliction.properties 파일에 업로드할 파일의 저장 경로 설정 구문으로 옳은 것은?

① spring.servlet.multipart.location=C://upload//
② spring.servlet.multipart.location=c:₩₩upload₩₩
③ spring.servlet.multipart.location=C:/upload
④ spring.servlet.multipart.location=C:₩upload

09. 다음 중 위의 예제에 따라 뷰 페이지에 로케일 변경을 위해 설정하는 요청 파라미터에 해당하는 구문으로 옳은 것은?

① lang=ko
② lang=en
③ language=ko
④ language=en

10. 다음 중 appliction.properties 파일에 설정한 예에서 반드시 필요한 메시지 리소스 파일의 이름으로 옳은 것은?

```
spring.messages.basename=messages/messages
spring.messages.encoding=utf-8
spring.messages.fallbackToSystemLocale=false
spring.messages.alwaysUseMessageFormat=true
```

① messages/messages.properties
② messages_en.properties
③ messages_ko.properties
④ messages.properties

9 장

유효성 검사

[도서 쇼핑몰] 도서 등록 데이터의 유효성 검사하기

학 습 목 표

- 폼 페이지의 입력 데이터가 규정된 조건에 적합한지 확인하는 유효성 검사에 대해 알아봅니다.
- [도서 쇼핑몰] 도서 등록 페이지에 입력된 값에 대한 유효성 검사를 구현합니다.

SPRING BOOT

9.1 유효성 검사의 개요

웹 애플리케이션의 폼 페이지에서 입력 항목에 값을 입력하고 [전송] 버튼을 누르면 폼 데이터 값이 서버로 전송됩니다. 이때 사용자 실수로 유효하지 않은 값을 입력하여 그 값이 서버로 전송될 수도 있습니다. 이런 유효하지 않은 폼 데이터 값이 서버로 전송되지 않도록 전송 전에 검사해서 부적합하다고 판단되면 폼 페이지로 돌아가 값의 오류를 알립니다.

유효성 검사는 폼 페이지에서 입력한 값이 서버로 전송되기 전에 정해진 규정으로 정확히 입력되었는지, 입력된 데이터를 이용한 계산 결과가 타당한지를 검사합니다. 예를 들어 폼 페이지에서 나이를 입력할 때는 숫자 검사, 회원 가입을 할 때는 아이디 중복 검사, 로그인 인증을 할 때는 아이디나 패스워드 검사, IP 패킷 검사 등이 이에 해당합니다.

1.1 유효성 검사를 위한 설정

스프링 부트에서는 사용자가 폼 페이지에서 입력한 데이터의 유효성 검사를 위해 코드를 작성할 필요 없이 간단한 방법으로 @Valid 애너테이션을 제공합니다. 이를 이용하는 데 필요한 환경을 알아보겠습니다.

의존 라이브러리 등록하기

폼 데이터 값에 대한 유효성 검사를 하려면 스프링 부트 프로젝트의 build.gradle 파일에 validation 의존 라이브러리를 등록해야 합니다.

```
dependencies {
    implementation 'org.springframework.boot:spring-boot-starter-validation'
}
```

@Valid 설정하기

컨트롤러의 요청 처리 메서드 내에 바인딩되는 데이터의 유효성 검사를 위해 코드를 작성할 필요 없이 요청 처리 메서드의 매개변수에 @Valid를 선언합니다. @Valid를 이용하면 컨트롤러 내에서 POST 방식의 요청 처리 메서드에서 매개변수에 전달되는 폼 데이터 값에 대한 유효성 검사를 실행할 수 있습니다. 사용 형식은 다음과 같습니다.

```
@PostMapping("/...")
public String 메서드이름(@Valid 매개변수 ... BindingResult result, Model model) {
    if(result.hasErrors()) {
        // 모델에 오류 메시지 저장
        return "오류를 출력할 뷰 이름";
    }
    return "뷰 이름";
}
```

9

1.2 유효성 검사의 유형

폼 데이터 값에 대한 유효성 검사는 Bean Validation이나 스프링 부트에서 제공하는 ConstraintValidator 또는 Validator 인터페이스를 이용하여 구현할 수 있습니다. 유효성 검사를 할 수 있는 유형은 다음과 같습니다.

- **Bean Validation(=Jakarta Bean Validation 3.0) 방식**: 웹 애플리케이션을 구성하는 특정 도메인 클래스의 멤버 변수, 즉 필드에 대한 유효성 검사 제약사항(constraints) 애너테이션을 선언하여 해당 값이 올바른지 검증하는 방식입니다.

- **ConstraintValidator 인터페이스의 구현체 방식**: 특정 도메인 클래스의 멤버 변수에 사용자 정의 애너테이션을 정의하여 해당하는 속성 값의 유효성 검사를 수행하는 방식입니다. 도메인 클래스에 제약 조건을 부여하기 위해서는 @Constraint 애너테이션을 이용해야 합니다.

- **Validator 인터페이스의 구현체 방식**: 웹 애플리케이션을 구성하는 특정 도메인 클래스의 멤버 변수에는 제약사항 애너테이션을 선언하지 않습니다. 대신에 스프링 부트에서 제공하는 Validator 인터페이스로 구현하고 이를 Validator 인스턴스로 사용하여 해당하는 속성 값의 유효성 검사를 수행합니다. 스프링 부트의 Validator 인터페이스는 애플리케이션의 모든 계층에서 유효성 검사를 위해 사용할 수 있습니다.

NOTE 유효성 검사가 필요한 폼 데이터 항목

웹 애플리케이션에서 폼 데이터의 유효성 검사가 필요한 가장 큰 이유는 보안 공격, 잘못된 데이터, 사용자의 예상 가능한 실수에 의한 오류 등을 방지할 수 있기 때문입니다. 유효성 검사 기능을 이용하면 다양한 사용자가 폼 데이터를 입력해도 동일한 양식과 형태를 유지할 수 있습니다. 입력 양식이 있는 폼 페이지를 만들 때 반드시 점검해야 할 유효성 검사 항목은 다음과 같습니다.

- 입력 데이터가 null인가
- 날짜나 이메일을 형식에 맞게 입력했는가
- 나이를 숫자로 입력했는가
- 입력 데이터의 제한 길이를 초과했는가
- 로그인 인증 시 아이디와 패스워드가 유효한가
- 회원 가입 시 입력한 아이디가 중복되는가

9.2 Bean Validation을 이용한 유효성 검사

Bean Validation을 이용한 유효성 검사는 웹 애플리케이션을 구성하는 특정 도메인 클래스의 프로퍼티(멤버 변수), 즉 필드에 대한 유효성 검사의 제약사항 애너테이션을 선언하여 해당 멤버 변수의 값이 올바른지 검사하는 것으로, Jakarta Bean Validation이라고도 합니다.

NOTE **Bean Validation**

Bean Validation은 자바 빈(JavaBean)의 유효성 검사를 위한 메타데이터 모델과 API를 정의합니다. 여기서 자바 빈은 매개변수가 없는 생성자를 가지며 Getter()와 Setter() 메서드를 사용하여 프로퍼티에 접근이 가능한 객체입니다.

구분		명세서 사이트	자바 버전	공식 년도
Bean Validation 1.0	JSR 303	https://beanvalidation.org/1.0/spec/	Java 6.0	2009년
Bean Validation 1.1	JSR 349	https://beanvalidation.org/1.1/spec/	Java 6.0	2013년
Bean Validation 2.0	JSR 380	https://beanvalidation.org/2.0-jsr380/spec/	Java 8	2017년
Jakarta Bean Validation 2.0	Jakarta Bean Validation 2.0	https://beanvalidation.org/2.0/spec/	Java 8	2019년
Jakarta Bean Validation 3.0	Jakarta Bean Validation 3.0	https://jakarta.ee/specifications/bean-validation/3.0/jakarta-bean-validation-spec-3.0.html	Java 8	2020년

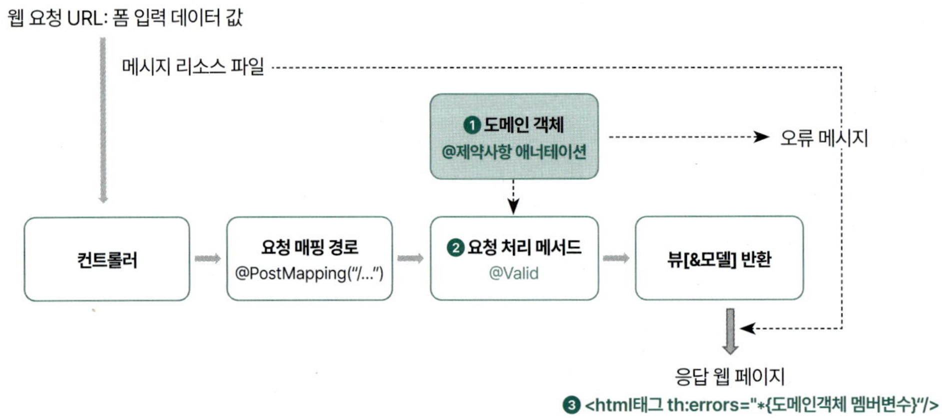

그림 9-1 Bean Validation을 이용한 유효성 검사 처리 과정

❶ @제약사항 애너테이션을 선언합니다.

❷ @Valid를 이용한 유효성 검사를 실행합니다.

❸ 뷰 페이지에 오류 메시지를 출력합니다.

2.1 제약사항 애너테이션

Bean Validation의 제약사항 애너테이션은 Hibernate Validator가 제공하는 애너테이션을 그대로 따릅니다. 마찬가지로 Bean Validation을 이용한 유효성 검사에서도 필요한 도메인 클래스의 프로퍼티(멤버 변수), 즉 필드에 제약사항 애너테이션을 설정할 수 있습니다. 사용 형식은 다음과 같습니다.

```
public class 클래스이름 {
    @제약사항 애너테이션(속성[, message="오류 메시지 또는 [오류 코드]"]
    private String 멤버변수;
    ...
}
```

※ 제약사항 애너테이션은 jakarta.validation.constraints 패키지에서 제공합니다.

다음은 도메인 클래스의 프로퍼티에 적용할 수 있는 제약사항 애너테이션으로 Hibernate Validator에 내장된 애너테이션입니다.

표 9-1 제약사항 애너테이션 유형

유형	설명	속성
@AssertFalse	프로퍼티 값이 거짓(false)인지 검사	
@AssertTrue	프로퍼티 값이 참(true)인지 검사	
@DecimalMax	프로퍼티 값이 가질 수 있는 최대 실수 값 검사	• value: 값 • inclusive: true/false
@DecimalMin	프로퍼티 값이 가질 수 있는 최소 실수 값 검사	
@Digits	프로퍼티가 가질 수 있는 지정된 범위(정수 부분의 자릿수와 소수 부분의 자릿수) 검사	• integer: 정수 자릿수 • fraction: 소수 자릿수
@Email	이메일 형식인지 검사(단, 빈 문자열("")의 경우엔 허용)	
@Future	프로퍼티 값이 미래 날짜(현재일 이후)인지 검사	
@FutureOrPresent	프로퍼티 값이 현재 또는 미래의 날짜 또는 시간인지 검사	
@Max	프로퍼티 값이 가질 수 있는 최대 길이 검사	value: 값
@Min	프로퍼티 값이 가질 수 있는 최소 길이 검사	
@Negative	프로퍼티 값이 음수인지 검사	
@NegativeOrZero	프로퍼티 값이 음수 또는 0인지 검사	
@NotBlank	프로퍼티 값이 null, 빈 문자열(""), 공백(" ")이 모두 아닌지 검사	
@NotEmpty	프로퍼티 값이 Null, 빈 문자열("")이 아닌지 검사(공백(" ")은 허용)	
@NotNull	프로퍼티 값이 Null이 아닌지 검사	
@Null	프로퍼티 값이 Null인지 검사	
@Past	프로퍼티 값이 과거 날짜(현재일 이전)인지 검사	
@PastOrPresent	프로퍼티 값이 과거 또는 현재의 날짜 또는 시간인지 검사	
@Pattern	프로퍼티 값이 정의된 정규 표현식에 일치하는지 검사	• regexp: 정규 표현
@Positive	프로퍼티 값이 양수인지 검사(0은 잘못된 값으로 간주)	
@PositiveOrZero	프로퍼티 값이 양수 또는 0인지 검사	
@Size	프로퍼티 값이 가질 수 있는 최대, 최소 길이 검사	• min: 최소 길이 • max: 최대 길이

NOTE

@NotNull은 빈 문자열이 검증되지 않는다는 점을 주의해야 합니다. 폼 페이지의 텍스트 타입 입력 항목에 아무 값을 입력하지 않고 전송해도 빈 문자열로 검증하지 못합니다. 따라서 빈 문자열까지 확인하려면 @Size(min=1)을 사용하거나 @NotEmpty를 사용해야 합니다.

제약사항 애너테이션의 기본 메시지 사용하기

유효성 검사를 할 때 제약사항 애너테이션이 선언된 클래스의 멤버 변수가 해당 제약사항을 위반하여 오류가 발생하면 hibernate-validator-xxx.jar 라이브러리에서 제공하는 기본 메시지를 출력합니다. 기본 메시지가 아닌 사용자 정의 오류 메시지를 출력하려면 message 속성 값에 출력할 오류 메시지를 직접 설정합니다.

표 9-2 제약사항 애너테이션의 기본 메시지

유형	기본 메시지
@AssertFalse	false여야 합니다.
@AssertTrue	true여야 합니다.
@DecimalMax(value=, inclusive=)	다음 값 이하여야 합니다${inclusive == true ? ' ' : ''}{value}
@DecimalMin(value=, inclusive=)	다음 값 이상이어야 합니다${inclusive == true ? ' ' : ''}{value}
@Digits(integer=, fraction=)	숫자 값이 한계를 초과합니다(〈{integer} 자리〉.〈{fraction} 자리〉 예상)
@Email	올바른 형식의 이메일 주소여야 합니다.
@Future	미래 날짜여야 합니다.
@FutureOrPresent	현재 또는 미래의 날짜여야 합니다.
@Max(value=)	{value} 이하여야 합니다.
@Min(value=)	{value} 이상이어야 합니다.
@Negative	0 미만이어야 합니다.
@NegativeOrZero	0 이하여야 합니다.
@NotBlank	공백일 수 없습니다.
@NotEmpty	비어 있을 수 없습니다.
@NotNull	널이어서는 안됩니다.
@Null	널이어야 합니다.
@Past	과거 날짜여야 합니다.
@PastOrPresent	과거 또는 현재의 날짜여야 합니다.
@Pattern(regexp=)	"{regexp}"와 일치해야 합니다.
@Positive	0보다 커야 합니다.
@PositiveOrZero	0 이상이어야 합니다.
@Size(min=, max=)	크기가 {min}에서 {max} 사이여야 합니다.

NOTE

제약사항 애너테이션이의 기본 메시지는 hibernate-validator-XXX.Final.jar의 org/hibernate/validator/ 클래스 경로에 있는 한국어 ValidationMessages_ko.properties 외에 다양한 언어별로 정의되어 있습니다. 이클립스의 프로젝트 탐색기에서 스프링 부트 프로젝트의 **Project and External Dependenies**를 확장하여 hibernate-validator-XXX.Final.jar을 선택하여 org.hibernate.validator 패키지에서 확인할 수 있습니다.

다음은 두 가지 멤버 변수 name과 price를 가진 간단한 도메인 클래스 Product가 있고 이 멤버 변수 값에 대한 유효성 검사를 위해 제약사항 애너테이션을 선언하고 기본 오류 메시지를 출력하는 예입니다.

[제약사항 애너테이션 적용 예]

Product.java

```
package com.springboot.domain;

import jakarta.validation.constraints.Min;
import jakarta.validation.constraints.NotEmpty;
import jakarta.validation.constraints.Size;
import lombok.Data;

@Data
public class Product {

    @NotEmpty    ❶
    @Size(min=4, max=10)    ❷
    private String name;

    @Min(value=0)    ❸
    private int price;
}
```

❶ 멤버 변수 name 값이 비었는지 검사합니다.

❷ 멤버 변수 name 값의 크기가 4에서 10 사이인지 검사합니다.

❸ 멤버 변수 name 값이 0 이상인지 검사합니다.

Example01Controller.java

```
package com.springboot.controller;
...
import org.springframework.validation.BindingResult;
import jakarta.validation.Valid;
@Controller
@RequestMapping("/exam01")
public class Example01Controller {
    @GetMapping
    public String showForm(Model model) {
        model.addAttribute("product", new Product());
        return "viewPage01";
    }

    @PostMapping                        ❶
    public String submit(@Valid @ModelAttribute Product product, BindingResult
            bindingResult) {
        if(bindingResult.hasErrors())
            return "viewPage01";        ❷
        return "viewPage01_result";
    }
}
```

❶ 컨트롤러의 요청 처리 메서드 내에 바인딩되는 데이터(여기서는 커맨드 객체 Product의 멤버 변수)의 유효성 검사를 합니다.

❷ 커맨드 객체 Product에 오류가 발생하면 뷰 페이지 viewPage01.html을 호출합니다.

viewPage01.html

```
<html>
<head>
    <title>Chap09</title>
<style>
span {
    color: red;
    border-color: red;
}
</style>
```

```
</head>
<body>
    <h3>유효성 검사</h3>
    <form th:object="${product}" action="/exam01" method="post">     ❶
      <p>품명 : <input type="text" th:field="*{name}"><span th:errors="*{name}"></span>
      <p>가격 : <input type="text" th:field="*{price}"><span th:errors="*{price}"></span>   ❸
      <p><input type="submit" value="확인"/>                          ❷
      <input type="reset" value="취소"/>
    </form>
</body>
</html>
```

❶ 멤버 변수 name에 대한 오류 메시지를 출력합니다.

❷ 멤버 변수 price에 대한 오류 메시지를 출력합니다.

❸ 은 다음과 같이 변경해도 됩니다.

```
<p>품명 : <input type="text" name="price" th:value="${name}"/>
<p>가격 : <input type="text" name="price" th:value="${price}"/>
```

NOTE 타임리프(thymeleaf) 문법 설명

- th:object: form 내에 사용할 도메인 객체를 설정합니다.
- th:field: th:object에 설정한 도메인 객체의 프로퍼티(멤버 변수)와 매핑합니다.
- th:errors: 도메인 객체의 멤버 변수가 유효성 검사를 통과하지 못했을 때 메시지를 출력합니다.

viewPage01_result.html

```
<html>
<head>
<title>Chap09</title>
</head>
<body>
    <h3>유효성 검사</h3>
```

```
        <p>품명 : [[${product.name}]]
        <p>가격 : [[${product.price}]]
    </body>
    </html>
```

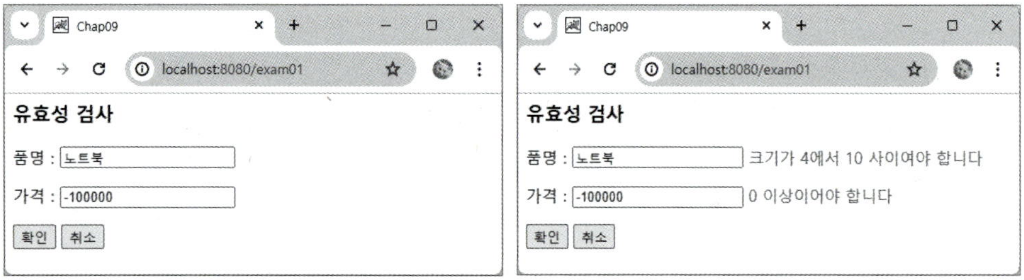

▲ 유효성 검사에서 오류가 발생하는 경우

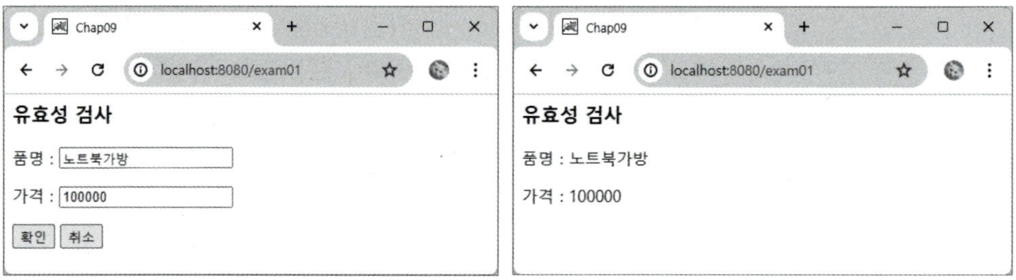

▲ 유효성 검사에서 오류가 발생하지 않는 경우

NOTE **한글이 깨지는 경우**

유효성 검사를 위한 뷰 페이지에서 한글이 깨져서 보인다면 스프링 부트 프로젝트의 application.properties 파일에 다음 내용을 추가 작성한 뒤 재실행하면 됩니다.

```
server.servlet.encoding.force-response= true
```

제약사항 애너테이션에 사용자 정의 오류 메시지 사용하기

유효성 검사에서 제약사항을 위반한 오류가 발생할 때 기본 메시지가 아닌 사용자 정의 메시지를 출력하고 싶으면 message 속성 값에 출력할 오류 메시지를 직접 정의합니다. 또는 메시지 리소스 파일(*.properties)을 만들어 '오류 코드=출력할 오류 메시지' 형식으로 정의하여 message 속성 값에 오류 코드를 설정합니다.

```
제약사항 애너테이션.커맨드객체이름.필드이름 = 출력할 오류 메시지
// 또는
제약사항 애너테이션.필드이름 = 출력할 오류 메시지
```

다음은 메시지 리소스 파일(*.properties)을 사용하여 앞에서 살펴본 Product 클래스에 선언된 @NotEmpty와 @Min에 사용자 정의 오류 메시지를 설정한 것입니다.

messages.properties

```
NotEmpty.product.name = 값을 입력해 주세요
Min.product.price = 0 이상의 값을 입력해 주세요
```

메시지 리소스 파일(*.properties)을 사용하기 위해 스프링 부트 프로젝트의 application.properties 파일을 다음과 같이 설정합니다.

application.properties

```
spring.messages.encoding=UTF-8
spring.messages.basename = 메시지 리소스 파일 이름
```

NOTE

메시지 리소스 파일을 사용하는 또 다른 방법은 메시지 리소스를 관리하는 환경 설정 클래스를 만들어 사용하는 것입니다. MessageSource의 환경 설정에 대한 자세한 내용은 8장 다국어 처리를 참고합니다.

```
@Configuration
@ComponentScan("server")
public class MessageConfig implements WebMvcConfigurer {
    @Bean
    public MessageSource messageSource() {
        ResourceBundleMessageSource messageSource = new
                                        ResourceBundleMessageSource();
        messageSource.setBasename("messages");
        messageSource.setDefaultEncoding("UTF-8");
        return messageSource;
    }
}
```

다음은 도메인 클래스 Product의 두 멤버 변수 name과 price 값에 대한 유효성 검사에서 제약사항 애너테이션에 대한 사용자 정의 오류 메시지를 출력하는 예입니다.

Product.java

```
package com.springboot.domain;
...
@Data
public class Product {
    @NotEmpty                                                    ❶
    @Size(min=4, max=10, message="4자~10자 이내로 입력해 주세요")
    private String name;

    @Min(value=0)
    private int price;
}
```

❶ message 속성을 이용하여 사용자 정의 오류 메시지를 설정합니다.

application.properties

```
spring.application.name=Chap09

spring.messages.basename=messages
spring.messages.encoding=UTF-8
```

messages.properties

```
NotEmpty.product.name = 값을 입력해 주세요
Min.product.price = 0 이상의 값을 입력해 주세요
```

viewPage02.html

```
<html>
<head>
    <title>Chap09</title>
<style>
span {
    color: red;
    border-color: red;
}
</style>
</head>
<body>
    <h3>유효성 검사</h3>
    <form th:object="${product}" action="/exam02" method="post">
        <p>품명 : <input type="text" th:field="*{name}"><span th:errors="*{name}"></span>
        <p>가격 : <input type="text" th:field="*{price}"><span th:errors="*{price}"></span>
        <p><input type="submit" value="확인"/>
            <input type="reset" value="취소"/>
    </form>
</body>
</html>
```

```
viewPage02_result.html
```

```html
<html>
<head>
<title>Chap09</title>
</head>
<body>
    <h3>유효성 검사</h3>
    <p>품명 : [[${product.name}]]
    <p>가격 : [[${product.price}]]
</body>
</html>
```

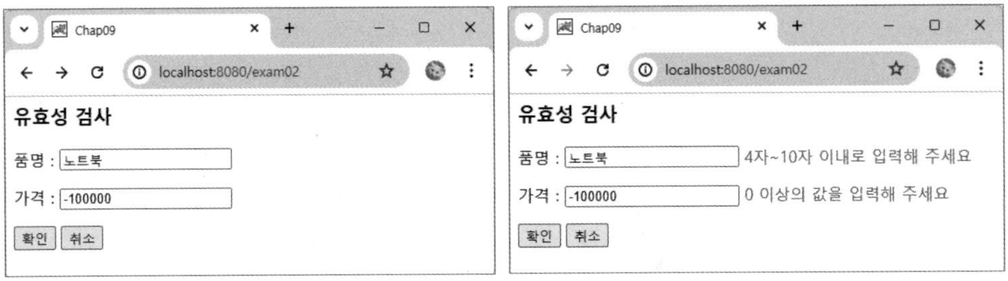

▲ 유효성 검사에서 오류가 발생하는 경우

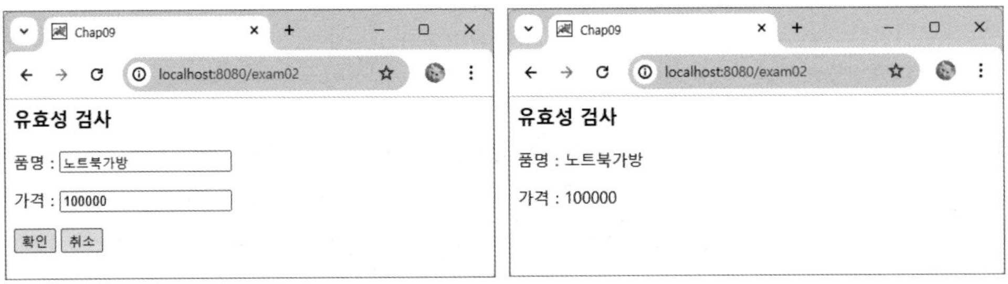

▲ 유효성 검사에서 오류가 발생하지 않는 경우

9.3 ConstraintValidator 인터페이스를 이용한 유효성 검사

Bean Validation의 제약사항 애너테이션을 이용한 유효성 검사는 도메인 클래스의 프로퍼티 값에 대한 중복 여부를 체크할 수 없다는 점에서 한계가 있습니다. 웹 애플리케이션에서 회원 관리를 위해 각 회원을 식별할 수 있는 프로퍼티가 ID입니다. 회원 가입을 할 때는 아이디에 대해 반드시 중복 여부를 체크합니다. 이처럼 프로퍼티 값의 중복 여부를 체크하는 유효성 검사는 앞에서 배운 Bean Validation의 제약사항 애너테이션으로는 불가능하므로 제약사항을 사용자가 정의하여 사용하면 됩니다. 사용자 정의 제약사항을 이용한 유효성 검사는 프로퍼티 값의 중복 여부를 비롯해 다양한 제약사항을 만들어 사용할 수 있어 유용합니다.

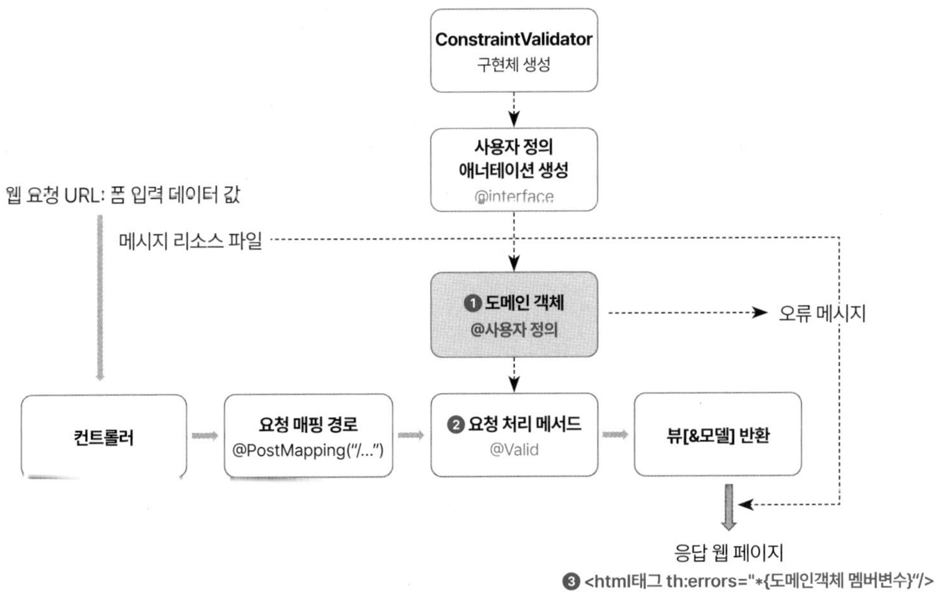

그림 9-2 사용자 정의 애너테이션을 이용한 유효성 검사 처리 과정

❶ 사용자 정의 애너테이션을 선언합니다.

- 사용자 정의 애너테이션 생성: 적용할 대상 및 동작 방식을 설정하는 @interface를 사용해 사용자 정의 제약사항 애너테이션 생성
- ConstraintValidator 구현체 생성: 생성한 사용자 정의 제약사항 애너테이션의 유효성 검사 클래스는 javax.validation.ConstraintValidator 인터페이스의 구현체로 생성

❷ @Valid를 이용한 유효성 검사를 실행합니다.

❸ 뷰 페이지에 오류 메시지를 출력합니다.

사용자 정의 애너테이션을 이용한 유효성 검사는 사용자 정의 애너테이션을 만들어 사용하는 것을 제외하고는 앞에서 배운 Bean Validation의 제약사항 애너테이션을 이용한 처리 과정과 같습니다. 도메인 클래스의 멤버 변수에 선언할 사용자 정의 애너테이션 @MemberId를 만드는 방법을 살펴봅니다.

Member.java

```
package com.springboot.domain;
import lombok.Data;

@Data
public class Member {
    @MemberId      // 사용자 정의 애너테이션 선언
    private String memberId;

    @Size(min=4, max=10, message="4자~10자 이내로 입력해 주세요")
    private String passwd;
}
```

3.1 사용자 정의 애너테이션 생성

사용자 정의 애너테이션은 Bean Validation처럼 도메인 클래스의 멤버 변수에 선언할 수 있는 제약사항입니다. 내장된 제약사항이 아니므로 사용자가 직접 생성하여 사용할 수 있습니다. 사용자 정의 애너테이션을 생성하는 형식은 다음과 같습니다.

```
@Constraint(validatedBy=유효성검사클래스.class)
@Target(속성)
@Retention(속성)
public @interface 사용자정의애너테이션이름 {
    String message() default "오류 메시지";
    Class<?>[] groups() default {};
    Class<?>[] payload() default {};
}
```

NOTE **@interface**

@interface는 자동으로 Annotation 클래스를 상속(확장)하며, 내부의 메서드에는 abstract 키워드가 자동으로 붙습니다. 따라서 @interface는 extends 절을 가질 수 없으며, 다음과 같은 추가 제약이 있습니다.

- 애너테이션 타입 선언은 제너릭일 수 없습니다.
- 메서드는 매개변수를 가질 수 없습니다.
- 메서드는 타입 매개변수를 가질 수 없습니다.
- 메서드 선언은 throws 절을 가질 수 없습니다.

@Constraint는 도메인 객체에 부여되는 제약사항을 생성하는 애너테이션으로 ConstraintValidator 인터페이스의 구현 클래스를 설정합니다. @Constraint가 선언된 제약사항 애너테이션에는 다음과 같은 세 가지 필수 속성이 있어야 합니다.

표 9-3 사용자 정의 애너테이션의 필수 속성

속성	설명
message	유효성 검사에서 오류가 발생하면 반환되는 기본 메시지
groups	유효성 검사를 수행할 그룹을 설정
payload	유효성 검사를 수행하는 클라이언트가 사용할 수 있는 메타 데이터를 설정

@Retention은 사용자 정의 애너테이션의 지속 시간을 설정합니다.

표 9-4 @Retention의 속성

속성	설명
RetentionPolicy.SOURCE	소스 코드까지만 유지하므로 컴파일을 하면 해당 애너테이션 정보가 사라지며 .class 파일에 포함되지 않습니다.
RetentionPolicy.CLASS	기본값으로, 컴파일 타임 때만 .class 파일에 존재하고 런타임 때는 사라집니다.
RetentionPlicy.RUNTIME	런타임할 때에도 .class 파일에 유지되며 사용자 정의 애너테이션을 만들 때 주로 사용합니다.

@Target은 사용자 정의 애너테이션의 적용 위치를 설정합니다.

표 9-5 @Target의 속성

속성	애너테이션 적용 위치
ElementType.TYPE	클래스, 인터페이스
ElementType.FIELD	클래스의 멤버 변수
ElementType.METHOD	메서드
ElementType.PARAMETER	메서드 파라미터
ElementType.CONSTRUCTOR	생성자
ElementType.LOCAL_VARIABLE	지역 변수
ElementType.ANNOTATION_TYPE	애너테이션 타입
ElementType.PACKAGE	패키지
ElementType.TYPE_PARAMETER	제네릭 타입 파라미터(예. MyClass〈T〉)
ElementType.TYPE_USE	어떤 타입에도 적용(예. extends, implements, 객체 생성 시 등)

다음은 사용자 정의 애너테이션 @MemberId를 생성하는 예입니다.

[사용자 정의 애너테이션 @MemberId를 생성하는 예]

MemberId.java

```
package com.springboot.domain;

import java.lang.annotation.ElementType;
import java.lang.annotation.Retention;
import java.lang.annotation.RetentionPolicy;
import java.lang.annotation.Target;
```

```
import jakarta.validation.Constraint;

@Constraint(validatedBy = MemberIdValidator.class)
@Target({ElementType.FIELD, ElementType.ANNOTATION_TYPE})
@Retention(RetentionPolicy.RUNTIME)
public @interface MemberId {
    String message() default "중복된 아이디입니다.;
    Class<?>[] groups() default {};
    Class<?>[] payload() default {};
}
```

여기에서 중요한 점은 사용자 정의 애너테이션 @MemberId가 실제로 유효성 검사를 위해 @Constraint의 validatedBy 요소에 설정한 클래스를 사용한다는 것입니다. 사실 이 클래스는 ConstraintValidator 인터페이스의 구현체입니다.

다음으로 사용자 정의 애너테이션의 유효성 검사 클래스로 ConstraintValidator 인터페이스의 구현체를 생성하는 방법을 살펴보겠습니다.

9

3.2 구현체 생성

사용자 정의 애너테이션의 유효성 검사 클래스는 javax.validation.ConstraintValidator 인터페이스의 구현체입니다. 해당 구현체를 생성하려면 initialize()와 isValid() 메서드를 구현해야 합니다.

표 9-6 ConstraintValidator 인터페이스의 메서드

메서드	설명
void initialize(A constraintAnnotation)	사용자 정의 애너테이션과 관련 정보를 읽어 초기화합니다. A는 사용자 정의 제약사항을 설정합니다
boolean isValid(T value, ConstraintValidatorContext context)	유효성 검사 로직을 수행합니다. value는 유효성 검사를 위한 도메인 클래스의 멤버 변수 값, context는 제약사항을 평가하는 컨텍스트입니다.

다음에 살펴볼 MemberIdValidator 클래스는 앞에서 살펴보았던 사용자 정의 애너테이션 @MemberId를 생성할 때 @Constraint의 validatedBy 요소에 설정한 유효성 검사 클래스의 예입니다. 이 클래스는 ConstraintValidator 인터페이스의 구현체입니다.

[ConstraintValidator 인터페이스의 구현체를 생성하는 예]

MemberIdValidator.java

```
package com.springboot.domain;

import jakarta.validation.ConstraintValidator;
import jakarta.validation.ConstraintValidatorContext;

public class MemberIdValidator implements ConstraintValidator<MemberId, String> { ❶
    @Override
    public void initialize(MemberId constraintAnnotation) {
        ConstraintValidator.super.initialize(constraintAnnotation);       ❷
    }

    @Override
    public boolean isValid(String value, ConstraintValidatorContext context) {
        if(value.equals("admin")) {
            return false;
        }                                                                  ❸
        return true;
    }
}
```

❶ ConstraintValidator 인터페이스는 매개변수 두 개를 정의합니다. 첫 번째 매개변수는 유효성 검사를 위해 MemberIdValidator 클래스를 사용하는 사용자 정의 애너테이션을 지정합니다. 두 번째 매개변수는 사용자 정의 애너테이션이 붙는 도메인 클래스 Member의 멤버 변수 타입을 설정합니다.

❷ initialize() 메서드는 사용자 정의 애너테이션 @MemberId가 속성 값이 없기 때문에 구현 부분 없이 메서드만 선언해도 됩니다.

❸ isValid() 메서드는 ConstraintValidator<MemberId, String>에서 두 번째 매개변수 타입으로 정의한 도메인 클래스의 멤버 변수 값을 읽어 유효성 검사를 수행합니다. 유효성 검사에서 오류가 발생하면 false를 반환합니다.

Example03Controller.java

```
package com.springboot.controller;
...
import org.springframework.validation.BindingResult;
import jakarta.validation.Valid;

@Controller
@RequestMapping("/exam03")
public class Example03Controller {
    @GetMapping
    public String showForm(Model model) {
        model.addAttribute("member", new Member());
        return "viewPage03";
    }
    @PostMapping
    public String submit(@Valid @ModelAttribute Member member, BindingResult
            bindingResult) {
        if(bindingResult.hasErrors())
            return "viewPage03";
            return "viewPage03_result";
    }
}
```

다음은 컨트롤러 요청 처리 메서드에 호출하는 뷰 페이지로 유효성 검사로 발생된 오류 메시지를 출력하는 예입니다.

viewPage03.html

```
<html>
<head><title>Chap09</title>
<style>
span {
    color: red;
    border-color: red;
}
    <h3>유효성 검사</h3>
    <form th:object="${member}" action ="/exam03" method="post">
```

```
        <p>아이디 : <input type="text" name="memberId" th:field="*{memberId}"/>
                    <span th:errors="*{memberId}"></span>
        <p>비밀번호 : <input type="text" name="passwd" th:field="*{passwd}"/>
                      <span th:errors="*{passwd}"></span>
        <p><input type="submit" value="확인"/><input type="reset" value="취소"/>
    </form>
</body>
</html>
```

viewPage03_result.html

```
<html>
<head><title>Chap09</title></head>
<body>
    <h3>유효성 검사</h3>
    <p>품명 : [[${member.memberId}]]
    <p>가격 : [[${member.passwd}]]
</body>
</html>
```

▲ 유효성 검사에서 오류가 발생하는 경우

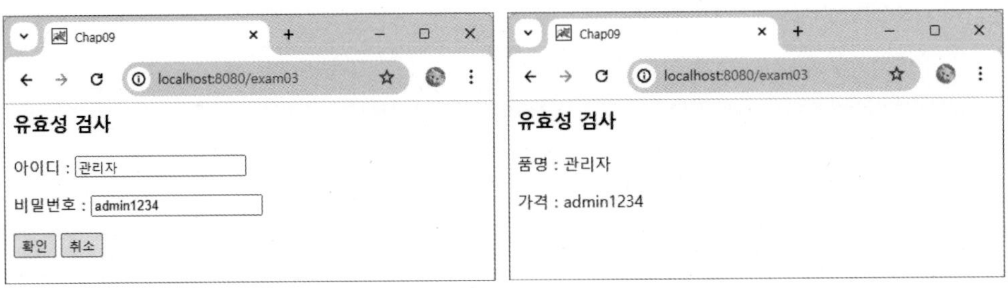

▲ 유효성 검사에서 오류가 발생하지 않는 경우

9.4 Validator 인터페이스를 이용한 유효성 검사

스프링 부트에서 제공하는 Validator 인터페이스를 이용하여 도메인 클래스의 속성 값이 올바른지 유효성 검사를 합니다. 즉 도메인 클래스의 프로퍼티에 애너테이션을 선언하지 않고 스프링 부트에서 제공하는 Validator 인터페이스의 구현체를 생성한 뒤 이를 이용하여 해당 프로퍼티 값의 유효성을 검사합니다.

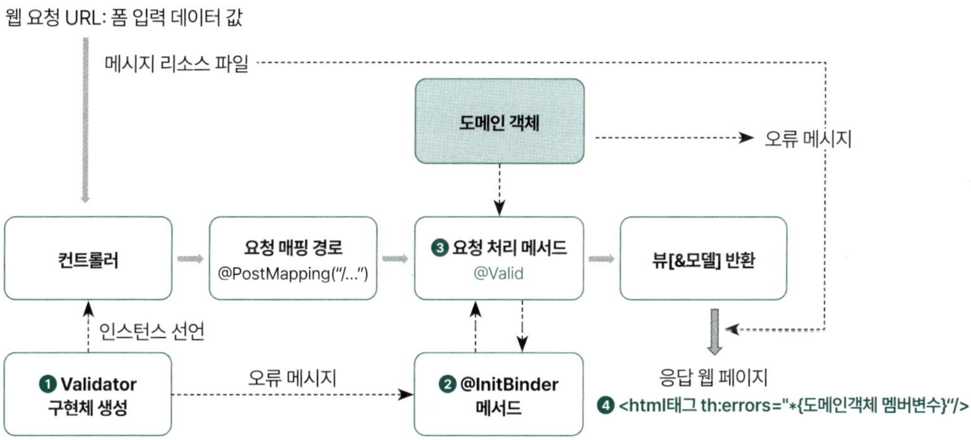

그림 9-3 Validator 인터페이스를 이용한 유효성 검사 처리 과정

❶ Validator 인터페이스의 구현체를 생성합니다.

❷ @InitBinder 메서드를 추가합니다.

❸ @Valid를 이용한 유효성 검사를 실행합니다.

❹ 뷰 페이지에 오류 메시지를 출력합니다.

4.1 구현체 생성

Validator 인터페이스의 구현체는 유효성 검사를 위한 클래스로 다음의 두 가지 메서드를 구현해야 합니다.

표 9-7 Validator 인터페이스의 메서드

메서드	설명
boolean supports(Class<?> clazz)	지정된 객체(clazz)에 대해 유효성 검사를 수행할 수 있는지 검사할 목적으로 사용합니다.
void validate(Object target, Errors errors)	지정된 객체(target)에 대해 유효성 검사를 수행하고 오류가 발생하면 지정된 Errors 타입의 errors 객체에 오류 관련 정보를 저장합니다.

NOTE 스프링 부트의 Validator 인터페이스는 org.springframework.validation 패키지에서 제공됩니다.

Validator 인터페이스에서 validate() 메서드의 Errors 객체를 사용하여 유효성 검사를 합니다. 이때 발생하는 오류 관련 정보를 validate() 메서드의 Errors 타입의 errors 객체에 저장합니다. ValidationUtils 클래스를 사용하면 유효성 검사를 할 때 출력할 오류 메시지를 편리하게 작성할 수 있습니다.

표 9-8 ValidationUtils 클래스의 주요 메서드

메서드	설명
rejectIfEmpty(Errors errors, String field, String errorCode [,String defaultMessage])	값이 비어 있으면 지정된 오류 코드(errorCode)로 지정된 필드(field)를 거부합니다.
rejectIfEmptyOrWhitespace(Errors errors, String field, String errorCode [,String defaultMessage])	값이 비어 있거나 공백만 포함된 경우 지정된 오류 코드(errorCode)로 지정된 필드(field)를 거부합니다.

NOTE

Errors 인터페이스를 이용하여 유효성 검사를 할 때 발생한 오류를 처리할 수 있습니다.

표 9-9 Errors 인터페이스의 주요 메서드

메서드	설명
rejectValue(String field, String errorCode[, String defaultMessage])	지정된 오류 코드(errorCode)를 사용하여 현재 객체의 지정된 필드(field)에 대한 필드 오류를 등록합니다.
reject(String errorCode[, String defaultMessage])	지정된 오류 코드(errorCode)를 사용하여 전체 대상 객체에 대한 전역 오류를 등록합니다.

다음은 Validator 인터페이스의 구현체를 생성하고 유효성 검사 시 발생된 오류를 Errors 객체에 저장하는 예입니다.

[Validator 인터페이스의 구현체를 생성하는 예]

Person.java

```
package com.springboot.domain;

import lombok.Data;

@Data
public class Person {
    private String name;
    private String age;
    private String email;
}
```

PersonValidator.java

```
package com.springboot.domain;

import org.springframework.validation.Validator;
import org.springframework.stereotype.Component;
import org.springframework.validation.Errors;
```

```
import org.springframework.validation.ValidationUtils;

@Component
public class PersonValidator implements Validator {
    @Override
    public boolean supports(Class<?> clazz) {
        return false;
    }

    @Override
    public void validate(Object target, Errors errors) {
        Person person = (Person) target;
        if(person.getName() == null || person.getName().trim().isEmpty())
            ValidationUtils.rejectIfEmptyOrWhitespace(errors, "name", null, "이름을 입
                            력하세요");
        if(person.getAge() == null || person.getAge().trim().isEmpty())
            ValidationUtils.rejectIfEmptyOrWhitespace(errors, "age", null, "나이를 입
                            력하세요");
        if(person.getEmail() == null || person.getEmail().trim().isEmpty())
            ValidationUtils.rejectIfEmptyOrWhitespace(errors, "email", null, "이메일을
                            입력하세요");
    }
}
```

4.2 @InitBinder를 선언한 메서드 추가

컨트롤러의 메서드 내에 바인딩되는 데이터의 유효성 검사를 하려면 매개변수에 @Valid를 선언하여 커맨드 객체의 속성 값을 전달받습니다. 그리고 @InitBinder 메서드를 정의하고 해당 메서드의 입력 매개변수로 전달된 WebDataBinder 객체를 사용해 해당 Validator 인터페이스의 구현체를 설정합니다. @InitBinder가 선언된 메서드에 Validator를 미리 등록하면 해당 컨트롤러의 모든 메서드에서 유효성 검사 기능을 사용할 수 있기 때문에 편리합니다.

다음은 @InitBinder 메서드를 정의하여 앞에서 생성한 Validator 인터페이스의 구현체 personValidator를 설정한 예입니다.

[@InitBinder를 선언한 메서드를 추가한 예]

Example04Controller.java

```
package com.springboot.controller;
...
import org.springframework.validation.BindingResult;
import org.springframework.web.bind.WebDataBinder;
import org.springframework.web.bind.annotation.InitBinder;
import com.springboot.domain.PersonValidator;

import jakarta.validation.Valid;

@Controller
@RequestMapping("/exam04")
public class Example04Controller {
    @Autowired
    private PersonValidator personValidator;

    @GetMapping
    public String showForm(Model model) {
        model.addAttribute("person", new Person());
        return "viewPage04";
    }

    @PostMapping
    public String submit(@Valid @ModelAttribute Person person, BindingResult
            bindingResult) {
        if (bindingResult.hasErrors())
            return "viewPage04";
        return "viewPage04_result";
    }

    @InitBinder
    protected void initBinder(WebDataBinder binder) {
        binder.setValidator(personValidator);
    }
}
```

viewPage04.html

```
<html>
<head>
<title>Chap09</title>
<style>
span {
    color: red;
    border-color: red;
}
</style>
</head>
<body>
    <h3>유효성 검사</h3>
    <form th:object="${person}" action ="/exam04" method="post">
        <p>이름 : <input type="text" name="name" th:field="*{name}"/>
                  <span th:errors="*{name}"></span>
        <p>나이 : <input type="text" name="age" th:field="*{age}"/>
                  <span th:errors="*{age}"></span>
        <p>이메일 : <input type="text" name="email" th:field="*{email}"/>
                   <span th:errors="*{email}"></span>
        <p><input type="submit" value="확인"/>
            <input type="reset" value="취소"/>
    </form>
</body>
</html>
```

viewPage04_result.html

```
<html>
<head>
<title>Chap09</title>
</head>
<body>
    <h3>유효성 검사</h3>
    <p>이름 : [[${person.name}]]
```

```
        <p>나이 : [[${person.age}]]
        <p>이메일 : [[${person.email}]]
    </body>
    </html>
```

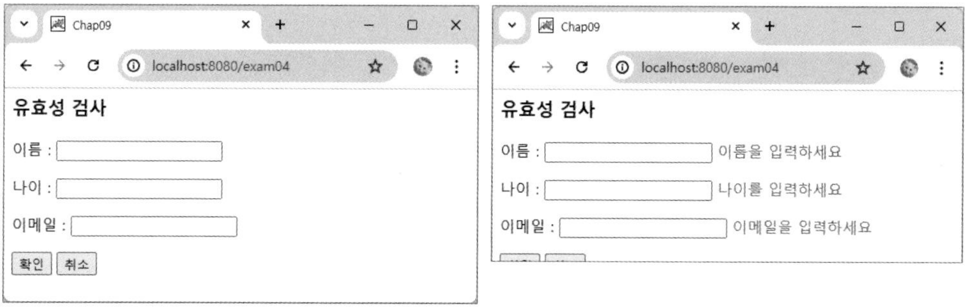

▲ 유효성 검사에서 오류가 발생하는 경우

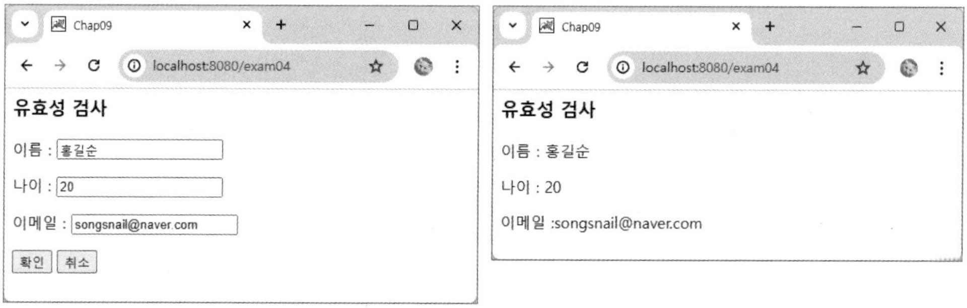

▲ 유효성 검사에서 오류가 발생하지 않은 경우

9.5 [도서 쇼핑몰] 도서 등록 데이터의 유효성 검사하기

유효성 검사 처리 방법을 이용하여 도서 쇼핑몰의 도서 등록 페이지에서 입력받은 데이터의 유효성을 검사합니다.

[미리보기] 도서 쇼핑몰 로드맵

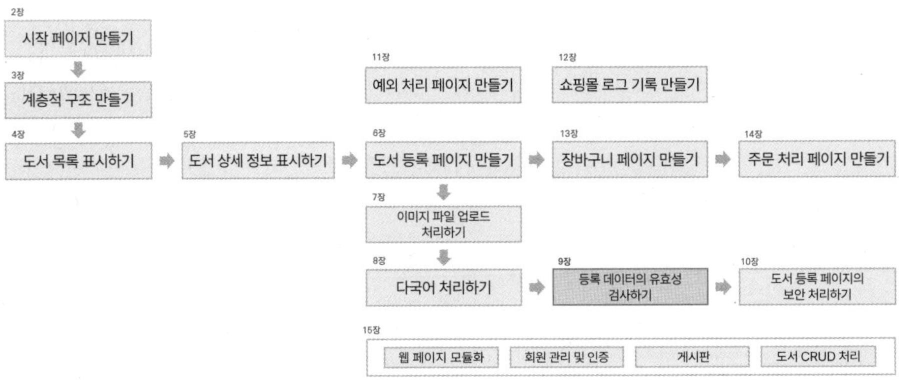

[미리보기] 도서 등록 페이지의 유효성 검사

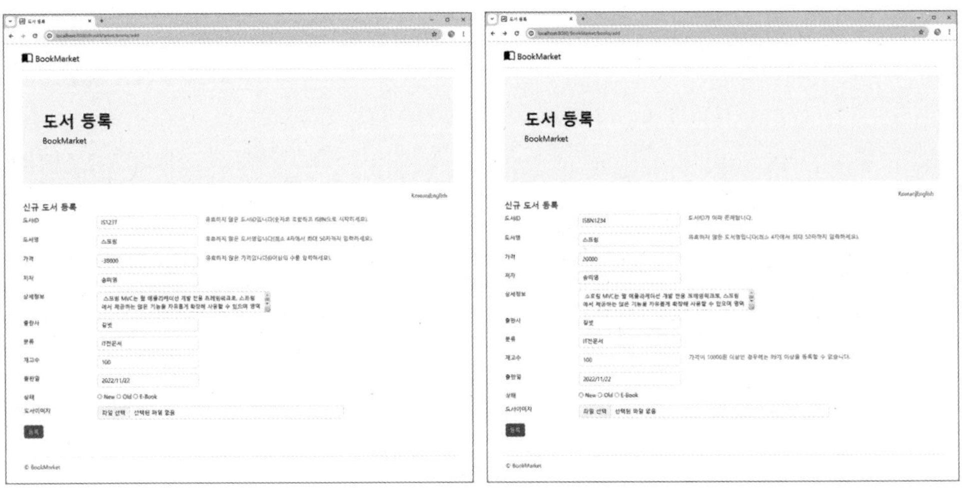

실습 1 Bean Validation으로 유효성 검사하기

1 의존 라이브러리 등록 유효성 검사를 하기 위해 build.gradle 파일에 유효성 검사 관련 의존 라이브러리를 추가하고 재실행합니다.

BookMarket/build.gradle

```
dependencies {
    ...
    implementation 'org.springframework.boot:spring-boot-starter-validation'
    ...
}
```

2 메시지 리소스 파일 작성 /src/main/resources/messages/ 폴더에서 뷰에서 사용할 메시지를 포함하는 메시지 리소스 파일 messages.properties에 다음과 같은 메시지를 추가합니다.

BookMarket/src/main/resources/messages/messages.properties

```
...
addBook.form.button.label = 등록

Pattern.book.bookId = 유효하지 않은 도서ID입니다(숫자로 조합하고 ISBN으로 시작하세요).
Size.book.name = 유효하지 않은 도서명입니다(최소 4자에서 최대 50자까지 입력하세요).
Min.book.unitPrice = 유효하지 않은 가격입니다(0이상의 수를 입력하세요).
Digits.book.unitPrice = 유효하지 않은 가격입니다(소수점 2자리까지, 8자리까지 입력하세요).
NotNull.book.unitPrice = 유효하지 않은 가격입니다(가격을 입력하세요).
```

❶ 유효성 검사에 따라 출력할 코드와 메시지를 작성합니다. 코드 설정은 Pattern.book.bookId처럼 '제약사항 애너테이션이름.커맨드객체이름.필드이름'으로 정의하거나 다음과 같이 '제약사항 애너테이션이름'으로 간단히 정의할 수 있습니다.

- Pattern = 유효하지 않은 도서ID입니다(숫자로 조합하고 ISBN으로 시작하세요).
- Size = 유효하지 않은 도서명입니다(최소 4자에서 최대 50자까지 입력하세요).
- Min = 유효하지 않은 가격입니다(0 이상의 수를 입력하세요).
- Digits = 유효하지 않은 가격입니다(소수점 2자리까지, 정수 8자리까지 입력하세요).
- NotNull = 유효하지 않은 가격입니다(가격을 입력하세요).

9

3 도서 클래스에 제약사항 애너테이션 설정 Book 클래스의 멤버 변수에 대한 유효성 검사를 위해 다음과 같이 추가 수정합니다.

BookMarket/src/main/java/com/springboot/domain/Book.java

```
package com.springboot.domain;
...
import jakarta.validation.constraints.Digits;
import jakarta.validation.constraints.Min;
import jakarta.validation.constraints.Pattern;
import jakarta.validation.constraints.Size;

@Data
public class Book {
    @Pattern(regexp="ISBN[1-9]+")  ❶
    private String bookId;          // 도서ID

    @Size(min=4, max=50)  ❷
    private String name;            // 도서명

    @Min(value=0)  ❸
    @Digits(integer=8, fraction=2)  ❹
    @NotNull  ❺
    private BigDecimal unitPrice;  // 가격
    private String author;          // 저자
    ...
}
```

❶ @Pattern은 입력된 도서 아이디가 정규 표현식과 일치하는지 검사합니다. 정규 표현식은 ISBN으로 시작하여 1부터 9까지의 연속된 숫자가 오는 ISBN[1−9]+ 패턴을 가집니다. 일치하지 않으면 메시지 리소스 파일에 선언된 Pattern.book.bookId 메시지를 출력합니다.

❷ @Size는 입력된 도서명의 문자 길이가 4~50인지 검사합니다. 설정 조건에 해당하지 않으면 메시지 리소스 파일에 선언된 Size.book.name의 메시지를 출력합니다.

❸ @Min은 입력된 도서 가격이 최소 0 이상인지 검사합니다. 설정 조건에 해당하지 않으면 메시지 리소스 파일에 선언된 Min.book.unitPrice의 메시지를 출력합니다.

❹ @Digits는 입력된 도서 가격이 정수 8자리와 소수점 2자리 이내인지 검사합니다. 조건에

맞지 않으면 메시지 리소스 파일에 선언된 Digits.book.unitPrice 메시지를 출력합니다.

5 @NotNull은 입력된 도서 가격이 Null인지 검사합니다. 설정 조건에 해당하지 않으면 메시지 리소스 파일에 선언된 NotNull.book.unitPrice 메시지를 출력합니다.

4 도서 등록 데이터의 유효성 검사 실행 BookController 클래스에서 도서 등록 데이터의 유효성 검사를 위해 다음과 같이 추가 작성합니다.

BookMarket/src/main/java/com/springboot/controller/BookController.java

```
package com.springboot.controller;
...
import org.springframework.validation.BindingResult;
import jakarta.validation.Valid;

@Controller
@RequestMapping(value = "/books")
public class BookController {
    ...
    @GetMapping("/add")
    public String requestAddBookForm(Model model) {
        model.addAttribute("book", new Book());
        return "addBook";
    }

    @PostMapping("/add")
    public String submitAddNewBook(@Valid @ModelAttribute Book book, BindingResult
            bindingResult) {    ❶
        if(bindingResult.hasErrors())
            return "addBook";    ❷
        MultipartFile bookImage = book.getBookImage();
        String saveName = bookImage.getOriginalFilename();
        File saveFile = new File(fileDir, saveName);
        if (bookImage != null && !bookImage.isEmpty()) {
            try {
                bookImage.transferTo(saveFile);
            } catch (Exception e) {
```

```
            throw new RuntimeException("도서 이미지 업로드가 실패하였습니다", e);
        }
    }
    book.setFileName(saveName);
    bookService.setNewBook(book);
    return "redirect:/books";
  }
...
}
```

❶ 도서 등록 페이지에서 입력된 커맨드 객체 Book의 멤버 변수 데이터에 대해 유효성 검사를 진행하도록 @Valid를 작성합니다. 유효성 검사 시 오류가 발생하면 BindingResult 타입의 bindingResult 객체에 오류를 저장합니다.

❷ 유효성 검사로 오류가 발생하면 BindingResult 타입의 result 객체에 오류를 저장하고 뷰 이름 addBook을 반환하여 addBook.html에 출력합니다.

5 도서 등록 페이지 수정 addBook.html 파일에 유효성 검사에서 발생한 오류 메시지를 출력하기 위해 다음과 같이 추가 작성합니다.

BookMarket/src/main/resources/templates/addBook.html

```
<html>
...
  <form th:object="${book}" action="/BookMarket/books/add" method="post"
  enctype="multipart/form-data">
  <legend>[[#{addBook.form.subtitle.label}]]</legend>
  <div class="mb-3 row">
    <label class="col-sm-2 control-label"><span th:text="#{addBook.form.bookId.
    label}"/></label>
    <div class="col-sm-3">                                            ❶
      <input type="text" name="bookId" class="form-control" th:field="*{bookId}"/>
    </div>
    <div class="col-sm-6">
      <p class="text-danger" th:errors="*{bookId}"/>    ❷
```

```
    </div>
    <div class="mb-3 row">
        <label class="col-sm-2 control-label"><span th:text="#{addBook.form.name.
label}"/></label>
        <div class="col-sm-3">                                    ❶
            <input type="text" name="name" class="form-control" th:field="*{name}"/>
        </div>
        <div class="col-sm-6">
            <p class="text-danger" th:errors="*{name}"/>    ❷
        </div>
    </div>
    <div class="mb-3 row">
        <label class="col-sm-2 control-label"><span th:text="#{addBook.form.unitPrice.
         label}"/></label>
        <div class="col-sm-3">
            <input type="text" name="unitPrice" class="form-control"
            th:field="*{unitPrice}"/>
        </div>            ❶
        <div class="col-sm-6">
            <p class="text-danger" th:errors="*{unitPrice}"/>    ❷
        </div>
    </div>
    <div class="mb-3 row">
        <label class="col-sm-2 control-label"><span th:text="#{addBook.form.author.
         label}"/></label>
        <div class="col-sm-3">                                         ❶
            <input type="text" name="author" class="form-control" th:field="*{author}"/>
        </div>
    </div>
    <div class="mb-3 row">
        <label class="col-sm-2 control-label"><span th:text="#{addBook.form.description.
         label}"/></label>
        <div class="col-sm-5">
            <textarea type="text" name="description" cols="50" rows="2" class="form-
             control" th:field="*{description}"></textarea>
        </div>                    ❶
```

```
    </div>
    <div class="mb-3 row">
        <label class="col-sm-2 control-label"><span th:text="#{addBook.form.publisher.
         label}"/></label>
        <div class="col-sm-3">
            <input type="text" name="publisher" class="form-control"
            th:field="*{publisher}"/>
        </div>          ❶
    </div>
    <div class="mb-3 row">
        <label class="col-sm-2 control-label"><span th:text="#{addBook.form.category.
label}"/></label>
        <div class="col-sm-3">
            <input type="text" name="category" class="form-control"
            th:field="*{category}"/>
        </div>          ❶
    </div>
    <div class="mb-3 row">
        <label class="col-sm-2 control-label"><span th:text="#{addBook.form.
unitsInStock.label}"/></label>
        <div class="col-sm-3">
            <input type="text" name="unitsInStock" class="form-control"
            th:field="*{unitsInStock}"/>
        </div>          ❶
    </div>
    <div class="mb-3 row">
        <label class="col-sm-2 control-label"><span th:text="#{addBook.form.
        releaseDate.label}"/></label>
        <div class="col-sm-3">
            <input type="text" name="releaseDate" class="form-control"
            th:field="*{releaseDate}"/>
        </div>          ❶
    </div>
    ...
```

❶ 커맨드 객체 Book의 멤버 변수 bookId, name, unitPrice, author, description, publisher, category, unitsInStock, releaseDate에 입력된 값을 출력합니다.

❷ 커맨드 객체 Book의 멤버 변수 bookId, name, unitPrice에 입력된 값의 유효성 검사를 수행하여 오류가 발생하면 오류 메시지를 출력합니다.

6 프로젝트 실행 웹 브라우저에 http://localhost:8080/BookMarket/books/add를 입력하여 실행한 후 각 필드에 값을 입력하고 유효성 검사에 따른 오류 메시지를 확인합니다.

실습 2 ConstraintValidator 인터페이스로 유효성 검사하기

도서 ID의 사용자 정의 제약사항 애너테이션을 생성하고 ConstraintValidator 인터페이스의 구현체를 만들어 도서 ID의 중복 여부를 확인하는 유효성 검사를 수행합니다. 중복되는 도서 ID가 있으면 오류 메시지를 출력해 봅시다.

1 메시지 리소스 파일 작성 /src/main/resources/messages/ 폴더에서 뷰에서 사용할 메시지를 포함하고 있는 메시지 리소스 파일 messages.properties에 다음과 같은 메시지를 추가합니다.

BookMarket/src/main/resources/messages/messages.properties

```
...
Digits.book.unitPrice = 유효하지 않은 가격입니다(가격을 입력하세요).

BookId.book.bookId = 도서ID가 이미 존재합니다.
```

2 도서 클래스에 사용자 정의 애너테이션 설정 Book 클래스의 도서 ID(bookId)에 대한 유효성 검사를 위해 다음과 같이 추가 작성합니다.

BookMarket/src/main/java/com/springboot/domain/Book.java

```
package com.springboot.domain;
...
import com.springboot.validator.BookId;

@Data
public class Book {
    @BookId    ❶
    @Pattern(regexp="ISBN[1-9]+", message="{Pattern.book.bookId}")
    private String bookId; // 도서ID
    ...
}
```

❶ 도메인 클래스 Book의 bookId 필드는 저장소 객체의 존재 여부에 대한 유효성 검사를 위해 사용자 정의 애너테이션 @BookId를 선언합니다.

3 사용자 정의 애너테이션 생성 com.springboot.validator 패키지를 생성하고 이 패키지에 BookId 클래스를 생성하여 다음의 내용을 작성합니다.

BookMarket/src/main/java/com/springboot/validator/BookId.java

```
package com.springboot.validator;
import java.lang.annotation.Documented;
import java.lang.annotation.ElementType;
import java.lang.annotation.Retention;
import java.lang.annotation.RetentionPolicy;
```

```
import java.lang.annotation.Target;
import jakarta.validation.Constraint;

@Constraint(validatedBy = BookIdValidator.class)
@Target({ElementType.METHOD, ElementType.FIELD, ElementType.ANNOTATION_TYPE}) ─❶
@Retention(RetentionPolicy.RUNTIME)
@Documented
public @interface BookId {
    String message() default "";
    Class<?>[] groups() default {};  ─❷
    Class<?>[] payload() default {};
}
```

❶ 사용자 정의 애너테이션 @BookId는 Method, Field, Annotation_type에 정의하며 이는 런타임할 때 적용됩니다. 도메인 클래스에 @BookId가 부여된 멤버 변수는 BookIdValidator 클래스로 유효성 검사를 수행합니다.

❷ @Constraint가 선언으로 필수 속성(message, groups, payload)을 포함합니다. @BookId에 대한 유효성 검사를 할 때 오류가 발생하면 메시지 리소스 파일 messages.properties에 설정된 BookId.book.bookId의 메시지를 출력합니다.

④ 도서 아이디의 유효성 검사 클래스 생성 com.springboot.validator 패키지에 BookIdValidator 클래스를 생성하고 다음의 내용을 작성합니다.

BookMarket/src/main/java/com/springboot/validator/BookIdValidator.java

```
package com.springboot.validator;
import org.springframework.beans.factory.annotation.Autowired;
import com.springboot.domain.Book;
import com.springboot.service.BookService;
import jakarta.validation.ConstraintValidator;
import jakarta.validation.ConstraintValidatorContext;

public class BookIdValidator implements ConstraintValidator<BookId, String> {
    @Autowired
    private BookService bookService;
    @Override
```

9

```java
    public void initialize(BookId constraintAnnotation) {
        ConstraintValidator.super.initialize(constraintAnnotation);
    }
    @Override
    public boolean isValid(String value, ConstraintValidatorContext context) {
        Book book;
        try {
            book = bookService.getBookById(value);
        } catch (RuntimeException e) {
            return true;
        }
        if(book!= null) {
            return false;
        }
        return true;
    }
}
```

❶ 사용자 정의 애너테이션 BookId의 관련 정보를 읽어 초기화를 수행하는 메서드입니다.

❷ 도서 등록 페이지에서 입력된 도서ID가 저장소 객체에 있는지 유효성 검사를 수행하는 메서드입니다.

실습 3 Validator 인터페이스로 유효성 검사하기

도서 재고수의 유효성 검사를 위해 제약사항 애너테이션을 선언하지 않고 Validator 인터페이스의 구현체를 생성한 뒤 도서 가격이 1만 원 이상이면 도서를 99권 이상 구매할 수 없는 제약사항에 대한 유효성 검사를 수행해 봅시다.

1 메시지 리소스 파일 작성 /src/main/resources/messages/ 폴더에서, 뷰에서 사용할 메시지를 포함하고 있는 메시지 리소스 파일 messages.properties에 다음과 같은 메시지를 추가합니다.

BookMarket/src/main/resources/messages/messages.properties

```
...
BookId.book.bookId = 도서ID가 이미 존재합니다.

UnitsInStockValidator.message = 가격이 10000원 이상인 경우에는 99개 이상을 등록할 수 없
                                습니다.
```

2 제약사항의 유효성 검사 클래스 생성 com.springboot.validator 패키지의 UnitsInStockValidator 클래스를 생성하고 다음의 내용을 작성합니다.

BookMarket/src/main/java/com/springboot/validator/UnitsInStockValidator.java

```
package com.springboot.validator;

import java.math.BigDecimal;
import org.springframework.stereotype.Component;
import org.springframework.validation.Validator;
import org.springframework.validation.Errors;

import com.springboot.domain.Book;

@Component
public class UnitsInStockValidator implements Validator {
    public boolean supports(Class<?> clazz) {
        return Book.class.isAssignableFrom(clazz);   ❶
    }
```

9

```
    public void validate(Object target, Errors errors) {
        Book book = (Book) target;
        if(book.getUnitPrice()!=null && book.getUnitPrice().intValue()>=10000 && book.
            getUnitsInStock()>99) {
            errors.rejectValue("unitsInStock", "UnitsInStockValidator.message", "가격이
                    10000원 이상인 경우에는 99개 이상을 등록할 수 없습니다.");
        }
    }
}
```

❶ Book 클래스에 대한 유효성 검사 여부를 결정하는 메서드입니다.

❷ Book 클래스에 대한 유효성 검사를 수행하는 메서드입니다. 도서 가격이 1만 원 이상이고, 재고가 99권을 초과하면 유효성 검사에서 오류가 발생하고 Errors 객체의 rejectValue() 메서드가 메시지 리소스 파일에 설정된 오류 코드의 메시지를 출력합니다.

3 도서 재고수의 유효성 검사 실행 BookController 클래스에 다음의 내용을 추가 작성합니다.

BookMarket/src/main/java/com/springboot/controller/BookController.java

```
package com.springboot.controller;
   ...
import com.springboot.validator.UnitsInStockValidator;

@Controller
@RequestMapping("/books")
public class BookController {
    ...
    @Value("${file.uploadDir}")
    String fileDir;

    @Autowired
    private UnitsInStockValidator unitsInStockValidator;   ❶
    ...
    @InitBinder
    public void initBinder(WebDataBinder binder) {
        binder.setValidator(unitsInStockValidator);   ❷
```

```
        binder.setAllowedFields("bookId","name","unitPrice","author","description " ,
                "publisher","category","unitsInStock","totalPages","releaseDate",
                "condition","bookImage");
    }
    ...
}
```

❶ 생성한 UnitsInStockValidator의 인스턴스입니다.

❷ initBinder() 메서드의 매개변수 binder 객체에 setValidator() 메서드를 사용하여 생성한 Validator 인터페이스의 구현체 unitsInStockValidator를 설정합니다.

4 도서 등록 페이지 수정 addBook.html 파일에 유효성 검사에서 발생한 오류 메시지를 출력하기 위해 다음과 같이 추가 작성합니다.

BookMarket/src/main/resources/templates/addBook.html

```
<html>
        ...
        <div class="mb-3 row">
            <label class="col-sm-2 control-label"><span th:text="#{addBook.form.
             unitsInStock.label}"/></label>
            <div class="col-sm-3">
                <input type="text" name="unitsInStock" class="form-control"
                 th:field="*{unitsInStock}"/>
            </div>
            <div class="col-sm-6">
                <p class="text-danger" th:errors="*{unitsInStock}"/>
        </div>
    </div>
    <div class="mb-3 row">
        <label class="col-sm-2 control-label"><span th:text="#{addBook.form.releaseDate.
         label}"/></label>
        <div class="col-sm-3">
            <input type="text" name="releaseDate" class="form-control"/>
        </div>
    </div>
    ...
```

5 프로젝트 실행 웹 브라우저에 http://localhost:8080/BookMarket/books/add를 입력하여 실행합니다. 가격 필드와 재고수 필드에 각각 20000, 100을 입력하여 나타나는 메시지를 확인합니다.

> **실습 4 제약사항 애너테이션과 Validator 인터페이스를 연동한 유효성 검사하기**

스프링 부트의 Validator 인터페이스를 사용한 유효성 검사의 실행 결과를 살펴보면 도서 ID와 도서명은 애너테이션을 적용했음에도 유효성 검사에 따른 오류 메시지가 표시되지 않습니다. 이 경우에 애너테이션을 정의한 유효성 검사와 Validator 인터페이스를 사용한 유효성 검사를 통합해 봅시다.

1 유효성 검사 클래스 생성 com.springboot.validator 패키지에 BookValidator 클래스를 생성하고 다음의 내용을 작성합니다.

BookMarket/src/main/java/com/springboot/validator/BookValidator.java

```
package com.springboot.validator;

import java.util.HashSet;
```

```java
import java.util.Set;

import org.springframework.beans.factory.annotation.Autowired;
import org.springframework.validation.Errors;
import org.springframework.validation.Validator;
import com.springboot.domain.Book;
import jakarta.validation.ConstraintViolation;

public class BookValidator implements Validator {
    @Autowired
    private jakarta.validation.Validator beanValidator;   ❶
    public Set<Validator> springValidators;   ❷
    public BookValidator() {
        springValidators = new HashSet<Validator>();   ❸
    }
    public void setSpringValidators(Set<Validator> springValidators) {
        this.springValidators = springValidators;   ❹
    }
    @Override
    public boolean supports(Class<?> clazz) {
        return Book.class.isAssignableFrom(clazz);   ❺
    }
    @Override   ❻
    public void validate(Object target, Errors errors) {
        Set<ConstraintViolation<Object>> violations = beanValidator.validate(target);
        for (ConstraintViolation<Object> violation : violations) {
            String propertyPath = violation.getPropertyPath().toString();
            String message = violation.getMessage();   ❼
            errors.rejectValue(propertyPath, "", message);
        }
        for (Validator validator : springValidators) {
            validator.validate(target, errors);   ❽
        }
    }
}
```

❶ bean validation(JSR-303 validator)의 인스턴스를 선언합니다.

❷ spring validation(Validator 인터페이스)의 인스턴스를 선언합니다.

❸ BookValidator 클래스의 생성자입니다.

❹ springValidators의 Setter() 메서드입니다.

❺ Book 클래스에 대한 유효성 검사 여부를 결정하는 supports() 메서드입니다.

❻ Book 클래스에 대해 유효성 검사를 수행하는 validate() 메서드입니다.

❼ Bean Validation 오류를 저장합니다.

❽ Spring Validation 오류를 저장합니다.

2 오류 메시지 가져오기 Book 클래스와 BookId 클래스를 다음과 같이 수정합니다.

BookMarket/src/main/java/com/springboot/domain/Book.java

```
package com.springboot.domain;
...
@Data
public class Book {
    @BookId
    @Pattern(regexp="ISBN[1-9]+", message="{Pattern.book.bookId}")    ❶
    private String bookId;     // 도서ID

    @Size(min=4, max=50, message="{Size.book.name}")    ❶
    private String name;       // 도서명

    @Min(value=0, message="{Min.book.unitPrice}")    ❶
    @Digits(integer=8, fraction=2, message="{Digits.book.unitPrice}")    ❶
    @NotNull(message="{NotNull.book.unitPrice}")    ❶
    private int unitPrice;     // 가격
    ...
}
```

BookMarket/src/main/java/com/springboot/validator/BookId.java

```
package com.springboot.validator;
...
@Target({ElementType.FIELD, ElementType.ANNOTATION_TYPE})
```

```
@Retention(RetentionPolicy.RUNTIME)
@Constraint(validatedBy = BookIdValidator.class)
public @interface BookId {
    String message() default "{BookId.book.bookId}";
    Class<?>[] groups() default {};        ❶
    Class<?>[] payload() default {};
}
```

❶ BookValidator 클래스의 validate() 메서드에서 제약사항에 대한 오류가 발생하면 ConstraintViolation 객체는 messageTemplate='{jakarta.validation.constraints.필드이름.message}'처럼 메시지 형식의 정보를 가져옵니다. 유효성 검사에 따른 오류 메시지를 적절하게 출력하려면 messageTemplate에 맞추어 { } 패턴 형식으로 코드를 수정합니다.

3 유효성 검사 실행 BookController 클래스에 다음과 같이 수정합니다.

BookMarket/src/main/java/com/springboot/controller/BookController.java

```
package com.springboot.controller;
...
import com.springboot.validator.BookValidator;

@Controller
@RequestMapping(value = "/books")
public class BookController {
    ...
    // @Autowired
    // private UnitsInStockValidator unitsInStockValidator;

    @Autowired
    private BookValidator bookValidator;
    ...

    @InitBinder
    public void initBinder(WebDataBinder binder) {
        // binder.setValidator(unitsInStockValidator);
        binder.setValidator(bookValidator);
```

```
        binder.setAllowedFields("bookId","name","unitPrice","author","description","publ
                isher","category","unitsInStock","totalPages","releaseDate","condition",
                "bookImage");
    }
}
```

4 유효성 검사 연동 com.springboot.config 패키지에 ValidationConfig 클래스를 생성하여 다음과 같이 작성합니다.

BookMarket/src/main/java/com/springboot/config/ValidationConfig.java

```
package com.springboot.config;
...
import org.springframework.beans.factory.annotation.Autowired;
import org.springframework.context.annotation.Bean;
import org.springframework.context.annotation.Configuration;
import com.springboot.validator.BookValidator;
import com.springboot.validator.UnitsInStockValidator;

@Configuration
public class ValidationConfig {

    @Autowired
    UnitsInStockValidator unitsInStockValidator;

    @Bean
    public BookValidator bookValidator() {
        BookValidator bookValidator = new BookValidator();    ❶
        bookValidator.springValidators.add(unitsInStockValidator);    ❷
        return bookValidator;
    }
}
```

❶ 제약사항 애너테이션과 Validator 인터페이스를 연동하기 위해 생성한 BookValidator 객체입니다.

❷ Validator 인터페이스의 구현체인 UnitsInStockValidator 클래스를 BookValidator 객체에 등록합니다.

5 프로젝트 실행 웹 브라우저에 **http://localhost:8080/BookMarket/books/add**를 입력하여 실행합니다. 앞서 입력한 것과 똑같이 가격 필드와 재고수 필드에 각각 20000, 100을 입력하여 나타나는 메시지를 확인합니다.

✔ 요약

1. 유효성 검사의 개요

- 유효성 검사는 폼 페이지에서 입력한 값이 서버로 전송되기 전에 정해진 규정으로 정확히 입력되었는지, 입력된 데이터를 이용한 계산 결과가 타당한지를 검사하는 것입니다.
- 예를 들어 폼 페이지에 나이를 입력하면 숫자인지 검사하거나 회원 가입을 할 때 볼 수 있는 아이디 중복 검사 등이 해당됩니다.

2. 유효성 검사의 유형

- Bean Validation 방식: 웹 애플리케이션을 구성하는 특정 도메인 클래스의 멤버 변수, 즉 필드에 대한 유효성 검사 제약 사항 애너테이션을 선언하여 해당 값이 올바른지 검증합니다.
- ConstraintValidator 인터페이스의 구현체 방식: 특정 도메인 클래스의 멤버 변수에 사용자 정의 애너테이션을 정의하여 해당하는 속성 값의 유효성 검사를 수행합니다. 도메인 클래스에 제약 조건을 부여하기 위해 @Constraint 애너테이션을 이용합니다.
- Validator 인터페이스의 구현체 방식: 웹 애플리케이션을 구성하는 특정 도메인 클래스의 멤버 변수에는 제약사항 애너테이션을 선언하지 않고 대신에 스프링 부트에서 제공하는 Validator 인터페이스로 구현하고 이를 Validator 인스턴스로 사용하여 해당하는 속성 값의 유효성 검사를 수행합니다. 애플리케이션의 모든 계층에서 유효성 검사를 위해 사용할 수 있습니다.

3. 유효성 검사가 필요한 폼 데이터 항목

- 웹 애플리케이션에서 폼 데이터의 유효성 검사가 필요한 이유는 보안 공격, 잘못된 데이터 입력, 사용자의 예상 가능한 실수에 의한 오류 등을 방지할 수 있기 때문입니다.
- 유효성 검사 기능을 이용하면 다양한 사용자가 폼 데이터를 입력해도 동일한 양식과 형태를 유지할 수 있습니다.
- 입력 양식이 있는 폼 페이지를 만들 때 반드시 점검해야 할 유효성 검사 항목은 다음과 같습니다.
  - 입력 데이터가 null인가
  - 날짜나 이메일을 형식에 맞게 입력했는가
  - 나이를 숫자로 입력했는가
  - 입력 데이터의 제한 길이를 초과했는가
  - 로그인 인증 시 아이디와 패스워드가 유효한가
  - 회원 가입 시 입력한 아이디가 중복되는가

연습문제

01. 다음 중 폼 페이지에서 입력 항목의 데이터 값이 서버로 전송되기 전에 정해진 규정으로 정확히 입력되었는지 검사하는 것으로 옳은 것은?

① 예외 처리 ② 보안 처리
③ 오류 처리 ④ 유효성 검사

02. 다음 중 사용자가 폼 페이지에서 입력한 데이터의 유효성을 검사하기 위해 코드를 작성할 필요 없이 간단하게 사용하는 애너테이션으로 옳은 것은?

① @Valid ② @InitBinder
③ @RequestParam ④ @ControlAdvice

03. 다음 중 유효성을 검사하여 발생한 오류 메시지를 뷰 페이지에 쉽게 출력하는 타임리프 문법으로 옳은 것은?

① th:text ② th:error
③ th:errors ④ th:filed

04. 다음 중 웹 애플리케이션을 구성하는 특정 도메인 클래스의 프로퍼티(멤버 변수), 즉 필드에 대한 유효성 검사의 제약사항을 사용하는 방법으로 옳은 것은?

① Validator 인터페이스 ② Error 애너테이션
③ Bean Validation ④ ConstraintValidator 인터페이스

05. 다음 중 제약사항 애너테이션에 대한 설명으로 옳지 않은 것은?

① @Max: 반드시 {value}보다 같거나 작아야 합니다.
② @NotNull: 반드시 값이 없어야 합니다.
③ @Pattern: 정규 표현식 "{regexp}" 패턴과 일치해야 합니다.
④ @Size: 반드시 최솟값 {min}과(와) 최댓값 {max} 사이의 크기이어야 합니다.

06. 다음 중 도메인 클래스의 멤버 변수에 선언할 수 있는 제약사항을 다루는 사용자 정의 애너테이션에 사용하는 것으로 옳지 않은 것은?

① @Constraint ② @Target
③ @Documented ④ @Controller

07. 다음 중 메서드의 입력 매개변수로 전달된 WebDataBinder 객체를 사용하여 해당 Validator 인터페이스의 구현체를 설정하는데 사용하는 애너테이션으로 옳은 것은?

① @Valid ② @InitBinder
③ @RequestParam ④ @ControlAdvice

※ 다음 코드를 보고 08~09번 질문에 답하시오.

```
package com.springboot.domain;
...
@Data
public class Movie {
    @Pattern(regexp="P[1-4]+") ❶
    private String title;
    @Size(min=4, max=10) ❷
    private String genre;
    private String date;
}
```

08. 다음 중 ❶에 지정된 애너테이션에 대한 입력 값으로 옳지 않은 것은?

① P12345　　② P123123

③ P11115　　④ P54321

09. 다음 중 ❷에 지정된 애너테이션에 대한 설명으로 옳은 것은?

① 멤버 변수 genre와 data의 제약사항입니다.

② 최소 4자 이상, 최대 10자 미만의 문자열 크기를 가져야 합니다.

③ 기본 오류 메시지로 '크기가 4에서 10 사이여야 합니다'를 출력합니다.

④ 유효성 검사에서 오류가 발생하면 모든 멤버 변수에 대해 오류를 출력합니다.

10. 다음 중 빈칸에 들어갈 애너테이션으로 옳은 것은?

```
package com.springboot.chap09;
...
@Controller
@RequestMapping("/movies")
public class Chap09Controller {
    ...
    @PostMapping("/add")
    public String submit(________@ModelAttribute Movie movie, BindingResult bindingResult) {
        if(bindingResult.hasErrors())
            return "addMovie";
        return "addMovie_process";
    }
}
```

① @Valid　　② @InitBinder

③ @RequestParam　　④ @ControlAdvice

10장

시큐리티 처리

[도서 쇼핑몰] 도서 등록 페이지의 보안 처리하기

학습목표

- 사용자 인증 및 페이지 접근 권한을 설정하는 스프링 시큐리티를 알아봅니다.
- [도서 쇼핑몰] 스프링 시큐리티를 적용한 로그인과 로그아웃 페이지를 구현하고 인증된 사용자만이 도서 등록 페이지에 접근 권한을 가질 수 있도록 구현합니다.

10.1 스프링 시큐리티의 개요

웹 애플리케이션에서는 허가된 사용자만 특정 웹 페이지에 접근할 수 있도록 제한하는 보안 기능이 필수입니다. 웹 서비스를 개발할 때 보안 기능을 손쉽게 구현할 수 있는 스프링 시큐리티에 대해 알아봅니다.

1.1 스프링 시큐리티

스프링 시큐리티(security)는 스프링을 기반으로 하는 애플리케이션에서 보안(인증과 권한)을 담당하는 프레임워크입니다. 스프링 시큐리티를 이용하면 웹 애플리케이션에서 아이디와 비밀번호를 입력하여 로그인을 할 때 사용자 인증(authentication)을 할 수 있습니다. 로그인 후에는 접근 가능한 경로를 제한하는 인가(authorization, 권한 부여) 작업도 효율적으로 구현할 수 있어 구현 시간을 줄일 수 있습니다.

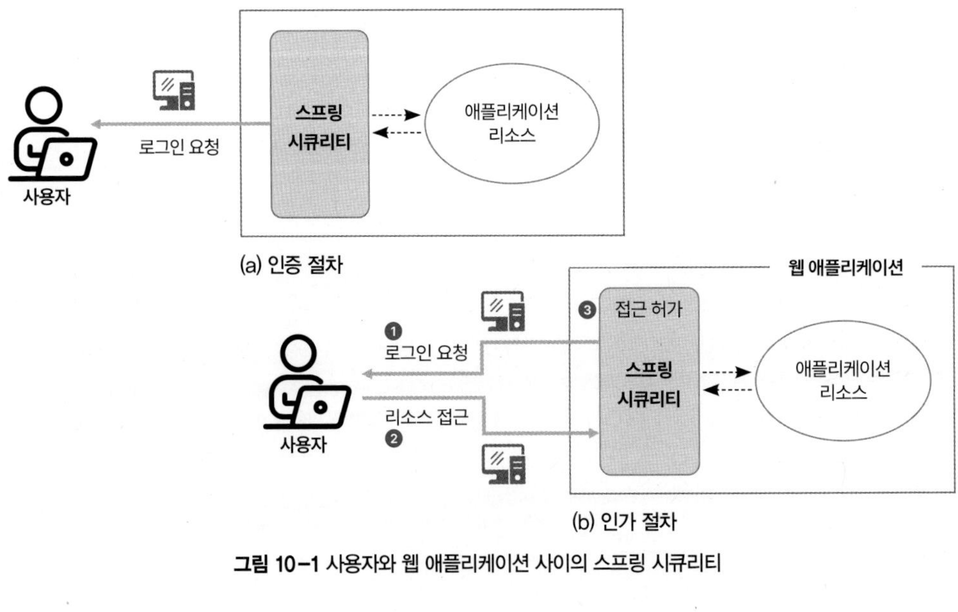

그림 10-1 사용자와 웹 애플리케이션 사이의 스프링 시큐리티

스프링 시큐리티를 사용하면 다음과 같은 다양한 보안 기능을 구현할 수 있습니다.

- 로그인 및 로그아웃 기능
- 인증 및 승인
- 사용자의 URL 접근 허용 또는 차단
- OAuth 구현
- 통합 인증(SSO), 경량 디렉터리 액세스 프로토콜(LDAP) 구현
- 역할 기반 액세스(Role-Based Acces) 제공

NOTE

- 통합 인증(Single Sign-On; SSO): 한 번의 인증 과정으로 여러 컴퓨터에 있는 자원을 이용할 수 있게 하는 인증 기능입니다. 싱글 사인온, 단일 계정 로그인, 단일 인증이라고도 합니다.
- 경량 디렉터리 액세스 프로토콜(Lightweight Directory Access Protocol; LDAP): 네트워크상에서 디렉터리 서비스를 조회하고 수정하는 응용 프로토콜로, 사용자가 조직, 구성원 등에 대한 데이터를 찾는 데 도움을 줍니다. LDAP 디렉터리에 데이터를 저장하고 사용자가 여기에 액세스할 수 있도록 인증하기 위해 주로 사용합니다.

1.2 기본 설정

스프링 시큐리티는 일반적인 인증, 권한 부여 및 보호를 위한 포괄적인 지원뿐만 아니라 스프링 시큐리티 사용을 단순화하기 위해 다른 라이브러리와 통합할 수 있습니다. 스프링 부트에서 스프링 시큐리티를 사용하려면 다음과 같이 build.gradle 파일에 의존 라이브러리를 등록해야 합니다.

```
dependencies {
    implementation 'org.springframework.boot:spring-boot-starter-security'
}
```

NOTE **시큐리티 자동 구성 비활성하기**

시큐리티 자동 구성을 비활성화 하려면 스프링 부트 프로젝트 시작 클래스의 @SpringBootApplication에 추가로 생성한 시큐리티 구성 클래스를 제외시키면 됩니다.

```
@SpringBootApplication(exclude = {시큐리티구성클래스.class})
```

10.2 시큐리티 세부 구성 설정

스프링 시큐리티에서 리소스 접근 권한, 사용자 정보 등과 같은 세부 설정을 하기 위한 클래스를 생성하고 여기에 컴포넌트 기반의 보안 설정을 위해 시큐리티 관련 세부 설정을 빈(Bean)으로 등록합니다. 사용 형식은 다음과 같습니다.

```
@Configuration
@EnableWebSecurity
public class 클래스이름 {
    @Bean
    // 시큐리티 세부 설정
}
```

※ @Configuration은 org.springframework.context.annotation.Configuration 패키지에서 제공하고 @EnableWebSecurity는 org.springframework.security.config.annotation.web.configuration.EnableWebSecurity 패키지에서 제공합니다.

> **NOTE** **@EnableWebSecurity**
>
> 스프링 시큐리티에서 제공하는 다양한 보안 기능을 활성화하는 역할을 하며 모든 웹 요청 URL이 스프링 시큐리티의 제어를 받게 만듭니다.

시큐리티 구성 클래스에 주로 등록하는 빈 유형은 다음과 같습니다.

표 10-1 시큐리티 구성에 주로 등록하는 빈 유형

유형	설명
UserDetailsService	사용자 정보를 가져오는 역할
PasswordEncoder	비밀번호를 암호화하는 역할
SecurityFilterChain	실제 보안 필터 체인을 구성하는 데 사용하며 여러 보안 필터가 어떤 순서로 실행될지 결정하고 보안과 관련한 요청 처리 담당
WebSecurityCustomizer	보안 구성을 조정하고 보안 설정을 사용자 정의하는 데 사용

NOTE **SecurityFilterChain과 WebSecurityCustomizer**

일반적으로 SecurityFilterChain을 사용해 필터 체인을 정의하고, 필요에 따라 WebSecurityCustomizer를 사용해 더 많은 세부 설정을 적용합니다.

2.1 접근 권한 설정

인증이 허가된 사용자가 특정 경로에 접근할 수 있게 SecurityFilterChain 인터페이스를 빈으로 등록합니다. 사용 형식은 다음과 같습니다.

```
@Bean
SecurityFilterChain 메서드이름(HttpSecurity http) {
    ...
}
```

※ SecurityFilterChain 인터페이스는 org.springframework.security.web.SecurityFilterChain 패키지에서 제공합니다.

10

매개변수 HttpSecurity는 스프링 시큐리티 설정에 필요한 모든 기능을 제공하는 클래스입니다. HttpSecurity 클래스는 리소스(URL) 접근 권한 설정, 인증 전체 흐름에 필요한 로그인, 로그아웃 페이지 인증 후 페이지 인증 실패 시 이동 페이지 설정, 인증 로직을 조정하기 위한 필터 설정, 기타 csrf, 상세 https 호출 등 거의 모든 스프링 시큐리티 설정을 할 수 있습니다.

다음은 리소스에 접근 권한을 부여하는 메서드입니다.

표 10-2 접근 권한 설정 메서드 유형

메서드	설명
authorizeHttpRequests()	HTTP 요청 인가를 설정
requestMatchers()	특정 리소스(경로, URL 패턴)에 대한 인가를 설정
anyRequest()	모든 리소스에 대한 인가를 설정
authenticated()	인증된 사용자의 접근을 허용
fullyAuthenticated()	인증된 사용자의 접근은 허용, rememberMe 인증은 제외
permitAll()	인증 없이 모든 사용자의 접근을 허용
denyAll()	무조건 접근을 허용하지 않음

anonymous()	익명 사용자의 접근을 허용
rememberMe()	기억하기를 통해 인증된 사용자의 접근을 허용
access(String)	지정된 SpEL 표현식에 적합하면 접근을 허용
hasRole(Stirng role)	지정된 역할을 가진 사용자의 접근을 허용
hasAnyRole(String ... roles)	지정된 역할 중에 어떤 것이라도 가진 사용자의 접근을 허용
hasAuthority(String authority)	지정된 권한을 가진 사용자의 접근을 허용
hasAnyAuthority(String ... authorities)	지정된 권한 중 어떤 것이라도 가진 사용자의 접근을 허용
hasIpAddress(String)	지정된 IP로부터 요청이 있으면 접근을 허용

[접근 권한을 설정한 예]

```
@Configuration
@EnableWebSecurity
public class SecurityConfiguration {
    @Bean
    SecurityFilterChain securityFilterChain(HttpSecurity http) throws Exception {
        http.authorizeHttpRequests (
            authorizeHttpRequests -> authorizeHttpRequests
            .requestMatchers("/admin/**").hasAuthority("ROLE_ADMIN")  ❶
            .requestMatchers("/manager/**").hasRole("MANAGER")  ❷
            .requestMatchers("/member/**").authenticated()  ❸
            .anyRequest().permitAll()  ❹
        );
        return http.build();
    }
}
```

❶ 웹 요청 URL이 http://.../admin 또는 http://.../admin/main이면 ROLE_ADMIN 권한이 있는 사용자만 접근이 가능합니다.

❷ 웹 요청 URL이 http://.../manager/ 또는 http://.../manager/main이면 MANAGER 권한이 있는 사용자만 접근이 가능합니다.

❸ 웹 요청 URL이 http://.../member 또는 http://.../member/main이면 인증된 사용자만 접근이 가능합니다.

❹ 웹 요청 URL이 http://.../ 또는 http://.../home, http://.../home/main이면 권한 상관 없이 누구든지 접근이 가능합니다.

NOTE

hasRole(), hasAnyRole() 메서드를 사용하면 ROLE_이 자동으로 추가됩니다. ROLE_ADMIN은 ROLE_이 추가되지 않도록 hasAuthority() 메서드를 사용합니다.

2.2 사용자 정보 설정

사용자의 이름, 비밀번호, 역할 등의 정보를 설정하고 가져오기 위해 UserDetailsService 인터페이스를 빈으로 등록합니다. 사용 형식은 다음과 같습니다.

```
@Bean
public UserDetailsService 메서드이름() {
    ...
}
```

※ UserDetailsService 인터페이스는 org.springframework.security.core.userdetails.UserDetailsService 패키지에서 제공합니다.

사용자 정보를 저장하기 위해 UserDetails 인터페이스를 사용합니다.

[사용자 정보를 설정한 예]

```
@Configuration
@EnableWebSecurity
public class SecurityConfiguration {
    @Bean
    public UserDetailsService userDetailsService() {
        UserDetails admin = User.builder()
        .username("admin")      // 사용자 이름(계정)
        .password("admin123")   // 사용자 비밀번호
        .roles("ADMIN")         // 사용자 권한
        .build();
```

```
        return new InMemoryUserDetailsManager(admin);
    }
}
```

2.3 사용자 비밀번호의 암호화 설정

사용자 정보 설정에서 사용자 비밀번호를 안전하게 저장할 수 있도록 비밀번호의 단방향 암호화를 지원하는 PasswordEncoder 인터페이스를 빈으로 등록합니다. 사용 형식은 다음과 같습니다.

```
@Bean
public PasswordEncoder 메서드이름() {
    ...
}
```

※ PasswordEncoder 인터페이스는 org.springframework.security.crypto.password.PasswordEncoder; 패키지에서 제공합니다.

[사용자 비밀번호에 암호화를 설정한 예]

```
@Configuration
@EnableWebSecurity
public class SecurityConfiguration {
    @Bean
    public PasswordEncoder passwordEncoder() {
        return new BCryptPasswordEncoder();    ❶
    }
    @Bean
    public UserDetailsService userDetailsService() {
        UserDetails admin = User.builder()
        .username("admin")
        .password(passwordEncoder().encode("admin123"))
        .roles("ADMIN")
        .build();
```

```
        return new InMemoryUserDetailsManager(admin);
    }
}
```

❶ BCryptPasswordEncoder 클래스는 BCrypt 해시 함수를 사용해 비밀번호를 암호화하는 PasswordEncoder 인터페이스의 구현체입니다.

다음은 각 웹 페이지별로 사용자의 접근 권한을 설정하여 권한별로 웹 페이지에 접근하도록 만드는 예입니다.

SecurityConfiguration.java

```
package com.springboot.config;

import org.springframework.security.config.Customizer;
import org.springframework.context.annotation.Bean;
import org.springframework.context.annotation.Configuration;
import org.springframework.security.config.annotation.web.builders.HttpSecurity;
import org.springframework.security.config.annotation.web.configuration.
            EnableWebSecurity;
import org.springframework.security.core.userdetails.User;
import org.springframework.security.core.userdetails.UserDetails;
import org.springframework.security.core.userdetails.UserDetailsService;
import org.springframework.security.crypto.bcrypt.BCryptPasswordEncoder;
import org.springframework.security.crypto.password.PasswordEncoder;
import org.springframework.security.provisioning.InMemoryUserDetailsManager;
import org.springframework.security.web.SecurityFilterChain;

@Configuration
@EnableWebSecurity
public class SecurityConfig {
    @Bean
    public PasswordEncoder passwordEncoder() {     ❶
        return new BCryptPasswordEncoder();
    }
    @Bean
```

```
    public UserDetailsService users() {
        UserDetails user = User.builder()
        .username("guest")
        .password(passwordEncoder().encode("g1234"))   ❸
        .roles("USER")
        .build();
        UserDetails manager = User.builder()
        .username("manager")
        .password(passwordEncoder().encode("m1234"))   ❹
        .roles("MANAGER")
        .build();
        UserDetails admin = User.builder()
        .username("admin")
        .password(passwordEncoder().encode("a1234"))   ❺
        .roles("ADMIN")
        .build();
        return new InMemoryUserDetailsManager(user, manager, admin);
    }                                                   ❷
    @Bean
    SecurityFilterChain examMethod01(HttpSecurity http) throws Exception {
        http.authorizeHttpRequests (
            authorize -> authorize
            .requestMatchers("/member/**").hasAnyRole("USER", "ADMIN")   ❼
            .requestMatchers("/manager/**").hasRole("MANAGER")   ❽
            .requestMatchers("/admin/**").hasRole("ADMIN")   ❾
            .anyRequest().permitAll()   ❿
        )
        .formLogin(Customizer.withDefaults());
        return http.build();
    }                                                   ❻
}
```

❶ 사용자 비밀번호의 단방향 암호화를 지원하는 PasswordEncoder 인터페이스를 빈으로 등록합니다.

❷ 사용자 정보 설정을 위해 UserDetailsService 인터페이스를 빈으로 등록합니다.

❸ 사용자 이름(계정)을 guest, 비밀번호를 g1234, 역할을 USER로 설정합니다.

❹ 사용자 이름(계정)을 manager, 비밀번호를 m1234, 역할을 MANAGER로 설정합니다.

❺ 사용자 이름(계정)을 admin, 비밀번호를 a1234, 역할을 ADMIN으로 설정합니다.

❻ 사용자에 따라 접근 권한을 설정하는 SecurityFilterChain 인터페이스를 빈으로 등록합니다.

❼ 웹 요청 URL이 /member 또는 하위 경로이면 USER와 ADMIN 권한이 있는 사용자만 접근할 수 있습니다.

❽ 웹 요청 URL이 /manager 또는 하위 경로이면 MANAGER 권한이 있는 사용자만 접근할 수 있습니다.

❾ 웹 요청 URL이 /admin 또는 하위 경로이면 ADMIN 권한이 있는 사용자만 접근할 수 있습니다.

❿ 권한 설정을 하지 않은 경로에 대해 모든 사용자가 접근할 수 있습니다.

Example01Controller.java

```
package com.springboot.controller;

import org.springframework.stereotype.Controller;
import org.springframework.ui.Model;
import org.springframework.web.bind.annotation.GetMapping;

@Controller
public class Example01Controller {
    @GetMapping("/exam01")
    public String requestMethod(Model model) {
        return "viewPage01";
    }
    @GetMapping("/home/main")
    public String requestMethod5(Model model) {
        model.addAttribute("data", "homePage.html");
        return "homePage";
    }
    @GetMapping("/member/main")
    public String requestMethod4(Model model) {
        model.addAttribute("data", "memberPage.html");
        return "memberPage";
    }
```

```
    @GetMapping("/manager/main")
    public String requestMethod3(Model model) {
        model.addAttribute("data", "managerPage.html");
        return "managerPage";
    }
    @GetMapping("/admin/main")
    public String requestMethod2(Model model) {
        model.addAttribute("data", "adminPage.html");
        return "adminPage";
    }
}
```

homePage.html, memberPage.html, managerPage.html, adminPage.html

```
<html>
<head>
<title>Chap10</title>
</head>
<body>
    <h3>스프링 시큐리티</h3>
    <p>뷰 페이지는 [[${data}]] 입니다.
    <p><a href="/exam01">[웹 요청 URL /exam01로 이동하기]</a>
</body>
</html>
```

viewPage01.html

```
<html>
<head>
<title>Chap10</title>
</head>
<body>
<h3>스프링 시큐리티</h3>
<ul>
    <li>웹 요청 URL : <a href="/home/main">/home/main</a></li>
    <li>웹 요청 URL : <a href="/member/main">/member/main</a></li>
    <li>웹 요청 URL : <a href="/manager/main">/manager/main</a></li>
```

```
        <li>웹 요청 URL : <a href="/admin/main">/admin/main</a></li>
    </ul>
    </body>
    </html>
```

웹 요청 URL이 http://.../exam01이면 Example01Controller 컨트롤러의 요청 처리 메서드 requestMethod()에 매핑되어 viewPage01.html 파일이 출력됩니다. 이때 누구나 /home/main 경로로 접근할 수 있습니다. 로그인 인증을 하면 USER와 ADMIN 권한은 /member/main 경로, MANAGER 권한은 /manager/main 경로, ADMIN 권한은 /admin/main 경로에 접근할 수 있습니다.

10.3 사용자 정보 검색

현재 인증된 사용자의 세부 정보를 컨트롤러의 요청 처리 메서드나 뷰 페이지에서 가져오는 방법에 대해 알아봅니다.

3.1 컨트롤러에서 사용자 정보 검색

현재 인증된 사용자 정보를 검색하려면 컨트롤러의 요청 처리 메서드에 매개변수로 다음과 같은 클래스나 애너테이션을 사용할 수 있습니다.

표 10-3 사용자 정보 검색 방법

유형	설명
Principal	getName() 메서드로 사용자 정보 가져오기
Authentication	getName() 메서드로 사용자 정보 가져오기
@AuthenticationPrincipal	스프링 시큐리티 3.2부터 지원하는 것으로 UserDetails를 구현한 클래스와 UserDetails-Service를 구현한 서비스가 있을 때 사용자 정보 가져오기

[Principal 인터페이스를 사용한 예]

```
import java.security.Principal;
...
@GetMapping("/manager/user")
public String principalMethod(Principal principal,...) {
    String username = principal.getName();          // 사용자 이름(계정) 가져오기
    ...
}
```

[Authentication 인터페이스를 사용한 예1]

```
import org.springframework.security.core.Authentication;


@GetMapping("/manager/user")
public String authenticationMethod1(Authentication authentication,...) {
    String username = authentication.getName();      // 사용자 이름(계정) 가져오기
    ...
}
```

[Authentication 인터페이스를 사용한 예2]

```
import org.springframework.security.core.Authentication;
...
@GetMapping("/manager/user")
public String authenticationMethod2(Authentication authentication,...) {
    UserDetails userDetails = (UserDetails) authentication.getPrincipal();
    String username =  userDetails.getUsername();         // 사용자 이름(계정) 가져오기
    String password = userDetails.getPassword();          // 사용자 비밀번호 가져오기
    String authoritiy = userDetails.getAuthorities();     // 사용자 역할 권한 가져오기
    ...
}
```

[@AuthenticationPrincipal을 사용한 예]

```
import org.springframework.security.core.annotation.AuthenticationPrincipal;
...
@GetMapping("/manager/user4")
public String annotationMethod(@AuthenticationPrincipal UserDetails userDetails,...) {
    String username = userDetails.getUsername();          // 사용자 이름(계정) 가져오기
    String password = userDetails.getPassword();          // 사용자 비밀번호 가져오기
    String authoritiy = userDetails.getAuthorities();     // 사용자 역할 권한 가져오기
    ...
}
```

NOTE **SecurityContextHolder 클래스로 인증된 사용자 정보 검색하기**

현재 인증된 사용자 정보를 검색하는 방법으로 SecurityContextHolder 클래스를 정적 호출하여 이용하는 것이 있습니다. SecurityContextHolder는 인증된 사용자의 세부 정보를 저장하는 클래스입니다. 그 외에 다음과 같은 클래스를 이용할 수 있습니다.

```
import org.springframework.security.core.context.SecurityContext;
import org.springframework.security.core.context.SecurityContextHolder;
...
@GetMapping("/member/user")
public String securityContextHolderMethod() {
    SecurityContext context = SecurityContextHolder.getContext();
    Authentication authentication = context.getAuthentication();
    String username = authentication.getName();
    Object principal = authentication.getPrincipal();
    Collection<? extends GrantedAuthority> authorities = authentication.
            getAuthorities();
    ...
}
```

앞의 예제에서 등록한 사용자 정보를 Authentication을 이용하여 가져오는 예입니다.

Example02Controller.java

```
package com.springboot.controller;

import java.security.Principal;
...
@Controller
public class Example02Controller {
    @GetMapping("/exam02")
    public String requestMethod(Model model) {
        return "redirect:/member/user";
    }
    @GetMapping("/member/user")
    public String requestMethod2(Authentication authentication, Model model) {
        UserDetails userDetails = (UserDetails) authentication.getPrincipal();
```

```
        String username = userDetails.getUsername();  // 사용자 이름(계정) 가져오기
        String password = userDetails.getPassword();  // 사용자 비밀번호 가져오기
        model.addAttribute("data1", "/member/user");
        model.addAttribute("data2", username);
        model.addAttribute("data3", password);
        // 사용자 역할 권한 가져오기
        Collection<? extends GrantedAuthority> authorities = userDetails.getAuthorities();
        for (GrantedAuthority item : authorities) {
            model.addAttribute("data4", item+ " ");
        }
        return "viewPage02";
    }
}
```

viewPage02.html

```
<html>
<head>
<title>Chap10</title>
</head>
<body>
    <h3>스프링 시큐리티</h3>
    <p>웹 요청 URL : [[${data1}]]
    <p>사용자 이름: [[${data2}]]
    <p>비밀번호: [[${data3}]]
    <p>역할권한: [[${data4}]]
</body>
</html>
```

10

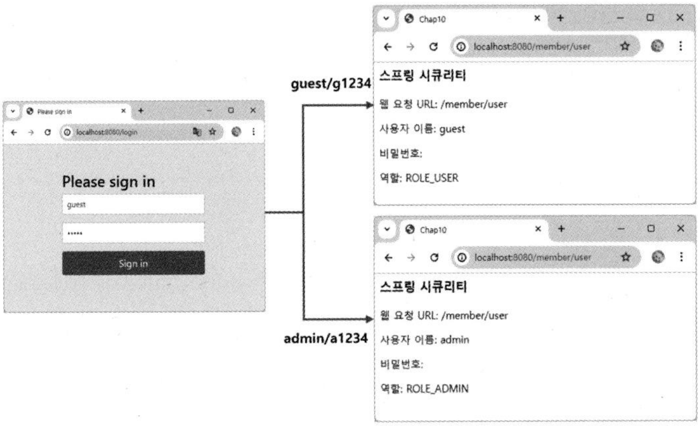

3.2 뷰 페이지에서 사용자 정보 검색

스프링 시큐리티는 뷰 페이지에서 보안 정보에 접근하고 보안 제약 조건을 적용할 수 있는 시큐리티 태그 〈sec:태그이름〉을 지원합니다. 이러한 태그를 사용하려면 build.gradle 파일에 의존 라이브러리로 등록해야 합니다.

```
dependencies {
    ...
    implementation 'org.thymeleaf.extras:thymeleaf-extras-springsecurity6'
}
```

사용자 역할 권한 태그: 〈sec:authorize〉

권한 태그는 태그 안의 내용을 평가할 것인지를 결정하며 〈sec:authorize〉 태그로 사용합니다.

```
<HTML 태그 sec:authorize="인가메서드()">
```

[<sec:authorize> 태그를 사용한 예]

```
// 사용자가 설정된 권한일 때
<div sec:authorize="hasRole('ROLE_ADMIN')"></div>
// 사용자가 설정 권한을 가지고 있지 않을 때
<div sec:authorize="!hasRole('ROLE_ADMIN')"></div>
// 사용자가 둘 중 하나의 권한을 가질 때
<div sec:authorize="hasAnyRole('ROLE_ADMIN','ROLE_MANAGER')"></div>
// 사용자가 로그인을 할 때
<div sec:authorize="isAuthenticated()"></div>
// 사용자가 로그인을 하지 않을 때
<div sec:authorize access="isAnonymous()"></div>
```

다음은 앞에서 등록한 사용자 정보에 권한 태그 <sec:authorize>를 사용하여 사용자 권한과 인증 여부에 따라 메시지를 출력하는 예입니다.

Example03Controller.java

```
package com.springboot.controller;

import org.springframework.stereotype.Controller;
import org.springframework.ui.Model;
import org.springframework.web.bind.annotation.GetMapping;

@Controller
public class Example03Controller {
    @GetMapping("/exam03")
    public String requestMethod(Model model) {
        return "viewPage03";
    }
    @GetMapping("/manager/tag")
    public String requestMethod2(Model model) {
        return "viewPage03";
    }
}
```

10

viewPage03.html

```
<html xmlns:sec="http://www.thymeleaf.org/extras/spring-security">
<head>
    <title>Chap10</title>
</head>
<body>
<h3>스프링 시큐리티</h3>
<div sec:authorize="hasRole('ROLE_MANAGER')">
    <p><b>매니저 권한 화면입니다.</b>
</div>
<div sec:authorize="isAuthenticated()">
    <p>ROLE_MANAGER 권한 로그인 중입니다.
    <p><a href="/exam02">[웹 요청 URL /exam02로 이동하기]</a>
</div>
<div sec:authorize="isAnonymous()">
    <p>로그인 중이 아닙니다.
    <p><a href="/manager/tag">[웹 요청 URL /manager/tag로 이동하기]</a>
</div>
</body>
</html>
```

xmlns:sec="http://www.thymeleaf.org/extras/spring-security" — 생략해도 됨

사용자 인증 태그: 〈sec:authentication〉

인증 태그는 시큐리티 설정 파일에 저장된 authentication 객체에 접근하는 것을 허용하는 것으로 〈security:authentication〉으로 사용합니다.

다음은 앞의 예제에서 등록한 사용자 정보에 권한 태그 〈security:authentication〉을 사용하여 인증된 사용자 정보를 출력하는 예입니다.

Example04Controller.java

```
package com.springboot.controller;

import org.springframework.stereotype.Controller;
import org.springframework.ui.Model;
import org.springframework.web.bind.annotation.GetMapping;

@Controller
public class Example04Controller {
   @GetMapping("/exam04")
   public String requestMethod(Model model) {
      return "viewPage04";
   }
   @GetMapping("/admin/tag")
   public String requestMethod2(Model model) {
      return "viewPage04";
   }
}
```

viewPage04.html

```
<html>
<html>
<head>
   <title>Chap10</title>
</head>
<body>
<h3>스프링 시큐리티</h3>
<div sec:authorize="hasRole('ROLE_ADMIN')">
```

```
    <p><b>관리자 권한 화면입니다.</b>
</div>
<div sec:authorize="isAuthenticated()">
    <p>로그인 중입니다.
    <p>사용자 이름 : <span sec:authentication="name"/>
    <p>사용자 권한 : <span sec:authentication="authorities"/>
    <p>사용자 인증여부 : <span sec:authentication="authenticated"/>
    <p><a href="/exam04">[웹 요청 URL /exam04로 이동하기]</a>
</div>
<div sec:authorize="isAnonymous()">
    <p>로그인이 아닙니다.
    <p><a href="/admin/tag">[웹 요청 URL /admin/tag로 이동하기]</a>
</div>
</body>
</html>
```

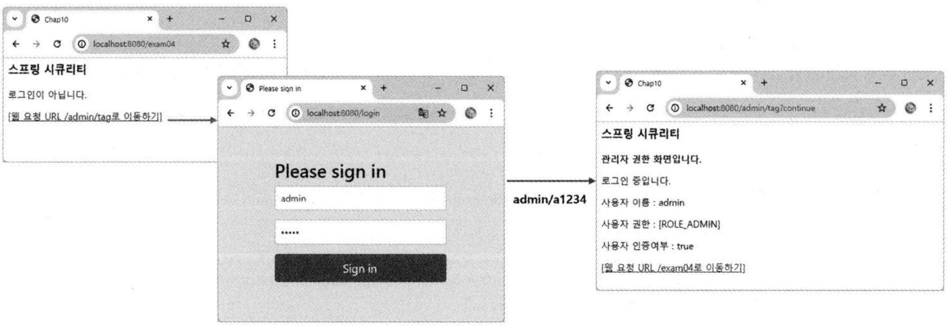

SPRING BOOT

10.4 로그인과 로그아웃 처리

스프링 시큐리티에서 로그인 인증 방식과 로그인으로 인증된 사용자의 인증을 해제하는 로그아웃에 대해 알아봅니다.

4.1 로그인 처리

스프링 시큐리티는 폼 페이지에서 사용자 이름과 비밀번호를 가져올 때 HTTP 기본 인증 방식과 폼 기반 인증 방식을 지원합니다. 이러한 방식은 인증되지 않은 사용자가 특정 경로에 접근하거나 사용자 인증이 필요할 때 로그인 페이지를 보여 주기 위해 사용합니다.

10

기본 인증 방식

경로에 대한 접근을 요청하면 Authorization 헤더를 활용하여 사용자 이름과 비밀번호를 확인하여 인증하는 방식입니다. 사용 형식은 다음과 같습니다.

```
@Bean
public SecurityFilterChain filterChain(HttpSecurity http) {
    http
    ...
    .httpBasic(withDefaults());
    return http.build();
}
```

기본 인증 방식은 입력받은 사용자 이름과 비밀번호를 '사용자이름:비밀번호' 형태로 만들어 Base64 인코딩 방식으로 인코딩한 후 Authorization 헤더에 담아 요청이 발생한 웹 서버에 전달하고 웹 서버는 이 인증을 처리합니다.

[기본 인증 방식의 예]

```
@Configuration
@EnableWebSecurity
public class SecurityConfiguration {
    @Bean
    public SecurityFilterChain examMethod(HttpSecurity http) throws Exception {
        http.authorizeHttpRequests(authorize -> authorize
        .anyRequest().authenticated())
        .httpBasic(Customizer.withDefaults());
        return http.build();
    }
}
```

폼 기반 인증 방식

특정 경로에 대한 접근을 요청할 때 웹 서버로 사용자 이름과 비밀번호가 전달되면 UsernamePasswordAuthenticationFilter가 이를 인증하는 방식으로 사용 형식은 다음과 같습니다.

```
@Bean
public SecurityFilterChain filterChain(HttpSecurity http) {
    http
    .formLogin(withDefaults());
    ...
    return http.build();
}
```

[폼 기반 인증 방식의 예]

```
@Configuration
@EnableWebSecurity
public class SecurityConfiguration {
    @Bean
    public SecurityFilterChain examMethod(HttpSecurity http) throws Exception {
        http.authorizeHttpRequests(authorize -> authorize
        .anyRequest().authenticated())
        .formLogin(Customizer.withDefaults());          // 로그인 성공 및 실패를 처리
        return http.build();
    }
}
```

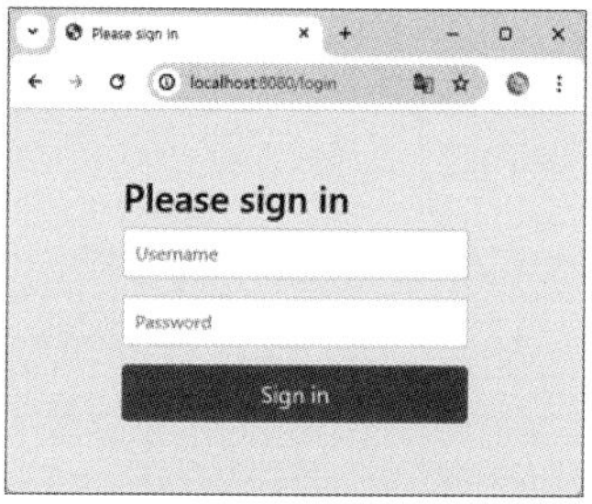

폼 기반 인증 방식은 다음과 같은 메서드를 사용하여 로그인 페이지를 출력하고 로그인한 사용자의 정보를 전송합니다.

표 10-4 로그인 관련 주요 메서드

메서드	설명
loginPage()	스프링에서 제공하는 기본 로그인 페이지 대신 사용자가 만든 로그인 페이지로 경로 설정
loginProcessingUrl()	인증 처리 URL 설정. form 태그의 action 속성 값
defaultSuccessUrl()	인증 성공 시 이동할 기본 경로 설정
successHandler()	인증 성공 후 별도 처리가 필요하면 커스텀 핸들러(AuthenticationSuccessHandle 인터페이스의 구현체)를 생성하여 등록
failureUrl()	인증 실패 시 이동할 경로 설정. 기본값은 /login?error
failureHandler()	인증 실패 후 별도 처리가 필요하면 커스텀 핸들러(AuthenticationFailureHandler 인터페이스의 구현체)를 생성하여 등록

usernameParameter()	로그인 시 사용자 이름에 대한 파라미터를 설정
passwordParameter()	로그인 시 사용자 비밀번호에 대한 파라미터를 설정

[http.formLogin()에 로그인 관련 메서드를 설정한 예]

```
@Bean
    public SecurityFilterChain examMethod02(HttpSecurity http) throws Exception {
        http.authorizeHttpRequests(authorize -> authorize
        .anyRequest().authenticated())
        .formLogin (
            formLogin->formLogin
            .loginPage("/login")  ❶
            .loginProcessingUrl("/login")  ❷
            .defaultSuccessUrl("/admin")  ❸
            .usernameParameter("username")  ❹
            .passwordParameter("password")  ❺
            .failureUrl("/loginfailed")  ❻
        );
        return http.build();
    }
```

❶ 설정된 경로인 /login으로 사용자 인증을 위한 로그인 페이지를 호출합니다.

❷ 설정된 경로인 /login으로 로그인 요청을 처리합니다.

❸ 로그인 성공 시 설정된 경로인 /admin으로 자동 이동합니다.

❹ 로그인 페이지에서 입력된 사용자 이름(계정)을 설정된 username으로 전달받습니다.

❺ 로그인 페이지에서 입력된 사용자 비밀번호를 설정된 password로 전달받습니다.

❻ 로그인에 실패하면 설정된 경로인 /loginform으로 자동 이동합니다.

4.2 로그아웃 처리

로그아웃을 처리하기 위해서는 다음과 같은 메서드를 이용하여 로그아웃 페이지를 출력하거나 인증된 사용자 정보를 삭제합니다.

표 10-5 로그아웃 관련 주요 메서드

메서드	설명
deleteCookies()	로그아웃 성공 시 삭제할 쿠키 이름 설정
invalidateHttpSession()	로그아웃 시 세션을 제거할 것인지 설정. 기본값은 true
logoutSuccessUrl()	로그아웃 성공 시 이동할 경로 설정. 기본값은 /login?logout
logoutUrl()	로그아웃 요청 처리 경로 설정. form 태그의 action 속성 값
logoutSuccessHandler()	로그아웃 성공 시 이동 제어를 위해 커스텀 핸들러(LogoutSuccessHandler 인터페이스의 구현체)를 생성하여 등록

[http.logout()에 로그아웃 관련 메서드를 설정한 예]

```
@Bean
public SecurityFilterChain examMethod03(HttpSecurity http) throws Exception {
    http.logout(logout -> logout
    .logoutUrl("/logout")   ❶
    .logoutSuccessUrl("/login");   ❷
    return http.build();
}
```

❶ 설정된 경로인 /logout으로 로그아웃 페이지를 호출합니다.

❷ 로그아웃에 성공하면 설정된 경로인 /login으로 자동 이동합니다.

다음은 앞의 예제에서 등록한 사용자 정보에 대해 폼 기반 방식으로 로그인과 로그아웃을 처리하는 예입니다.

SecurityFilterChain.java

```
package com.springboot.config;
...
@Configuration
@EnableWebSecurity
public class SecurityConfig {
    ...
    @Bean
    public SecurityFilterChain examMethod04(HttpSecurity http) throws Exception {
        http
        .csrf(AbstractHttpConfigurer::disable)      // CSRF 비활성화
        .authorizeHttpRequests (
            authorizeRequests -> authorizeRequests
            .requestMatchers("/admin").hasRole("ADMIN")
            .anyRequest().permitAll()
        )
        // 로그인 설정
        .formLogin (
            formLogin->formLogin
            .loginPage("/exam05")                    // 사용자 정의 로그인 페이지
            .loginProcessingUrl("/exam05")
            .defaultSuccessUrl("/admin")             // 로그인 성공 후 이동 페이지
            .usernameParameter("username")
            .passwordParameter("password")
            .failureUrl("/loginfailed")              // 로그인 실패 후 이동 페이지
        )
        // 로그아웃 설정
        .logout(logout -> logout
            .logoutUrl("/logout")
            .logoutSuccessUrl("/exam05")
        );
        return http.build();
    }
```

Example05Controller.java

```
package com.springboot.controller;

import org.springframework.stereotype.Controller;
import org.springframework.ui.Model;
import org.springframework.web.bind.annotation.GetMapping;
import org.springframework.security.core.Authentication;

@Controller
public class Example05Controller {
    @GetMapping("/exam05")
    public String requestMethod(Model model) {
        return "viewPage05";
    }
    @GetMapping("/admin")
    public String requestMethod2(Authentication user, Model model) {
        model.addAttribute("data", user.getName());
        return "viewPage05_result";
    }
    @GetMapping("/logout")
    public String logout(Model model) {
        return "viewPage05";
    }
}
```

viewPage05.html

```
<html>
<head>
    <title>Chap10</title>
</head>
<body>
<h3>스프링 시큐리티</h3>
<form action="./exam05" method="post">
    <p>사용자명 <input type="text" name="username" placeholder="username" >
    <p>비밀번호 <input type="password" name="password" placeholder="password" >
```

```
    <p><input type="submit" value="로그인">
</form>
</body>
</html>
```

viewPage05_result.html

```
<html>
<head>
    <title>Chap10</title>
</head>
<body>
<h3>스프링 시큐리티</h3>
<form action="./logout" method="POST">
    <h5>[[${data}]]님, 반갑습니다.</h5>
    <p><input type="submit" value="로그아웃">
</form>
</body>
</html>
```

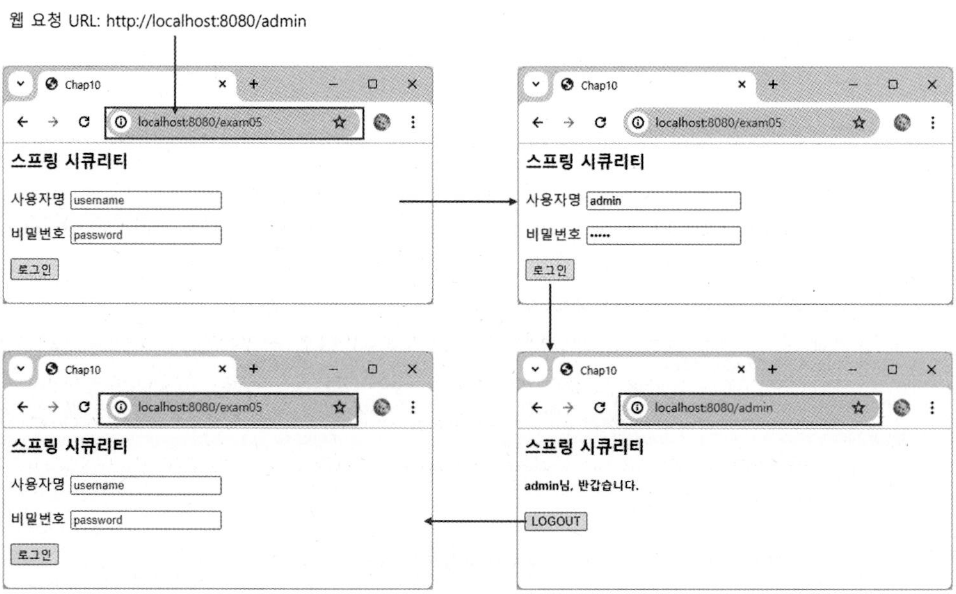

SPRING BOOT

10.5 [도서 쇼핑몰] 도서 등록 페이지의 보안 처리하기

스프링 시큐리티를 이용하여 도서 등록 페이지의 접근 권한을 인증하는 로그인과 로그인을 해제하는 로그아웃을 구현합니다.

[미리보기] 도서 쇼핑몰 로드맵

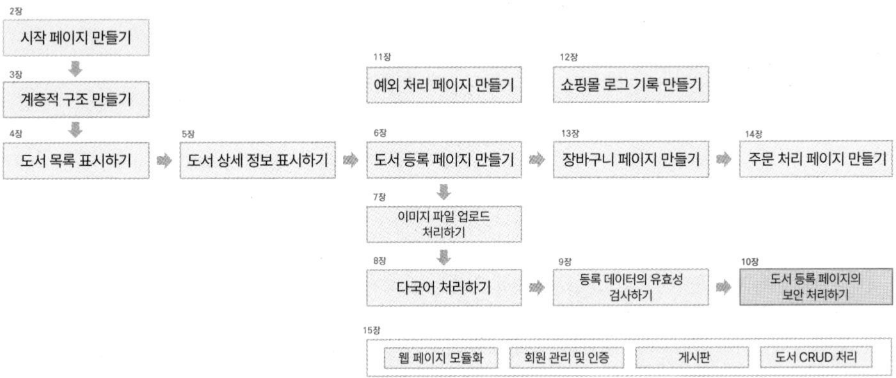

[미리보기] 로그인/로그아웃 페이지

실습 1 접근 권한 설정하기

스프링 시큐리티를 이용하여 도서 등록 페이지에 접근을 허가하는 사용자 정보를 설정하고 접근 권한 설정도 구현해 봅시다.

1 의존 라이브러리 등록 스프링 시큐리티를 사용하려면 다음과 같이 build.gradle 파일에 시큐리티 관련 의존 라이브러리를 추가하고 재실행합니다.

BookMarket/build.gradle

```
dependencies {
    ...
    implementation 'org.springframework.boot:spring-boot-starter-validation'
    ...
}
```

2 시큐리티 구성 클래스 생성 com.springboot.config 패키지의 SecurityConfig 클래스를 생성하고 다음의 내용을 작성합니다.

BookMarket/src/main/java/com/springboot/config/SecurityConfig.java

```
package com.springboot.config;
import org.springframework.context.annotation.Bean;
import org.springframework.context.annotation.Configuration;
import org.springframework.security.config.Customizer;
import org.springframework.security.config.annotation.web.builders.HttpSecurity;
import org.springframework.security.config.annotation.web.configuration.
        EnableWebSecurity;
import org.springframework.security.config.annotation.web.configurers.
        AbstractHttpConfigurer;
import org.springframework.security.core.userdetails.User;
import org.springframework.security.core.userdetails.UserDetails;
import org.springframework.security.core.userdetails.UserDetailsService;
import org.springframework.security.crypto.bcrypt.BCryptPasswordEncoder;
import org.springframework.security.crypto.password.PasswordEncoder;
import org.springframework.security.provisioning.InMemoryUserDetailsManager;
```

```java
import org.springframework.security.web.SecurityFilterChain;

@Configuration
@EnableWebSecurity
public class SecurityConfig {
    @Bean
    protected PasswordEncoder passwordEncoder() {          // ❶
        return new BCryptPasswordEncoder();
    }
    @Bean
    protected UserDetailsService users() {                 // ❷
        UserDetails admin = User.builder()
        .username("Admin")
        .password(passwordEncoder().encode("Admin1234"))
        .roles("ADMIN")
        .build();
        return new InMemoryUserDetailsManager(admin);
    }
    @Bean
    protected SecurityFilterChain filterChain(HttpSecurity http) throws Exception {   // ❸
        http
        .csrf(AbstractHttpConfigurer::disable)
        .authorizeHttpRequests (
            authorizeRequests -> authorizeRequests
            .requestMatchers("/books/add").hasRole("ADMIN")
            .anyRequest().permitAll()
        )
        .formLogin(Customizer.withDefaults());
        return http.build();
    }
}
```

❶ 사용자 비밀번호의 단방향 암호화를 지원하는 PasswordEncoder 인터페이스를 빈으로 등록합니다.

❷ 이름은 Admin, 비밀번호는 Admin1234, 역할은 ADMIN인 사용자 정보를 설정하도록 UserDetailsService 인터페이스를 빈으로 등록합니다.

❸ ADMIN 권한이 있는 사용자만 /books/add 경로에 접근할 수 있도록 SecurityFilterChain 인터페이스를 빈으로 등록합니다.

3 프로젝트 실행 웹 브라우저에 http://localhost:8080/BookMarket/books/add를 입력하여 실행 결과를 확인합니다. 이때, 시큐리티 구성 클래스에서 설정한 사용자 이름 Admin과 비밀번호 Admin1234를 입력하고 Sign in을 클릭합니다. 인증에 성공하면 /books/add 경로로 이동하여 뷰 페이지인 addBook.html이 출력됩니다.

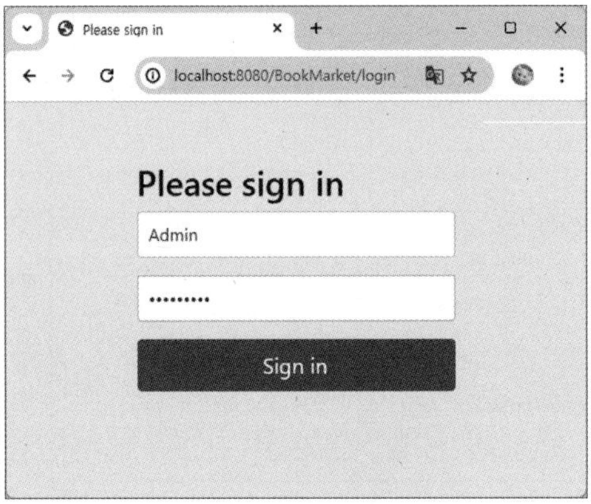

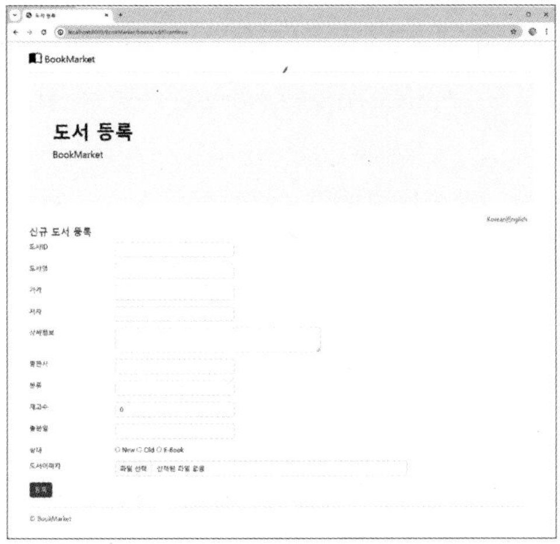

이번에는 이름과 비밀번호를 잘못 입력하여 사용자 인증 실패를 가정해 보면 다음과 같은 실행 결과를 확인할 수 있습니다.

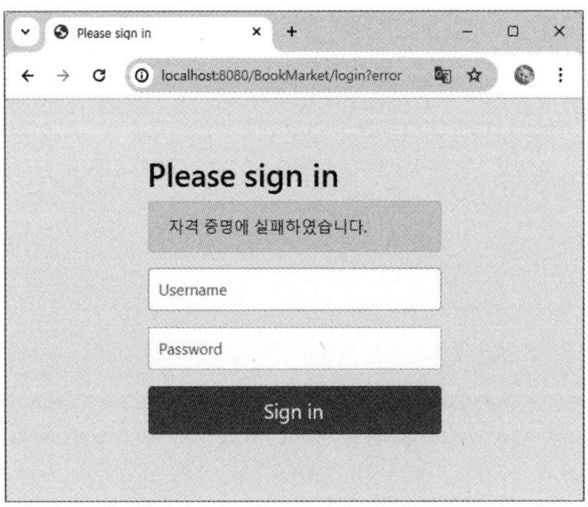

실습 2 로그인 페이지와 로그인 처리 구현하기

스프링 시큐리티를 이용하여 로그인 정보를 설정하고 도서 등록 페이지에 접근 권한 인증을 위한 로그인 페이지를 만들어 로그인 처리를 구현해 봅니다. 로그인 인증에 실패하면 오류 메시지를 출력합니다.

1 로그인 정보 설정 SecurityConfig 클래스에 다음의 내용을 추가 수정합니다.

BookMarket/src/main/java/com/springboot/config/SecurityConfig.java

```
package com.springboot.config;
...
@Configuration
@EnableWebSecurity
public class SecurityConfig {
    ...
    @Bean
    protected SecurityFilterChain filterChain(HttpSecurity http) throws Exception {
        http
        .csrf(AbstractHttpConfigurer::disable)
        .authorizeHttpRequests (
            authorizeRequests -> authorizeRequests
            .requestMatchers("/books/add").hasRole("ADMIN")
            .anyRequest().permitAll()
        )
        .formLogin (
            formLogin->formLogin
            loginPage("/login")                    // 로그인 페이지의 경로
            .loginProcessingUrl("/login")          // 로그인 페이지의 경로
            .defaultSuccessUrl("/books/add")       // 인증에 성공할 때의 경로
            .failureUrl("/loginfailed")            // 인증에 실패할 때의 경로
            .usernameParameter("username")         // 사용자 이름(계정)
            .passwordParameter("password")         // 사용자 계정 비밀번호
        );
        return http.build();
    }
}
```

10

2 로그인 처리를 위한 컨트롤러 생성 com.springboot.controller 패키지에 LoginController 클래스를 생성하고 다음의 내용을 작성합니다.

BookMarket/src/main/java/com/springboot/controller/LoginController.java

```
package com.springboot.controller;
import org.springframework.stereotype.Controller;
import org.springframework.ui.Model;
import org.springframework.web.bind.annotation.GetMapping;
@Controller
public class LoginController {
    @GetMapping("/login")
    public String login() {
        return "login";
    }                                              ─❶
    @GetMapping("/loginfailed")
    public String loginerror(Model model) {
        model.addAttribute("error", "true");       ─❷
        return "login";
    }
}
```

❶ 웹 요청 URL이 /login이면 요청 처리 메서드 login()을 호출하고 뷰 페이지 login.html 파일을 출력합니다.

❷ 웹 요청 URL이 /loginfailed이면 요청 처리 메서드 loginerror()를 호출하고 오류 메시지를 포함한 뷰 페이지 login.html을 출력합니다.

3 로그인 페이지 생성 login.html을 생성하고 다음의 내용을 작성합니다.

BookMarket/src/main/resources/templates/login.html

```
<html>
<head>
    <meta charset="UTF-8">
    <title>로그인</title>
    <link href="/BookMarket/css/bootstrap.min.css" rel="stylesheet">
</head>
```

```
<body>
<div class="container py-4">
<header class="py-3 mb-4 border-bottom">
    <div class="container d-flex flex-wrap justify-content-center">
        <a href="/BookMarket/home" class="d-flex align-items-center link-body-emphasis
         text-body-emphasis text-decoration-none mb-3 mb-lg-0 me-lg-auto">
            <svg xmlns="http://www.w3.org/2000/svg" width="32" height="32"
             fill="currentColor" class="bi bi-book-half me-2" viewBox="0 0 16 16">
                <path d="M8.5 2.687c.654-.689 1.782-.886 3.112-.752 1.234.124 2.503.523
                 3.388.893v9.923c-.918-.35-2.107-.692-3.287-.81-1.094-.111-2.278-.039-
                 3.213.492zM8 1.783C7.015.936 5.587.81 4.287.94c-1.514.153-3.042.672-
                 3.994 1.105A.5.5 0 0 0 0 2.5v11a.5.5 0 0 0 .707.455c.882-.4 2.303-.881
                 3.68-1.02 1.409-.142 2.59.087 3.223.877a.5.5 0 0 0 .78 0c.633-.79 1.814-
                 1.019 3.222-.877 1.378.139 2.8.62 3.681 1.02A.5.5 0 0 0 16 13.5v-11a.5.5
                 0 0 0-.293-.455c-.952-.433-2.48-.952-3.994-1.105C10.413.809 8.985.936 8
                 1.783"/>
            </svg>
            <span class="fs-4">BookMarket</span>
        </a>
    </div>
</header>
<div class="p-5 mb-4 bg-body-tertiary rounded-3">
    <div class="container-fluid py-5">
        <h1 class="display-5 fw-bold">로그인</h1>
        <p class="col-md-8 fs-4">BookMarket</p>
    </div>
</div>
<div class="row align-items-md-stretch text-center">
    <div class="container col-md-5">
        <div class="text-center">
            <h3 class="form-signin-heading">Please sign in</h3>
       </div>
        <div class="alert alert-danger" th:if="${error}">
            UserName과 Password가 올바르지 않습니다.<br/>          ❶
        </div>
        <form class="form-signin" action="/BookMarket/login" method="post">      ❷
            <div class="mb-3 row">
```

```
            <input type="text" name="username" class="form-control" placeholder="User
             Name" required autofocus>    ❸
        </div>
        <div class="mb-3 row">
            <input type="password" name="password" class="form-control"
             placeholder="Password" required>    ❹
        </div>
        <div class="mb-3 row">
            <button class="btn btn-lg btn-success btn-block" type="submit">로그인
            </button>
        </div>
    </form>
  </div>
</div>
</div>
</body>
</html>
```

❶ 인증에 실패했을 때 모델 속성 error에 저장된 값이 있다면 오류를 출력합니다.

❷ 〈form〉 태그 선언 및 로그인 인증을 위한 요청 경로를 설정합니다.

❸ 〈input〉 태그로 사용자 이름(계정)을 설정합니다.

❹ 〈input〉 태그로 사용자 비밀번호를 설정합니다.

4 프로젝트 실행 웹 브라우저에 **http://localhost:8080/BookMarket/books/add** 또는 **http://localhost:8080/BookMarket/login**을 입력하여 실행 결과를 확인합니다. 먼저, 사용자 이름과 비밀번호를 임의로 입력하여 다음과 같이 인증에 실패하는 경우를 확인합니다.

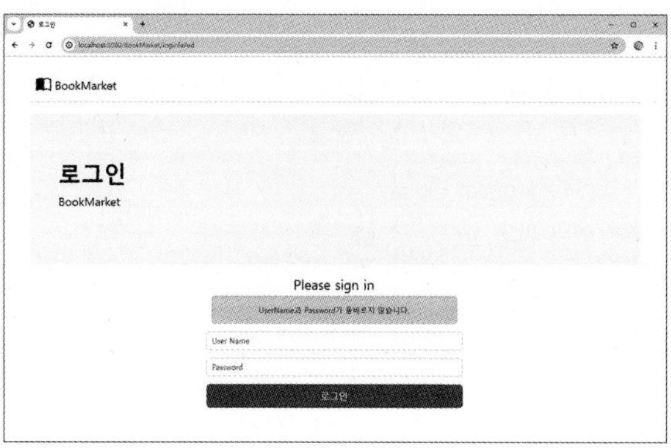

사용자 이름 **Admin**과 비밀번호 **Admin1234**를 입력하고 **로그인**을 눌러 인증에 성공하면 /books/add 경로로 이동하여 뷰 페이지인 addBook.html이 출력됩니다.

10

실습 3 로그아웃 처리 구현하기

스프링 시큐리티를 이용하여 로그아웃 정보를 설정하고 도서 등록 페이지에 로그아웃 버튼을 만들어 로그아웃 처리를 구현해 봅니다.

1 로그아웃 정보 설정 SecurityConfig 클래스에 다음의 내용을 추가 수정합니다.

BookMarket/src/main/java/com/springboot/config/SecurityConfig.java

```
package com.springboot.config;
...
@Configuration
@EnableWebSecurity
public class SecurityConfig {
    ...
```

```
    @Bean
    protected SecurityFilterChain filterChain(HttpSecurity http) throws Exception {
        http
        ...
        .formLogin (
            formLogin->formLogin
            .loginPage("/login")
            .loginPage("/login")              // 사용자 정의 로그인 페이지
            .loginProcessingUrl("/login")
            .defaultSuccessUrl("/books/add") // 로그인 성공 후 이동 페이지
            .failureUrl("/loginfailed")       // 로그인 실패 후 이동 페이지
            .usernameParameter("username")
            .passwordParameter("password")
        )
        .logout (
            logout -> logout
            .logoutUrl("/logout")             // /logout으로 로그아웃 페이지 호출
            .logoutSuccessUrl("/login")       // 로그아웃에 성공하면 /login으로 자동 이동
        );
        return http.build();
    }
}
```

2 로그아웃 처리를 위한 메서드 작성 LoginController 클래스에 다음의 내용을 작성합니다.

BookMarket/src/main/java/com/springboot/controller/LoginController.java

```
package com.springboot.controller;

import org.springframework.stereotype.Controller;
import org.springframework.ui.Model;
import org.springframework.web.bind.annotation.GetMapping;

@Controller
public class LoginController {
    ...
```

```
    @GetMapping("/loginfailed")
    public String loginerror(Model model) {
        model.addAttribute("error", "true");
        return "login";
    }
    @GetMapping("/logout")
    public String logout(Model model) {          ❶
        return "login";
    }
}
```

❶ 웹 요청 URL이 /logout이면 요청 처리 메서드 logout()을 호출하여 뷰 페이지 login.html 파일을 출력합니다.

❸ 로그아웃 버튼 추가 addBook.html 파일에 다음의 내용을 추가 작성합니다.

BookMarket/src/main/resources/templates/addBook.html

```
<html>
...
    <div class="row align-items-md-stretch">
        <div class="text-end" style="padding-right:30px">
            // <form> 태그 선언 및 로그아웃을 위한 요청 경로 설정
            <form action="/BookMarket/logout" method="POST">
                <a href="?lang=ko" style="text-decoration-line:none">Korean</a>|
                <a href="?lang=en" style="text-decoration-line:none">English</a>
                <input type="submit" class="btn btn-sm btn-success" value="Logout"/>
            </form>
        </div>
        <form th:object="${book}" action="/BookMarket/books/add" method="post"
         enctype="multipart/form-data">
            <legend>[[#{addBook.form.subtitle.label}]]</legend>
...
```

4 **프로젝트 실행** 사용자 인증에 성공하면 /books/add로 이동하여 뷰 페이지 addBook.html을 출력합니다. 이때 **Logout** 버튼이 추가된 것을 확인할 수 있습니다.

요약

1. 스프링 시큐리티의 개요

- 스프링 시큐리티(security)는 스프링을 기반으로 하는 애플리케이션에서 보안(인증과 권한)을 담당하는 프레임워크입니다.
- 스프링 시큐리티를 이용하면 웹 애플리케이션에서 아이디와 비밀번호를 입력하여 로그인을 할 때 사용자 인증을 할 수 있습니다.
- 로그인 후에는 접근 가능한 경로를 제한하는 인가(권한 부여) 작업도 효율적으로 구현할 수 있습니다.

2. 스프링 시큐리티로 구현할 수 있는 다양한 보안 기능

- 로그인 및 로그아웃 기능
- 인증 및 승인
- 사용자의 URL 접근 허용 또는 차단
- OAuth 구현
- 통합 인증(SSO), 경량 디렉터리 액세스 프로토콜(LDAP) 구현
- 역할 기반 액세스(Role-Based Acces) 제공

3. 스프링 시큐리티의 인증 방식

- 기본 인증 방식: 경로에 대한 접근을 요청하면 Authorization 헤더를 활용하여 사용자 이름과 비밀번호를 확인하여 인증합니다. 입력받은 사용자 이름과 비밀번호를 인코딩한 후 Authorization 헤더에 담아 요청이 발생한 웹 서버에 전달하면 웹 서버가 인증을 처리합니다.
- 폼 기반 인증 방식: 특정 경로에 대한 접근을 요청할 때 웹 서버로 사용자 이름과 비밀번호가 전달되면 UsernamePasswordAuthenticationFilter가 인증을 처리합니다. 메서드를 사용하여 로그인 페이지를 출력하고 로그인한 사용자의 정보를 전송합니다.

10

연습문제

01. 다음 중 스프링 시큐리티에 대한 설명으로 옳지 않은 것은?

① 스프링 시큐리티(security)는 스프링 기반 애플리케이션의 보안을 담당하는 프레임워크입니다.
② 웹 애플리케이션에서 사용자가 아이디와 비밀번호를 입력하는 로그인 요청을 인가라고 합니다.
③ 웹 애플리케이션에서 로그인한 후 접근 가능한 리소스 경로를 제한할 수 있는 것을 권한 부여라고 합니다.
④ 스프링 시큐리티(security)는 웹 애플리케이션에 보안 작업을 효율적으로 구현할 수 있습니다.

02. 다음 중 스프링 시큐리티를 사용하여 보안 기능을 구현할 수 있는 기능으로 옳지 않은 것은?

① 로그인 및 로그아웃 기능
② 사용자의 URL 접근 허용 또는 차단
③ 통합 인증, 중량 디렉터리 액세스 프로토콜 등의 구현
④ 역할 기반 액세스 제공

03. 다음 중 스프링 구성 클래스에 주로 등록하는 빈 유형에 대한 설명으로 옳지 않은 것은?

① UserDetailsService: 사용자의 정보를 가져오는 역할을 합니다.
② PasswordDecoder: 비밀번호를 암호화하는 역할을 합니다.
③ SecurityFilterChain: 실제 보안 필터 체인을 구성하는 데 사용됩니다.
④ WebSecurityCustomizer: 보안 구성을 조정하고 보안 설정을 사용자 정의하는 데 사용됩니다.

04. 다음 중 리소스의 접근에 권한을 부여하는 메서드에 대한 설명으로 옳지 않은 것은?

① requestMatchers(): 특정 리소스(경로, URL 패턴)에 대해 인가를 설정합니다.
② anyRequest(): 모든 리소스에 대해 인가를 설정합니다.
③ permitAll(): 인증하는 모든 사용자의 접근을 허용합니다.
④ authenticated(): 인증된 사용자의 접근을 허용합니다.

05. 다음 중 특정 자바 클래스인 컨트롤러에서 사용자 정보를 검색하는 데 사용할 수 있는 것으로 옳지 않은 것은?

① Principal
② Authentication
③ @AuthenticationPrincipal
④ @AuthenticatedPrincipal

06. 다음 중 폼 기반 인증 방식에서 로그인 관련 주요 메서드에 대한 설명으로 옳지 않은 것은?

① loginPage(): 스프링에서 제공하는 기본 로그인 페이지의 경로를 설정합니다.
② usernameParameter(): 로그인 시 사용자 이름에 대한 파라미터 이름을 설정합니다.
③ passwordParameter(): 로그인 시 사용자 비밀번호에 대한 파라미터 이름을 설정합니다.
④ defaultSuccessUrl(): 인증 성공 시 이동할 기본 경로를 설정합니다.

07. 다음 중 폼 기반 인증 방식에서 로그아웃 관련 주요 메서드에 대한 설명으로 옳지 않은 것은?

① logoutSuccessUrl(): 로그아웃 성공 시 이동할 경로를 설정합니다.
② logoutUrl(): 로그아웃의 요청 처리 경로를 설정합니다.
③ deleteCookies(): 로그아웃 성공 시 삭제할 쿠키 이름을 설정합니다.
④ deleteSession(): 로그아웃 시 세션을 제거할 것인지를 설정합니다.

※ 다음 코드를 보고 08~10번 물음에 답하시오.

```
package com.springboot.config;
...
@Configuration
@EnableWebSecurity
public class SecurityConfig {
...
    @Bean
    public SecurityFilterChain securityMethod(HttpSecurity http) throws Exception {
         http
        .csrf(AbstractHttpConfigurer::disable)
        .authorizeHttpRequests(
            authorizeRequests -> authorizeRequests
            .requestMatchers("/admin").hasRole("ADMIN")
            .anyRequest().permitAll()
        )
        .formLogin(
            formLogin->formLogin
            .loginPage("/movies")
            .loginProcessingUrl("/movies")
            .defaultSuccessUrl("/admin")
            .usernameParameter("id")
            .passwordParameter("passwd")
            .failureUrl("/loginfailed")
        )
        .logout(logout -> logout
        .logoutUrl("/logout")
        .logoutSuccessUrl("/movies")
    );
    return http.build();
    }
}
```

08. 다음 중 시큐리티 세부 구성 설정 클래스에서 로그인과 관련된 설명으로 옳지 않은 것은?

① 설정된 경로인 /movies로 사용자 인증을 위한 기본 로그인 페이지를 호출합니다.
② 설정된 경로인 /movies로 폼 태그에서 action 속성의 실행 경로를 요청합니다.
③ 설정된 경로인 /movies로 로그인에 성공하면 경로가 /admin으로 이동합니다.
④ 설정된 경로인 /movies로 로그인에 실패하면 경로가 /loginfailed로 이동합니다.

09. 다음 중 시큐리티 세부 구성 설정 클래스에 설정된 코드에 대한 설명으로 옳지 않은 것은?

① 설정된 경로인 /movie은 인증되지 않은 사용자가 접근할 수 있습니다.

② 설정된 경로인 /admin은 인증된 사용자만이 접근할 수 있습니다.

③ 설정된 경로인 /logout으로 로그아웃 요청을 처리합니다.

④ 없음

10. 다음 중 로그인 뷰 페이지에서 사용자 이름과 비밀번호를 얻기 위해 빈칸에 들어가는 파라미터로 옳은 것은?

```
<form action="./movies" method="post">
    <p>사용자명 <input type="text" name="______❶______">
    <p>비밀번호 <input type="password" name="______❷______">
    <p><input type="submit" value="로그인">
</form>
```

① id, passwd

② id, password

③ username, passwd

④ username, password

11장

예외 처리

[도서 쇼핑몰] 예외 처리 페이지 만들기

학습목표

- 예외 처리를 HTTP 상태 코드로 응답하는 @ResponseStatus와 컨트롤러 기반의 @ExceptionHandler, @ControllerAdvice를 살펴봅니다.
- [도서 쇼핑몰] 예외 처리 애너테이션을 적용하여 예외 처리를 구현합니다.

SPRING BOOT

11.1 예외 처리의 개요

웹 요청 URL을 잘못 입력하거나 서버에서 쿼리문을 잘못 전달하면 프로그램이 강제 종료되거나 웹 서버가 기본으로 제공하는 오류 페이지를 만나게 됩니다. 오류가 발생하면 사용자에게 오류 메시지를 보여 주거나 정상 상태를 유지할 수 있게 하는 처리 방법을 알아봅니다.

1.1 예외 처리

예외 처리(exception handling)는 프로그램을 처리하는 동안 문제가 발생하면 해당 처리를 중단하고 다른 처리를 하는 것을 의미하며, 오류 처리라고도 합니다. 즉, 프로그램을 실행할 때 발생할 수 있는 예외 상황을 대비한 코드를 작성하여 프로그램이 비정상 종료되는 것을 막고 정상 실행 상태를 유지하는 것이 예외 처리입니다.

자바 구문에 어긋난 코드로 발생하는 오류, 컴파일할 때 발생하는 문법 오류, 프로그램을 실행할 때 상황에 따라 발생하는 실행 오류 등 웹 애플리케이션에서는 모든 유형의 오류가 발생할 수 있으므로 예외 처리는 필수입니다.

1.2 예외 처리 방법

스프링 부트에서는 웹 요청에 따라 컨트롤러의 요청 처리 메서드가 실행되는 중에 발생한 예외를 처리할 수 있는 유용한 애너테이션을 제공합니다.

표 11-1 예외 처리를 위한 애너테이션

애너테이션	설명
@ReponseStatus	예외 처리를 위한 가장 간단한 방법으로, 발생한 예외를 HTTP 상태 코드로 매핑시켜 응답
@ExceptionHandler	컨트롤러 안의 요청 처리 메서드에서 발생하는 오류나 예외를 직접 구체화하여 예외 처리를 위한 메서드에 선언
@ControllerAdvice	여러 컨트롤러에서 발생하는 오류의 공통점을 묶어 예외 처리를 위한 클래스에 선언

11.2 @ResponseStatus를 이용한 HTTP 상태 코드 기반 예외 처리

예외가 발생하면 웹 브라우저에 출력하는 HTTP 상태 코드와 매핑시키는 @ResponseStatus에 대해 알아봅니다.

2.1 HTTP 상태 코드

웹 브라우저에서 서버에 어떤 요청을 전달하면 서버는 응답을 보냅니다. 정상 처리하여 성공 응답과 함께 결과 값을 보내 주기도 하고, 정상 처리가 되지 않으면 실패 응답과 함께 오류 정보를 보내 주기도 합니다. 이와 같이 웹 브라우저에서 HTTP 요청을 보낸 결과, 즉 서버가 정상 처리되었는지 오류가 발생했는지를 알려 주는 정보를 담고 있는 것이 HTTP 상태 코드입니다.

예를 들어, 웹 요청으로 예외가 발생했을 때 HTTP 상태 코드 404를 웹 브라우저에 응답한 결과입니다.

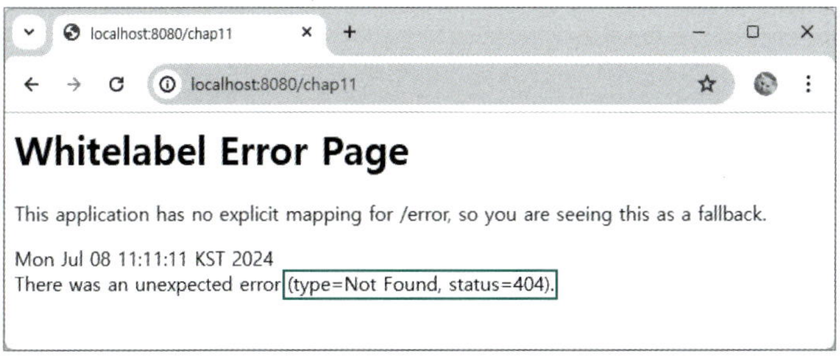

예외 처리에 대한 응답으로 출력되는 HTTP 상태 코드의 주요 유형은 다음과 같습니다.

표 11-2 HTTP 상태 코드의 주요 유형

상태 코드		설명
400	BAD_REQUEST	일반적인 요청 실패에 사용
401	UNAUTHORIZED	클라이언트 인증에 문제가 있을 때 사용
403	FORBIDDEN	인증 상태와 상관없이 접근을 금지할 때 사용
404	NOT_FOUND	요청 URI에 해당하는 리소스가 없을 때 사용
405	METHOD_NOT_ALLOWED	HTTP 메서드가 지원되지 않을 때 사용
406	NOT_ACCEPTABLE	요청된 리소스 미디어 타입을 제공하지 못할 때 사용
409	CONFILCT	리소스 상태에 위반되는 행위를 했을 때 사용
412	PRECONDITION_FAILED	조건부 연산을 지원할 때 사용
415	UNSUPPORTED_MEDIA_TYPE	요청 페이로드에 있는 미디어 타입을 처리하지 못했을 때 사용
500	INTERNAL_SERVER_ERROR	API가 잘못 작동할 때 사용

스프링 부트에서는 예외 처리를 위해 HTTP 상태 코드와 매핑하는 @ResponseStatus 애너테이션을 제공합니다.

2.2 @ResponseStatus로 예외 처리

@ResponseStatus는 웹 요청을 할 때 예외가 발생하면 지정된 HTTP 상태 코드를 웹 브라우저에 전달합니다. 사용 형식은 다음과 같습니다.

```
// 예외 메서드에 사용할 경우
@ResponseStatus(value=HttpStatus.상태코드, reason="오류메시지")
@RequestMapping(...)
public String 메서드이름( ) {
    ...
}
// 예외 클래스에 사용할 경우
@ResponseStatus(value=HttpStatus.상태코드, reason="오류메시지")
public class 클래스이름 extends RuntimeException {
    ...
}
```

※ @ResponseStatus는 org.springframework.web.bind.annotation 패키지에서 제공합니다.

NOTE **ResponseStatusException을 이용한 예외 처리**

@ResponseStatus 대신에 ResponseStatusException 클래스를 이용하여 컨트롤러의 요청 처리 메서드에서 예외 처리를 할 수 있습니다. 사용 형식은 다음과 같습니다.

```
ResponseStatusException(HttpStatus.상태코드, "오류메시지");
```

@ResponseStatus에서 value 속성은 HttpStatus에 정의된 HTTP 상태 코드를 지정하고 자세한 설명은 reason 속성으로 설정할 수 있습니다. @ResponseStatus에서 사용하는 요소는 다음과 같습니다.

표 11-3 @ResponseStatus에서 사용하는 요소

속성	타입	설명
code	HttpStatus	응답을 위해 사용하는 상태 코드
reason	String	응답을 위해 사용하는 이유(설명)
value	HttpStatus	코드에 대한 별칭

다음은 메서드에 @ResponseStatus를 선언하고 웹 요청에 대한 예외가 발생하면 지정된 HTTP 상태 코드 400을 웹 브라우저에 전달해서 오류 메시지를 출력하는 예입니다.

[메서드에 @ResponseStatus를 신인한 예]

Example01Controller.java

```
package com.springboot.controller;
...
import org.springframework.http.HttpStatus;
import org.springframework.web.bind.annotation.ResponseStatus;
@Controller
public class Example01Controller {
    @ResponseStatus(value=HttpStatus.BAD_REQUEST, reason="요청 실패했습니다.")
    @GetMapping("/exam01")
    public void requestMethod() {
        System.out.print(new IllegalArgumentException("요청 실패했습니다.").getMessage());
    }
}
```

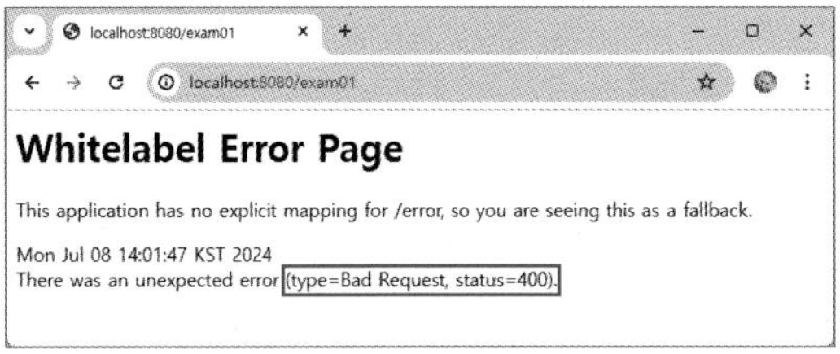

다음은 클래스에 @ResponseStatus를 선언하여 웹 요청에 대한 예외가 발생하면 지정된 HTTP 상태 코드 404를 웹 브라우저에 전달해서 오류 메시지를 출력하는 예입니다.

[클래스에 @ResponseStatus를 선언한 예]

Example02Controller.java

```
package com.springboot.controller;
...
@Controller
public class Example02Controller {
    @GetMapping("/exam02")
    public void requestMethod() throws Exception {
        throw new Exception(new UserException("UserException 메시지입니다"));
    }
}
```

UserException.java

```
package com.springboot.controller;
import org.springframework.http.HttpStatus;
import org.springframework.web.bind.annotation.ResponseStatus;
import org.springframework.web.servlet.ModelAndView;
@ResponseStatus(value=HttpStatus.NOT_FOUND, reason="찾을 수 없습니다")
public class UserException extends RuntimeException{
    public UserException(String message) {
        super(message);
        System.out.print(message);
    }
}
```

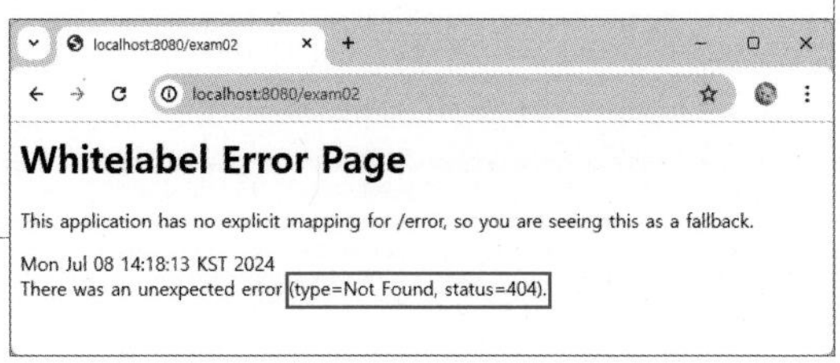

11.3 @ExceptionHandler를 이용한 컨트롤러 기반 예외 처리

@ExceptionHandler는 웹 요청에 따라 컨트롤러의 요청 처리 메서드를 실행하는 동안 발생하는 예외를 처리하기 위한 예외 처리 메서드에 사용하며 사용 형식은 다음과 같습니다.

```
@ExceptionHandler(value={예외클래스1.class[, 예외클래스2.class ...]})
public String 메서드이름() {
    ...
}
@ExceptionHandler
public String 메서드이름(예외클래스 exp) {
    ...
}
```

※ @ExceptionHandler는 org.springframework.web.bind.annotation 패키지에서 제공합니다.

@ExceptionHandler에서 value 속성에는 예외 처리를 담당하는 클래스 이름을 설정합니다. value 속성과 { }는 생략할 수 있으며 속성을 생략하고 @ExceptionHandler만 사용하려면 예외 처리 메서드의 매개변수로 예외 처리를 담당하는 클래스를 반드시 설정해야 합니다. @ExceptionHandler에서 사용하는 요소는 다음과 같습니다.

표 11-4 @ExceptionHandler에서 사용하는 요소

요소	타입	설명
value	Class<? extends Throwable>[]	@ExceptionHandler가 선언된 메서드에서 처리할 예외 클래스

@ExceptionHandler를 사용하면 @ResponseStatus 없이 발생한 예외를 처리할 수 있습니다. 또한 컨트롤러 안에 요청 처리 메서드가 발생하는 오류나 예외를 직접 구체화하여 처리할 수 있습니다. 즉, 발생한 예외 정보를 얻을 수 있고 특정 뷰 페이지로 이동할 수 있어 사용자가 직접 예외 처리에 응답할 수 있습니다.

다음은 컨트롤러 내의 예외 처리 메서드에 @ExceptionHandler를 선언하고 웹 요청에 따라 컨트롤러 안의 요청 처리 메서드에서 발생한 오류를 직접 예외 처리하는 예입니다. 앞 예제에서 생성한 예외 클래스 UserException을 사용합니다.

[@ExceptionHandler를 이용해 예외 처리 메서드를 설정한 예]

Example03Controller.java

```
package com.springboot.controller;
...
import org.springframework.web.bind.annotation.ExceptionHandler;
@Controller
public class Example03Controller {
    @GetMapping("/exam03")
    public void requestMethod() {
        throw new UserException("UserException 메시지입니다");
    }
    @ExceptionHandler(UserException.class)
    public String handleException(UserException ex, Model model) {
        model.addAttribute("data1", ex.getMessage());
        model.addAttribute("data2", ex);
        return "viewPage";
    }
}
```

viewPage.html

```
<html>
<head>
<title>Chap11</title>
</head>
<body>
<h3>예외 처리</h3>
    <p>오류 메시지: [[${data1}]]
    <p>예외 발생: [[${data2}]]
</body>
</html>
```

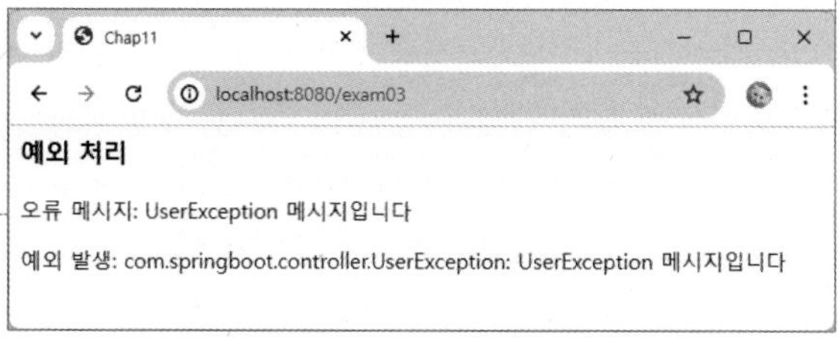

11.4 @ControllerAdvice를 이용한 전역 예외 처리

컨트롤러의 요청 처리 메서드에서 예외가 발생한 경우에 같은 컨트롤러 안에서 예외 처리를 작성할 수 있습니다. 이처럼 예외 발생을 개별 컨트롤러에서 처리하지 않고 전체 애플리케이션에서 한 번에 적용할 수 있는 것이 @ControllerAdvice입니다. @ControllerAdvice를 사용하면 여러 컨트롤러에서 발생하는 예외를 공통으로 처리할 수 있습니다.

```
@ControllerAdivce(basePackages={"기본패키지이름"...})
public class 클래스이름 {
    ...
}
```

※ @ControllerAdvice는 org.springframework.web.bind.annotation 패키지에서 제공합니다.

@ControllerAdvice에서 사용하는 요소는 다음과 같습니다.

표 11-5 @ControllerAdivce에서 사용하는 요소

요소	타입	설명
annotations	Class<? extends Annotation>[]	애너테이션의 배열
assignableTypes	Class<?>[]	클래스의 배열
basePackageClasses	Class<?>[]	@ControllerAdvice가 적용된 클래스를 지원할 컨트롤러를 선택할 수 있는 패키지
basePackages	String[]	기본 패키지의 배열
value	String[]	basePackages 속성의 별칭

@ControllerAdvice를 선언한 클래스에서는 컨트롤러에서 설정하는 @ExceptionHandler, @ModelAttribute, @InitBinder가 선언한 메서드를 사용할 수 있습니다.

다음은 @ControllerAdvice를 선언한 클래스 안에서 예외 처리를 위한 메서드에 @ExceptionHandler를 설정한 예입니다. @ControllerAdvice를 선언한 클래스 안에는

@ExceptionHandler가 선언한 메서드를 여러 개 설정할 수 있고, 예외가 발생하면 어떤 처리를 할지 value 요소에 설정해 주면 됩니다.

[@ControllerAdvice를 선언한 클래스의 예]

Example04Controller.java

```
package com.springboot.controller;
...
@Controller
public class Example04Controller {
    @GetMapping("/exam04")
    public void requestMethod() {
        throw new UserException("UserException 메시지입니다");
    }
}
```

GlobalException.java

```
package com.springboot.controller;
...
import org.springframework.web.bind.annotation.ControllerAdvice;
@ControllerAdvice(basePackages={"com.springboot"})
public class GlobalException {
    @ExceptionHandler(value={RuntimeException.class})
    private String handleErrorMethod(Exception ex, Model model) {
        model.addAttribute("data1", "GlobalException 메시지입니다");
        model.addAttribute("data2", ex);
        return "viewPage";
    }
}
```

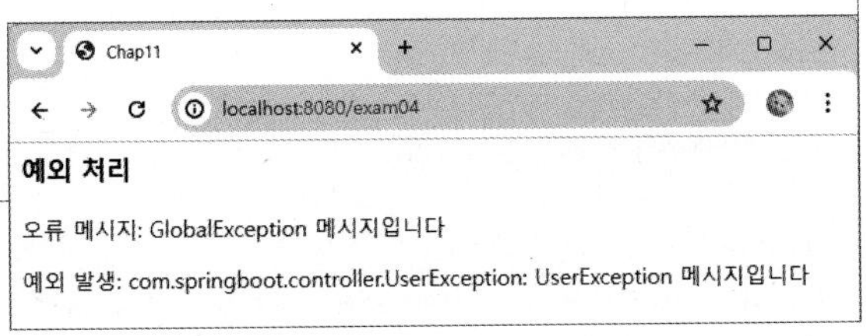

NOTE

@ControllerAdvice 클래스 안에 있는 @ExceptionHandler와 컨트롤러 안에 있는 @ExceptionHandler가 선언한 메서드가 모두 있으면 컨트롤러에 선언된 @ExceptionHandler 메서드가 먼저 실행됩니다. 컨트롤러의 메서드를 실행하는 과정에서 예외가 발생하면 @ExceptionHandler가 선언한 메서드를 찾기 때문입니다.

11.5 [도서 쇼핑몰] 예외 처리 페이지 만들기

예외 처리를 HTTP 상태 코드로 응답하는 @ResponseStatus 애너테이션, 컨트롤러 기반의 @ExceptionHandler 애너테이션, @ControllerAdvice 애너테이션을 적용하여 도서 쇼핑몰에서 발생하는 예외 처리를 구현합니다.

[미리보기] 도서 쇼핑몰 로드맵

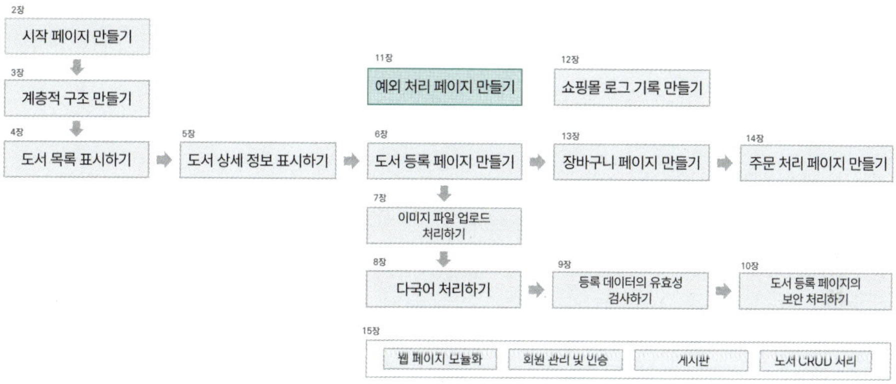

[미리보기] 도서 쇼핑몰의 예외 처리 페이지

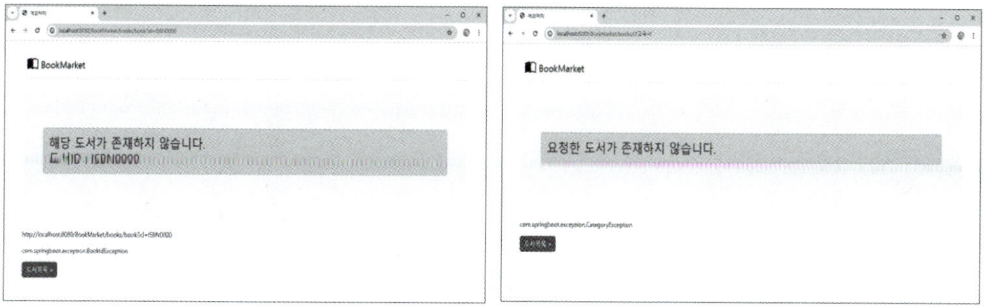

실습 1 @ResponseStatus로 예외 처리하기

도서 목록에 존재하지 않는 도서 분야(category)를 요청하는 경우에 @ResponseStatus를 이용한 예외 처리를 구현해 봅시다.

1 예외 처리 클래스 생성 com.springboot.exception 패키지에 CategoryException 클래스를 생성하여 다음의 내용을 작성합니다.

BookMarket/src/main/java/com/springboot/exception/CategoryException.java

```
package com.springboot.exception;
import org.springframework.http.HttpStatus;
import org.springframework.web.bind.annotation.ResponseStatus;
// 예외가 발생하면 상태 코드 404와 오류 메시지를 출력하도록 설정
@ResponseStatus(value=HttpStatus.NOT_FOUND)
public class CategoryException extends RuntimeException {
    private String errorMeaage;
    public CategoryException() {
        super();
        this.errorMeaage = "요청한 도서 분야를 찾을 수 없습니다.";
    }
}
```

2 컨트롤러에 예외 처리 작성 BookController 클래스의 requestBooksByCategory() 메서드를 다음과 같이 수정합니다.

BookMarket/src/main/java/com/springboot/controller/BookController.java

```
package com.springboot.controller;
...
import com.springboot.exception.CategoryException;

@Controller
@RequestMapping(value = "/books")
public class BookController {
...
```

```
        @GetMapping("/all")
        public ModelAndView requestAllBooks() {
            ModelAndView modelAndView = new ModelAndView();
            List<Book> list = bookService.getAllBookList();
            modelAndView.addObject("bookList", list);
            modelAndView.setViewName("books");
            return modelAndView;
        }
        @GetMapping("/{category}")
        public String requestBooksByCategory (
            @PathVariable("category") String bookCategory, Model model) {
            List<Book> booksByCategory = bookService.getBookListByCategory(bookCategory);
            if(booksByCategory == null || booksByCategory.isEmpty()) {
                throw new CategoryException();
            }                                                                    ❶
            model.addAttribute("bookList", booksByCategory);
            return "books";
        }
    }
```

❶ 검색하는 도서분야(bookByCategory)가 없는 경우에 예외 처리 클래스 CategoryException을 호출합니다.

3 프로젝트 실행 웹 브라우저에 **http://localhost:8080/BookMarket/books/IT교육서**를 입력하여 실행 결과를 확인합니다.

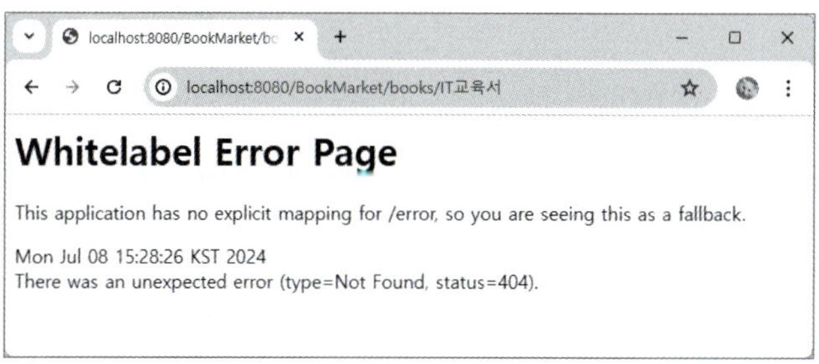

실습 2 @ExceptionHandler로 예외 처리하기

도서 목록에서 존재하지 않는 도서 아이디를 요청하는 경우에 @ExceptionHandler를 이용한 예외 처리를 구현해 봅시다.

1 예외 클래스 생성 com.springboot.exception 패키지의 BookIdException 클래스를 생성하고 다음의 내용을 작성합니다.

BookMarket/src/main/java/com/springboot/exception/BookIdException.java

```
package com.springboot.exception;

import lombok.Data;

@Data
@SuppressWarnings("serial")
public class BookIdException extends RuntimeException {
    private String bookId;
    public BookIdException(String bookId) {     // 생성자
        this.bookId = bookId;
    }
}
```

2 저장소 객체에 예외 처리 작성 BookRepositoryImpl 클래스의 getBookById() 메서드를 다음과 같이 수정합니다.

BookMarket/src/main/java/com/springboot/repository/BookRepositoryImpl.java

```
package com.springboot.repository;
...
import com.springboot.exception.BookIdException;

@Repository
public class BookRepositoryImpl implements BookRepository {
    ...
    public Book getBookById(String bookId) {
```

```
        Book bookInfo = null;
        for(int i = 0; i<listOfBooks.size(); i++) {
            Book book = listOfBooks.get(i);
            if (book!=null && book.getBookId()!=null && book.getBookId().equals(bookId)) {
                bookInfo = book;
                break;
            }
        }
        // 검색하는 도서 ID(bookById)가 없는 경우 예외 처리 클래스 BookIdException을 호출
        if(bookById == null) {
            throw new BookIdException(bookId);
        }
        return bookInfo;
    }
    public void setNewBook(Book book) {
        listOfBooks.add(book);
    }
}
```

3 컨트롤러에 예외 처리 작성 BookController 클래스에 @ExceptionHandler를 설정한 handleError() 메서드를 추가 작성합니다.

BookMarket/src/main/java/com/springboot/controller/BookController.java

```
package com.springboot.controller;
...
import javax.servlet.http.HttpServletRequest;
import org.springframework.web.bind.annotation.ExceptionHandler;
import com.springboot.exception.BookIdException;
...
@Controller
@RequestMapping("/books")
public class BookController {
    ...
    @InitBinder
```

```
    public void initBinder(WebDataBinder binder) {
        binder.setAllowedFields("bookId","name","unitPrice","author","description",
                "publisher","category","unitsInStock","totalPages","releaseDate",
                "condition","bookImage");
    }
    @ExceptionHandler(value={BookIdException.class})
    public ModelAndView handleError(HttpServletRequest req, BookIdException
            exception) {
        ModelAndView mav = new ModelAndView();
        mav.addObject("invalidBookId", exception.getBookId());
        mav.addObject("exception", exception);
        mav.addObject("url", req.getRequestURL()+"?"+req.getQueryString());
        mav.setViewName("errorBook");
        return mav;
    }
}
```

❶ @ExceptionHandler에 예외 클래스 BookIdException을 설정하고 ModelAndView 타입의 handleError() 메서드를 생성합니다. 모델 속성 값은 도서 아이디, 예외 처리 클래스, 요청 URL과 요청 쿼리문을 저장하고 뷰 페이지는 errorBook.html로 설정합니다.

4 오류 출력 뷰 페이지 작성 errorBook.html 파일을 생성하고 다음의 내용을 작성합니다.

BookMarket/src/main/resources/templates/errorBook.html

```
<html>
<head>
    <meta charset="UTF-8">
    <title>예외 처리</title>
    <link href="/BookMarket/css/bootstrap.min.css" rel="stylesheet">
</head>
<body>
<div class="container py-4">
<header class="py-3 mb-4 border-bottom">
    <div class="container d-flex flex-wrap justify-content-center">
        <a href="/BookMarket/home" class="d-flex align-items-center link-body-emphasis
         text-body-emphasis text-decoration-none mb-3 mb-lg-0 me-lg-auto">
```

```
            <svg xmlns="http://www.w3.org/2000/svg" width="32" height="32"
             fill="currentColor" class="bi bi-book-half me-2" viewBox="0 0 16 16">
               <path d="M8.5 2.687c.654-.689 1.782-.886 3.112-.752 1.234.124 2.503.523
                3.388.893v9.923c-.918-.35-2.107-.692-3.287-.81-1.094-.111-2.278-.039-
                3.213.492zM8 1.783C7.015.936 5.587.81 4.287.94c-1.514.153-3.042.672-
                3.994 1.105A.5.5 0 0 0 0 2.5v11a.5.5 0 0 0 .707.455c.882-.4 2.303-.881
                3.68-1.02 1.409-.142 2.59.087 3.223.877a.5.5 0 0 0 .78 0c.633-.79 1.814-
                1.019 3.222-.877 1.378.139 2.8.62 3.681 1.02A.5.5 0 0 0 16 13.5v-11a.5.5
                0 0 0-.293-.455c-.952-.433-2.48-.952-3.994-1.105C10.413.809 8.985.936 8
                1.783"/>
            </svg>
            <span class="fs-4">BookMarket</span>
        </a>
    </div>
</header>
<div class="p-5 mb-4 bg-body-tertiary rounded-3">
    <div class="container-fluid py-5">
        <h2 class="alert alert-danger">
            해당 도서가 존재하지 않습니다.<br>
            도서ID : [[${invalidBookId}]]
        </h2>
    </div>
</div>
<div class="row align-items-md-stretch">
    <p>[[${url}]]</p>
    <p>[[${exception}]]</p>
    <p><a href="/BookMarket/books" class="btn btn-secondary">도서목록 &raquo;</a>
</div>
</div>
</body>
</html>
```

5 프로젝트 실행 웹 브라우저에 **http://localhost:8080/BookMarket/books/book?id=ISBN0000**을 입력하여 실행 결과를 확인합니다.

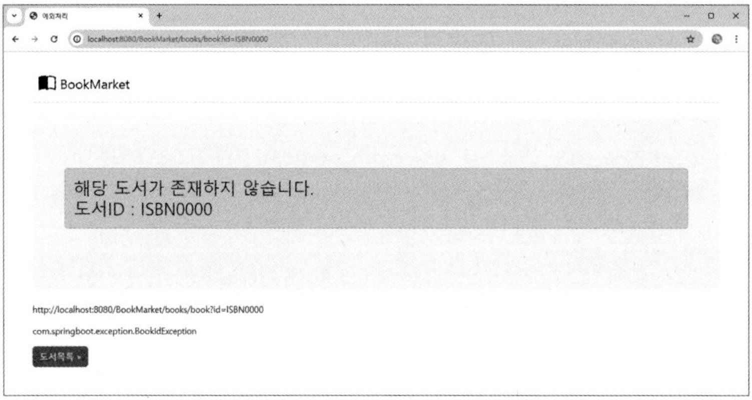

실습 3 @ControllerAdvice로 예외 처리하기

도서 목록에서 존재하지 않는 도서 분야(category)를 요청하는 경우에 @ControllerAdvice를 이용한 예외 처리를 구현해 봅시다.

1 예외 처리 클래스 생성 com.springboot.exception 패키지에 CommonException 클래스를 생성하고 다음의 내용을 작성합니다.

BookMarket/src/main/java/com/springboot/exception/CommonException.java

```
package com.springboot.exception;
import org.springframework.web.bind.annotation.ControllerAdvice;
import org.springframework.web.bind.annotation.ExceptionHandler;
import org.springframework.web.servlet.ModelAndView;
@ControllerAdvice    ❶
public class CommonException {
    @ExceptionHandler(RuntimeException.class)
    private ModelAndView handleErrorCommon(Exception e) {
        ModelAndView modelAndView = new ModelAndView();
        modelAndView.addObject("exception", e);
        modelAndView.setViewName("errorCommon");
        return modelAndView;
    }
}                                                        ❷
```

❶ 전역 예외 처리를 위해 @ControllerAdvice를 선언합니다.

❷ 모든 컨트롤러의 예외를 처리하는 클래스입니다. ModelAndView 타입의 handleError() 메서드를 생성하여 모델 속성 값에는 예외 처리 클래스를 저장하고 뷰 페이지는 errorCommon.html로 설정합니다.

2 오류 출력 뷰 페이지 작성 errorCommon.html 파일을 생성하고 다음의 내용을 작성합니다.

BookMarket/src/main/resources/templates/errorCommon.html

```
<html>
<head>
    <meta charset="UTF-8">
    <title>예외 처리</title>
    <link href="/BookMarket/css/bootstrap.min.css" rel="stylesheet">
</head>
<body>
<div class="container py-4">
<header class="py-3 mb-4 border-bottom">
    <div class="container d-flex flex-wrap justify-content-center">
        <a href="/BookMarket/home" class="d-flex align-items-center link-body-emphasis
         text-body-emphasis text-decoration-none mb-3 mb-lg-0 me-lg-auto">
            <svg xmlns="http://www.w3.org/2000/svg" width="32" height="32"
             fill="currentColor" class="bi bi-book-half me-2" viewBox="0 0 16 16">
                <path d="M8.5 2.687c.654-.689 1.782-.886 3.112-.752 1.234.124 2.503.523
                 3.388.893v9.923c-.918-.35-2.107-.692-3.287-.81-1.094-.111-2.278-
                 .039-3.213.492zM8 1.783C7.015.936 5.587.81 4.287.94c-1.514.153-
                 3.042.672-3.994 1.105A.5.5 0 0 0 0 2.5v11a.5.5 0 0 0 .707.455c.882-
                 .4 2.303-.881 3.68-1.02 1.409-.142 2.59.087 3.223.877a.5.5 0 0 0 .78
                 0c.633-.79 1.814-1.019 3.222-.877 1.378.139 2.8.62 3.681 1.02A.5.5
                 0 0 0 16 13.5v-11a.5.5 0 0 0-.293-.455c-.952-.433-2.48-.952-3.994-
                 1.105C10.413.809 8.985.936 8 1.783"/>
            </svg>
            <span class="fs-4">BookMarket</span>
        </a>
    </div>
</header>
```

```
<div class="p-5 mb-4 bg-body-tertiary rounded-3">
    <div class="container-fluid py-5">
        <h2 class="alert alert-danger">
            요청한 도서가 존재하지 않습니다.
        </h2>
    </div>
</div>
<div class="row align-items-md-stretch">
    <p>[[${exception}]]</p>
    <p>
        <a href="/BookMarket/books" class="btn btn-secondary">도서목록 &raquo;</a>
</div>
</div>
</body>
</html>
```

3 프로젝트 실행 웹 브라우저에 **http://localhost:8080/BookMarket/books/IT교육서**를 입력하여 실행 결과를 확인합니다.

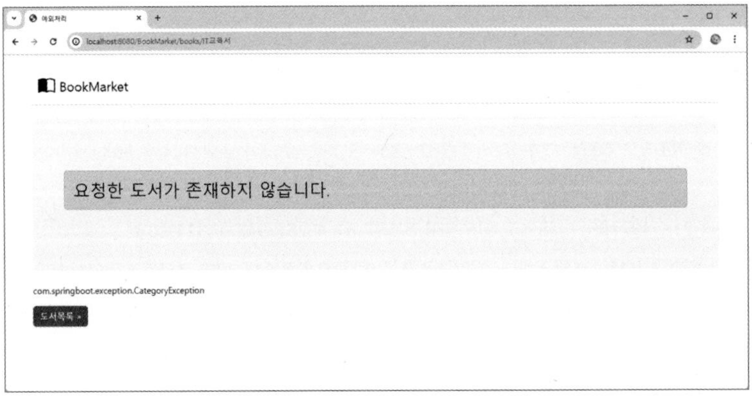

요약

1. 예외 처리의 개요

- 예외 처리는 프로그램을 처리하는 동안 문제가 발생하면 해당 처리를 중단하고 다른 처리를 하는 것을 의미하며, 오류 처리라고도 합니다.
- 프로그램을 실행할 때 발생할 수 있는 예외 상황을 대비한 코드를 작성하여 프로그램이 비정상 종료되는 것을 막고 정상 실행 상태를 유지시킵니다.
- 구문에 어긋난 코드로 발생하는 오류, 컴파일할 때 발생하는 문법 오류, 프로그램을 실행할 때 발생하는 실행 오류 등 웹 애플리케이션에서는 모든 유형의 오류가 발생할 수 있으므로 예외 처리는 필수입니다.

2. 스프링 부트에서 제공하는 예외 처리 애너테이션

- @ReponseStatus: 예외 처리를 위한 가장 간단한 방법으로, 발생한 예외를 HTTP 상태 코드로 매핑시켜 응답합니다.
- @ExceptionHandler: 컨트롤러 안의 요청 처리 메서드에서 발생하는 오류나 예외를 직접 구체화하여 예외 처리를 위한 메서드에 선언합니다.
- @ControllerAdvice: 여러 컨트롤러에서 발생하는 오류의 공통점을 묶어 예외 처리를 위한 클래스에 선언합니다.

3. 예외 처리 방법

- @ResponseStatus를 이용한 HTTP 상태 코드 기반 예외 처리: 웹 요청을 할 때 예외가 발생하면 지정된 HTTP 상태 코드를 웹 브라우저에 전달합니다. 예를 들어, 웹 요청으로 예외가 발생하면 HTTP 상태 코드 404를 웹 브라우저에 출력합니다.
- @ExceptionHandler를 이용한 컨트롤러 기반 예외 처리: 웹 요청으로 컨트롤러의 요청 처리 메서드를 실행할 때 발생하는 예외를 처리하기 위한 예외 처리 메서드에 사용합니다.
- @ControllerAdvice를 이용한 전역 예외 처리: 컨트롤러의 요청 처리 메서드에서 예외가 발생하면 같은 컨트롤러 안에 예외 처리를 작성할 수 있습니다. 여러 컨트롤러에서 발생하는 예외를 공통으로 처리할 수 있습니다.

연습문제

01. 다음 중 프로그램이 처리되는 동안 특정한 문제가 일어났을 때 처리를 중단하고 다른 처리를 하는 것을 의미하는 것으로 옳은 것은?

① 예외 처리
② 문제 처리
③ 상태 처리
④ 보안 처리

02. 다음 중 예외 처리 방법에 사용하는 애너테이션으로 옳지 않은 것은?

① @ControllerAdvice
② @ExceptionHandler
③ @ResponseStatus
④ @RequestStatus

03. 다음 중 웹 요청을 할 때 예외가 발생하면 지정된 HTTP 상태 코드를 웹 브라우저에 전달하는 애너테이션으로 옳은 것은?

① @ControllerAdvice
② @ExceptionHandler
③ @ResponseStatus
④ @RequestStatus

04. 다음 중 웹 요청에 따라 컨트롤러의 요청 처리 메서드를 실행하는 동안 예외가 발생하면 이를 처리하기 위해 예외 처리 메서드에 사용하는 애너테이션으로 옳은 것은?

① @ControllerAdvice
② @ExceptionHandler
③ @ResponseStatus
④ @RequestStatus

05. 다음 중 하나의 컨트롤러가 아닌 여러 컨트롤러에서 발생하는 예외를 공통으로 처리할 수 있는 전역 예외 처리에 사용하는 애너테이션으로 옳은 것은?

① @ControllerAdvice
② @ExceptionHandler
③ @ResponseStatus
④ @RequestStatus

06. 다음 그림과 같이 출력되는 예외 처리에 사용하는 애너테이션으로 옳은 것은?

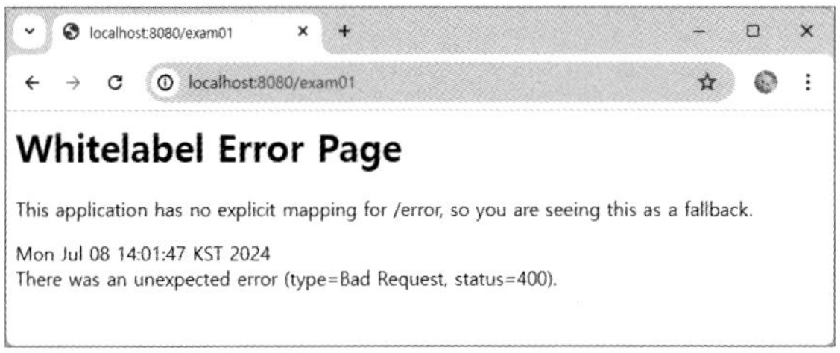

① @ResponseStatus(value=HttpStatus.BAD_REQUEST, reason="요청 실패했습니다.")
② @ResponseStatus(value=HttpStatus.NOT_FOUND, reason="요청 실패했습니다.")
③ @ResponseStatus(value=HttpStatus.CONFLICT, reason="요청 실패했습니다.")
④ @ResponseStatus(value=HttpStatus.METHOD_NOT_ALLOWED, reason="요청 실패했습니다.")

07. 다음 중 HTTP 상태 코드에 대한 설명으로 옳지 않은 것은?

① BAD_REQUEST: 상태 코드가 400이며 일반적인 요청 실패에 사용합니다.
② FORBIDDEN: 상태 코드가 403이며 인증 상태에 상관없이 접근을 금지할 때 사용합니다.
③ NOT_FOUND: 상태 코드가 405이며 요청 URI에 해당하는 리소스가 없을 때 사용합니다.
④ CONFILCT: 상태 코드가 409이며 리소스 상태에 위반되는 행위를 했을 때 사용합니다.

※ 다음 코드를 보고 08~10번의 물음에 답하시오.

```
package com.springboot.chap11;
...
________❶________(basePackages={"com.springboot"})
public class Chap11Exception {
    ________❷________(value={RuntimeException.class})
    private String handleErrorMethod(Exception ex, Model model) {
        model.addAttribute("data1", "Chap11Exception 메시지입니다.");
        model.addAttribute("data2", ex);
        return "exception";
    }
}
```

08. 다음 중 ❶에 들어갈 예외 처리에 사용하는 애너테이션으로 옳은 것은?

① @ControllerAdvice
② @ExceptionHandler
③ @ResponseStatus
④ @RequestStatus

09. 다음 중 ❷에 들어갈 예외 처리에 사용하는 애너테이션으로 옳은 것은?

① @ControllerAdvice

② @ExceptionHandler

③ @ResponseStatus

④ @RequestStatus

10. 다음 중 예외 처리에 대한 설명으로 옳은 것은?

① @ControllerAdvice 클래스 안에 있는 @ExceptionHandler가 먼저 실행됩니다.

② 컨트롤러 안에 있는 @ExceptionHandler가 선언된 메서드가 먼저 실행됩니다.

③ 모두 동시에 처리됩니다.

④ 오류가 발생합니다.

12장

로그 기록

[도서 쇼핑몰] 쇼핑몰 로그 기록 만들기

학습목표

- 자바 기반의 로깅 라이브러리인 Log4j2와 웹 URL 요청을 중간에서 가로채는 인터셉터를 이용한 로그 기록을 살펴봅니다.
- [도서 쇼핑몰] 각 요청 URL에 대한 로그 기록을 구현합니다.

12.1 로그의 개요

웹 애플리케이션이 실행되는 동안 남긴 로그 기록은 애플리케이션의 정확한 상황과 상태 정보를 제공해 줍니다. 애플리케이션 개발 중에 문제가 발생했을 때도 개발자는 로그 기록을 통해 자세한 상황을 파악할 수 있어 개발 테스트에 빠질 수 없는 요소입니다. 이러한 로그를 기록하는 로깅 라이브러리에 대해 알아봅니다.

1.1. 로깅 라이브러리

로그(log)는 애플리케이션이 실행되는 동안 버그나 성능에 관한 통계 등의 정보를 전달하는 역할을 합니다. 필요한 정보에 직접 로깅하거나 애플리케이션이 예상치 못한 동작을 할 때 문제의 원인을 파악할 수 있는 다양한 로깅 라이브러리를 제공합니다.

> NOTE **로깅(logging)**
>
> 컴퓨팅에서 로그 파일은 운영체제나 소프트웨어가 실행되는 중에 발생하는 이벤트나 통신 소프트웨어 간의 메시지를 기록한 것입니다. 이처럼 로그를 기록하는 행위를 로깅이라고 합니다.

표 12-1 로깅 라이브러리 유형

유형	설명
java.util.logging	자바에서 기본으로 제공하는 로깅 패키지로 파일이나 콘솔에 로그 내용 출력 가능
Log4j	가장 오래된 로깅 라이브러리로 2015년에 개발 중단
Logback	Log4j 이후에 출시된 로깅 라이브러리로 스프링 부트의 spring-boot-starter-web 안에 spring-boot-starter-logging의 logback 포함
Log4j2	가장 최근에 등장한 로깅 라이브러리로 Logback 같은 기능을 가지고 있으며 Java 7 이상에서만 동작

> **NOTE**
>
> 로깅 라이브러리는 Log4j → Logback → Log4j2 순서로 등장하였고 Logback, Log4j2는 Log4j를 기반으로 만들어져서 설정 및 사용 방법이 비슷합니다.

로깅 라이브러리는 일반적으로 6개 로그 레벨을 가집니다. 로그 설정 파일에 대상별 레벨 지정이 가능하고, 그 레벨 이상의 로그만 저장하는 방식으로 로깅이 이루어집니다. 사용자가 자신만의 로그 레벨을 정의하고 로그 정보를 출력할 수 있도록 다음과 같이 지원합니다.

표 12-2 로그 레벨 유형

레벨	설명
FATAL	조기 종료를 유발하는 심각한 오류가 발생한 상태
ERROR	기타 런타임 오류 또는 예기치 않은 상태
WARN	사용되지 않는 API 사용, API 사용 빈도, 오류, 바람직하지 않거나 예기치 않은 런타임 상황에 대한 경고 메시지
INFO	시작, 종료 같은 런타임 이벤트 메시지
DEBUG	시스템 흐름에 대한 자세한 정보로, 디버그 용도로 사용
TRACE	모든 로그에 대한 상세한 정보로, 최하위 로그 레벨임

로그 레벨은 TRACE < DEBUG < INFO < WARN < ERROR < FATAL 순으로 높으며, 로그를 출력할 때 설정한 레벨 이상의 정보가 출력됩니다. 예를 들어 INFO 레벨 이상을 출력한다면 INFO, WARN, ERROR, FATAL 로그까지 출력됩니다.

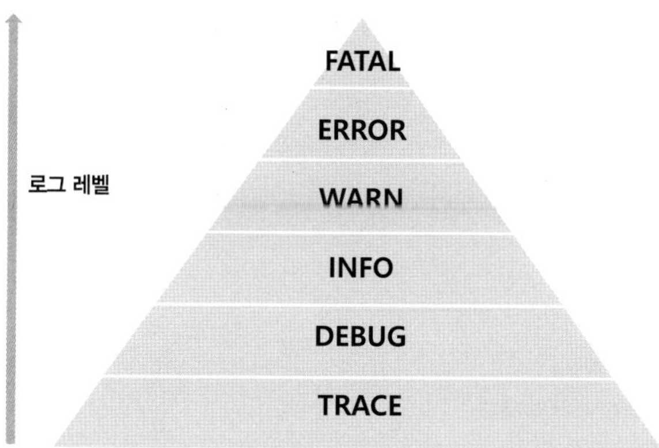

그림 12-1 로그 레벨

1.2 SLF4J와 로깅 라이브러리

SLF4J(Simple Logging Facade For Java)는 다양한 로깅 라이브러리를 하나의 통일된 방식으로 사용할 수 있게 추상 인터페이스 역할을 하는 것으로 최종 사용자가 원하는 로깅 라이브러리를 연결할 수 있습니다.

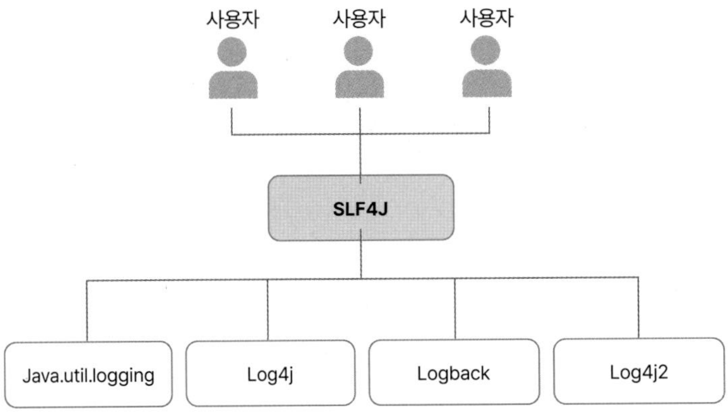

그림 12-2 SLF4J와 로깅 라이브러리의 관계

SLF4J를 이용하면 코드를 일정하게 유지하면서 다른 로깅 라이브러리 구현체로 쉽고 간단하게 전환할 수 있습니다. 예를 들어, SLF4J 없이 Log4j를 사용하다가 치명적인 보안 문제가 발견되어 Logback으로 변경하려면 Log4j를 사용한 전체 코드를 수정해야 합니다. 하지만 추상 인터페이스를 사용하면 전체 코드를 수정하지 않고 로깅 라이브러리만 변경하면 됩니다.

다음은 로그 레벨 순서에 따라 로그 정보를 출력하는 예입니다. 이 예는 스프링 부트 프로젝트를 생성할 때 로깅 라이브러리가 기본으로 설정되어 있어 의존 라이브러리를 따로 추가하지 않아도 되고 INFO 레벨로 설정되어 있어서 INFO 레벨 이상의 모든 메시지를 출력합니다.

[SLF4J의 로그 레벨 동작 예]

Example01Controller.java

```
package com.springboot.controller;
import org.slf4j.Logger;
import org.slf4j.LoggerFactory;
...
@Controller
```

```java
public class Example01Controller {
    @GetMapping("/exam01")
    public String  requestMethod2(Model model) {
        Logger logger = LoggerFactory.getLogger(Example01Controller.class);
        logger.trace("Trace 메시지!");
        logger.debug("Debug 메시지!");
        logger.info("Info 메시지!");
        logger.warn("Warn 메시지!");
        logger.error("Error 메시지!");
        model.addAttribute("data","Slf4j로 로그 출력하기");
        return "viewPage";
    }
}
```

viewPage.html

```html
<html>
<head>
<title>Chap12</title>
</head>
<body>
    <h3>로그 기록</h3>
    <p>[[${data}]]
</body>
</html>
```

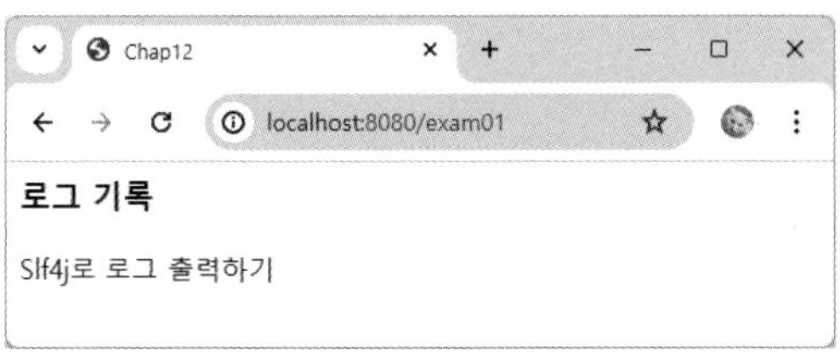

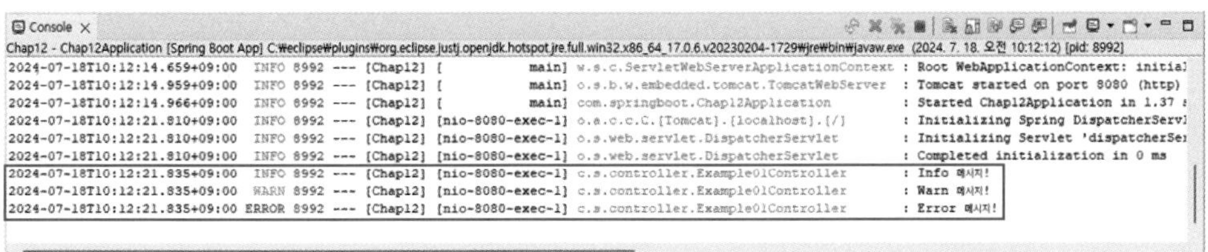

SLF4J API를 사용하기 위해 작성해야 하는 코드를 생략할 수 있도록 롬복(lombok)에서 애너테이션 @Slf4j를 제공합니다. 다음은 @Slf4j를 이용하여 로그 레벨 순서에 따라 로그 정보를 출력하는 예로, 앞의 예제와 동일하게 로그 레벨 INFO 이상의 모든 메시지를 출력합니다.

[@Slf4j를 이용한 로그 레벨 동작 예]

Example02Controller.java

```
package com.springboot.controller;
...
import lombok.extern.slf4j.Slf4j;


@Slf4j
@Controller
public class Example02Controller {
    @GetMapping("/exam02")
    public String requestMethod2(Model model) {
        log.trace("Trace 메시지!");
        log.debug("Debug 메시지!");
        log.info("Info 메시지!");
        log.warn("Warn 메시지!");
        log.error("Error 메시지!");
        model.addAttribute("data","@Slf4j로 로그 출력하기");
        return "viewPage";
    }
}
```

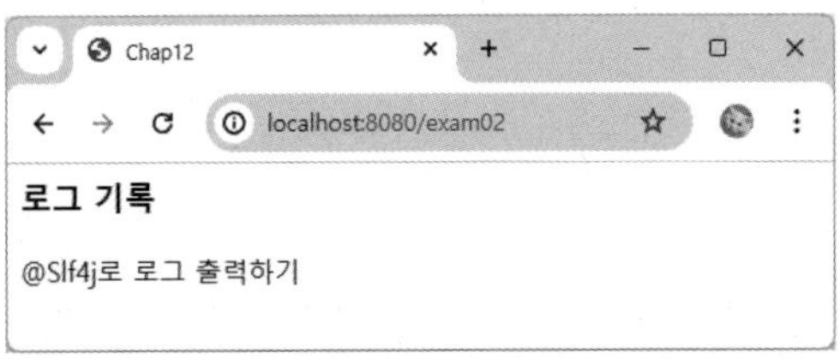

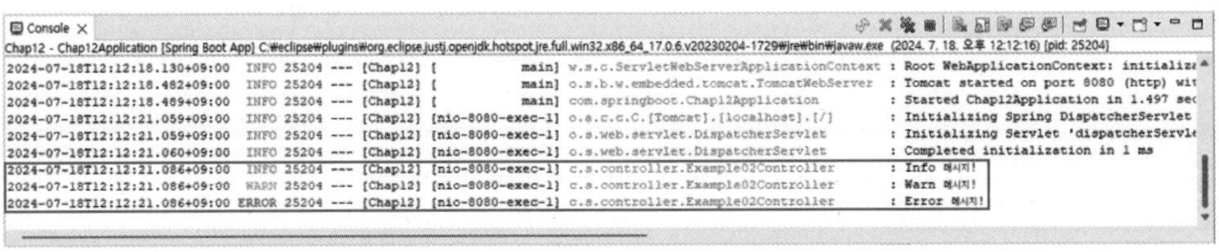

12.2 Log4j2를 이용한 로그 기록

로그 기록에는 웹 애플리케이션이 실행되는 동안 모든 요청 URL의 경로별 접근 내역과 특정 사용자가 요청한 URL의 작동 내역 등이 남아 있습니다. 이런 로그를 기록하는 자바 기반의 로깅 라이브러리인 Log4j2에 대해 알아봅니다.

2.1 Log4j2의 개요

Log4j2(Log for Java 2)는 아파치 소프트웨어 라이선스에 따라 배포되는 오픈 소스 로깅 프레임워크로, 자바로 작성되어 안정적이고 신속하며 유연합니다. Log4j의 보안 취약점을 개선하여 로깅 기능을 더욱 향상시킨 것으로 멀티스레드 환경에서 성능 향상, 로그 메시지의 더 나은 파라미터화, 로그 이벤트에 더 많은 메타데이터 제공 등을 통해 로깅의 유연성과 확장성을 증가시켰습니다. 또한 Log4j를 기반으로 하여 시스템 성능에 큰 영향을 미치지 않으면서 선택적인 로그를 남기거나 특정 파일에 로그를 기록할 수 있는 환경을 제공합니다.

스프링 부트는 로그백(Logback) 로그 라이브러리를 기본으로 제공하기 때문에 Log4j2와 충돌하여 오류가 발생합니다. 로그백보다 성능이 훨씬 좋은 Log4j2 기능을 사용하려면 기본으로 제공하는 로그백 로그 라이브러리를 삭제하고 Log4j2 의존성 라이브러리 정보를 등록해야 합니다. build.gradle 파일에 다음과 같이 의존 라이브러리를 포함합니다.

```
configurations {        // Log4j2와의 충돌 방지를 위해 로그백 삭제
    all {
        exclude group: 'org.springframework.boot', module: 'spring-boot-starter-logging'
    }
}
...
dependencies {          // Log4j2 의존 라이브러리 추가
    implementation 'org.springframework.boot:spring-boot-starter-log4j2'
}
```

Log4j2는 기존 로깅 라이브러리에 비해 다음과 같이 향상된 기능을 제공합니다.

- **확장성**: 플러그인 시스템을 지원하여 사용자들이 사용자 정의 구성 요소를 만들 수 있습니다.
- **가독성**: 로깅 설정 구성 문법이 단순해졌습니다.
- **다양한 형식의 로깅 설정 지원**: XML, JSON, YAML, Properties 등 다양한 형식으로 로깅 설정을 할 수 있습니다.
- **여러 API 지원**: Log4j1, SKF4J, Commons Logging, java.util.logging(JUL) API를 사용하여 애플리케이션과 함께 사용할 수 있습니다.
- **개선된 속도**: Logback에 비해 파일 로깅 응답 시간이 짧습니다.

2.2 Log4j2의 구조

Log4j2는 logger, appender, layout의 세 가지 요소로 구성됩니다. 이를 통해 매우 손쉽게 다양한 형태로 로깅할 수 있고, 로그 레벨을 지정하여 해당 레벨 이상만 로깅할 수 있습니다. Log4j2는 다양한 애플리케이션 환경에 맞게 로깅을 구성할 수 있도록 XML, JSON, YAML, Properties 등 다양한 형식으로 로깅 설정을 할 수 있습니다.

Log4j2에서 로그 설정의 최상위 요소는 <Configuration>입니다. 이 요소의 하위 요소로 Properties, Appenders, Loggers를 설정합니다. 다음은 XML 파일의 형식입니다.

```
<Configuration [name="이름" status="로그레벨" monitorInterval="모니터링주기"]>
    <Properties>...</Properties>    // 속성 값 설정
    <Appenders>...</Appenders>      // appender와 layout 설정
    <Loggers>...</Loggers>          // logger 설정
</Configuration>
```

logger 설정하기

logger는 로그 작업을 수행하는 핵심으로 모든 로깅 기능을 처리합니다. 사용자는 애플리케이션에서 사용할 logger를 정의해야 하며, 로그 레벨과 appender 설정에 따라 출력 대상과 위치가 결정됩니다. root logger를 포함한 모든 logger는 상위 요소인 <Loggers> 아래에 선언합니다. root logger는 <Root> 요소로, 일반 logger는 <Logger> 요소로 정의합니다. <Logger> 요소는 하나 이상 정의할 수 있으며, <Root> 요소는 반드시 정의해야 합니다.


```
<Loggers>
    <Logger level="로그레벨" [name="이름"  additivity="중복로깅여부"]>
        <AppenderRef ref="Appender이름"/>
    </Logger>
    <Root level="로그레벨">
        <AppenderRef ref="Appender이름"/>
    </Root>
</Loggers>
```

[logger 설정 예]

```
<Configuration>
    <Loggers>
        <Logger name="com.springboot" level="DEBUG" additivity="false">
            <AppenderRef ref="console"/>
        </Logger>
        <Root level="INFO">
            <AppenderRef ref="console"/>
        </Root>
    </Loggers>
</Configuration>
```

appender 설정하기

appender는 로그 정보를 출력할 위치(파일, 콘솔, DB 등)를 결정합니다. Log4j2는 Console, File, RollingFile, Socket, DB 등 다양한 로그 출력 위치 방법을 지원합니다. 모든 appender 요소는 상위 요소인 <Appenders> 아래에 선언합니다.

```
<Appenders>
    <Console>...<Console>
    <File>...<File>
    <RollingFile>...<RollingFile>
</Appenders>
```

appender 요소는 name 속성을 가지며 appender 이름을 설정합니다. name 속성 값은 logger가 로그 출력에 사용할 appender를 참조하기 위해 사용합니다. appender 요소의 하위 요소 내에 로그 출력 패턴인 layout을 정의합니다.

- **<Console> 요소**: 로그를 콘솔에 출력하기 위한 appender 요소로 target 속성에 SYSTEM_OUT을 설정하여 콘솔에 로그 메시지를 출력합니다.

```
<Configuration>
    <Console name="console" target="SYSTEM_OUT">
        <PatternLayout pattern="%d %5p [%c] %m%n"/>        // 로그 출력 패턴 설정
    </Console>
...
</Configuration>
```

- **<File> 요소**: 로그를 파일에 출력하기 위한 appender 요소로 fileName 속성에서 지정한 파일에 로그가 계속 남아 한 파일의 크기가 지나치게 커질 수 있으므로 로그 관리가 불가능해질 수 있습니다.

```
<Configuration>
    <Appenders>
        <File name="file" fileName="./logs/file/sample.log" append="false">
            <PatternLayout pattern="%d %5p [%c] %m%n"/>    // 로그 출력 패턴 설정
        </File>
    </Appenders>
...
</Configuration>
```

- **<RollingFile> 요소**: TriggeringPolicy와 RolloverStrategy에 따라 로그를 파일에 출력하기 위한 appender 요소로 파일의 크기 또는 파일 백업 인덱스 등을 지정해 특정 크기 이상으로 파일이 커지면 기존 파일(target)을 백업 파일(history)로 바꾸고 다시 처음부터 로깅을 시작합니다.

12

```
<Configuration>
    <Appenders>
        <RollingFile name="rollingFile" fileName="log.log" filePattern=""log.%i.log">
            <PatternLayout pattern="%d %5p [%c] %m%n"/>
            <Policies>
                <SizeBasedTriggeringPolicy size="15MB"/>  ❶
                <TimeBasedTriggeringPolicy interval="1"/>  ❷
            </Policies>
            <DefaultRolloverStrategy max="3" fileIndex="min"/>  ❸
        </RollingFile>
    </Appenders>
...
</Configuration>
```

❶ 용량이 15MB를 초과하면 DefaultRolloverStrategy 값만큼 숫자를 매깁니다.

❷ 일별 로그 파일을 생성합니다.

❸ 로그 파일은 백업 파일을 포함하여 3개를 생성합니다.

NOTE **TriggeringPolicy와 RolloverStrategy 요소**

- TriggeringPolicy: rollover가 발생하는 기준(정책)을 설정하는 요소입니다.
  - OnStartupTriggeringPolicy: jvm 시작 시 trigger
  - TimeBasedTriggeringPolicy: 시간에 따른 trigger
  - SizeBasedTriggeringPolicy: 파일 크기에 따른 trigger
  - CronTriggeringPolicy: 시간 표현(Cron Expression)에 따른 trigger
- RolloverStrategy: rollover의 방법을 설정하는 요소입니다.
  - DefaultRolloverStrategy: 기본값

layout 설정하기

layout은 로그 정보의 출력 형식을 결정합니다. 출력 형식에 따라 종류가 달라지며, 다음과 같은 유형을 제공합니다.

유형	설명
HTMLLayout	로그 정보를 HTML 형식으로 기록
PatternLayout	로그 정보를 사용자 정의 패턴에 따라 기록 – %c, %logger: 로거 이름　　　– %C, %class: 클래스 이름 – %d, %date: 로깅 발생 시간으로, yyyy-MM-dd, HH:mm:ss 등의 시간 형식 사용 – %F, %file: 로깅 발생한 클래스 파일 이름 – %l, %location: 로깅이 발생한 호출자 정보(클래스이름.메서드이름(파일:라인)) – %L, %line: 로깅이 발생한 코드의 행 번호 – %m, %msg, %message: 로그 메시지　　　– %enc, %encode: 문자 인코딩 – %M: 로깅이 발생한 메서드 이름　　　– %n: 줄바꿈 – %p, %level: 로깅 레벨　　　– %r, %relative: 로깅 처리 시간(ms) – %t, %thread: 로깅이 발생한 스레드 이름 –%%: %를 출력하기 위해 사용하는 패턴
RFC5424Layout	로그 정보를 RFC 5424 형식으로 기록
XMLLayout	로그 정보를 XML 형식으로 기록

NOTE Log4j2의 layouts에 대한 자세한 내용은 아래 사이트를 참고하기 바랍니다.

- https://logging.apache.org/log4j/2.x/manual/layouts.html

[layout 설정 예]

```
<Configuration>
    <Appenders>
        <Console>
            <PatternLayout/>   ❶
        </Console>
    </Appenders>
</Configuration>
```

❶ 디폴트 패턴("%d{HH:mm:ss.SSS} [%thread] %-5level %logger{36} - %msg%n")이 적용됩니다.

<PatternLayout/>을 선언하면 디폴트 패턴이 적용되며, pattern 속성을 이용하여 일자, 시간, 클래스, 로거 이름, 메시지 등 여러 정보를 선택하여 다양한 조합으로 로그 메시지를 출력할 수 있습니다.

12

NOTE **<Configuration>의 하위 요소 <Properties>**

<Properties>는 로그 설정 파일에서 사용할 속성(=변수) 값을 정의하는 요소로, 로그 파일의 이름이나 경로와 같은 값을 중앙에서 관리할 때 유용합니다. 개별 속성을 정의하는 하위 요소로 <Property>를 가지며 name 속성 값을 로그 설정 파일 내부의 key로 사용하여 해당 요소의 내용을 쉽게 재사용할 수 있습니다.

```
<Configuration>
    <Properties>
        <Property>...</Property>
    </Properties>
</Configuration>
```

다음은 <Property> 요소를 사용한 예입니다.

```
<Configuration>
    <Properties>
        <Property name="BASE_DIR">C:/log</Property> // 로그 파일 경로
        <Property name="LOG_FORMAT">%d [%t] %-5level %c(%M:%L) - %m%n</Property>
                                                          // 로그 출력 패턴
    </Properties>
</Configuration>
```

다음은 콘솔에 INFO 레벨 이상의 로그 정보를 출력하는 예입니다. build.gradle에 Log4j2 의존 라이브러리를 등록하고 재실행합니다.

log4j2.xml

```
<?xml version="1.0" encoding="UTF-8"?>
<Configuration>
    <Appenders>
        <Console name="console" target="SYSTEM_OUT">      // 콘솔 출력
            <PatternLayout pattern="%d %5p [%C] %m%n"/>    // 로그 출력 패턴
```

```
        </Console>
    </Appenders>
    <Loggers>
        <Root level="info" additivity="true">
            <AppenderRef ref="console"/>
        </Root>
    </Loggers>
</Configuration>
```

Example03Controller.java

```java
package com.springboot.controller;
...
@Slf4j
@Controller
public class Example03Controller {
    @GetMapping("/exam03")
    public String  requestMethod2(Model model) {
        log.trace("Trace 메시지!");
        log.debug("Debug 메시지!");
        log.info("Info 메시지!");
        log.warn("Warn 메시지!");
        log.error("Error 메시지!");
        model.addAttribute("data","Log4J2로 콘솔에 로그 출력하기");
        return "viewPage";
    }
}
```

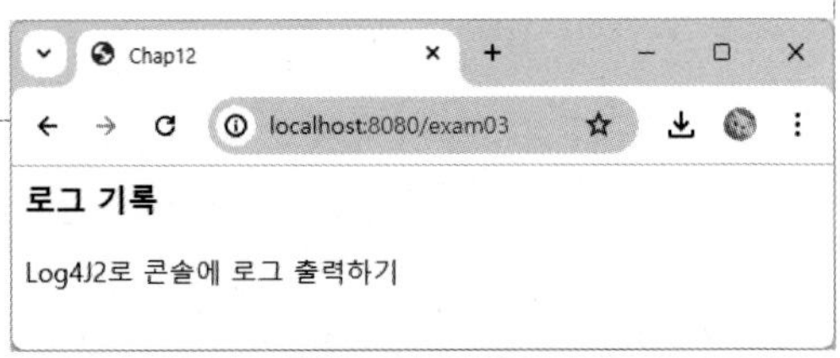

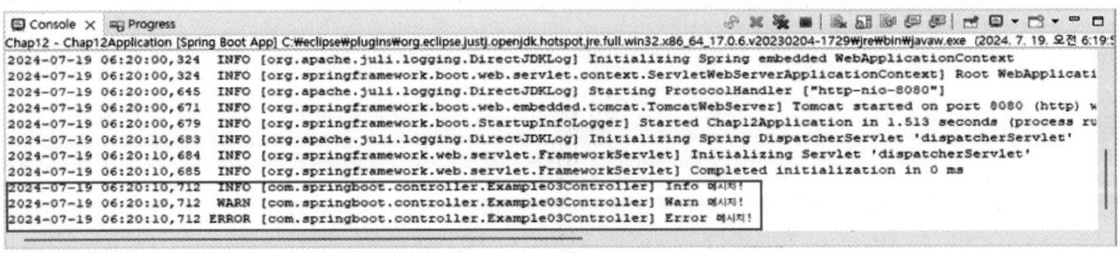

12.3 인터셉터를 이용한 로그 기록

웹 애플리케이션에서 특정 URL을 요청할 때 컨트롤러로 가는 요청을 가로챈 뒤 특정 작업을 처리하는 것을 인터셉터라고 합니다. 인터셉터를 이용해 모든 요청 URL의 접근 내역과 특정 사용자가 URL을 요청할 때 작동한 내역 등의 로그 기록을 알아봅니다.

3.1 인터셉터

인터셉터(interceptor)는 사용자가 URL을 요청하면 컨트롤러에 요청이 들어가기 전, 즉 컨트롤러가 웹으로 응답하기 전에 가로채어 특정 작업을 처리하는 것입니다. 핸들러 인터셉터(handler interceptor)라고도 하며 컨트롤러에 들어오는 요청 HttpRequest와 컨트롤러가 응답하는 HttpResponse를 가로채는 역할을 합니다.

인터셉터는 컨트롤러를 호출하기 전후에 요청과 응답을 가로채기 때문에 다음과 같은 작업을 수행하는 데 사용할 수 있습니다.

- 응답 페이지를 출력하기 전에 서버에서 데이터를 미리 가져오는 기능
- 폼에서의 제출(submit) 중복을 막는 기능
- 요청이 처리되기 전에 파일을 업로드하는 기능
- 각 요청에 대한 상세 내역을 기록하는 기능
- 유효성을 검사하는 기능
- 시간별 동작 및 성능의 병목 지점을 검사하는 기능

인터셉터를 이용하려면 HandlerInterceptor 인터페이스를 구현한 클래스를 생성하고 인터셉터의 구현체인 클래스를 빈으로 등록합니다.

```
@Configuration
public class 클래스이름 implements WebMvcConfigurer {
    @Override
    public void addInterceptors(InterceptorRegistry registry) {
        registry.addInterceptor(new 인터셉트구현체());
    }
}
```

3.2 HandlerInterceptor로 로그 기록

인터셉터는 HandlerInterceptor 인터페이스를 구현할 수 있습니다. 이렇게 구현한 클래스는 WebMvcConfigurer 구현체에 빈으로 등록해야 합니다. HandlerInterceptor 인터페이스는 preHandle(), postHandle(), afterCompletion() 메서드를 가지고 있습니다. 각 메서드의 형식은 다음과 같습니다.

```
boolean preHandle(HttpServletRequest request,
                  HttpServletResponse response,
                  Object handler) throws Exception;
```

- 컨트롤러를 호출하기 전에 핸들러 실행을 차단합니다.
- 매개변수:
  - request: 현재 HTTP 요청
  - response: 현재 HTTP 응답
  - handler: 실행 핸들러 선택

```
void postHandle(HttpServletRequest request,
                HttpServletResponse response,
                Object handler,
                ModelAndView modelAndView) throws Exception;
```

- 컨트롤러를 호출하여 처리한 후에 핸들러 실행을 차단합니다.
- 매개변수:
  - request: 현재 HTTP 요청
  - response: 현재 HTTP 응답
  - handler: 시작된 비동기 실행 핸들러
  - modelAndView: ModelAndView로 반환된 핸들러

```
void afterCompletion(HttpServletRequest request,
                     HttpServletResponse response,
                     Object handler,
                     Exception ex) throws Exception;
```

- 최종 결과를 뷰에 반환한 후에 핸들러 실행을 차단합니다.
- 매개변수:
  - request: 현재 HTTP 요청
  - response: 현재 HTTP 응답
  - handler: 시작된 비동기 실행 핸들러

preHandle() 메서드는 웹 요청 URL이 컨트롤러에 들어가기 전에 호출되며, false를 반환하면 이후 내용은 실행되지 않습니다. postHandle() 메서드는 웹 요청 URL을 컨트롤러가 처리한 후 호출되며, 컨트롤러에서 예외가 발생하면 더 이상 실행되지 않습니다. afterCompletion() 메서드는 컨트롤러가 웹 요청을 처리하여 뷰에 응답 전송이 종료된 후 호출됩니다.

다음은 HandlerInterceptor 인터페이스를 사용하여 인터셉터가 각 특정 시점에 동작하는 메서드를 호출하는 예입니다.

[HandlerInterceptor를 이용한 메서드 호출 예]

ExampleInterceptor.java

```java
package com.springboot.controller;
...
import org.springframework.web.servlet.HandlerInterceptor;

@Slf4j
public class ExampleInterceptor implements HandlerInterceptor {
    @Override
    public boolean preHandle(HttpServletRequest request, HttpServletResponse response,
            Object handler) throws Exception {
        log.info("preHandle() 호출......");
        if (handler instanceof HandlerMethod) {
            HandlerMethod method = (HandlerMethod) handler;
            log.info("핸들러 메서드명 : " + method.getMethod().getName());
        }
```

```
        return HandlerInterceptor.super.preHandle(request, response, handler);
    }
    @Override
    public void postHandle(HttpServletRequest request, HttpServletResponse response,
            Object handler, ModelAndView modelAndView) throws Exception {
        log.info("postHandle() 호출......");
        HandlerInterceptor.super.postHandle(request, response, handler, modelAndView);
    }
    @Override
    public void afterCompletion(HttpServletRequest request, HttpServletResponse
            response, Object handler, Exception ex) throws Exception {
        log.info("afterCompletion() 호출......");
        HandlerInterceptor.super.afterCompletion(request, response, handler, ex);
    }
}
```

Example04Controller.java

```
package com.springboot.controller;
...
@Slf4j
@Controller
public class Example04Controller {
    @GetMapping("/exam04")
    public String requestMethod(Model model) {
        log.info("Info 메시지!");
        model.addAttribute("data","인터셉터로 로그 출력하기");
        return "viewPage";
    }
}
```

LoggingConfig.java

```
package com.springboot.config;
...
@Configuration
public class LoggingConfig implements WebMvcConfigurer {
```

```java
    @Override
    public void addInterceptors(InterceptorRegistry registry) {
        registry.addInterceptor(new ExampleInterceptor());
    }
}
```

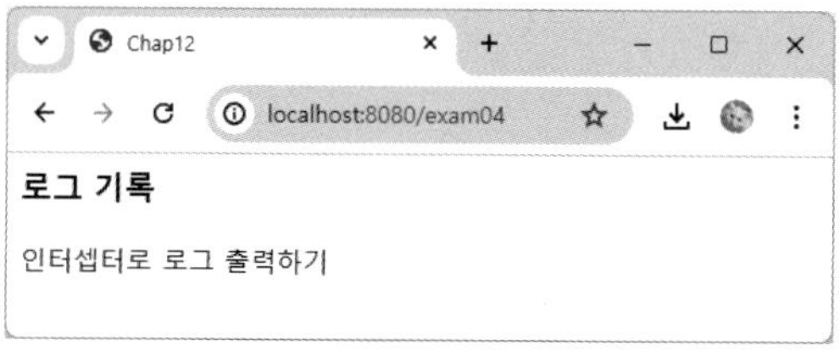

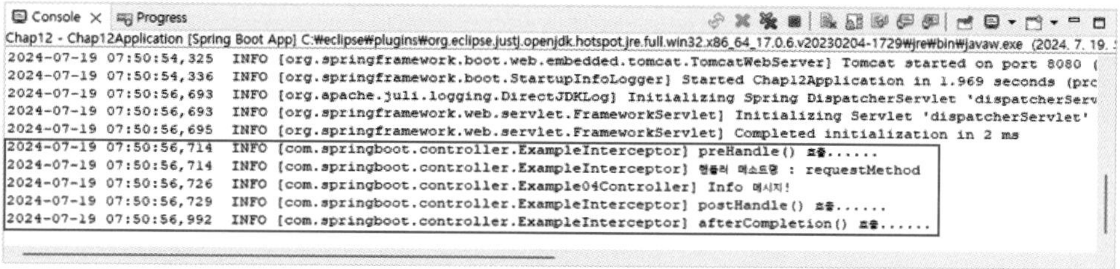

SPRING BOOT

12.4 [도서 쇼핑몰] 로그 기록 만들기

도서 쇼핑몰에서 각 요청 URL에 대한 로그 기록을 구현합니다. Log4j2와 인터셉트를 이용하여 웹에서 들어오는 모든 요청 URL에 대한 접근 내역을 콘솔 화면과 파일에 로그 출력합니다.

[미리보기] 도서 쇼핑몰 로드맵

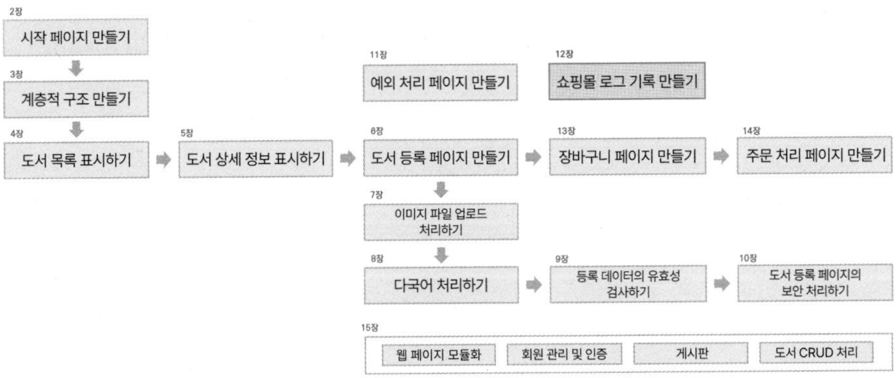

[미리보기] 도서 쇼핑몰의 로그 기록

실습 1 Log4j2로 콘솔에 로그 기록하기

Log4j2를 이용하여 로그 설정 파일을 구성하고 도서 쇼핑몰의 웹 요청 URL에 대한 로그 정보를 콘솔에 출력해 봅시다.

1 의존 라이브러리 등록 로그 라이브러리 Log4j2를 사용하려면 build.gradle 파일에 Log4j2 의존 라이브러리를 추가하고 재실행합니다.

BookMarket/build.gradle

```
...
configurations {
    compileOnly {
        extendsFrom annotationProcessor
    }
    all {          // Log4j2와의 충돌 방지를 위해 로그백 삭제
        exclude group: 'org.springframework.boot', module: 'spring-boot-starter-
        logging'
    }
}
repositories {
    mavenCentral()
}
dependencies {    // Log4j2 의존 라이브러리 추가
    ...
    testRuntimeOnly 'org.junit.platform:junit-platform-launcher'
    implementation 'org.springframework.boot:spring-boot-starter-log4j2'
}
...
```

2 로그 설정 파일 작성 src/main/resources/ 폴더에 logging 폴더를 만들고 /log4j2.xml 파일을 생성하여 다음의 내용을 작성합니다.

BookMarket/src/main/resources/logging/log4j2.xml

```
<?xml version="1.0" encoding="UTF-8"?>
<Configuration status="INFO" monitorInterval="30">
    <Properties>
        <Property name="LOG_FORMAT">%d{yyyy-MM-dd HH:mm:ss} %-5p %c{1}:%L - %m%n
        </Property>
    </Properties>                                                               ❶
    <Appenders>
        <Console name="Console-Appneder" target="SYSTEM_OUT" follow="true">
            <PatternLayout pattern="${LOG_FORMAT}"/>                            ❷
        </Console>
    </Appenders>
    <Loggers name="com.springboot">
        <Root level="INFO">
            <AppenderRef ref="Console-Appneder"/>                               ❸
        </Root>
    </Loggers>
</Configuration>
```

❶ 로그 설정 파일에서 사용할 속성 이름 LOG_FORMAT에 로그 출력 형식의 속성 값 %d{yyyy-MM-dd HH:mm:ss} %-5p %c{1}:%L - %m%n을 설정합니다.

❷ 콘솔에 로그 정보를 출력합니다.

❸ INFO 이상의 로그 레벨을 콘솔에 출력합니다.

3 로그 설정 파일 경로 설정 application.properties 파일을 다음과 같이 추가 작성합니다.

BookMarket/src/main/resources/application.properties

```
spring.application.name=BookMarket
server.servlet.context-path=/BookMarket
...
logging.config=classpath:logging/log4j2.xml     // 로그 설정 파일의 위치와 파일 이름 설정
```

4 프로젝트 실행 웹 브라우저에 **http://localhost:8080/BookMarket/books**를 입력하여 실행한 후 이클립스의 콘솔 창을 확인합니다.

실습 2 인터셉터로 모든 요청 URL의 콘솔 및 파일에 로그 기록하기

HandlerInterceptor 인터페이스와 Log4j2를 이용하여 웹에서 들어오는 모든 요청 URL에 대한 접근 내역을 콘솔과 파일에 출력하도록 구현하겠습니다.

1 의존 라이브러리 등록 로그 라이브러리 Log4j2를 사용하려면 build.gradle 파일에 Log4j2 의존 라이브러리를 추가하고 재실행합니다.

> NOTE [실습1]에서 이미 실습한 내용입니다.

2 인터셉터 클래스 생성 com.springboot.interceptor 패키지를 생성한 뒤 그 안에 MonitoringInterceptor 클래스를 생성하고 다음의 내용을 작성합니다.

BookMarket/src/main/java/com/springboot/interceptor/MonitoringInterceptor.java

```
package com.springboot.interceptor;
import java.text.DateFormat;
import java.text.SimpleDateFormat;
import java.util.Calendar;
import org.springframework.util.StopWatch;
import org.springframework.web.servlet.HandlerInterceptor;
import org.springframework.web.servlet.ModelAndView;
import jakarta.servlet.http.HttpServletRequest;
import jakarta.servlet.http.HttpServletResponse;
import lombok.extern.slf4j.Slf4j;
@Slf4j
public class MonitoringInterceptor implements HandlerInterceptor {
    ThreadLocal<StopWatch> stopWatchLocal = new ThreadLocal<StopWatch>();
    public boolean preHandle(HttpServletRequest request,
                             HttpServletResponse response,
                             Object handler) throws Exception {          ❶
        StopWatch stopWatch = new StopWatch(handler.toString());
        stopWatch.start(handler.toString());
        stopWatchLocal.set(stopWatch);
        log.info("접근한 URL 경로 : " + getURLPath(request));      // 로그 메시지 출력
```

```java
        log.info("요청 처리 시작 시각 : " + getCurrentTime());        // 로그 메시지 출력
        return true;
    }
    public void postHandle(HttpServletRequest arg0,
                           HttpServletResponse response,
                           Object handler,
                           ModelAndView modelAndView) throws Exception {     ❷
        log.info("요청 처리 종료 시각 : " + getCurrentTime());        // 로그 메시지 출력
    }
    public void afterCompletion(HttpServletRequest request,
                                HttpServletResponse response,
                                Object handler,
                                Exception exception) throws Exception {
        StopWatch stopWatch = stopWatchLocal.get();
        stopWatch.stop();                                                     ❸
        // 로그 메시지 출력
        log.info("요청 처리 소요 시간 : " + stopWatch.getTotalTimeMillis()+ " ms");
        stopWatchLocal.set(null);
        log.info("========================================");      // 로그 메시지 출력
    }
    private String getURLPath(HttpServletRequest request) {
        String currentPath = request.getRequestURI();
        String queryString = request.getQueryString();
        queryString = queryString == null ? "" : "?" + queryString;           ❹
        return currentPath+queryString;
    }
    private String getCurrentTime() {
        DateFormat formatter = new SimpleDateFormat("yyyy/MM/dd HH:mm:ss");
        Calendar calendar = Calendar.getInstance();
        calendar.setTimeInMillis(System.currentTimeMillis());                 ❺
        return formatter.format(calendar.getTime());
    }
}
```

❶ 컨트롤러를 호출하기 전에 실행되는 HandlerInterceptor 인터페이스 메서드입니다.

❷ 컨트롤러를 호출하여 처리한 후에 실행되는 HandlerInterceptor 인터페이스 메서드입니다.

❸ 뷰에 최종 결과를 반환한 후에 실행되는 HandlerInterceptor 인터페이스 메서드입니다.

❹ 요청 URL과 쿼리문을 가져오는 메서드입니다.

❺ 현재의 년/월/일 시:분:초를 가져오는 메서드입니다.

12

3 인터셉터 클래스의 빈 객체 등록 com.springboot.config 패키지에 LoggingConfig 클래스를 생성하고 다음의 내용을 작성합니다.

BookMarket/src/main/java/com/springboot/config/LoggingConfig.java

```
package com.springboot.config;
import org.springframework.context.annotation.Configuration;
import org.springframework.web.servlet.config.annotation.InterceptorRegistry;
import org.springframework.web.servlet.config.annotation.WebMvcConfigurer;
import com.springboot.interceptor.MonitoringInterceptor;
@Configuration
public class LoggingConfig implements WebMvcConfigurer {
    @Override
    public void addInterceptors(InterceptorRegistry registry) {
        registry.addInterceptor(new MonitoringInterceptor());
    }
}
```

4 로그 설정 파일 수정 logging/log4j2.xml 파일에 다음의 내용을 추가 작성합니다.

BookMarket/src/main/resources/logging/log4j2.xml

```
<?xml version="1.0" encoding="UTF-8"?>
<Configuration status="INFO" monitorInterval="30">
    <Properties>
        <Property name="LOG_FORMAT">%d{yyyy-MM-dd HH:mm:ss} %-5p %c{1}:%L - %m%n
        </Property>
        <Property name="BASE_DIR">C:/log</Property>   ❶
    </Properties>
    <Appenders>
        <Console name="Console-Appneder" target="SYSTEM_OUT" follow="true">
            <PatternLayout pattern="${LOG_FORMAT}"/>
```

```
        </Console>
        <RollingFile name="File-Appneder" fileName="${BASE_DIR}/monitor.log"
         filePattern="${BASE_DIR}/%d{yyyy-MM-dd}.log.zip">
            <PatternLayout pattern="${LOG_FORMAT}"/>
            <Policies>
                <SizeBasedTriggeringPolicy size="10KB"/>  ❸
                <TimeBasedTriggeringPolicy interval="1" modulate="true"/>  ❹
            </Policies>
            <DefaultRolloverStrategy>                                       ❷
                <Delete basePath="${BASE_DIR}">
                    <IfAccumulatedFileCount exceeds="4"/>  ❺
                    <IfFileName glob="*.log"/>  ❻
                    <IfLastModified age="3d"/>  ❼
                </Delete>
            </DefaultRolloverStrategy>
        </RollingFile>
    </Appenders>
    <Loggers name="com.springboot">
        <Root level="INFO">
            <AppenderRef ref="Console-Appneder"/>
        </Root>                                                             ❽
        <Logger name="com.springboot.interceptor.MonitoringInterceptor" level="INFO"
         additivity="true">
            <AppenderRef ref="File-Appneder"/>
        </Logger>
    </Loggers>
</Configuration>
```

❶ 로그 정보를 출력할 파일 경로로, 파일명은 monitor.log, 백업 파일명은 %d{yyyy-MM-dd}.log.zip입니다.

❷ 파일에 로그 정보를 출력합니다.

❸ 로그 기록 파일의 용량이 15MB를 초과하면 DefaultRolloverStrategy 정책만큼 숫자를 매깁니다.

❹ 일별 로그 기록 파일을 생성합니다.

❺ 로그 기록 파일이 4개 이상이면 이전 파일을 삭제합니다.

❻ 삭제할 파일명입니다.

❼ 3일이 경과한 로그 기록 파일은 자동으로 삭제합니다.

❽ 인터셉터 클래스를 호출하여 로그 정보를 출력합니다.

5 프로젝트 실행 웹 브라우저에 http://localhost:8080/BookMarket/books를 입력하여 실행한 후 이클립스의 콘솔 창 및 C:₩Logs₩monitor.log를 확인합니다.

▲ 웹 브라우저 실행 화면

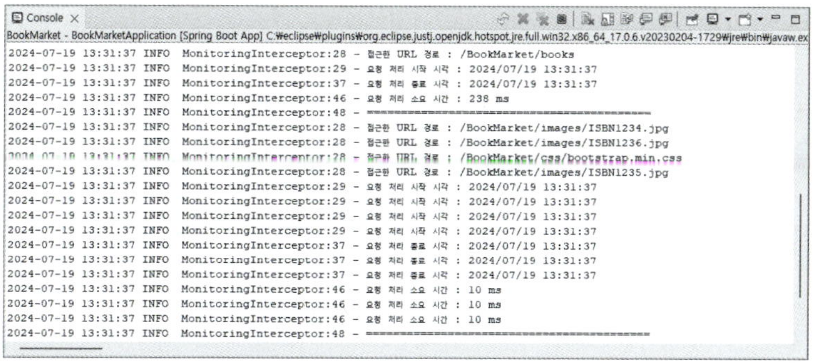

▲ 이클립스 콘솔 창의 로그 출력 결과

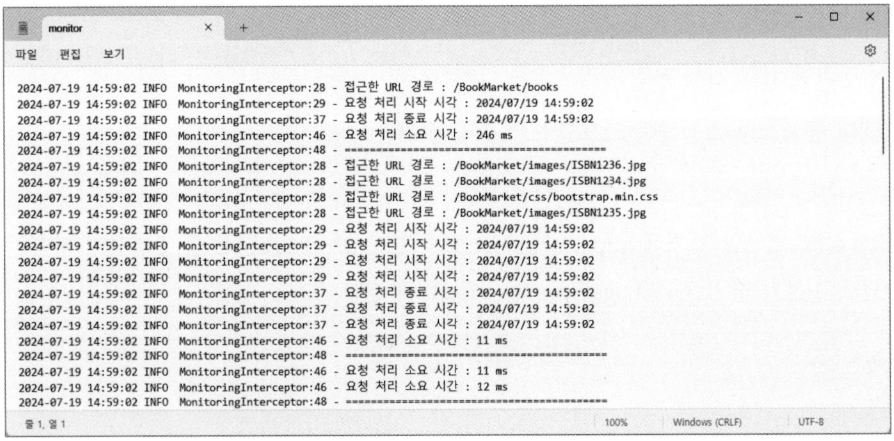

▲ C:₩Logs₩monitor.log 파일의 로그 출력 결과

실습 3 인터셉터로 특정 요청 URL의 콘솔 및 파일에 로그 기록하기

HandlerInterceptor 인터페이스와 Log4j2를 이용하여 웹에서 들어오는 특정 URL과 사용자 접근 내역을 콘솔과 파일에 출력하도록 구현하겠습니다.

1 의존 라이브러리 등록 로그 라이브러리 Log4j2를 사용하려면 build.gradle 파일에 Log4j2 의존 라이브러리를 추가하고 재실행합니다.

> **NOTE** [실습1]과 [실습2]에서 이미 실습한 내용입니다.

2 인터셉터 클래스 생성 com.springboot.interceptor 패키지를 생성한 뒤에 패키지 안에 AuditingInterceptor 클래스를 생성하고 다음의 내용을 작성합니다.

BookMarket/src/main/java/com/springboot/interceptor/AuditingInterceptor.java

```
package com.springboot.interceptor;


import java.text.DateFormat;
import java.text.SimpleDateFormat;
import java.util.Calendar;
```

```
import jakarta.servlet.http.HttpServletRequest;
import jakarta.servlet.http.HttpServletResponse;
import lombok.extern.slf4j.Slf4j;
import org.springframework.web.servlet.HandlerInterceptor;
@Slf4j
public class AuditingInterceptor implements HandlerInterceptor {
    private String user;
    private String bookId;
    public boolean preHandle(HttpServletRequest request,
                             HttpServletResponse arg1,
                             Object handler) throws Exception {
        if(request.getRequestURI().endsWith("books/add") && request.getMethod().
            equals("POST")) {
            user = request.getRemoteUser();
            bookId = request.getParameterValues("bookId")[0];
        }
        return true;
    }                                                                          ❶
    public void afterCompletion(HttpServletRequest request,
                                HttpServletResponse response,
                                Object handler, Exception arg3) throws Exception {
        if(request.getRequestURI().endsWith("books/add")) {
            log.warn(String.format("신규등록 도서 ID : %s, 접근자 : %s, 접근시각 : %s",
                bookId, user, getCurrentTime()));          // 로그 메시지 출력
        }
    }                                                                          ❷
    private String getCurrentTime() {
        DateFormat formatter = new SimpleDateFormat("yyy/MM/dd HH:mm:ss");
        Calendar calendar = Calendar.getInstance();
        calendar.setTimeInMillis(System.currentTimeMillis());
        return formatter.format(calendar.getTime());
    }                                                                          ❸
}
```

❶ 컨트롤러를 호출하기 전에 실행되는 HandlerInterceptor 인터페이스 메서드입니다.

❷ 최종 결과를 뷰에 반환한 후에 실행되는 HandlerInterceptor 인터페이스 메서드입니다.

❸ 현재의 년/월/일 시:분:초를 가져오는 메서드입니다.

3 인터셉터 클래스의 빈 객체 등록 com.springboot.config 패키지의 LoggingConfig 클래스에 다음 내용을 추가 작성합니다.

BookMarket/src/main/java/com/springboot/config/LoggingConfig.java

```
package com.springboot.config;
...
import com.springboot.interceptor.AuditingInterceptor;
@Configuration
public class LoggingConfig implements WebMvcConfigurer {
    @Override
    public void addInterceptors(InterceptorRegistry registry) {
        registry.addInterceptor(new MonitoringInterceptor());
        registry.addInterceptor(new AuditingInterceptor());
    }
}
```

4 로그 설정 파일 수정 logging 폴더의 log4j2.xml 파일에 다음 내용을 추가 작성합니다.

BookMarket/src/main/resources/logging/log4j2.xml

```
<?xml version="1.0" encoding="UTF-8"?>
<Configuration status="INFO" monitorInterval="30">
    ...
        <RollingFile>
            ...
        </RollingFile>

        <RollingFile name="Audit-Appneder" fileName="${BASE_DIR}/audit.log"
         filePattern="${BASE_DIR}/%d{yyyy-MM-dd}.log.zip">
            <PatternLayout pattern="${LOG_FORMAT}"/>
            <Policies>
                <SizeBasedTriggeringPolicy size="10KB"/>
                <TimeBasedTriggeringPolicy interval="1" modulate="true"/>
            </Policies>                                                  ❶
```

```
            <DefaultRolloverStrategy>
                <Delete basePath="${BASE_DIR}">
                    <IfAccumulatedFileCount exceeds="4"/>
                    <IfFileName glob="*.log"/>
                    <IfLastModified age="3d"/>
            </DefaultRolloverStrategy>
        </RollingFile>
    </Appenders>
    <Loggers name="com.springboot">
        <Root level="INFO">
            <AppenderRef ref="Console-Appneder"/>
        </Root>
        <Logger name="com.springboot.interceptor.MonitoringInterceptor" level="INFO"
         additivity="true">
            <AppenderRef ref="File-Appneder"/>
        </Logger>
        <Logger name="com.springboot.interceptor.AuditingInterceptor" level="INFO"
         additivity="true">
            <AppenderRef ref="Audit-Appneder"/>          ❷
        </Logger>
    </Loggers>
</Configuration>
```

❶ 파일에 로그 정보를 출력합니다. 파일명은 audit.log, 백업 파일명은 %d{yyyy-MM-dd}.log.zip으로 작성합니다.

❷ 인터셉터 클래스를 호출하여 로그 정보를 출력합니다.

5 프로젝트 실행 웹 브라우저에 http://localhost:8080/BookMarket/books/add를 입력하여 로그인한 후 신규 도서 등록을 완료하고 이클립스의 콘솔 창 및 C:₩Logs₩monitor.log를 확인합니다.

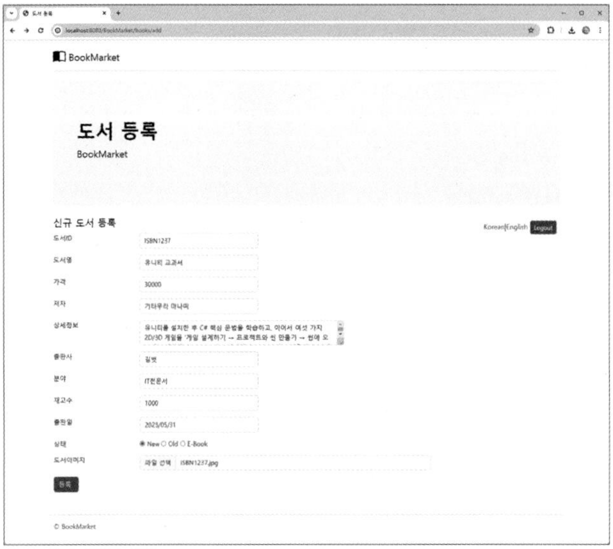

▲ 웹 브라우저 실행 화면

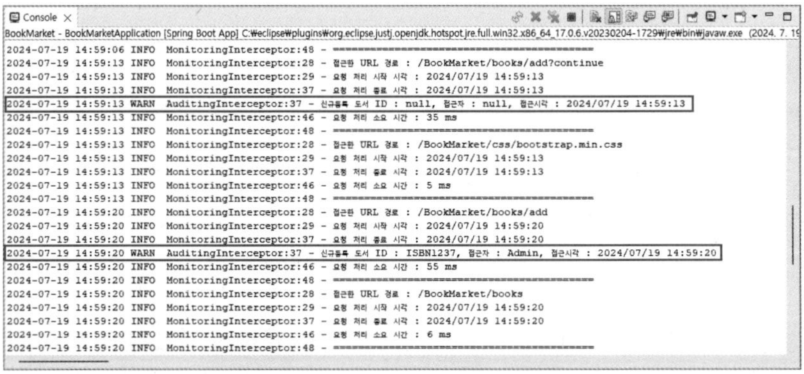

▲ 이클립스 콘솔 창의 로그 출력 결과

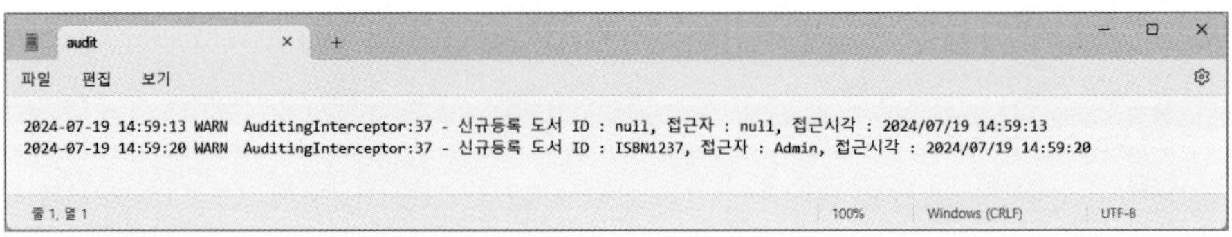

▲ C:₩Logs₩audit.log 파일의 로그 출력 결과

12

요약

1. 로그의 개요

- 로그(log)는 애플리케이션이 실행되는 동안 발생하는 문제나 성능에 관한 통계 정보 등을 전달합니다.
- 웹 애플리케이션이 실행되는 동안 남긴 로그 기록으로 애플리케이션의 정확한 상황과 상태 정보를 알 수 있습니다.
- 애플리케이션을 개발하다가 문제가 발생하면 로그 기록으로 자세한 상황을 파악할 수 있으므로 개발 테스트에 빠질 수 없는 요소입니다.
- 로그를 기록한 것을 로깅 라이브러리라고 합니다.

2. 로깅 라이브러리의 로그 레벨

- FATAL: 조기 종료를 유발하는 심각한 오류가 발생한 상태입니다.
- ERROR: 기타 런타임 오류 또는 예기치 않은 문제가 발생한 상태입니다.
- WARN: 사용할 수 없는 API를 사용하거나 오류, 바람직하지 않거나 예기치 않은 런타임 상황에 대한 경고 상태입니다.
- INFO: 시작, 종료 같은 런타임 이벤트 상태입니다.
- DEBUG: 시스템 흐름에 대한 자세한 정보를 나타내며 디버그 용도로 사용합니다.
- TRACE: 모든 로그에 대한 상세한 정보를 나타내며 최하위 로그 레벨입니다.

3. Log4j2를 이용한 로그 기록

- Log4j2는 웹 애플리케이션이 실행되는 동안 모든 요청 URL의 경로별 접근 내역과 특정 사용자가 요청한 URL의 작동 내역 등의 로그를 기록하는 자바 기반의 로깅 라이브러리입니다. 아파치 소프트웨어 라이선스로 배포되는 오픈 소스 로깅 프레임워크로, 자바로 작성되어 안정적이고 신속하며 유연합니다.
- 스프링 부트는 로그백 로그 라이브러리를 기본으로 제공하기 때문에 Log4j2와 충돌됩니다. 로그백보다 성능이 좋은 Log4j2 기능을 사용하려면 로그백 로그 라이브러리를 삭제하고 Log4j2 의존성 라이브러리 정보를 등록해야 합니다.

4. 인터셉터를 이용한 로그 기록

- 인터셉터는 웹 애플리케이션에서 특정 URL을 요청할 때 컨트롤러로 가는 요청을 가로챈 뒤 특정 작업을 처리하는 것을 의미합니다. 이러한 인터셉터를 이용해 모든 요청 URL의 접근 내역과 특정 사용자가 URL을 요청할 때 작동한 내역 등의 로그 기록을 알 수 있습니다.
- 인터셉터는 컨트롤러를 호출하기 전과 후의 요청과 응답을 가로채기 때문에 다음과 같은 작업을 수행하는 데 사용할 수 있습니다.
  - 응답 페이지를 출력하기 전에 서버에서 데이터를 미리 가져오는 기능
  - 폼에서의 제출(submit) 중복을 막는 기능
  - 요청이 처리되기 전에 파일을 업로드하는 기능
  - 각 요청에 대한 상세 내역을 기록하는 기능
  - 유효성을 검사하는 기능
  - 시간별 동작 및 성능의 병목 지점을 검사하는 기능

연습문제

01. 다음 중 로깅 라이브러리의 로그 레벨에 대한 설명으로 옳지 않은 것은?

① ERROR: 기타 런타임 오류 또는 예기치 않은 상태를 나타냅니다.
② INFO: 시작, 종료 같은 런타임 이벤트 메시지를 나타냅니다.
③ DEBUG: 디버그 용도로 시스템 흐름에 대한 자세한 정보를 나타냅니다.
④ TRACE: 가장 최상위 로깅 레벨로, 모든 로그에 대한 상세한 정보를 나타냅니다.

02. 다음 중 최상위에 해당하는 로그 레벨로 옳은 것은?

① FATAL
② ERROR
③ INFO
④ TRACE

03. 다음 중 다양한 로깅 라이브러리를 하나의 통일된 방식으로 사용할 수 있는 추상 인터페이스의 역할로 옳은 것은?

① logging
② Log4j2
③ Logback
④ SLF4J

04. 다음 중 Log4j2에 대한 기능으로 옳지 않은 것은?

① Log4j2는 플러인 시스템을 지원하므로 사용자들이 사용자 정의 구성 요소를 정의하고 구성할 수 있습니다.
② 단순화된 로깅 설정 구성의 문법을 제공합니다.
③ XML, JSON, YAML, Properties 등 다양한 형식으로 로깅 설정을 할 수 있습니다.
④ 파일 로깅 응답 시간이 Logback에 비해 오래 걸립니다.

05. 다음 중 로그 정보의 출력 형식을 결정하는 layout 클래스의 설명으로 옳지 않은 것은?

① HTMLLayout: 로그 정보를 HTML 형식으로 기록합니다.
② PatternLayout: 로그 정보를 표준 패턴에 따라 기록합니다.
③ RFC5424Layout: 로그 정보를 RFC 5424 형식으로 기록합니다.
④ XMLLayout: 로그 정보를 XML 형식으로 기록합니다.

06. 다음 중 사용자가 URL을 요청하면 컨트롤러에 요청이 들어가기 전, 즉 컨트롤러가 웹으로 응답하기 전에 가로채어 특정 작업을 처리하는 것을 의미하는 것으로 옳은 것은?

① 인터셉터
② 컨트롤러
③ 시큐리티
④ 예외 처리

07. 다음 중 인터셉터를 적용하는 작업으로 옳지 않은 것은?

① 응답 페이지를 출력하기 전에 서버에서 데이터를 미리 가져오는 기능

② 폼에서 제출(submit)이 중복으로 일어나는 것을 막는 기능

③ 요청이 처리되기 전에 파일을 업로드하는 기능

④ 예외 처리하는 기능

08. 다음 중 HandlerInterceptor 인터페이스로 인터셉터를 만드는 데 필요한 메서드로 옳지 않은 것은?

① preHandle()

② postHandle()

③ afterCompletion()

④ postCompletion()

※ 다음 코드를 보고 09~10번 물음에 답하시오.

```
// log42j.xml
<?xml version="1.0" encoding="UTF-8"?>
<Configuration>
    <Appenders>
        <Console name="console" target="SYSTEM_OUT">
            <_____❶_____pattern="%d %5p [%C] %m%n"/>
        </Console>
    </Appenders>
    <Loggers>
        <Root level="info" additivity="true">
            <AppenderRef ref="_____❷_____"/>
        </Root>
    </Loggers>
</Configuration>
```

09. 다음 중 ❶에 들어갈 것으로 옳은 것은?

① DateLayout

② PatternLayout

③ SimpleLayout

④ XMLLayout

10. 다음 중 ❷에 들어갈 것으로 옳은 것은?

① SYSTEM_OUT

② console

③ pattern

④ info

13 장

RESTful 웹 서비스

[도서 쇼핑몰] 장바구니 페이지 만들기

학 습 목 표

- RESTful 웹 서비스로 웹 애플리케이션 구축 방법을 살펴봅니다.
- [도서 쇼핑몰] 자바스크립트를 활용해 RESTful 웹 서비스 기반의 장바구니를 구현해 봅니다.

13.1 RESTful 웹 서비스의 개요

RESTful 웹 서비스는 HTTP와 웹의 장점을 최대한 활용할 수 있는 아키텍처인 REST(REpresentational State Transfer) 원리를 사용한 것입니다. REST는 HTTP에서 어떤 자원에 대한 CRUD 요청을 리소스와 메서드로 표현하여 특정한 형태로 전달하는 방식입니다. 즉, 어떤 자원에 대해 CRUD(Create, Read, Update, Delete) 연산을 수행하기 위해 URI로 자원을 명시하고 GET, POST, PUT, DELETE 등의 HTTP 방식을 사용해 요청을 보내며, 요청에 대한 자원은 JSON, XML, TEXT, RSS 등 특정한 형태(representation of resource)로 표현합니다.

예를 들어 도서 쇼핑몰에서 신규 도서의 내용을 작성하기 위해서는 http://localhost:8080/BookMarket/books/add라는 URI에 POST 방식을 사용해 JSON 형태의 데이터를 전달할 수 있습니다.

CRUD 연산을 요청할 때는 요청 리소스(URI)와 요청 메서드(POST), 리소스 형태(JSON)를 사용해 명확하게 표현합니다. 이 세 가지가 RESTful 웹 서비스의 구성 요소입니다.

- **리소스**: 서버는 고유 아이디가 있는 리소스를 가지고 클라이언트는 이런 리소스에 요청을 보냅니다. 리소스는 URI에 해당합니다.
- **메서드**: 서버에 요청을 보내는 방식으로 GET, POST, PUT, PATCH, DELETE가 있습니다. CRUD 연산에 맞는 메서드를 사용해 서버에 요청해야 합니다.
- **리소스 형태**: 클라이언트와 서버가 데이터를 주고받는 형태로 JSON, XML, TEXT, RSS 등이 있습니다. 최근에는 키(key)와 값(value)을 활용하는 JSON을 주로 사용합니다.

NOTE **URL과 URI의 차이**

URL은 Uniform Resource Locator의 약어로 HTTP에서의 리소스 위치입니다. 리소스 위치란 결국 어떤 파일의 위치를 의미합니다. URI는 Uniform Resource Identifier의 약어로 HTTP에서 리소스를 식별하는 문자열 구성을 의미합니다. URI는 URL을 포함하므로 URI가 좀 더 포괄적인 범위입니다.

13.2 RESTful 방식의 애너테이션

RESTful 방식의 컨트롤러 작성에 사용하는 주요 애너테이션은 다음과 같습니다.

표 13-1 RESTful 방식의 애너테이션

유형	설명
@RequestBody	컨트롤러 요청 처리 메서드의 매개변수에 선언하면 HTTP 요청 body를 해당 매개변수에 바인딩합니다.
@ResponseBody	컨트롤러 요청 처리 메서드의 매개변수에 선언하면 반환 값을 HTTP 응답 body에 바인딩합니다. 스프링은 요청된 메시지의 HTTP 헤더에 있는 Content-Type을 기반으로 HTTP Message converter를 사용하여 반환 값을 HTTP 응답 body로 변환합니다.
@RestController	@Controller와 @ResponseBody를 결합한 REST API를 제공하는 컨트롤러입니다.

2.1 @RequestBody

@RequestBody 애너테이션은 HTTP 요청 body 내용인 XML, JSON 또는 기타 데이터 등을 자바 객체로 매핑하는 역할을 합니다. 일반적으로 폼 페이지에서 전송되는 매개변수가 name=value 형태이면 @RequestParam이나 @ModelAttribute로 전달받지만 XML이나 JSON처럼 형식을 갖춘 문자열 형태라면 전달받을 수 없기 때문에 @RequestBody를 이용해야 합니다.

@RequestBody는 컨트롤러 내에 요청 처리 메서드의 매개변수에 설정하며, HTTP 요청 body 내용을 메서드의 매개변수가 전달받고 HTTP 요청 body 내용 전체를 해당 매개변수 타입으로 변환해 줍니다.

다음은 컨트롤러 내에 요청 처리 메서드의 매개변수에 @RequestBody를 선언한 예입니다. @RequestBody가 선언된 메서드의 매개변수는 폼 페이지에서 입력된 다중 값을 &로 연결된 name=value 형태로 전달받습니다.

[@RequestBody를 적용한 예]

Example01Controller.java

```
package com.springboot.controller;
...
import org.springframework.web.bind.annotation.RequestBody;
@Controller
@RequestMapping("/exam01")
public class Example01Controller {
    @GetMapping
    public String showForm() {
        return "viewPage01";
    }
    @PostMapping
    public String submit(@RequestBody String param, Model model) {
        model.addAttribute("data1", "@RequestBody로 정보 받기");
        model.addAttribute("data2", param);
        return "viewPage01_result";
    }
}
```

viewPage01.html

```
<html>
<head>
<title>Chap13</title>
</head>
<body>
    <h3>RESTful 웹 서비스</h3>
    <form action="./exam01" method="post">
        <p>이름 : <input name="name"/>
        <p>나이 : <input name="age"/>
        <p>이메일 : <input name="email"/>
        <p><input type="submit" value="전송하기"/>
    </form>
</body>
<html>
```

viewPage01_result.html

```
<html>
<head>
<title>Chap13</title>
</head>
<body>
    <h3>RESTful 웹 서비스</h3>
    // 현재 날짜와 시간 출력하기
    <p>[[${#calendars.format(#calendars.createNow(), 'yyyy-MM-dd HH:mm:ss')}]]
    <p>[[${data1}]]
    <p>[[${data2}]]
</body>
</html>
```

사용자의 웹 요청 URL이 http://.../exam01이면 Example01Controller 컨트롤러의 요청 처리 메서드 showForm()으로 viewPage01.html을 출력합니다. 폼 페이지에서 name, age, email 항목에 각각 **HongGilSon, 20, hong@naver.com**을 입력하면 Example01Controller 컨트롤러의 요청 처리 메서드 submit()에서 @RequestBody가 선언된 매개변수 param은 name=HongGilSon&age=20&email=hong@naver.com을 전달받고 viewPage01_result.html에 data1과 data2 값을 각각 출력합니다.

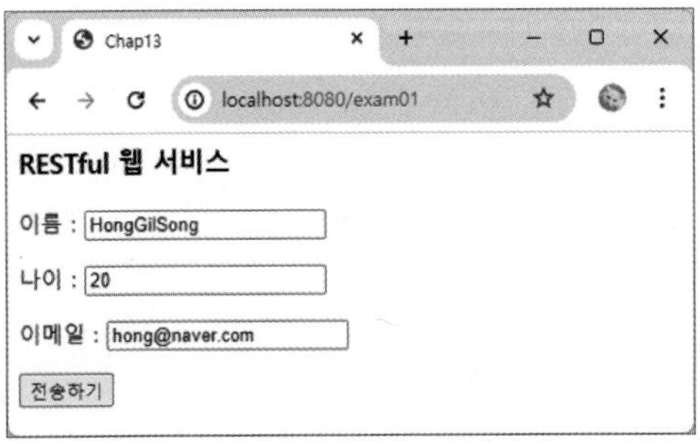

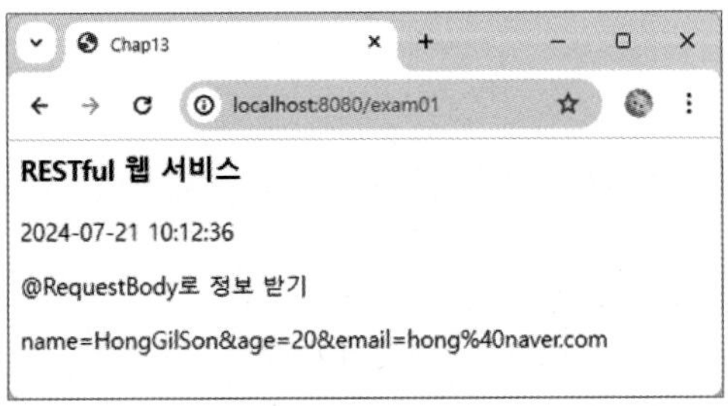

다음은 컨트롤러 내 요청 처리 메서드의 매개변수에 @RequestBody를 선언하여 JSON 형태로 전달받는 예입니다.

Example02Controller.java

```
package com.springboot.controller;
...
import java.util.HashMap;
import org.springframework.web.bind.annotation.RequestBody;

@Controller
@RequestMapping("/exam02")
public class Example02Controller {
    @GetMapping
    public String showForm() {
        return "viewPage02";
    }
    @PostMapping
    public String submit(@RequestBody HashMap<String, String> map) {
        System.out.println(map);
        return "viewPage02";
    }
}
```

viewPage02.html

```
<html>
<head>
<title>Chap13</title>
</head>
<body>
    <h3>RESTful 웹 서비스</h3>
    <script src="https://code.jquery.com/jquery-latest.min.js"></script>
    <script type="text/javascript">
    function myMethod() {
        var get_form = document.form;
        var obj = new Object();
        obj.name= get_form.name.value;       // 폼의 name 입력 값
        obj.age = get_form.age.value;        // 폼의 age 입력 값
        obj.email = get_form.email.value;    // 폼의 email 입력 값
        var json_data = JSON.stringify(obj); // 값이나 객체를 JSON 문자열로 변환
```

```
        $.ajax({
            type : "POST",                          // POST 방식
            url : "exam02",                         // 요청 URL
            data : json_data,                       // 전송 데이터
            contentType : "application/json",       // json 형식
            success : function(data) {
                alert("성공");
            },
            error : function(jqXHR, textStatus, errorThrown) {
                alert("실패 : " + textStatus);
            }
        });
    }
    </script>
    <form name="form" method = "post">
        <p>이름 : <input name="name"/>
        <p>나이 : <input name="age"/>
        <p>이메일 : <input name="email"/>
        <p><input onclick="myMethod()" type="button" value="전송하기"/>
    </form>
</body>
<html>
```

사용자의 웹 요청 URL이 http://.../exam02(GET 방식)이면 Example02Controller 컨트롤러의 요청 처리 메서드 showForm()으로 viewPage02.html을 출력합니다. 폼 페이지에서 항목 값으로 **HonGilSon, 20, hong@naver.com**을 입력하고 [전송하기] 버튼을 누르면 웹 요청 URL인 http://.../exam02(POST 방식)가 호출되어 이에 해당하는 Example02Controller 컨트롤러의 요청 처리 메서드 submit()이 실행됩니다.

submit() 메서드에서 @RequestBody가 선언된 매개변수인 HashMap 타입의 map 객체는 HttpMessageConverter 타입의 메시지 변환기로 JSON 형식인 {name=HonGilSon, age=20, email=hong@naver.com}으로 전달받습니다.

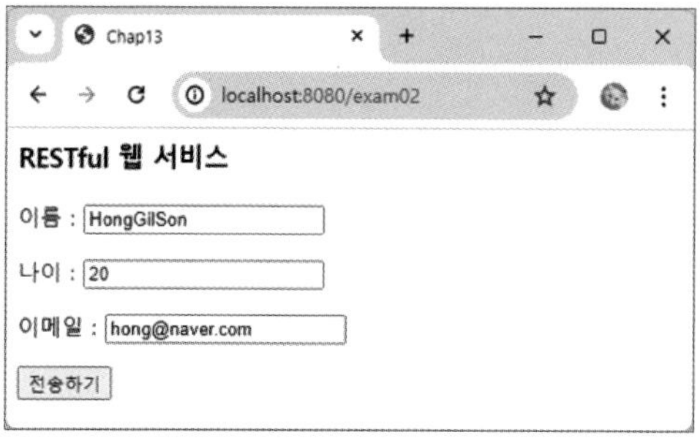

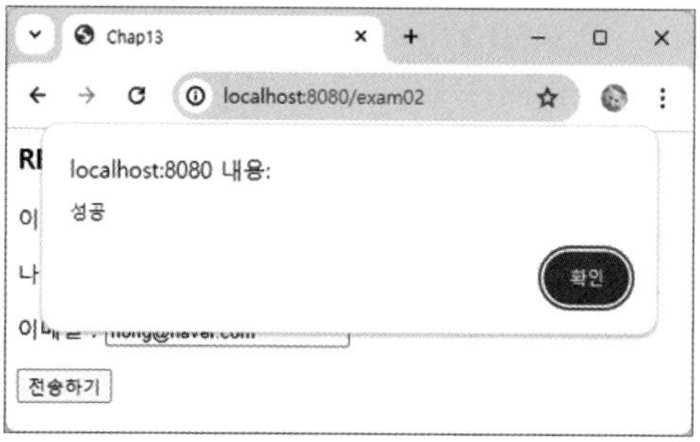

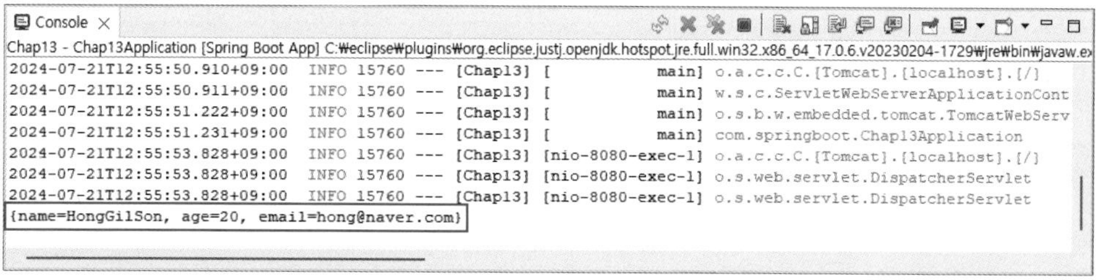

NOTE **HttpMessageConverter**

HttpMessageConverter는 HTTP 요청과 HTTP 응답에 둘 다 사용됩니다. @ResponseBody와 @RequestBody 애너테이션을 사용하면 HttpMessageConverter가 동작하고 없으면 View Resolver가 동작합니다. @RequestBody를 사용하면 JSON 형식에서 자바 객체로, @ResponseBody를 사용하면 자바 객체를 JSON 형식으로 변환해 줍니다.

표 13-2 HttpMessageConverter를 구현하는 주요 클래스

클래스	설명
ByteArrayHttpMessageConverter	• HTTP 메시지와 byte 배열 사이의 변환을 처리합니다. • 지원 콘텐츠 타입: application/octet-stream
StringHttpMessageConverter	• HTTP 메시지와 String 사이의 변환을 처리합니다. • 지원 콘텐츠 타입: text/plain;charset=ISO-8859-1
FormHttpMessageConverter	• HTML 폼 데이터를 MultiValueMap으로 전달받을 때 사용합니다. • 지원 콘텐츠 타입: application-x-www-form-urlencorded
SourceHttpMessageConverter	• HTTP 메시지와 javax.xml.transform.Source 사이의 변환을 처리합니다. • 지원 콘텐츠 타입: application/xml 또는 text/xml
MarshallingHttpMessageConverter	• 스프링의 Marshaller와 unMarshaller를 이용해 XML HTTP 메시지와 객체 사이의 변환을 처리합니다. • 지원 콘텐츠 타입: application/xml 또는 text/xml
MappingJacksonHttpMessage-Converter	• Jackson 라이브러리로 JSON HTTP 메시지와 객체 사이의 변환을 처리합니다. • 지원 콘텐츠 타입: applicaion/json

2.2 @ResponseBody

@ResponseBody 애너테이션은 자바 객체를 HTTP 응답 body 내용으로 매핑하는 역할을 합니다. @RequestBody처럼 XML이나 JSON 형식을 갖춘 문자열 형태로 응답할 때 이용합니다.

컨트롤러 내 요청 처리 메서드 수준으로 설정하며, 요청 처리 메서드의 반환 결과 값을 HTTP 응답 body 내용으로 전달합니다.

다음은 컨트롤러 내 요청 처리 메서드에 @ResponseBody를 선언한 예입니다. @ResponseBody가 선언된 메서드의 반환 결과 값은 JSON 형식으로 변환합니다.

[@ResponseBody를 적용한 예]

Example03Controller.java

```
package com.springboot.controller;
...
import org.springframework.web.bind.annotation.ResponseBody;
import com.springboot.domain.Person;

@Controller
@RequestMapping("/exam03")
public class Example03Controller {

    @ResponseBody
    @GetMapping
    public Person submit() {
        Person person = new Person();
        person.setName("HongGilSon");
        person.setAge("20");
        person.setEmail("hong@naver.com");
        System.out.println(person);
        return person;
    }
}
```

Person.java

```
package com.springboot.domain;
import lombok.Data;
@Data
public class Person {
    private String name;
    private String age;
    private String email;
}
```

사용자의 웹 요청 URL이 http://.../exam03이면 컨트롤러 Eaxample03Controller의 요청 처리 메서드 submit()에서 설정된 person 객체의 값을 JSON 형식으로 변환해서 {"name":"HongGilSon","age":"20","email":"hong@naver.com"}으로 응답합니다.

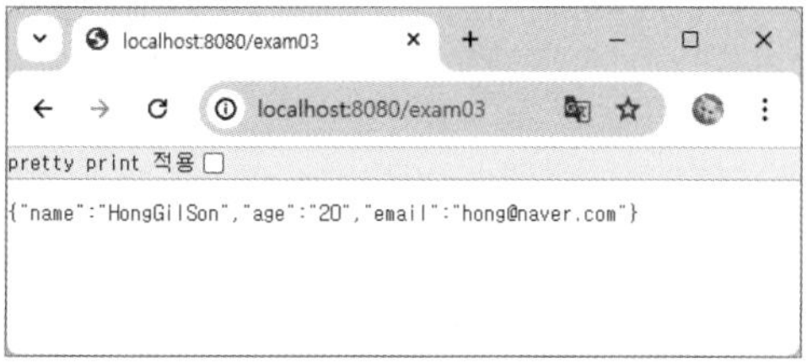

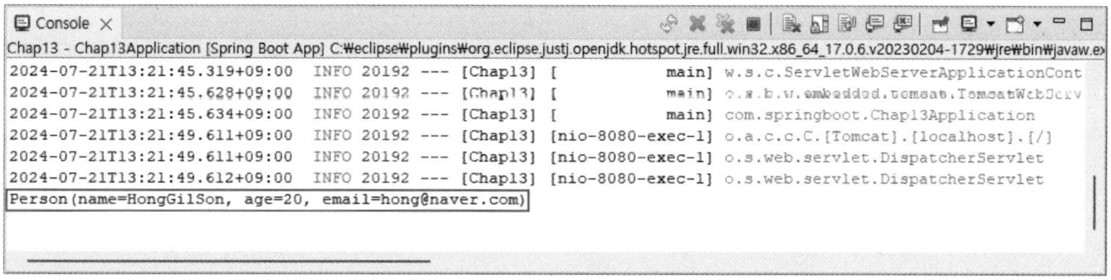

2.3 @RestController

@RestController 애너테이션은 컨트롤러에 @ResponseBody가 추가된 것으로 JSON 형태로 데이터를 반환합니다. @Controller와는 다르게 반환 값에 @ResponseBody가 자동으로 붙어서 자바 객체가 HTTP 응답 body 내용에 매핑되어 전달됩니다.

@Controller일 때는 반드시 @ResponseBody를 선언해야 하지만 @RestController를 사용하면 @ResponseBody를 사용하지 않아도 됩니다.

앞서 살펴본 컨트롤러 내 요청 처리 메서드에 @ResponseBody를 선언한 예에서 @Controller 대신 @RestController로 선언하면 @ResponseBody를 생략할 수 있고, @ResponseBody처럼 요청 처리 메서드의 반환 결과 값을 JSON 형식으로 변환해서 응답합니다.

[@RestController를 적용한 예]

Example04Controller.java

```
package com.springboot.controller;
...
import org.springframework.web.bind.annotation.RestController;
import com.springboot.domain.Person;
@RestController
@RequestMapping("/exam04")
public class Example04Controller {
    @GetMapping
    public Person submit() {
        Person person = new Person();
        person.setName("HongGilSon");
        person.setAge("20");
        person.setEmail("hong@naver.com");
        System.out.println(person);
        return person;
    }
}
```

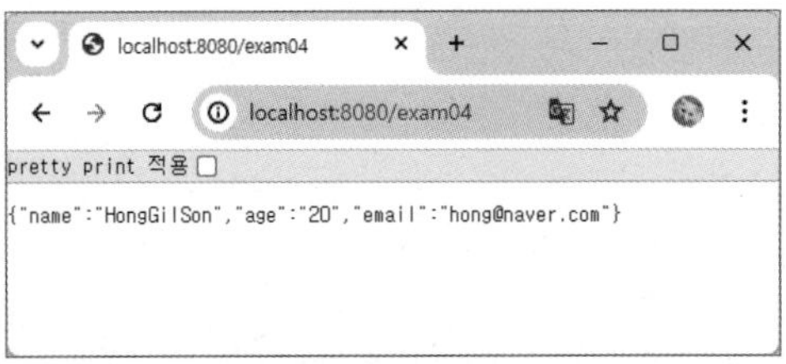

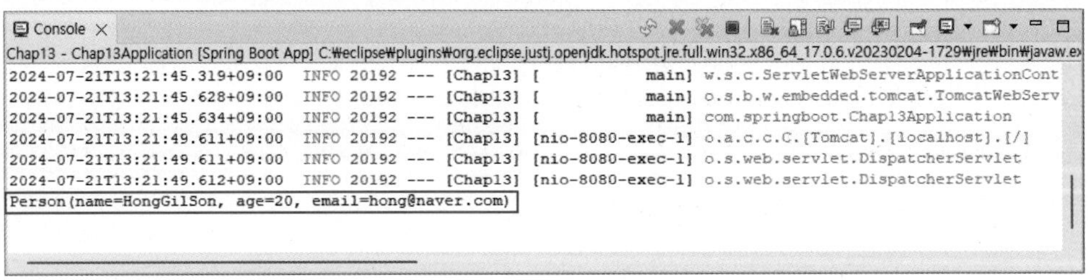

SPRING BOOT

13

13.3 RESTful 웹 서비스의 CRUD

웹 애플리케이션의 게시판은 보통 게시글을 올리고(Create), 읽고(Read), 수정하고(Update), 삭제하는(Delete) 등 리소스에 대한 CRUD 작업을 모두 포함하고 있습니다.

기존의 웹 접근 방식으로 웹 게시판을 개발한다면 GET과 POST만으로도 CRUD 작업을 모두 처리할 수 있습니다. 웹 게시판의 글 읽기와 삭제하기는 GET 방식, 글쓰기와 수정하기는 POST 방식을 이용합니다. 하지만 URI는 실행을 위한 액션을 나타낼 뿐 제어하려는 리소스나 리소스의 위치를 명확하게 나타내지 않습니다. 이와 같이 기존의 웹 접근 방식으로는 URI를 통해 제어하려는 리소스가 무엇이며, 리소스에서 GET이나 POST 방식으로만 어떤 액션을 할 것인지 명확하게 식별할 수 없습니다.

최근의 웹 애플리케이션은 HTTP 요청 방식으로 GET, PUT, POST, DELETE와 URI를 통해 리소스의 접근을 명확하게 식별할 수 있도록 RESTful 웹 서비스 기반으로 개발합니다. RESTful 웹 서비스를 기반으로 HTTP 메서드를 사용하려면 application.properties 파일을 다음과 같이 설정합니다.

```
spring.mvc.hiddenmethod.filter.enabled=true
```

NOTE

HTTP 요청 방식으로 GET, PUT, POST, DELETE를 적용하는데 다음과 같은 오류가 발생할 수 있습니다.

"Resolved [org.springframework.web.HttpRequestMethodNotSupportedException: Request method 'POST' is not supported]"

이 경우에는 application.properties 파일에 spring.mvc.hiddenmethod.filter.enabled=true를 반드시 설정해야 합니다.

RESTful 웹 서비스에서 HTTP 요청 방식으로 리소스에 접근해서 수행하는 CRUD 작업은 다음과 같습니다.

표 13-3 HTTP 요청 방식 유형

유형	설명	CRUD 작업
POST	기존 리소스를 갱신하거나 새로운 리소스를 생성	Create
GET	리소스를 조회하여 읽어 오기	Read
PUT	리소스를 변경	Update
DELETE	기존 리소스를 삭제	Delete
OPTION	기존 리소스에 대한 리소스 작업 얻기	

다음은 HTTP 요청 방식의 PUT을 지정한 예입니다.

[HTTP 요청 방식의 PUT을 적용한 예]

Example05Controller.java

```
package com.springboot.controller;
...
import org.springframework.web.bind.annotation.PutMapping;
import com.springboot.domain.Person;

@Controller
@RequestMapping("/exam05")
public class Example05Controller {
    @GetMapping
    public String showForm(@ModelAttribute Person person) {
        return "viewPage05";
    }
    @PutMapping
    public String submit(@ModelAttribute Person person, Model model) {
        model.addAttribute("data1", "@PutMapping 적용하기");
        model.addAttribute("data2", person);
        System.out.println(person);
        return "viewPage05_result";
    }
}
```

viewPage05.html

```
<html>
<head>
<title>Chap13</title>
</head>
<body>
   <h3>RESTful 웹 서비스</h3>
   <form action="exam05" method="post">
   <input type="hidden" name="_method" value="put"/>  // HTTP 요청 방식을 PUT으로 처리
      <p>이름 : <input name="name"/>
      <p>나이 : <input name="age"/>
      <p>이메일 : <input name="email"/>
      <p><input type="submit" value="확인"/>
   </form>
</body>
<html>
```

viewPage05_result.html

```
<html>
<head>
<title>Chap13</title>
</head>
<body>
   <h3>RESTful 웹 서비스</h3>
   <p>[[${#calendars.format(#calendars.createNow(), 'yyyy-MM-dd HH:mm:ss')}]]
   <p>[[${data1}]]
   <p>[[${data2}]]
</body>
</html>
```

사용자 웹 요청 URL이 http://.../exam05이면 Example05Controller 컨트롤러의 요청 처리 메서드 showForm()으로 viewPage05.html을 출력합니다. 폼 페이지에서 name, age, email 항목에 각각 **HongGilSon, 20, hong@naver.com**을 입력하면 Example05Controller 컨트롤러의 요청 처리 메서드 submit()에서 매개변수 person으로 전달받습니다.

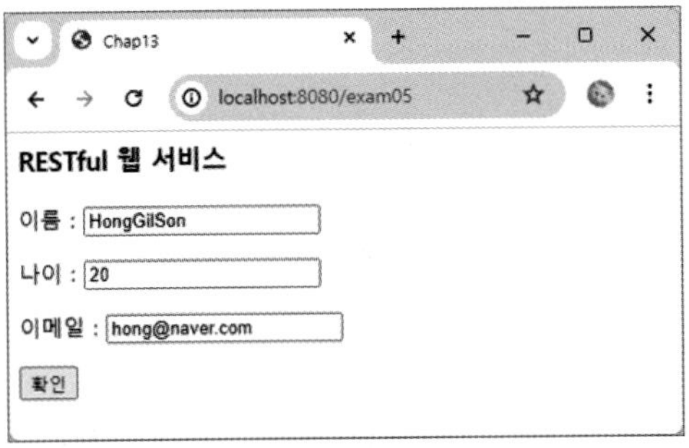
Chap13
localhost:8080/exam05
RESTful 웹 서비스
이름 : HongGilSon
나이 : 20
이메일 : hong@naver.com
확인

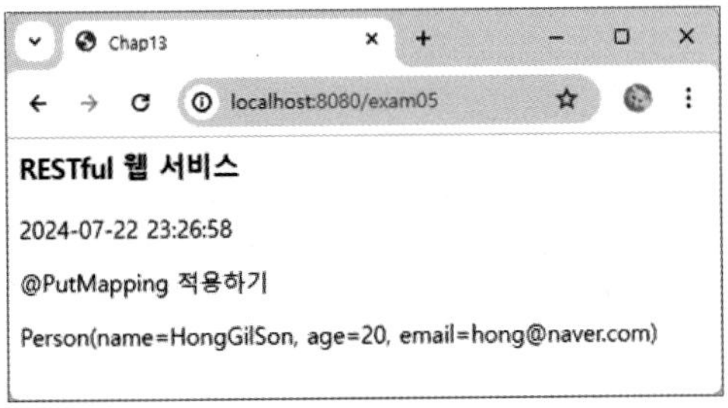
Chap13
localhost:8080/exam05
RESTful 웹 서비스
2024-07-22 23:26:58
@PutMapping 적용하기
Person(name=HongGilSon, age=20, email=hong@naver.com)

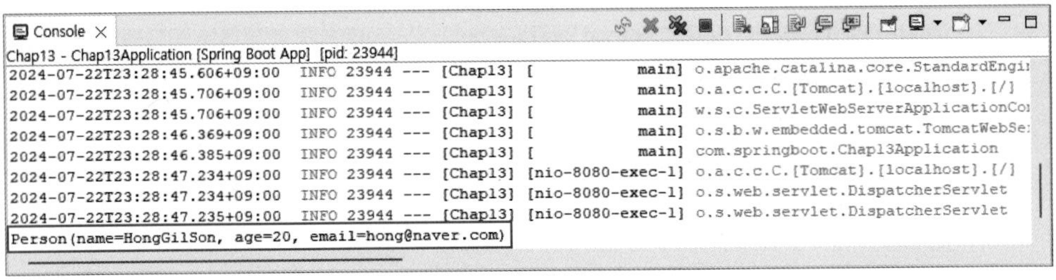
Console
Chap13 - Chap13Application [Spring Boot App] [pid: 23944]
2024-07-22T23:28:45.606+09:00 INFO 23944 --- [Chap13] [main] o.apache.catalina.core.StandardEngi
2024-07-22T23:28:45.706+09:00 INFO 23944 --- [Chap13] [main] o.a.c.c.C.[Tomcat].[localhost].[/]
2024-07-22T23:28:45.706+09:00 INFO 23944 --- [Chap13] [main] w.s.c.ServletWebServerApplicationCo
2024-07-22T23:28:46.369+09:00 INFO 23944 --- [Chap13] [main] o.s.b.w.embedded.tomcat.TomcatWebSe
2024-07-22T23:28:46.385+09:00 INFO 23944 --- [Chap13] [main] com.springboot.Chap13Application
2024-07-22T23:28:47.234+09:00 INFO 23944 --- [Chap13] [nio-8080-exec-1] o.a.c.c.C.[Tomcat].[localhost].[/]
2024-07-22T23:28:47.234+09:00 INFO 23944 --- [Chap13] [nio-8080-exec-1] o.s.web.servlet.DispatcherServlet
2024-07-22T23:28:47.235+09:00 INFO 23944 --- [Chap13] [nio-8080-exec-1] o.s.web.servlet.DispatcherServlet
Person(name=HongGilSon, age=20, email=hong@naver.com)

13.4 [도서 쇼핑몰] 장바구니 페이지 만들기

RESTful 웹 서비스를 이용해 도서 쇼핑몰의 장바구니를 구현합니다. 먼저 장바구니 공통 모듈을 만들고 RESTful 웹 서비스의 구성 요소를 적용한 장바구니 뷰 화면을 구현합니다.

[미리보기] 도서 쇼핑몰 로드맵

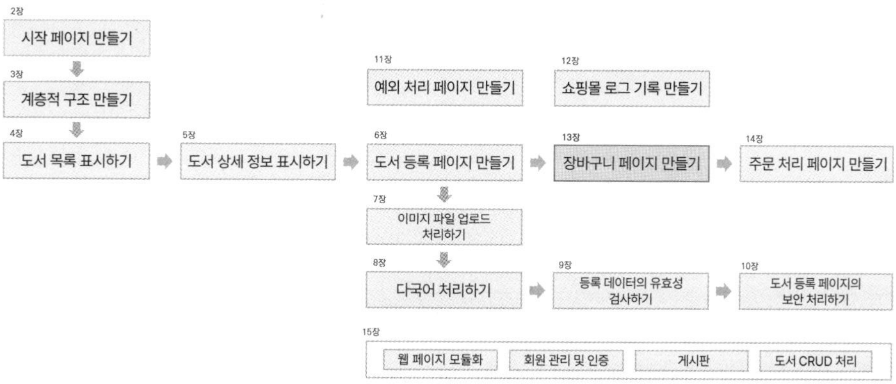

[미리보기] 도서 쇼핑몰의 장바구니

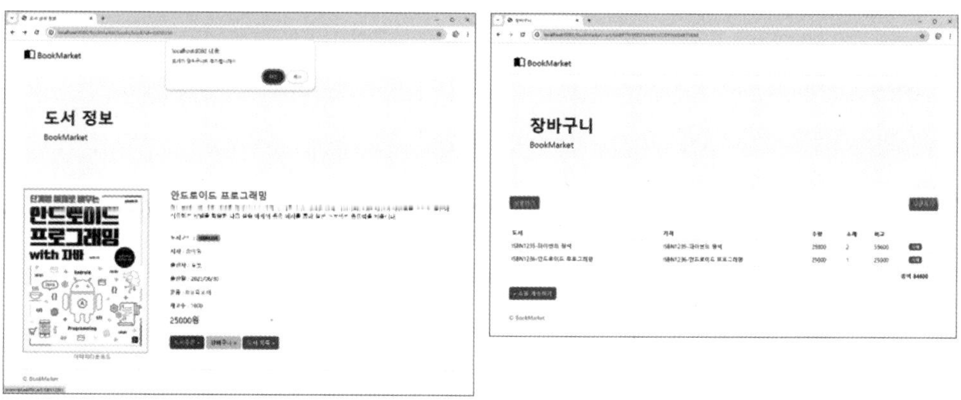

실습 1 RESTful 방식의 장바구니 기본 구조 만들기

RESTful 웹 서비스 기반의 장바구니를 구축하기 위해 장바구니 공통 모듈을 먼저 만들어 보겠습니다.

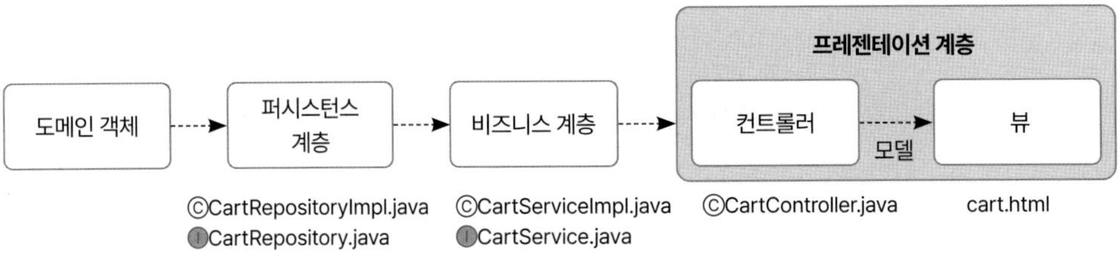

그림 13-1 도서 쇼핑몰 장바구니의 계층적 구조

장바구니 정보가 담긴 도메인 객체 생성하기

1 장바구니의 항목 관리 클래스 생성 com.springboot.domain 패키지에 CartItem 클래스를 생성하고 다음의 내용을 작성합니다.

BookMarket/src/main/java/com/springboot/domain/CartItem.java

```
package com.springboot.domain;
import java.math.BigDecimal;
import lombok.Data;
import lombok.ToString;
@Data
@ToString
public class CartItem {
    private Book book;                  // 도서
    private int quantity;               // 도서 개수
    private BigDecimal totalPrice;      // 도서 가격
    public CartItem(Book book) {
        super();
        this.book = book;
        this.quantity = 1;                          ❶
        this.totalPrice = book.getUnitPrice();
    }
```

```java
    public void setBook(Book book) {
        this.book = book;
        this.updateTotalPrice();
    }
    public void setQuantity(int quantity) {
        this.quantity = quantity;
        this.updateTotalPrice();
    }
    public void updateTotalPrice() {
        totalPrice = this.book.getUnitPrice().multiply(new BigDecimal(this.quantity));
    }
}
```

❶ 이클립스에서 **Source → Generate Constructor using Fields** 메뉴를 선택하여 일반 생성자 CartItem(...)을 만들고 멤버 변수를 초기화합니다.

❷ 이클립스에서 **Source → Generate Getters and Setters** 메뉴를 선택하여 모든 필드에 대한 Setter() 메서드를 생성합니다. 여기에 장바구니에 담기는 도서별 총액을 산출하는 메서드 updateTotalPrice()를 호출합니다.

❸ 장바구니에 등록되는 도서별 총액을 산출하는 메서드입니다.

2 장바구니 클래스 생성 com.springboot.domain 패키지에 Cart 클래스를 생성하고 다음의 내용을 작성합니다.

BookMarket/src/main/java/com/springboot/domain/Cart.java

```java
package com.springboot.domain;
import java.math.BigDecimal;
import java.util.HashMap;
import java.util.Map;
import lombok.Data;
import lombok.ToString;
@Data
@ToString
public class Cart {
    private String cartId;                    // 장바구니 ID
```

```
    private Map<String,CartItem> cartItems;     // 장바구니 항목
    private BigDecimal grandTotal;              // 총액
    public Cart() {
        cartItems = new HashMap<String, CartItem>();    ①
        grandTotal = new BigDecimal(0);
    }
    public Cart(String cartId) {
        this();                                          ②
        this.cartId = cartId;
    }
}
```

① 이클립스에서 **Source → Generate Constructors from Superclass** 메뉴를 선택하여 기본 생성자 Cart()를 생성하고 멤버 변수를 초기화합니다.

② 이클립스에서 **Source → Generate Constructor using Fields** 메뉴를 선택하여 일반 생성자 Cart(...)를 생성하고 장바구니 ID를 초기화합니다.

장바구니 정보를 관리하는 퍼시스턴스 계층 구현하기

1 장바구니 정보 관리 인터페이스 생성 com.springboot.repository 패키지에 CartRepository 인터페이스를 생성하고 다음 내용을 작성합니다.

BookMarket/src/main/java/com/springboot/repository/CartRepository.java

```
package com.springboot.repository;

import com.springboot.domain.Cart;

public interface CartRepository {
    Cart create(Cart cart);
    Cart read(String cartId);
}
```

2 장바구니 정보 관리 클래스 생성 com.springboot.repository 패키지에 CartRepositoryImpl 클래스를 생성하고 다음의 내용을 작성합니다.

BookMarket/src/main/java/com/springboot/repository/CartRepositoryImpl.java

```
package com.springboot.repository;
import java.util.HashMap;
import java.util.Map;
import org.springframework.stereotype.Repository;
import com.springboot.domain.Cart;
@Repository
public class CartRepositoryImpl implements CartRepository {
    private Map<String, Cart> listOfCarts;
    public CartRepositoryImpl() {
        listOfCarts = new HashMap<String,Cart>();
    }
    public Cart create(Cart cart) {                                    ❶
        if(listOfCarts.keySet().contains(cart.getCartId())) {
            throw new IllegalArgumentException(String.format("장바구니를 생성할 수 없습
                니다. 장바구니 id(%)가 존재합니다", cart.getCartId()));
        }
        listOfCarts.put(cart.getCartId(), cart);
        return cart;
    }
    public Cart read(String cartId) {
        return listOfCarts.get(cartId);                         ❷
    }
}
```

❶ 새로운 장바구니를 생성하여 장바구니 ID를 등록하고 생성된 장바구니 객체를 반환하는 메서드입니다. 동일한 장바구니 ID가 존재하면 예외 처리를 위해 IllegalArgumentException() 메서드를 호출합니다.

❷ 장바구니 ID를 이용하여 장바구니에 등록된 모든 정보를 가져와 반환하는 메서드입니다.

장바구니 정보를 반환하는 비즈니스 계층 구현하기

1 장바구니 정보 반환 인터페이스 생성 com.springboot.service 패키지에 CartService 인터페이스를 생성하고 다음 내용을 작성합니다.

BookMarket/src/main/java/com/springboot/service/CartService.java

```
package com.springboot.service;
import com.springboot.domain.Cart;
public interface CartService {
    Cart create(Cart cart);
    Cart read(String cartId);
}
```

2 장바구니 정보 반환 클래스 생성 com.springboot.service 패키지에 CartServiceImpl 클래스를 생성하고 다음의 내용을 작성합니다.

BookMarket/src/main/java/com/springboot/service/CartServiceImpl.java

```
package com.springboot.service;
import org.springframework.beans.factory.annotation.Autowired;
import org.springframework.stereotype.Service;
import com.springboot.domain.Cart;
import com.springboot.repository.CartRepository;
@Service
public class CartServiceImpl implements CartService {
    @Autowired
    private CartRepository cartRepository;
    public Cart create(Cart cart) {
        return cartRepository.create(cart);        ❶
    }
    public Cart read(String cartId) {
        return cartRepository.read(cartId);        ❷
    }
}
```

❶ 장바구니 저장소 객체에서 생성한 장바구니를 가져와 반환하는 메서드입니다.

❷ 저장소 객체에서 장바구니 ID에 등록된 모든 정보를 가져와 반환하는 메서드입니다.

MVC를 담당하는 프레젠테이션 계층 구현하기

1 장바구니 컨트롤러 생성 com.springboot.controller 패키지에 CartController 클래스를 생성하고 다음 내용을 작성합니다.

BookMarket/src/main/java/com/springboot/controller/CartController.java

```
package com.springboot.controller;
import org.springframework.beans.factory.annotation.Autowired;
import org.springframework.stereotype.Controller;
import org.springframework.ui.Model;
import org.springframework.web.bind.annotation.RequestBody;
import org.springframework.web.bind.annotation.ResponseBody;
import org.springframework.web.bind.annotation.GetMapping;
import org.springframework.web.bind.annotation.PathVariable;
import org.springframework.web.bind.annotation.PostMapping;
import org.springframework.web.bind.annotation.PutMapping;
import org.springframework.web.bind.annotation.RequestMapping;
import com.springboot.domain.Cart;
import com.springboot.service.BookService;
import com.springboot.service.CartService;
import jakarta.servlet.http.HttpServletRequest;
@Controller
@RequestMapping(value = "/cart")
public class CartController {
    @Autowired
    private CartService cartService;
    @GetMapping
    public String requestCartId(HttpServletRequest request) {
        System.out.println("aaaa");
        String sessionid = request.getSession(true).getId();      ❶
        return "redirect:/cart/"+ sessionid;
    }
    @PostMapping
    public @ResponseBody Cart create(@RequestBody Cart cart) {
        System.out.println("bbb");                                 ❷
        return  cartService.create(cart);
    }
```

```java
    @GetMapping("/{cartId}")
    public String requestCartList(@PathVariable(value = "cartId") String cartId,
            Model model) {
        System.out.println("cccc");
        Cart cart = cartService.read(cartId);
        model.addAttribute("cart",cart);
        return "cart";
    }
    @PutMapping("/{cartId}")
    public @ResponseBody Cart read(@PathVariable(value = "cartId") String cartId) {
        System.out.println("dddd");
        return cartService.read(cartId);
    }
}
```

❶ 웹 요청 URL이 http://localhost:8080/BookMarket/cart/일 때 요청 처리 메서드입니다. 세션 ID 값을 가져와 URI cart/sessionid로 리다이렉션합니다.

❷ 웹 요청 URI가 /BookMarket/cart/일 때 HTTP 메서드가 POST 방식이면 매핑되는 요청 처리 메서드입니다. Cart 클래스 정보를 HTTP 요청 body로 전달받아 장바구니를 새로 생성하고 HTTP 응답 body로 전달합니다.

❸ 웹 요청 URI가 /BookMarket/cart/cartId일 때 HTTP 메서드가 GET 방식이면 매핑되는 요청 처리 메서드로, 사용자 요청을 처리합니다. 요청 URL에서 경로 변수 cartId(장바구니 ID)에 등록된 모든 정보를 읽어 와 커맨드 객체 cart 속성에 등록하고, 뷰 이름을 cart로 반환하므로 cart.html이 됩니다.

❹ 웹 요청 URI가 /cart/cartId일 때 HTTP 메서드가 PUT 방식이면 매핑되는 요청 처리 메서드로, 사용자 요청을 처리합니다. read() 메서드는 요청 URL에서 경로 변수인 장바구니 ID(cartId)에 등록된 모든 정보를 가져옵니다.

2 도서 상세 페이지 수정 도서를 장바구니에 담기 위한 book.html 파일을 다음과 같이 수정합니다.

BookMarket/src/main/resources/templates/book.html

```html
<html>
...
    <br>
```

```
    <p><a href="#" class="btn btn-primary">도서주문 &raquo;</a>
    <a href="/BookMarket/cart" class="btn btn-warning">장바구니 &raquo;</a>   ❶
    <a href="/BookMarket/books" class="btn btn-secondary">도서 목록 &raquo;</a>
    </div>
...
```

❶ [장바구니 »] 버튼을 만들고 버튼을 누르면 웹 요청 URL이 /cart로 이동합니다.

3 장바구니 뷰 페이지 작성 장바구니에 해당하는 cart.html 파일을 생성하고 다음의 내용을 작성합니다.

BookMarket/src/main/resources/templates/cart.html

```
<html>
<head>
    <meta charset="UTF-8">
    <title>장바구니</title>
    <link href="/BookMarket/css/bootstrap.min.css" rel="stylesheet">
</head>
<body>
<div class="container py-4">
    <header class="py-3 mb-4 border-bottom">
        <div class="container d-flex flex-wrap justify-content-center">
            <a href="/BookMarket/home" class="d-flex align-items-center link-body-
             emphasis text-body-emphasis text-decoration-none mb-3 mb-lg-0 me-lg-
             auto">
                <svg xmlns="http://www.w3.org/2000/svg" width="32" height="32"
                 fill="currentColor" class="bi bi-book-half me-2" viewBox="0 0 16 16">
                    <path d="M8.5 2.687c.654-.689 1.782-.886 3.112-.752 1.234.124
                    2.503.523 3.388.893v9.923c-.918-.35-2.107-.692-3.287-.81-1.094-
                    .111-2.278-.039-3.213.492zM8 1.783C7.015.936 5.587.81 4.287.94c-
                    1.514.153-3.042.672-3.994 1.105A.5.5 0 0 0 0 2.5v11a.5.5 0 0
                    0 .707.455c.882-.4 2.303-.881 3.68-1.02 1.409-.142 2.59.087
                    3.223.877a.5.5 0 0 0 .78 0c.633-.79 1.814-1.019 3.222-.877 1.378.139
                    2.8.62 3.681 1.02A.5.5 0 0 0 16 13.5v-11a.5.5 0 0 0-.293-.455c-.952-
                    .433-2.48-.952-3.994-1.105C10.413.809 8.985.936 8 1.783"/>
                </svg>
```

```
            <span class="fs-4">BookMarket</span>
        </a>
    </div>
</header>
<div class="p-5 mb-4 bg-body-tertiary rounded-3">
    <div class="container-fluid py-5">
        <h1 class="display-5 fw-bold">장바구니</h1>
        <p class="col-md-8 fs-4">BookMarket</p>
    </div>
</div>
<div class="row align-items-md-stretch">
    <div class="col-md-12">
        <a href="#" class="btn btn-success text-right" style="float:right">주문하기</a>
    </div>
    <div style="padding-top: 50px">
        <table class="table table-hover">
            <tr>
                <th>도서</th>
                <th>가격</th>
                <th>수량</th>
                <th>소계</th>
                <th>비고</th>
                <th></th>
            </tr>
            <div th:if="${cart != null}">
            <div th:each="item:${cart.cartItems}">
            <tr>
                <td th:text="${item.value.book.bookId} + '-' + ${item.value.book.
                 name}"/></td>
                <td th:text="${item.value.book.bookId} + '-' + ${item.value.book.
                 name}"/></td>
                <td th:text="${item.value.book.unitPrice}"/></td>                  ❶
                <td th:text="${item.value.quantity}"/></td>
                <td th:text="${item.value.totalPrice}"/></td>
                <td></td>
            </tr>
            </div>
            </div>
```

```
        </table>
        <div class="text-end" style="padding-right:30px">
            <b>총액
            <span th:if="${cart != null}">
                [[${cart.grandTotal}]]            ❷
            </span>
            </b>
        </div>
        <br>
        <a href="/BookMarket/books" class="btn btn-secondary">&laquo;쇼핑 계속하기</a>  ❸
        <footer class="pt-3 mt-4 text-body-secondary border-top">
            <span class="text-body-secondary">&copy;BookMarket</span>
        </footer>
    </div>
</body>
</html>
```

❶ 장바구니가 비어 있지 않으면 장바구니에 등록된 도서 정보 목록을 출력합니다. 커맨드 객체 cart.cartItems를 item 변수로 재정의하여 book 객체, quantity, totalPrice 등을 ${item.value.필드이름}을 이용하여 출력합니다.

❷ 장바구니가 비어 있지 않으면 장바구니에 담긴 총액을 출력합니다.

❸ [〉〉쇼핑 계속하기] 버튼을 만들고 버튼을 누르면 웹 요청 URL이 /books로 이동합니다.

4 프로젝트 실행 웹 브라우저에 **http://localhost:8080/BookMakrt/books**를 입력하여 실행합니다. 도서 상세 정보 화면이 나타나면 [장바구니] 버튼을 눌러 장바구니 화면으로 이동하는 것을 확인합니다.

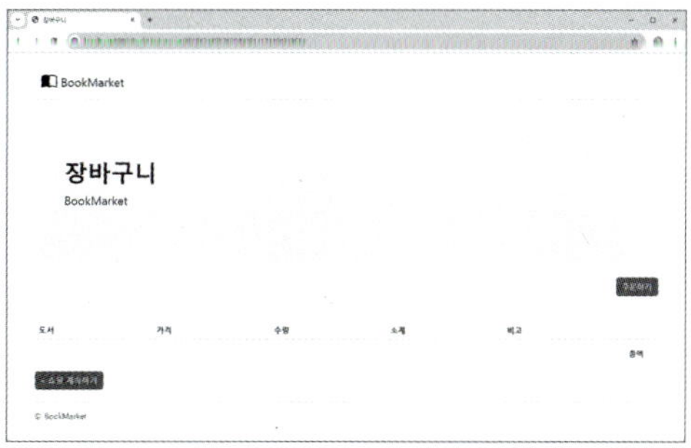

실습 2 RESTful 웹 서비스를 위한 장바구니 CRUD 만들기

도서 쇼핑몰의 장바구니 공통 모듈을 만들었으니 RESTful 웹 서비스의 구성 요소를 적용해 도서 장바구니의 뷰 화면을 구현해 봅니다.

HiddenHttpMethodFilter 필터 설정하기

1 HiddenHttpMethodFilter 필터 설정 application.properties 파일에 HTTP 요청 방식을 사용하기 위해 HiddenHttpMethodFilter를 설정합니다.

BookMarket/src/main/resources/application.properties

```
spring.application.name=BookMarket
server.servlet.context-path=/BookMarket
...
logging.config=classpath:logging/log4j2.xml
spring.mvc.hiddenmethod.filter.enabled=true
```

장바구니에 도서 등록하기

1 장바구니에 도서 등록 com.springboot.domain 패키지의 Cart 클래스에 다음의 내용을 추가 작성합니다.

BookMarket/src/main/java/com/springboot/domain/Cart.java

```
package com.springboot.domain;
...
@Data
@ToString
public class Cart {
    ...
    public Cart(String cartId) {
        this();
        this.cartId = cartId;
    }
```

```
    public void addCartItem(CartItem item) {
        String bookId = item.getBook().getBookId();
        if(cartItems.containsKey(bookId)) {
            CartItem cartItem = cartItems.get(bookId);
            cartItem.setQuantity(cartItem.getQuantity()+item.getQuantity());
            cartItems.put(bookId, cartItem);
        } else {
            cartItems.put(bookId, item);
        }
        updateGrandTotal();        // 총액 갱신
    }
}
```

❶ 도서 목록 중 선택한 도서를 장바구니에 등록하는 메서드입니다.

❷ 장바구니에 등록하는 도서 ID가 CartItems 객체에 등록되어 있는지 확인하고 등록되어 있으면 도서 개수를 추가하고 등록되어 있지 않으면 CartItems 객체에 저장합니다.

2 CartRepository 인터페이스 수정 com.springboot.repository 패키지의 CartRepository 인터페이스에 다음의 내용을 추가 작성합니다.

BookMarket/src/main/java/com/springboot/repository/CartRepository.java

```
package com.springboot.repository;
...
public interface CartRepository {
    Cart create(Cart cart);
    Cart read(String cartId);
    void update(String cartId, Cart cart);
}
```

3 CartRepositoryImpl 클래스 수정 com.springboot.repository 패키지의 CartRepositoryImpl 클래스에 다음의 내용을 추가 작성합니다.

```
BookMarket/src/main/java/com/springboot/repository/CartRepositoryImpl.java
```

```java
package com.springboot.repository;
...
@Repository
public class CartRepositoryImpl implements CartRepository {
    ...
    public Cart read(String cartId) {
        return listOfCarts.get(cartId);
    }
    public void update(String cartId, Cart cart) {
        if(!listOfCarts.keySet().contains(cartId)) {
            throw new IllegalArgumentException(String.format("장바구니 목록을 갱신할 수
                    없습니다. 장바구니 id(%)가 존재하지 않습니다", cartId));
        }
        listOfCarts.put(cartId, cart);
        System.out.println("장바구니" + cart);
    }
}
```

❶ 장바구니 ID가 존재하지 않은 경우 발생시킬 예외 처리입니다.

4 CartService 인터페이스 수정 com.springboot.service 패키지의 CartService 인터페이스에 다음의 내용을 추가 작성합니다.

```
BookMarket/src/main/java/com/springboot/service/CartService.java
```

```java
package com.springboot.service;
...
public interface CartService {
    Cart create(Cart cart);
    Cart read(String cartId);
    void update(String cartId, Cart cart);
}
```

5 CartServiceImpl 클래스 수정 com.springboot.service 패키지의 CartServiceImpl 클래스에 다음의 내용을 추가 작성합니다.

BookMarket/src/main/java/com/springboot/service/CartServiceImpl.java

```
package com.springboot.service;
...
@Service
public class CartServiceImpl implements CartService{
    ...
    public Cart read(String cartId) {
        return cartRepository.read(cartId);
    }
    public void update(String cartId, Cart cart) {
        cartRepository.update(cartId, cart);
    }
}
```

6 CartController 클래스 수정 com.springboot.controller 패키지의 CartController 클래스에 다음의 내용을 추가 작성합니다.

BookMarket/src/main/java/com/springboot/controller/CartController.java

```
package com.springboot.controller;
...
import org.springframework.http.HttpStatus;
import org.springframework.web.bind.annotation.ResponseStatus;
import com.springboot.domain.Book;
import com.springboot.domain.CartItem;
import com.springboot.exception.BookIdException;
import com.springboot.service.BookService;
@Controller
@RequestMapping(value = "/cart")
public class CartController {
    @Autowired
    private CartService cartService;
```

```
    @Autowired
    private BookService bookService;
    @PutMapping("/{cartId}")
    public @ResponseBody Cart read(@PathVariable(value = "cartId") String cartId) {
        System.out.println("dddd");
        return cartService.read(cartId);
    }
    @PutMapping("/book/{bookId}")
    @ResponseStatus(value = HttpStatus.NO_CONTENT)  // 오류 응답 상태 코드 설정
    public void addCartByNewItem(@PathVariable("bookId") String bookId,
            HttpServletRequest request) {
        String sessionId = request.getSession(true).getId(); // 장바구니 ID 가져오기
        Cart cart = cartService.read(sessionId);        // 장바구니 내 모든 정보 가져오기
        if(cart == null)
            cart = cartService.create(new Cart(sessionId));
        Book book = bookService.getBookById(bookId); // bookId 정보 가져오기
        if(book == null)
            throw new IllegalArgumentException(new BookIdException(bookId));
        cart.addCartItem(new CartItem(book));          // 장바구니에 bookId 도서 등록하기
        cartService.update(sessionId, cart);           // 장바구니 갱신하기
    }
}
```

❶ HTTP 요청 방식이 PUT으로, 요청 URI가 /cart/add/{bookId}일 때 경로 변수 bookId에 대해 해당 도서를 장바구니에 추가 등록하고 장바구니를 갱신하는 메서드입니다.

7 자바스크립트 생성 src/main/resources/static 폴더에 js 폴더를 생성한 뒤 자바스크립트 controllers.js 파일을 만들고 다음의 내용을 작성합니다.

BookMarket/src/main/resources/static/js/controllers.js

```
function addToCart(bookid) {        // 선택한 도서를 장바구니에 등록하는 메서드
    if (confirm("장바구니에 도서를 추가합니까?") == true) {
        document.addForm.action="/BookMarket/cart/book/"+bookid;
        document.addForm.submit();
    }
}
```

8 도서 상세 페이지 수정 book.html 파일을 다음과 같이 수정합니다.

BookMarket/src/main/resources/templates/book.html

```
<html>
<head>
    <meta charset="UTF-8">
    <title>도서 상세 정보</title>
    <link href="/BookMarket/css/bootstrap.min.css" rel="stylesheet">
    <script src="/BookMarket/js/controllers.js"></script>   ❶
</head>
<body>
...
        <h4 th:text ="${book.unitPrice}+'원'"></h4>
        <br>                                                  ❷
        <form name="addForm" id="addForm" method="post">
            <input type="hidden" name="_method" value="put"/>
            <p><a th:href="'javascript:addToCart(${book.bookId}+'" class="btn btn-
            primary">도서주문 &raquo;</a>
            <a href="/BookMarket/cart" class="btn btn-warning">장바구니 &raquo;</a>
            <a href="/BookMarket/books" class="btn btn-secondary">도서 목록 &raquo;</a>
        </form>
...
```

❶ 애플리케이션에 적용할 자바스크립트 파일 controllers.js와 경로 위치를 설정합니다.

❷ [도서주문 〉〉] 버튼을 누르면 자바스크립트의 addToCart() 함수가 호출되고 HTTP 요청 방식은 PUT으로 전송됩니다.

9 프로젝트 실행 웹 브라우저에 **http://localhost:8080/BookMarket/books**를 입력하여 실행합니다. 도서 상세 정보 화면에서 [도서주문] 버튼을 눌러 해당 도서를 장바구니에 추가하고 도서 상세 정보 화면에서 [장바구니] 버튼을 눌러 장바구니 화면으로 이동하는 것을 확인합니다.

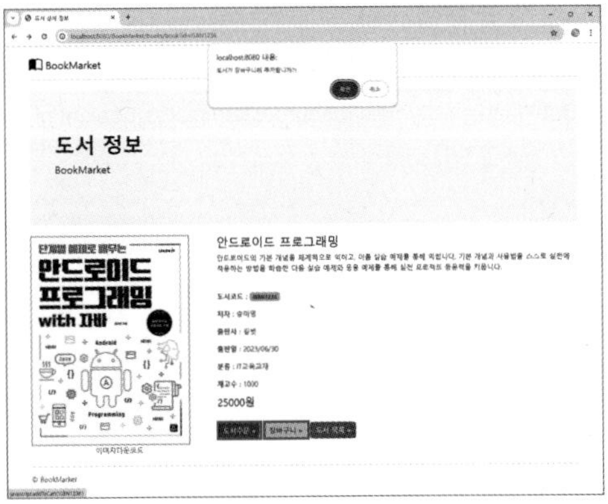

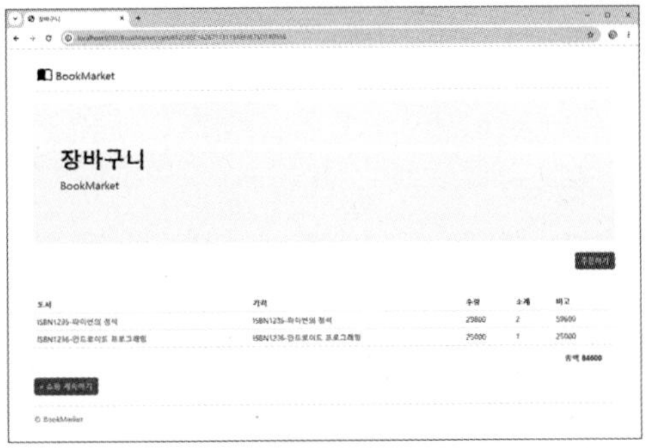

장바구니에 등록된 도서를 항목별로 삭제하기

1 Cart 클래스 수정 com.springboot.domain 패키지의 Cart 클래스에 다음의 내용을 추가 작성합니다.

BookMarket/src/main/java/com/springboot/domain/Cart.java

```
package com.springboot.domain;
...
@Data
@ToString
public class Cart {
    ...
    public void addCartItem(CartItem item) {
        ...
    }
    public void removeCartItem(CartItem item) {
        String bookId = item.getBook().getBookId();
        cartItems.remove(bookId);        // bookId의 도서 삭제      ❶
        updateGrandTotal();              // 총액 갱신
    }
}
```

❶ 장바구니에서 선택한 도서 ID에 해당하는 도서를 삭제하는 메서드입니다.

2 CartController 클래스 수정 com.springboot.controller 패키지의 CartController 클래스에 다음의 내용을 추가 작성합니다.

BookMarket/src/main/java/com/springboot/controller/CartController.java

```
package com.springboot.controller;
...
import org.springframework.web.bind.annotation.DeleteMapping;
@Controller
@RequestMapping(value = "/cart")
public class CartController {
    ...
    @PutMapping("/book/{bookId}")
    @ResponseStatus(value = HttpStatus.NO_CONTENT)
    public void addCartByNewItem(@PathVariable("bookId") String bookId,
            HttpServletRequest request) {
    ...
    }
    @DeleteMapping("/book/{bookId}")
    @ResponseStatus(value = HttpStatus.NO_CONTENT)
    public void removeCartByItem(@PathVariable("bookId") String bookId,
            HttpServletRequest request) {
        String sessionId = request.getSession(true).getId(); // 장바구니 ID 가져오기
        Cart cart = cartService.read(sessionId);       // 장바구니 내 모든 정보 가져오기
        if(cart == null)
            cart = cartService.create(new Cart(sessionId));
        Book book = bookService.getBookById(bookId); // bookId 정보 가져오기
        if(book == null)
            throw new IllegalArgumentException(new BookIdException(bookId));
        cart.removeCartItem(new CartItem(book));       // 장바구니에 bookId 도서 삭제하기
        cartService.update(sessionId, cart);           // 장바구니 갱신하기
    }
}
```

❶ HTTP 요청 방식이 DELETE로 요청 URI가 /cart/remove/{bookId}일 때 경로 변수 bookId에 해당하는 도서를 장바구니에서 삭제하고 장바구니를 갱신하는 메서드입니다.

3 자바스크립트 수정 자바스크립트 controllers.js 파일에 다음의 내용을 추가 작성합니다.

BookMarket/src/main/resources/static/js/controllers.js

```
function addToCart(bookid) {
    ...
}
function removeFromCart(bookid, cartId) {  // 장바구니에 등록된 도서 항목을 삭제하는 메서드
    document.removeForm.action = "/BookMarket/cart/book/"+bookid;
    document.removeForm.submit();
    setTimeout('location.reload()',10);
}
```

4 장바구니 페이지 수정 cart.html 파일에 다음의 내용을 수정합니다.

BookMarket/src/main/resources/templates/cart.html

```
<html>
<head>
    <meta charset="UTF-8">
    <title>장바구니</title>
    <link href="/BookMarket/css/bootstrap.min.css" rel="stylesheet">
    <script src="/BookMarket/js/controllers.js"></script>    ❶
</head>
<body>
...
    <div style="padding-top: 50px">
        <table class="table table-hover">
            <tr>
                <th>도서</th>
                <th>가격</th>
                <th>수량</th>
                <th>소계</th>
                <th>비고</th>
                <th></th>
            </tr>
```

```
        <form name="removeForm" id="removeForm" method="post">
        <input type="hidden" name="_method" value="delete"/>
        <div th:if="${cart != null}">
        <div th:each="item:${cart.cartItems}">
        <tr>
            <td th:text="${item.value.book.bookId} + '-' + ${item.value.book.
             name}"/></td>
            <td th:text="${item.value.book.bookId} + '-' + ${item.value.book.
             name}"/></td>
            <td th:text="${item.value.book.unitPrice}"/></td>
            <td th:text="${item.value.quantity}"/></td>
            <td th:text="${item.value.totalPrice}"/></td>
            <td><a th:href="'javascript:removeFromCart(+${item.value.book.bookId}
             +''+${cartId} +'"><span class="badge text-bg-danger" th:text ="삭제">
             </span></a></td>
        </tr>
        </div>
        </div>
        </form>
    </table>
    <div class="text-end" style="padding-right:30px">
        <b> 총액
        <span th:if="${cart != null}">
            [[${cart.grandTotal}]]
        </span>
        </b>
    </div>
    ...
```

❶ 애플리케이션에 적용할 자바스크립트 파일 controllers.js와 경로 위치를 설정합니다.

❷ 도서 항목별 [삭제] 버튼을 누르면 자바스크립트의 removeFromCart() 함수가 호출되고 HTTP 요청 방식은 PUT으로 전송됩니다.

5 프로젝트 실행 웹 브라우저에 **http://localhost:8080/BookMarket/books**를 입력하여 실행합니다. 도서 상세 정보 화면에서 장바구니에 도서를 추가한 후 장바구니 화면에서 [삭제]

버튼을 클릭하여 해당 도서가 장바구니에서 삭제되는 것을 확인합니다.

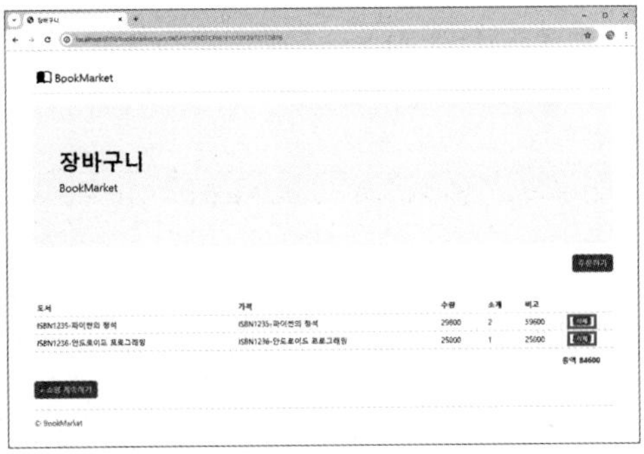

장바구니에 등록된 모든 도서 삭제하기

1 CartRepository 인터페이스 수정 com.springboot.repository 패키지의 CartRepository 인터페이스에 다음의 내용을 추가 작성합니다.

BookMarket/src/main/java/com/springboot/repository/CartRepository.java

```
package com.springboot.repository;
...
public interface CartRepository {
    Cart create(Cart cart);
    Cart read(String cartId);
    void update(String cartId, Cart cart);
    void delete(String cartId);
}
```

2 CartRepositoryImpl 클래스 수정 com.springboot.repository 패키지의 CartRepositoryImpl 클래스에 다음의 내용을 추가 작성합니다.

BookMarket/src/main/java/com/springboot/repository/CartRepositoryImpl.java

```
package com.springboot.repository;
...
@Repository
public class CartRepositoryImpl implements CartRepository {
    ...
```

```
    public void update(String cartId, Cart cart) {
        ...
    }
    // 장바구니에 등록된 모든 도서 항목을 삭제하는 메서드
    public void delete(String cartId) {
        if(!listOfCarts.keySet().contains(cartId)) { // 장바구니 ID가 존재하지 않을 때
                                                        예외 처리
            throw new IllegalArgumentException(String.format("장바구니 목록을 삭제할 수
                    없습니다. 장바구니 id(%)가 존재하지 않습니다",cartId));
        }
        listOfCarts.remove(cartId);
    }
}
```

3 CartService 인터페이스 수정 com.springboot.service 패키지의 CartService 인터페이스에 다음 내용을 추가 작성합니다.

BookMarket/src/main/java/com/springboot/service/CartService.java

```
package com.springboot.service;
...
public interface CartService {
    Cart create(Cart cart);
    Cart read(String cartId);
    void update(String cartId, Cart cart);
    void delete(String cartId);
}
```

4 CartServiceImpl 클래스 수정 com.springboot.service 패키지의 CartServiceImpl 클래스에 다음의 내용을 추가 작성합니다.

BookMarket/src/main/java/com/springboot/service/CartServiceImpl.java

```
package com.springboot.service;
...
@Service
```

```java
public class CartServiceImpl implements CartService {
    ...
    public void update(String cartId, Cart cart) {
        cartRepository.update(cartId, cart);
    }
    public void delete(String cartId) {
        cartRepository.delete(cartId);
    }
}
```

5 CartController 클래스 수정 com.springboot.controller 패키지의 CartController 클래스에 다음의 내용을 추가 작성합니다.

BookMarket/src/main/java/com/springboot/controller/CartController.java

```java
package com.springboot.controller;
...
@Controller
@RequestMapping(value = "/cart")
public class CartController {
    ...
    @DeleteMapping("/book/{bookId}")
    @ResponseStatus(value = HttpStatus.NO_CONTENT)
    public void removeCartByItem(@PathVariable("bookId") String bookId,
            HttpServletRequest request) {
        ...
    }
    @DeleteMapping("/{cartId}")
    @ResponseStatus(value = HttpStatus.NO_CONTENT)
    public void deleteCartList(@PathVariable("cartId") String cartId) {   // ❶
        cartService.delete(cartId);
    }
}
```

❶ HTTP 요청 방식은 DELETE 방식이고 요청 URI가 /cart/{cartId}일 때 경로 변수인 장바구니 ID(cartId)에 대해 장바구니에 등록된 모든 정보를 삭제하는 메서드입니다.

6 자바스크립트 수정 자바스크립트 controllers.js 파일에 다음 내용을 추가 작성합니다.

BookMarket/src/main/resources/static/js/controllers.js

```
...
function removeFromCart(bookid, cartId) {
    document.removeForm.action = "/BookMarket/cart/book/"+bookid;
    document.removeForm.submit();
    setTimeout('location.reload()',10);
}
function clearCart(cartId) {        // 장바구니에 저장된 모든 도서 항목을 삭제하는 메서드
    if (confirm("모든 도서를 장바구니에서 삭제합니까?")==true) {
        document.clearForm.submit();
        setTimeout('location.reload()',10);
    }
}
```

7 장바구니 페이지 수정 cart.html 파일에 다음의 내용을 작성합니다.

BookMarket/src/main/resources/templates/cart.html

```
<html>
...
    <div class="p-5 mb-4 bg-body-tertiary rounded-3">
        <div class="container-fluid py-5">
            <h1 class="display-5 fw-bold">장바구니</h1>
            <p class="col-md-8 fs-4">BookMarket</p>
        </div>
    </div>
    <div class="row align-items-md-stretch">
        <div class="col-md-12">
        <form name="clearForm" method="post">
            <input type="hidden" name="_method" value="delete"/>
            <a th:href="'javascript:clearCart()'" class="btn btn-danger"
             style="float:left">삭제하기</a>                                          ❶
            <a href="#" class="btn btn-success text-right" style="float:right">
             주문하기</a>
        </form>
```

```
        </div>
        <div style="padding-top: 50px">
        ...
```

❶ [삭제하기] 버튼을 누르면 자바스크립트의 clearCart() 함수를 호출하고 웹 요청 URI인 .../cart/cartId 및 HTTP 요청 방식이 DELETE로 전송됩니다.

8 웹 브라우저에 http://localhost:8080/BookMarket/books를 입력하여 실행합니다. 도서 상세 정보 화면에서 도서를 장바구니에 추가한 후 장바구니 화면에서 [삭제하기] 버튼을 누르면 장바구니에 담긴 모든 도서가 삭제됩니다.

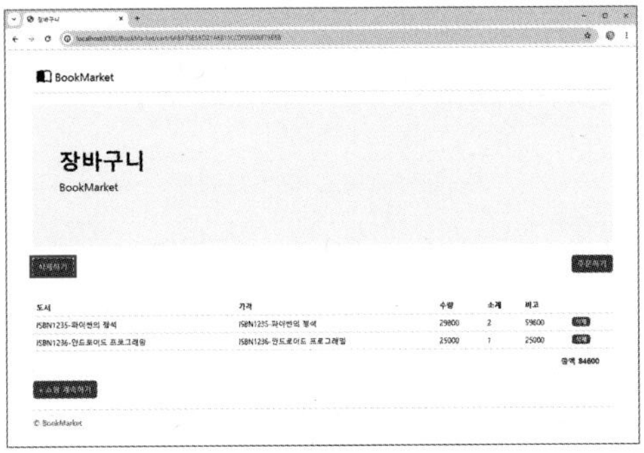

요약

1. RESTful 웹 서비스의 개요

- RESTful 웹 서비스는 HTTP와 웹의 장점을 최대한 활용할 수 있는 아키텍처인 REST(REpresentational State Transfer) 원리를 사용한 것으로, REST는 HTTP에서 어떤 자원에 대한 CRUD 요청을 리소스와 메서드로 표현하여 특정한 형태로 전달하는 방식입니다.
- 어떤 자원에 CRUD(Create, Read, Update, Delete) 연산을 수행하기 위해 URI로 자원을 명시하고 GET, POST, PUT, DELETE 등의 HTTP 방식을 사용해 요청을 보내며 요청에 대한 자원은 JSON, XML, TEXT, RSS 등의 특정한 형태로 표현합니다.

2. RESTful 웹 서비스의 구성 요소

- 리소스: 서버는 고유 아이디가 있는 리소스를 가지고 클라이언트는 리소스에 요청을 보냅니다. 리소스는 URI에 해당합니다.
- 메서드: 서버에 요청을 보내는 방식으로 GET, POST, PUT, PATCH, DELETE가 있습니다. CRUD 연산에 맞는 메서드를 사용해 서버에 요청합니다.
- 리소스 형태: 클라이언트와 서버가 데이터를 주고받는 형태로 JSON, XML, TEXT, RSS 등이 있습니다. 최근에는 키(key)와 값(value)을 활용하는 JSON을 주로 사용합니다.

3. RESTful 방식의 컨트롤러 작성에 사용하는 주요 애너테이션

- @RequestBody: 컨트롤러 요청 처리 메서드의 매개변수에 선언하면 HTTP 요청 body를 해당 매개변수에 바인딩합니다.
- @ResponseBody: 컨트롤러 요청 처리 메서드의 매개변수에 선언하면 반환 값을 HTTP 응답 body에 바인딩합니다.
- @RestController: @Controller와 @ResponseBody를 결합한 REST API를 제공합니다.

4. RESTful 웹 서비스의 CRUD

- 최근의 웹 애플리케이션은 HTTP 요청 방식으로 GET, PUT, POST, DELETE와 URI를 통해 리소스 접근을 명확하게 식별할 수 있도록 RESTful 웹 서비스 기반으로 개발합니다.
- RESTful 웹 서비스에서 HTTP 요청 방식으로 리소스에 접근해서 수행하는 CRUD 작업은 다음과 같습니다.
  - POST: 기존 리소스를 갱신하거나 새로운 리소스를 생성(Create)
  - GET: 리소스를 조회하여 읽어 오기(Read)
  - PUT: 리소스를 변경(Update)
  - DELETE: 기존 리소스를 삭제(Delete)
  - OPTION: 기존 리소스에 대한 리소스 작업 얻기

연습문제

01. 다음 중 RESTful 웹 서비스를 위한 구성 요소에 대한 설명으로 옳지 않은 것은?

① 서버는 고유 아이디가 있는 리소스를 가지며, 클라이언트는 이런 리소스에 요청을 보냅니다.
② 서버에 요청을 보내는 방식으로 GET, POST만 있는 메서드를 가집니다.
③ 클라이언트와 서버가 데이터를 주고받는 형태로 JSON, XML, TEXT, RSS 등이 있습니다.
④ 최근에는 리소스 형태로 키(key)와 값(value)을 활용하는 JSON을 주로 사용합니다.

02. 다음 중 RESTful 방식의 애너테이션으로 옳지 않은 것은?

① @RestController
② @RestfulController
③ @RequestBody
④ @ResponseBody

03. 다음 중 HTTP 요청 body 내용인 XML, JSON 또는 기타 데이터를 자바 객체로 매핑하는 역할을 하는 애너테이션으로 옳은 것은?

① @RestController
② @RestfulController
③ @RequestBody
④ @ResponseBody

04. 다음 중 자바 객체를 HTTP 응답 body 내용으로 매핑하는 역할을 하는 애너테이션으로 옳은 것은?

① @RestController
② @RestfulController
③ @RequestBody
④ @ResponseBody

05. 다음 중 RESTful 방식의 애너테이션 @RestController에 대한 설명으로 옳지 않은 것은?

① @RestController 애너테이션은 컨트롤러에 @ResponseBody가 추가된 것으로 JSON 형태로 데이터를 반환합니다.
② @RestController는 반환 값에 자동으로 @ResponseBody가 붙어 자바 객체가 HTTP 응답 body 내용에 매핑되어 전달됩니다.
③ @RestController를 사용하지 않고 @Controller만 사용하면 @ResponseBody를 반드시 선언해야 합니다.
④ @RestController를 사용하면 @ResponseBody를 반드시 선언해야 합니다.

06. 다음 중 RESTful 웹 서비스에서 HTTP 방식과 요청 처리 매핑 애너테이션으로 옳지 않은 것은?

① POST: @PostMapping
② GET: @GetMapping
③ UPDATE: @UpdateMapping
④ DELETE: @DeleteMapping

※ 다음 코드를 보고 07~10번 물음에 답하시오.

```
package com.springboot.chap13;
...
_______❶_______
@RequestMapping(value="/movies")
public class Chap13Controller {
    ...
    @GetMapping
    public String requestMethod(Model model) {
        model.addAttribute("data","RESTful 웹 서비스");
        return "movie";
    }
    _______❷_______("/add/{title}")
    public String addMethod(@PathVariable("title") String title, Model model) {
        model.addAttribute("data","등록 영화 제목 : "+title);
        return "movie_result";
    }
    _______❸_______("/{title}")
    public String deleteMethod(@PathVariable("title") String title, Model model) {
        model.addAttribute("data","삭제 영화 제목 : " +title);
        return "movie_result";
    }
}
```

07. 다음 중 ❶에 들어갈 내용으로 옳은 것은?

① @RestController
② @Controller
③ @RequestBody
④ @ResponseBody

08. 다음 중 ❷에 상품을 추가하기 위한 HTTP 방식을 지정하는 내용으로 옳은 것은?

① @PutMapping
② @GetMapping
③ @RequestMapping
④ @DeleteMapping

09. 다음 중 ❸에 상품을 삭제하기 위한 HTTP 방식을 지정하는 내용으로 옳은 것은?

① @PutMapping
② @GetMapping
③ @RequestMapping
④ @DeleteMapping

10. 위의 코드에서 HTTP 방식을 사용하기 위해 application.properties 파일에 설정하는 내용으로 옳은 것은?

① spring.mvc.hiddenmethod.filter.enabled=true
② spring.mvc.hiddenmethod.filter.enabled=false
③ springboot.hiddenmethod.filter.enabled=true
④ springboot.hiddenmethod.filter.enabled=false

14장

데이터베이스 연동

[도서 쇼핑몰] 주문 처리 페이지 만들기

학습목표

- 데이터베이스 연동에 널리 사용되는 JDBC와 JPA에 대해 알아봅니다.
- JDBC와 JPA를 활용한 CRUD 처리에 대해 알아봅니다.
- [도서 쇼핑몰] JPA로 데이터베이스를 연동한 주문 처리 방법을 살펴봅니다.

14.1 데이터베이스 설치

애플리케이션에서 데이터베이스와 상호 작용하려면 데이터베이스 관리 시스템(DBMS)을 설치해야 합니다.

1.1 MySQL 설치

스프링 부트 애플리케이션에서 데이터베이스와 연동하기 위해 오픈 소스이면서 관계형 데이터베이스 관리 시스템(RDBMS)인 MySQL을 설치합니다. MySQL은 웹 기반 애플리케이션을 개발하는 데 가장 많이 사용되고 다양한 성능을 지원합니다.

NOTE **관계형 데이터베이스 관리 시스템**

데이터베이스 관리 시스템의 가장 일반적인 형태인 관계형 데이터베이스 관리 시스템(RDBMS)은 다음과 같은 특징을 가지고 있습니다.

- 테이블, 열, 인덱스가 있는 데이터베이스를 구현할 수 있습니다.
- 다양한 테이블 행 사이의 참조 무결성을 보장합니다.
- 인덱스를 자동으로 업데이트합니다.
- SQL 쿼리를 해석하고 다양한 테이블 정보를 결합합니다.

MySQL 설치하기

1 MySQL 다운로드 웹 브라우저에서 MySQL 다운로드 사이트(http://dev.mysql.com/downloads/)에 접속하고 **MySQL Installer for Windows**를 선택합니다. **MySQL Installer 8.0.xx**의 **Microsoft Windows**를 선택한 후 **Download**를 클릭하여 설치 파일을 다운로드합니다. 두 개의 다운로드 파일이 있는데 위쪽은 웹으로 내려받는 것이고 아래쪽은 실행 파일을 내려받는 것입니다. 편한 것으로 내려받습니다.

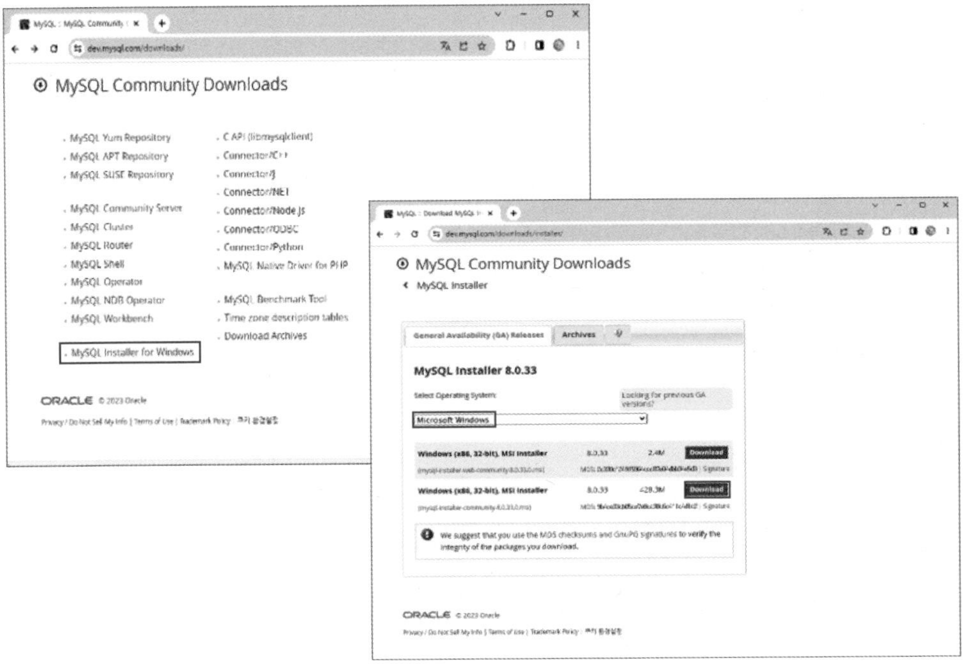

2 설치 유형 선택 다운로드한 설치 패키지 파일인 **mysql-installer-community-8.0.XXX.msi**를 더블클릭하여 설치를 진행합니다. Choosing a Setup Type 창이 나타나면 사용 목적에 맞게 선택합니다. 여기서는 **Custom**을 선택하고 **Next**를 클릭합니다.

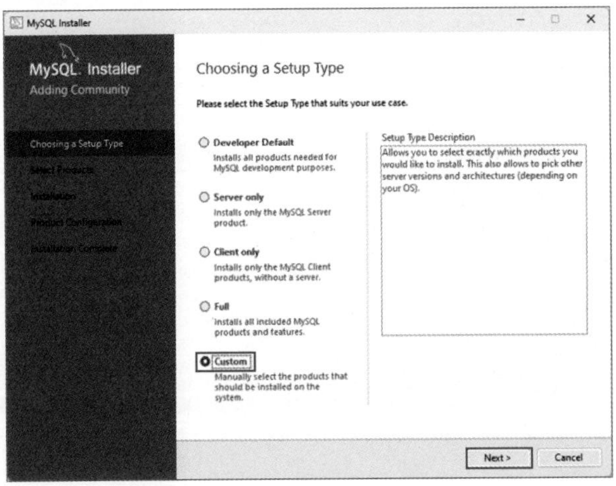

3 설치 대상 선택 설치 대상을 선택하는 Select Products 창이 나타나면 화면 왼쪽 목록에서 MySQL Server의 아래쪽에 있는 **MySQL Server 8.0.XX-X64**와 **MySQL Connectors**의 아래쪽에 있는 **Connection/ODBC 8.0.XX-X64**를 선택한 후 오른쪽 방향 초록색 화살표를 클릭하여 오른쪽 목록으로 이동시킨 뒤 **Next**를 클릭합니다.

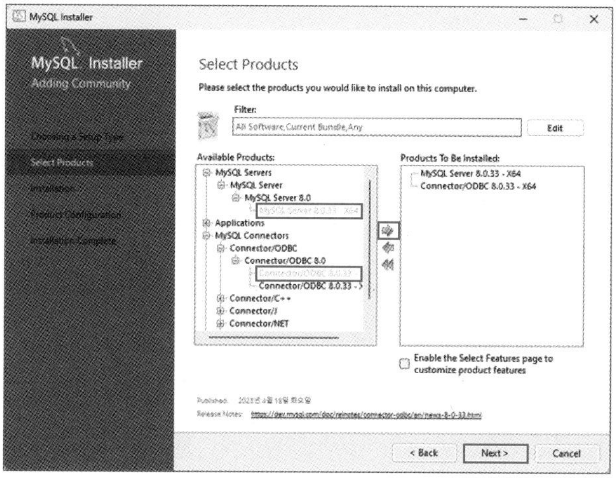

4 설치 Installation 창이 나타나면 **Execute**를 클릭하여 설치를 시작합니다. 설치가 완료되면 설치 목록에 초록색 체크가 표시됩니다. **Next**를 클릭합니다.

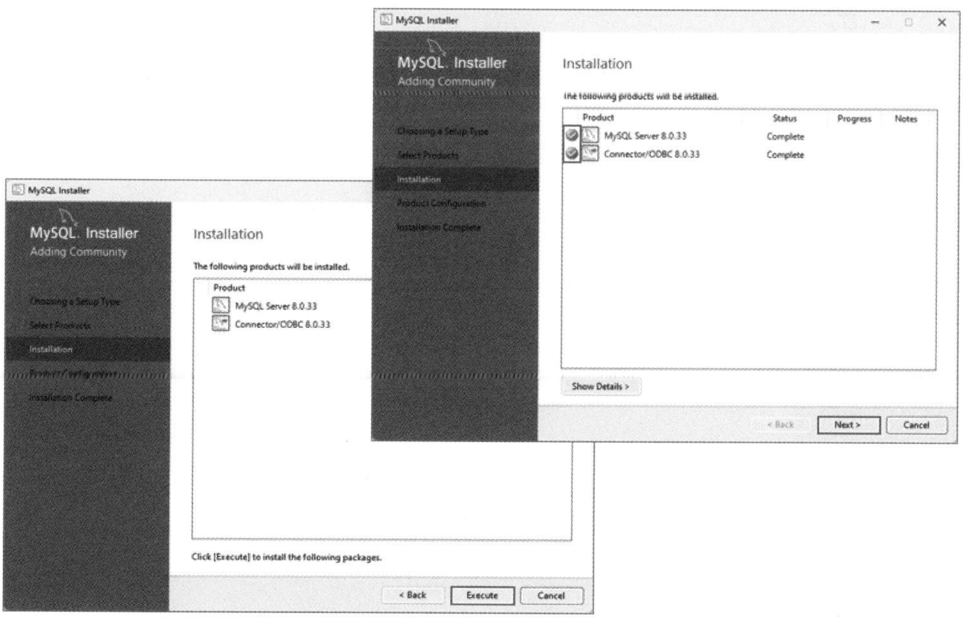

MySQL 초기 설정 및 설치 확인하기

1 초기 설정 설치한 MySQL의 초기 설정을 시작합니다. root 계정의 비밀번호 설정 화면이 나올 때까지 모든 기본 설정을 그대로 두고 **Next**를 클릭합니다.

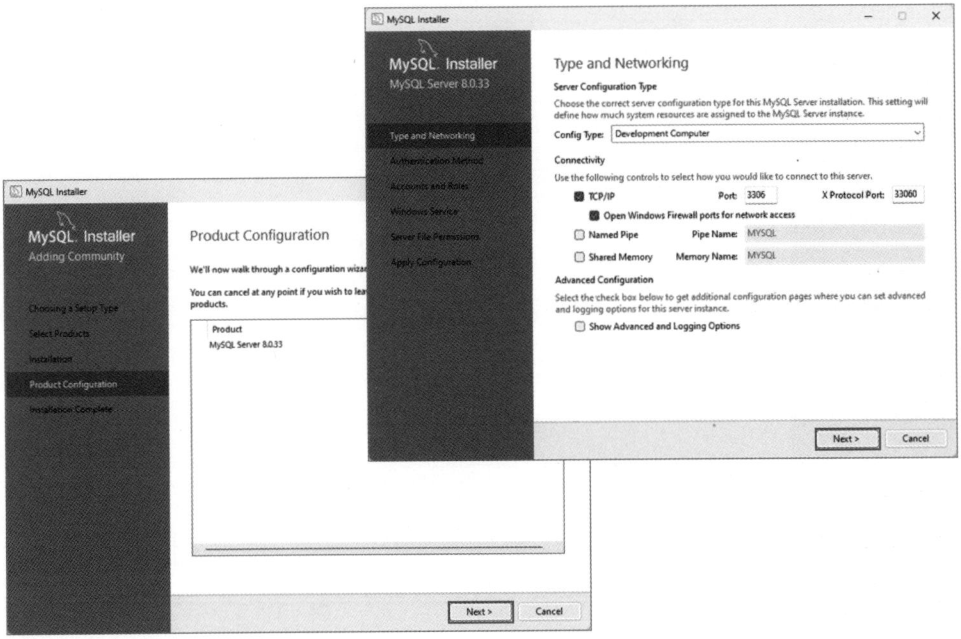

2 root 계정의 비밀번호 설정 root 계정의 비밀번호 설정과 계정 추가 화면이 나타나면 관리자 계정인 root 계정의 비밀번호를 설정하고(1234 입력) 계정 추가는 생략합니다. 설정 후 **Next**를 클릭합니다.

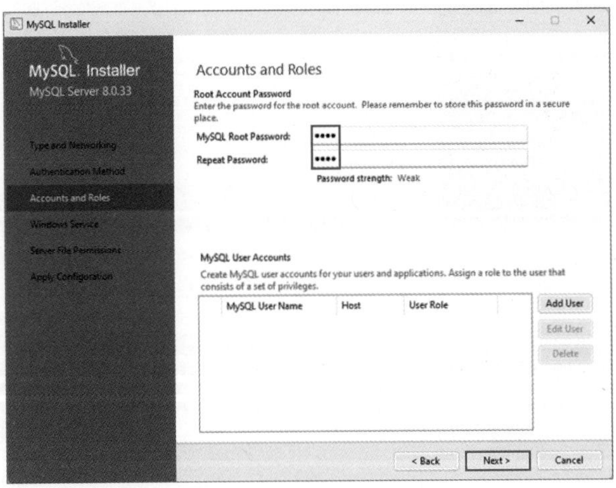

3 설치 진행 및 완료 Windows Service 화면부터는 각 설치 단계마다 모든 기본 설정을 그대로 두고 **Next**나 **Execute**를 클릭합니다. 설치 진행 작업이 완료되고 **Finish** 버튼이 나오면 클릭합니다.

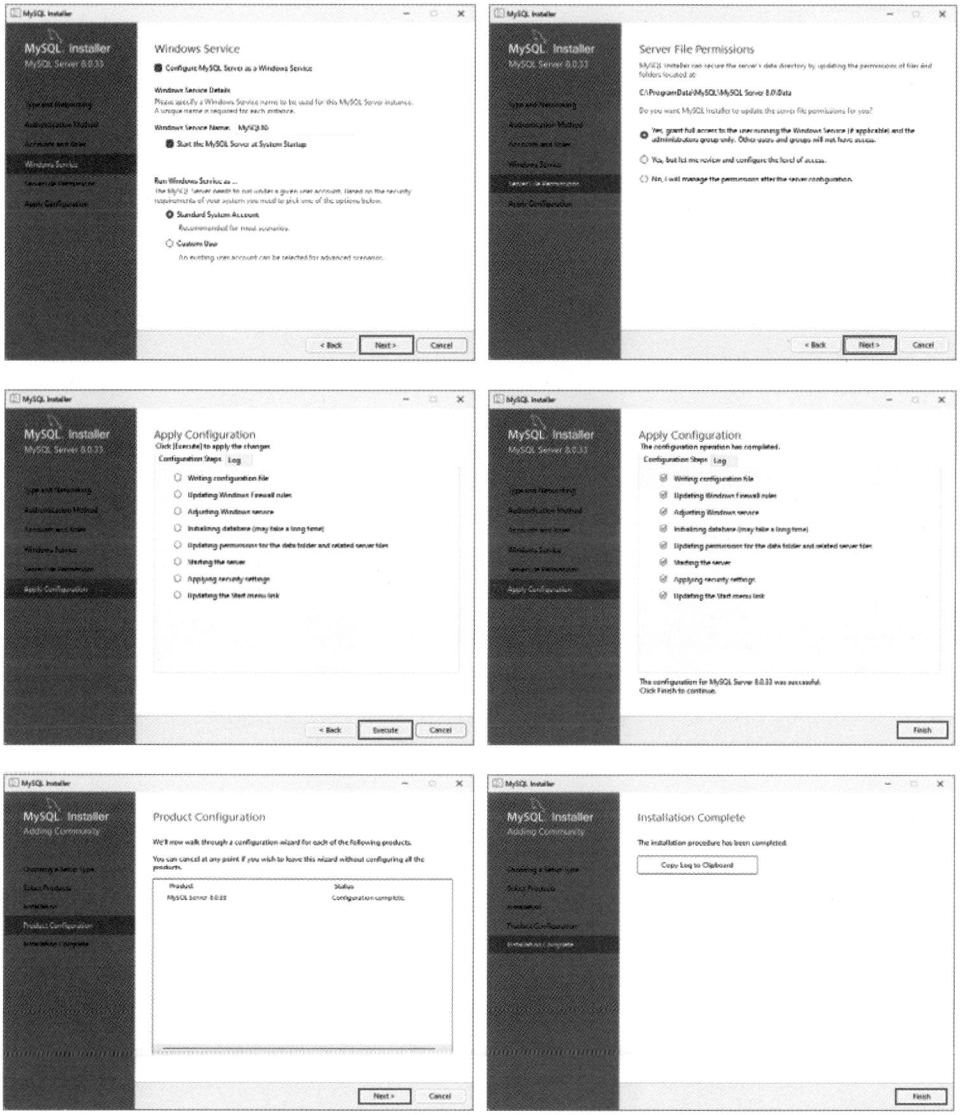

4 설치 확인 윈도의 **시작** 버튼을 눌러 **MySQL 8.0 Command Line Client**를 실행합니다. root 계정의 비밀번호를 입력한 후 Enter 를 누릅니다. 다음과 같이 나오면 MySQL이 제대로 설치된 것입니다.

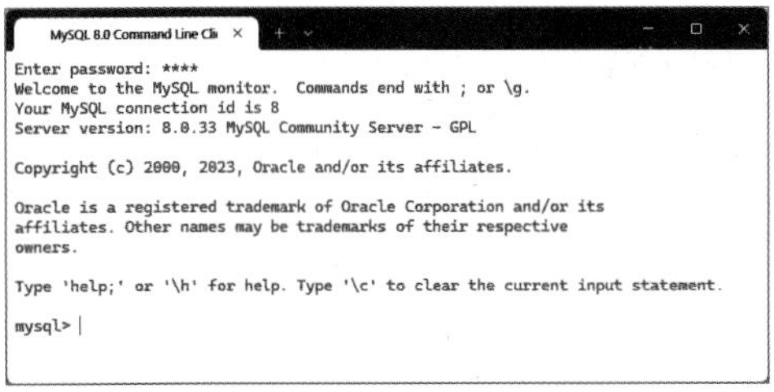

NOTE **명령 프롬프트로 MySQL 설치 확인하기**

1. 명령 프롬프트를 실행합니다.
2. C: 프롬프트에 -u root -p를 입력하고 Enter 키를 누릅니다.
3. Enter password가 나타나면 root 계정의 비밀번호를 입력합니다.

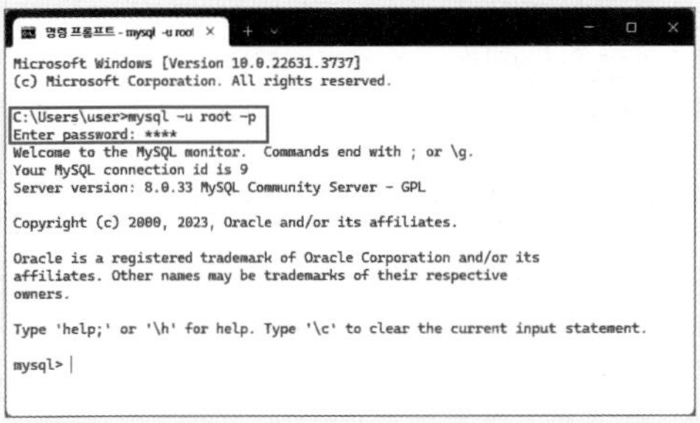

1.2 MySQL 기본 명령어

데이터베이스 언어는 데이터베이스를 이용하여 특정한 정보를 추출하고 보여 주는 언어입니다. 대표적인 것이 바로 SQL(Structured Query Language)입니다. SQL은 데이터베이스용 쿼리 언어의 한 종류입니다. 관계형 데이터베이스를 관리하는 DBMS에서 사용하는 언어로, 질의 기능뿐만 아니라 데이터 정의 기능과 조작 기능도 있으며 개개의 레코드보다 테이블 단위로 연산을 수행합니다.

표 14-1 SQL 문장의 종류

종류	기능
데이터 정의 언어(Data Definition Language)	CREATE, ALTER, DROP ...
데이터 조작 언어(Data Manipulation Language)	SELECT, INSERT, DELETE, UPDATE ...
데이터 제어 언어(Data Control Language)	GRANT, REVOKE, COMMIT, ROLLBACK ...

데이터베이스 관련 명령어

다음은 데이터베이스와 관련된 명령어입니다.

```
CREATE DATABASE 데이터베이스이름;        // 데이터베이스 생성
SHOW DATABASES;                        // 데이터베이스 조회
DROP DATABASE 데이터베이스이름;          // 데이터베이스 삭제
```

다음은 새로운 데이터베이스 SpringbootDB를 생성하고 데이터베이스 목록을 확인하는 예입니다.

[데이터베이스 생성 예]

```
mysql > CREATE DATABASE SpringbootDB;
...
mysql > SHOW DATABASES;
+--------------------+
| Database           |
+--------------------+
| information_schema |
| mysql              |
| performance_schema |
| springbootdb       |
| sys                |
+--------------------+
5 rows in set (0.00 sec)
```

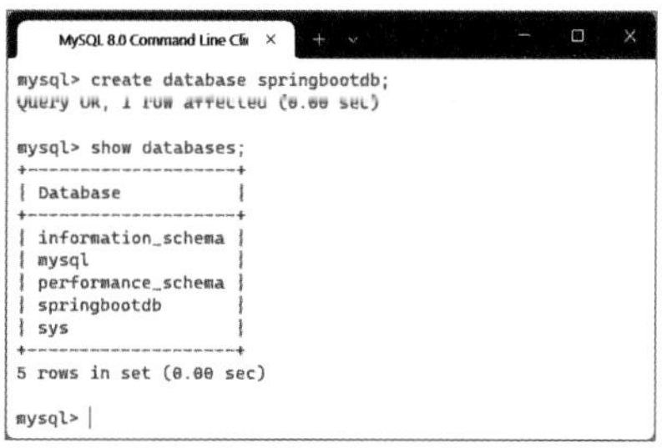

테이블 관련 명령어

사용할 데이터베이스에 접속하여 테이블을 제어하는 명령어는 다음과 같습니다.

```
CREATE TABLE 테이블이름(필드이름1 자료형1[, 필드이름2 자료형2 ...]); // 테이블 생성
SHOW TABLES;          // 테이블 조회
DESC 테이블이름;       // 테이블 세부 조회
```

다음은 데이터베이스 SpringbootDB에서 id, name, password 세 열을 포함하는 Person 테이블을 생성하고 확인하는 예입니다.

[테이블 생성 예]

```
mysql > USE springbootDB;
mysql > CREATE TABLE Person (
    id int NOT NULL AUTO_INCREMENT,
    name VARCHAR(100) not null,
    password VARCHAR(50) not null,
    PRIMARY KEY (id)
);
...
mysql > SHOW TABLES;
```

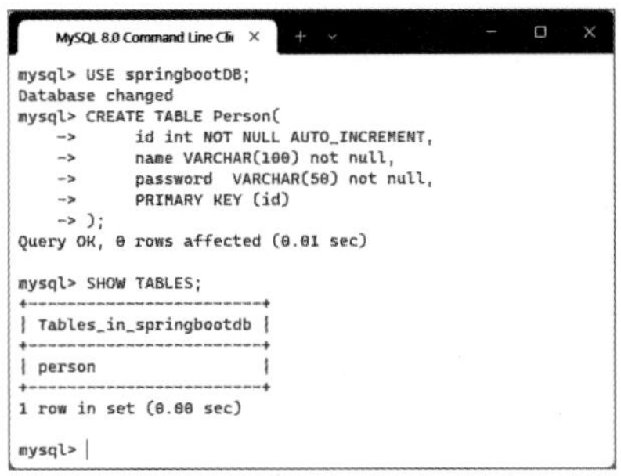

앞의 예제에서 사용할 데이터베이스를 반드시 선택해야 테이블을 생성할 수 있습니다. id 열은 int 유형이며 정수를 포함합니다. name과 password 열은 varchar 유형으로 문자를 포함하며, 이 필드의 최대 길이는 각각 100자, 50자입니다.

데이터 조작 관련 명령어

데이터베이스의 테이블에서 관리하는 데이터를 조작하는 주요 명령어를 살펴봅니다.

```
// 데이터 삽입
INSERT [INTO] 테이블이름 [(필드이름, 필드이름, ...)] VALUES (필드값, 필드값, ...)
```

```
// 데이터 조회
SELECT 필드이름[, 필드이름, ...] FROM 테이블이름 [WHERE 검색조건] [ORDER BY 필드이름 [ASC or
DESC]] [GROUP BY 필드이름[, 필드이름, ...]] ...

// 데이터 수정
UPDATE 테이블이름 SET 필드이름=필드값[, 필드이름=필드값, ...] [WHERE 검색조건]

// 데이터 삭제
DELETE FROM 테이블이름 [WHERE 검색조건]
```

다음은 데이터베이스 SpringbootDB에서 테이블 person의 새로운 데이터로 id, name, password에 1, 홍길동, 1234를 삽입하고 조회하는 예입니다.

[데이터 삽입 및 조회 예]

```
mysql > INSERT INTO person values(1, '홍길동', '1234');
...
mysql > SELECT * FROM person;
+----+--------+----------+
| id | name   | password |
| 1  | 홍길동 | 1234     |
+----+--------+----------+
 1 row in set (0.00 sec)
```

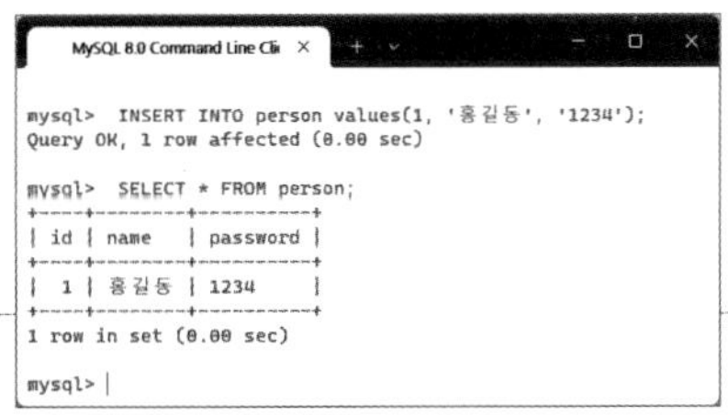

SPRING BOOT

14.2 JDBC로 데이터베이스 연동

자바 개발자들이 많이 사용하는 두 가지 데이터 접근 기술이 스프링 데이터 JDBC와 JPA입니다. 먼저 JDBC로 데이터베이스를 연동하는 방법을 살펴보겠습니다.

2.1 JDBC의 개요

JDBC(Java DataBase Connectivity)는 데이터베이스에 접근할 수 있도록 자바에서 제공하는 API입니다. JDBC의 저수준 API를 추상화하여 간단하고 효율적인 방식으로 데이터베이스와 상호 작용할 수 있도록 직접적이고 단순한 접근 방식을 제공합니다.

JDBC는 데이터베이스의 종류에 상관없이 똑같은 코드를 사용할 수 있습니다. JDBC는 인터페이스이고 JDBC 구현체가 각 데이터베이스에 맞는 드라이버이며 JDBC API가 설정한 드라이버로 데이터베이스에 접근하기 때문입니다.

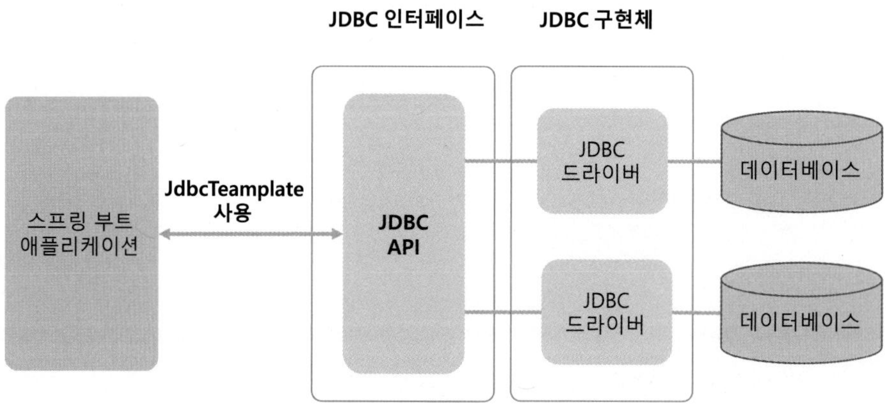

그림 14-1 JDBC로 데이터베이스 연동

JDBC는 기존 JDBC에서 DriverManager가 하는 일을 JdbcTemplate에 맡깁니다. JdbcTemplate은 JDBC의 확장으로 스프링 프레임워크의 일부입니다.

> **NOTE DriverManager**
>
> DriverManager는 등록된 데이터베이스 드라이버를 관리하고 데이터베이스 커넥션을 획득하는 역할을 합니다. 라이브러리에 등록된 드라이버 목록을 자동으로 인식하고, 데이터베이스 접속 정보를 순서대로 전달해 커넥션을 획득할 수 있는지 확인한 뒤 적절한 드라이버를 찾아서 커넥션 구현체를 클라이언트에 반환합니다.

14

스프링 데이터 JDBC의 특징은 다음과 같습니다.

- **간결한 코드**: JdbcTemplate 클래스를 사용하여 기존 JDBC보다 훨씬 간결한 코드를 제공합니다.
- **자동 리소스 관리**: 커넥션 생성, 예외 처리, 리소스 해제와 같은 작업을 자동으로 처리합니다.
- **SQL 파라미터화**: SQL 쿼리 파라미터를 자동으로 처리하여 SQL Injection 공격을 방지합니다.

2.2 JDBC 환경 설정

스프링 부트에서 데이터베이스에 접속하려면 jdbc, mysql-connector 파일을 의존성 정보 라이브러리로 등록해야 합니다. build.gradle 파일에 다음과 같이 의존 라이브러리를 포함합니다.

build.gradle

```
dependencies {
    ...
    implementation 'org.springframework.boot:spring-boot-starter-jdbc'
    implementation group: 'com.mysql', name: 'mysql-connector-j', version: '8.0.xx'
}
```

spring-boot-starter-jdbc는 JDBC를 쉽게 사용할 수 있도록 도와주는 스타터입니다. 이를 통해 데이터베이스 커넥션 풀(connection pool)과 같은 JDBC 관련 빈을 자동으로 설정해 줍니다.

NOTE **커넥션 풀(connection pool)**

커넥션 풀은 JDBC 실행 과정 중에 생성되어야 할 Connection 객체를 미리 만들어서 pool에 저장해두는 기법입니다. 데이터베이스에 직접 연결해서 처리하는 경우에 드라이버를 로드하고 커넥션 객체를 받아와야 하는데 매번 사용자가 요청을 할 때마다 드라이버를 로드하고 커넥션 객체를 생성하여 연결하고 종료하기 때문에 매우 비효율적입니다. 이러한 문제를 해결하기 위해 커넥션 풀을 사용합니다.

application.properties 파일에 데이터베이스와 관련된 데이터 경로 정보와 JDBC를 설정합니다.

application.properties

```
spring.datasource.driver-class-name=드라이버 클래스 이름
spring.datasource.url=jdbc:mysql://localhost:3306/데이터베이스 이름
spring.datasource.username=MySQL 관리자 계정 ID
spring.datasource.password=MySQL 관리자 비밀번호
```

다음은 스프링 부트 애플리케이션에서 스프링 데이터 JDBC를 사용하기 위해 application.properties 파일에 데이터베이스의 데이터 경로를 설정하는 예입니다.

[데이터베이스 연결 정보 설정 예]

application.properties

```
pring.application.name=Chap14
...
spring.datasource.driver-class-name=com.mysql.cj.jdbc.Driver     // 드라이버 클래스 이름
spring.datasource.url=jdbc:mysql://localhost:3306/springbootDB  // 데이터베이스 URL
spring.datasource.username=root                                 // 관리자 계정 ID
spring.datasource.password=1234                                 // 관리자 비밀번호
```

2.3 JDBC를 활용한 CRUD 처리

JDBC는 데이터베이스 연동에서 데이터를 조회, 삽입, 수정, 삭제 등을 처리할 수 있는 JdbcTemplate 클래스를 제공합니다. 이 클래스에서 제공하는 메서드를 사용하려면 다음과 같이 선언해야 합니다.

```
@Autowired
JdbcTemplate jdbcTemplate;
```

데이터 조회하기

JdbcTemplate 클래스에서 지원하는 조회(Select) 메서드는 queryForObject(), queryForList(), query()를 지원합니다.

표 14-2 데이터 조회 메서드

메서드	기능
<T> T queryForObject(),	쿼리문의 실행 결과로 가져오는 행(Row, 레코드) 개수가 정확히 1개인 경우에 사용합니다.
List<T> queryForList() List<Map<String, Object>> queryForList()	쿼리문의 실행 결과로 가져오는 행 개수가 1개 이상인 경우에 사용합니다. 이 메서드는 RowMapper 클래스를 지원하지 않기 때문에 쿼리문 실행 결과로 다중 행을 가져올 때는 Map을 사용해야 합니다.
List<T> query()	쿼리문의 실행 결과로 가져오는 행 개수가 1개 이상인 경우에 사용합니다. 이 메서드는 PreparedStatement용 SQL 쿼리문이나 RowMapper를 사용하여 쿼리문 실행 결과로 다중 행을 가져옵니다.

NOTE

queryForObject(), queryForList(), query() 메서드에 대한 자세한 내용은 다음 사이트를 참고하기 바랍니다.

- https://docs.spring.io/spring-framework/docs/current/javadoc-api/org/springframework/jdbc/core/JdbcTemplate.html

[queryForObject() 메서드 사용 예]

```
// 전체 행(=레코드) 개수 가져오기
String sql = "SELECT count(*) FROM person";
int rowCount = this.jdbcTemplate.queryForObject(sql, Integer.class);

// 테이블의 필드 값(name="홍길순")이 일치하는 행(=레코드) 개수 가져오기
String sql = "SELECT count(*) FROM person WHERE name =?";
int count = jdbcTemplate.queryForObject(sql, Integer.class, "홍길순");
```

```
// 테이블의 필드 값(id=1)과 일치하는 한 행(=레코드) 가져오기
String sql = "SELECT * FROM person WHERE id=?";
Person person = jdbcTemplate.queryForObject(sql, BeanPropertyRowMapper.
        newInstance(Person.class), 1);
```

앞에서 BeanPropertyRowMapper 클래스 대신에 RowMapper 인터페이스를 사용하면 결과 값을 ResultSet으로 반환하여 테이블의 필드 이름 또는 순번으로 접근할 수 있고, 도메인 객체에 매핑할 수도 있습니다.

```
String sql = "SELECT * FROM person WHERE id=?";
Person person = jdbcTemplate.queryForObject(sql, new RowMapper<Person>() {
    public Person mapRow(ResultSet rs, int rowNum) throws SQLException {
        Person person = new Person();
        person.setId(rs.getInt("id"));
        person.setName(rs.getString("name"));
        person.setAge(rs.getInt("age"));
        person.setEmail(rs.getString("email"));
        return person;
    }
}, 1);
```

[queryForList() 메서드 사용 예]

```
// 테이블의 전체 행(=레코드) 가져오기
String sql = "SELECT * FROM person";
List<Map<String, Object>> personList = jdbcTemplate.queryForList(sql);
```

[query() 메서드 사용 예]

```
// 테이블의 전체 행(=레코드) 가져오기
String sql = "SELECT * FROM person";
List<Person> personList= jdbcTemplate.query(sql, BeanPropertyRowMapper.
            newInstance(Person.class));
```

데이터 삽입, 수정, 삭제하기

JdbcTemplate 클래스는 삽입(insert), 삭제(delete), 수정(update) 등의 쿼리문을 수행할 수 있는 update() 메서드를 지원합니다.

표 14-3 데이터 삽입, 수정, 삭제 메서드

종류	기능
int update()	삽입, 수정, 삭제 작업을 수행합니다.

NOTE update() 메서드에 대한 자세한 내용은 다음 사이트를 참고하기 바랍니다.

- https://docs.spring.io/spring-framework/docs/current/javadoc-api/org/springframework/jdbc/core/JdbcTemplate.html

[update() 메서드를 이용한 삽입 예]

```
// 테이블에서 필드(name, age, email)에 데이터("홍길동", 20, "hong@naver.com") 삽입하기
String sql = "INSERT INTO person (name, age, email) VALUES (?, ?, ?)";
int result = jdbcTemplate.update(sql, "홍길동", 20, "hong@naver.com");
```

[update() 메서드를 이용한 수정 예]

```
// 테이블에서 필드 값(name="홍길순")과 일치하는 필드 값(age=25) 수정하기
String sql = "UPDATE person SET age=? WHERE name=?";
int result = jdbcTemplate.update(sql, 25, "홍길순");
```

[update() 메서드를 이용한 삭제 예]

```
// 테이블에서 필드 값(name="홍길순")과 일치하는 행(=레코드) 삭제하기
String sql = "DELETE FROM person WHERE name=?";
int result = jdbcTemplate.update(sql, "홍길순");
```

다음은 JDBC를 활용하여 데이터를 삽입, 수정, 삭제, 조회하는 예를 살펴보겠습니다. 먼저 앞에서 생성한 데이터베이스 springbootDB에 Person 테이블을 생성하고 Person 테이블의

컬럼 이름과 동일한 Person 객체를 작성합니다.

[데이터의 삽입, 수정, 삭제, 조회 예]

person.sql

```
CREATE TABLE Person (
    id int(11) NOT NULL AUTO_INCREMENT,
    name varchar(45) NOT NULL,
    age int NOT NULL,
    email varchar(45) NOT NULL,
    PRIMARY KEY (id)
);
```

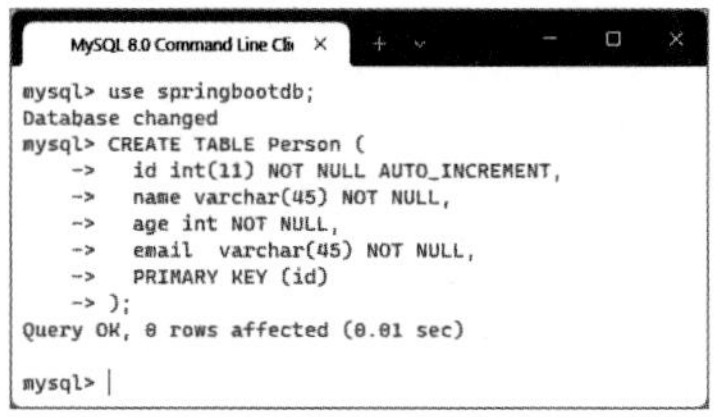

Person.java

```
package com.springboot.domain;
import lombok.Data;
@Data
public class Person {
    private int id;             // 아이디
    private String name;        // 이름
    private int age;            // 나이
    private String email;       // 이메일
}
```

Example01Controller.java

```
package com.springboot.controller;
...
import org.springframework.jdbc.core.BeanPropertyRowMapper;
import org.springframework.jdbc.core.JdbcTemplate;
import com.springboot.domain.Person;
@Controller
@RequestMapping("/exam01")
public class Example01Controller {
    @Autowired
    JdbcTemplate jdbcTemplate;
```

```
@GetMapping                          // 모든 레코드 조회 출력
public String requestMethod(Model model) {
    String sql = "SELECT * FROM person";
    List<Person> personList= jdbcTemplate.query(sql,BeanPropertyRowMapper.
                newInstance(Person.class));
    model.addAttribute("personList", personList);
    return "viewPage01";
}
@GetMapping("/new")                  // 삽입 뷰 페이지 출력
public String newMethod(Model model) {
    Person person = new Person();
    model.addAttribute("person", person);
    return "viewPage01_new";
}
@PostMapping("/insert")              // 삽입 수행
public String insertMethod(@ModelAttribute("Person") Person person) {
    String sql = "INSERT INTO person (name, age, email) VALUES (?, ?, ?)";
    int result = jdbcTemplate.update(sql, person.getName(), person.getAge(),
        person.getEmail());
    return "redirect:/exam01";
}
@GetMapping("/edit/{id}")            // 수정 뷰 페이지 출력
public String editMethod(@PathVariable(name = "id") int id, Model model) {
    String sql = "SELECT * FROM person WHERE id =?";
    Person person = jdbcTemplate.queryForObject(sql, BeanPropertyRowMapper.
            newInstance(Person.class), id);
    model.addAttribute("person", person);
    return "viewPage01_edit";
}
@PostMapping("/update")              // 수성 수행
public String updateMethod(@ModelAttribute("Person") Person person) {
    String sql = "UPDATE person SET name=?, age=?, email=? WHERE id=?";
    int result = jdbcTemplate.update(sql, person.getName(), person.getAge(),
        person.getEmail(), person.getId());
    return "redirect:/exam01";
}
```

```
    @GetMapping("/delete/{id}")          // 삭제 수행
    public String deleteMethod(@PathVariable(name = "id") int id) {
        String sql = "DELETE FROM person WHERE id=?";
        int result = jdbcTemplate.update(sql, id);
        return "redirect:/exam01";
    }
}
```

viewPage01.html

```
<html>
<head>
<title>Chap14</title>
</head>
<body>
<div align="center">
    <h3>JDBC 데이터베이스</h3>
    <a th:href="@{/exam01/new}">Person 데이터 삽입</a>
    <br><br>
    <table border="1" cellpadding="10">
    <tr>
        <th>아이디</th>
        <th>이름</th>
        <th>나이</th>
        <th>이메일</th>
        <th>비고</th>
    </tr>
    <tr th:each="person : ${personList}">
        <td th:text="${person.id}"></td>
        <td th:text="${person.name}"></td>
        <td th:text="${person.age}"></td>
        <td th:text="${person.email}"></td>
        <td>
            <a th:href="@{'/exam01/edit/' + ${person.id}}">Edit</a>    
            <a th:href="@{'/exam01/delete/' + ${person.id}}">Delete</a>
        </td>
    </tr>
```

```
    </table>
</div>
</body>
</html>
```

viewPage01_new.html

```
<html>
<head>
<title>Chap14</title>
</head>
<body>
<div align="center">
    <h3>새로운 Person 등록</h3>
    <form action="#" th:action="@{/exam01/insert}" th:object="${person}" method="post">
        <table border="0" cellpadding="10">
        <tr>
            <td>이름:</td>
            <td><input type="text" th:field="*{name}"/></td>
        </tr>
        <tr>
            <td>나이:</td>
            <td><input type="text" th:field="*{age}"/></td>
        </tr>
        <tr>
            <td>이메일:</td>
            <td><input type="text" th:field="*{email}"/></td>
        </tr>
        <tr>
            <td colspan="2"><button type="submit">Save</button></td>
        </tr>
        </table>
    </form>
</div>
</body>
</html>
```

viewPage01_edit.html

```
<html>
<head>
<title>Chap14</title>
</head>
<body>
<div align="center">
    <h3>Person 수정</h3>
    <form action="#" th:action="@{/exam01/update}" th:object="${person}" method="post">
        <table border="0" cellpadding="10">
        <tr>
            <td>아이디:</td>
            <td><input type="text" th:field="*{id}" readonly="readonly"/></td>
        </tr>
        <tr>
            <td>이름:</td>
            <td><input type="text" th:field="*{name}"/></td>
        </tr>
        <tr>
            <td>나이:</td>
            <td><input type="text" th:field="*{age}"/></td>
        </tr>
        <tr>
            <td>이메일:</td>
            <td><input type="text" th:field="*{email}"/></td>
        </tr>
        <tr>
            <td colspan="2"><button type="submit">Save</button></td>
        </tr>
        </table>
    </form>
</div>
</body>
</html>
```

Chap14
localhost:8080/exam01
JDBC 데이터베이스
Person 데이터 삽입
아이디 이름 나이 이메일 비고
1 홍길동 25 honggd@naver.com Edit Delete
2 홍길순 20 hong@naver.com Edit Delete

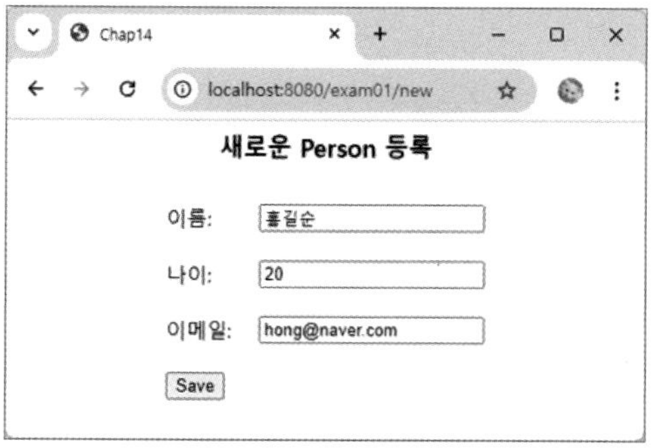
Chap14
localhost:8080/exam01/new
새로운 Person 등록
이름: 홍길순
나이: 20
이메일: hong@naver.com
Save

Chap14
localhost:8080/exam01/edit/2
Person 수정
아이디: 2
이름: 홍길순
나이: 22
이메일: hong@naver.com
Save

14

SPRING BOOT

14.3 JPA로 데이터베이스 연동

자바 개발자들이 많이 사용하는 두 가지 데이터 접근 기술 중 JPA로 데이터베이스에 연동하는 방법을 살펴보겠습니다.

3.1 JPA의 개요

스프링 부트 JPA(Java Persistent API)는 객체-관계 매핑(ORM)을 위한 자바 표준 API입니다. 객체와 관계형 데이터베이스 테이블 사이의 매핑을 관리하고 복잡한 데이터베이스 작업과 객체 관계 매핑을 자동화하여 개발 속도를 높이고, 유지보수를 용이하게 합니다. JPA는 엔티티 클래스를 통해 데이터베이스 테이블과의 매핑 정보를 관리하여 코드 가독성과 유지보수성이 향상되기 때문입니다.

JPA는 데이터베이스와 객체를 매핑하는 기술일 뿐, 내부적으로 데이터베이스와의 통신을 위해서는 JDBC를 사용합니다. JPA도 JDBC와 마찬가지로 인터페이스 집합이기 때문에 구현체가 필요하고, 그 구현체 중 하나가 하이버네이트(Hibernate)입니다. 하이버네이트는 관계형 데이터베이스 시스템에 자바 객체를 저장할 때 사용하는 경량 오픈 소스 ORM 도구로 JPA에서 제공하는 일반적인 접근 방식을 따릅니다.

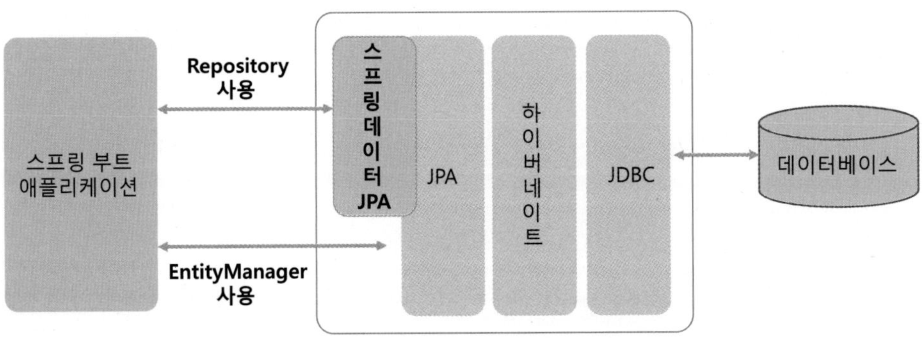

그림 14-2 JPA로 데이터베이스 연동

스프링 데이터 JPA는 데이터베이스에 접근할 필요가 있는 대부분의 상황에서 저장소(JpaRepository/CrudRepository)를 정의하여 사용합니다. Repository 인터페이스에서 정해진 규칙대로 메서드를 만들면 해당하는 쿼리를 만들어서 빈(bean)으로 자동 등록됩니다.

NOTE 스프링 데이터 JPA와 스프링 JDBC의 차이

	스프링 데이터 JPA	스프링 JDBC
추상화 수준	추상적인 복잡성으로 추상화 수준 높음	JDBC 사용으로 추상화 수준 낮음
ORM 지원	완벽 지원	지원 X
성능	ORM의 오버헤드로 속도 느려짐	데이터베이스의 직접 통합으로 속도 빨라짐
객체 매핑	수동	자동
캐싱	내장 지원	내장 지원
제어 및 사용자 정의	SQL에 대한 통제력 떨어짐	SQL을 완벽 제어
유연성	JPA 데이터베이스로 제한	모든 SQL 데이터베이스 지원
데이터베이스 호환성	제한됨	JDBC 드라이버가 있는 모든 데이터베이스와 일치
SQL 처리 방법	수동	자동

JPA 특징은 다음과 같습니다.

- **객체 지향적 접근**: 데이터베이스 테이블을 객체로 매핑하여 객체 지향적 접근이 가능합니다.
- **자동화된 쿼리 생성**: 개발자가 SQL 쿼리를 작성할 필요 없이 JPA가 자동으로 SQL을 생성하여 데이터베이스에 전송합니다.
- **캐시 및 지연 로딩**: JPA가 캐싱과 지연 로딩을 자동으로 처리하여 성능을 향상시킵니다.

다음은 JPA에서 엔티티와 JpaRepository 인터페이스 구현체에서 주로 사용하는 애너테이션입니다.

표 14-4 JPA에서 사용하는 주요 애너테이션

애너테이션	설명
@Entity	데이터베이스 테이블과 일대일로 매칭되는 객체 단위로, 클래스를 테이블과 매핑한다고 JPA에게 알립니다.
@Table	@Entity 선언된 클래스에 매핑할 테이블 정보(테이블 이름)를 알려 줍니다. 이 애너테이션을 생략하면 클래스 이름을 테이블 이름으로 매핑합니다.
@Column	데이터베이스 테이블에 있는 컬럼에 필드(변수)를 매핑합니다. 별다른 옵션을 설정하지 않는다면 생략 가능합니다.
@Id	@Entity 선언된 클래스의 필드를 테이블의 기본 키(primary key)에 매핑합니다.
@GeneratedValue	새로운 레코드가 생성될 때마다 마지막 기본 키 값에 자동으로 +1을 해야 하는 auto increment 컬럼인 것을 알려 줍니다.
@EmbeddedId	복합 키로 값을 정의할 때 사용합니다.
@Enumerated	자바의 Enum 형태로 미리 정의된 코드 값이나 구분 값이 데이터 타입일 때 사용합니다.
@Transient	Entity 객체에 속성으로 지정되어 있지만 데이터베이스에서는 필요 없는 속성일 때 사용합니다.

3.2 JPA 환경 설정

스프링 부트에서 데이터베이스에 접속하려면 jpa, mysql-connector 파일을 의존성 정보 라이브러리로 등록해야 합니다. build.gradle 파일에 다음과 같이 의존 라이브러리를 포함합니다.

build.gradle

```
dependencies {
    ...
    implementation 'org.springframework.boot:spring-boot-starter-data-jpa'
    implementation group: 'com.mysql', name: 'mysql-connector-j', version: '8.0.xx'
}
```

스프링 부트는 애플리케이션을 관계형 데이터베이스와 효율적으로 연결하기 위해 스타터 종속성인 spring-boot-starter-data-jpa를 제공하며 내부적으로 spring-boot-jpa 종속성을 사용합니다.

application.properties 파일에 데이터베이스와 관련된 데이터 경로 정보와 JPA를 설정합니다.

application.properties

```
# 데이터 소스 설정
spring.datasource.driver-class-name=드라이버 클래스 이름
spring.datasource.url=jdbc:mysql://localhost:3306/데이터베이스 이름
spring.datasource.username=MySQL 관리자 계정 ID
spring.datasource.password=MySQL 관리자 비밀번호

# JPA 설정
spring.jpa.database=사용할 데이터베이스
spring.jpa.database-platform=데이터베이스 플랫폼
spring.jpa.hibernate.ddl-auto=엔티티 테이블 생성 규칙(none/update/create/create-drop)
spring.jpa.generate-ddl=시작할 때 스키마 초기화 여부(true/false)
spring.jpa.show-sql=SQL문 로깅 활성화 여부(true/false)
spring.jpa.properties.hibernate.format_sql=로그, 콘솔에 SQL문 출력 여부(true/false)
```

위의 엔티티 기준으로 테이블 생성 규칙을 정의하는 spring.jpa.hibernate.ddl-auto의 옵션 값은 다음과 같습니다.

옵션	설명
none	엔티티가 변경되더라도 데이터베이스를 변경하지 않습니다.
update	엔티티의 변경된 부분만 적용합니다.
validate	변경 사항이 있는지 검사만 합니다.
create	스프링 부트 서버가 시작될 때 모두 삭제하고 다시 생성합니다.
create-drop	create와 동일하며 종료 시에도 모두 삭제합니다.

다음은 스프링 부트 애플리케이션에서 스프링 데이터 JPA를 사용하기 위해 application.properties 파일에 데이터베이스의 데이터 경로 및 JPA를 설정하는 예입니다.

[데이터베이스 연결 정보 설정 예]

```
spring.application.name=Chap14
...
spring.datasource.driver-class-name=com.mysql.cj.jdbc.Driver     // 드라이버 클래스 이름
spring.datasource.url=jdbc:mysql://localhost:3306/springbootDB  // 데이터베이스 URL
spring.datasource.username=root                       // 관리자 계정 ID
spring.datasource.password=1234                       // 관리자 비밀번호

spring.jpa.database=mysql                                        // 데이터베이스 종류
spring.jpa.database-platform=org.hibernate.dialect.MySQL8Dialect  // 데이터베이스 플랫폼
spring.jpa.hibernate.ddl-auto=update                  // 엔티티의 변경된 부분만 적용
spring.jpa.generate-ddl=false                         // 시작 시 스키마 초기화하지 않음
spring.jpa.show-sql=true                              // SQL문 로깅 활성화함
spring.jpa.properties.hibernate.format_sql=true       // 로그, 콘솔에 SQL문을 출력함
```

❶ 데이터베이스의 데이터 소스를 설정합니다.

❷ JPA를 설정합니다.

3.3 JPA를 활용한 CRUD 처리

JPA로 데이터베이스 연동에서 데이터 조회, 삽입, 수정, 삭제 등을 처리할 수 있는 JpaRepository의 기본 메서드와 JPQL 쿼리문을 이용하는 @Query, EntityManager 클래스에 대해 알아봅니다.

기본 메서드로 CRUD 처리

스프링 데이터 JPA에서 제공하는 삽입, 수정, 삭제, 조회 등의 기본 메서드를 사용하려면 먼저 JpaRepository 인터페이스의 확장(=상속) 인터페이스를 다음과 같이 생성해야 합니다.

```
@Repository
public interface 구현체이름 extends JpaRepository<엔티티클래스이름, 데이터타입> {

}
```

다음은 엔티티 클래스 Member와 JpaRepository 인터페이스의 확장 인터페이스를 생성한 예입니다.

[JpaRepository의 확장 인터페이스 예]

```
// 엔티티 클래스: Member
@Entity
public class Member {
    @Id
    @GeneratedValue(strategy = GenerationType.IDENTITY)
    private int id;        // 기본 키
    private String name;
     ...
}

// JpaRepository의 확장 인터페이스: MemberRepository
@Repository
public interface MemberRepository extends JpaRepository<Member, Integer> {

}
```

❶ 엔티티 클래스의 기본 키(@Id)와 설정된 데이터 타입이 같아야 합니다. int = integer

표 14-5 기본 메서드

메서드	설명
〈S extends T〉S save() 〈S extends T〉Iterable〈S〉 saveAll()	엔티티 클래스의 컬럼(테이블의 행(=레코드)과 동일)에 데이터를 삽입, 수정합니다.
void delete(T entity) void deleteAll() void deleteAllById(Iterable〈? extends ID〉 ids) void dolotoById(ID id)	엔티티 클래스의 데이터를 삭제합니다.
Iterable〈T〉 findAll() Iterable〈T〉 findAllById(Iterable〈ID〉 ids) Optional〈T〉 findById(ID id)	엔티티 클래스의 컬럼을 조회합니다.

NOTE CrudRepository 인터페이스의 메서드에 대한 자세한 내용은 다음 사이트를 참고하기 바랍니다.

- https://docs.spring.io/spring-data/commons/docs/current/api/org/springframework/data/repository/CrudRepository.html

다음은 스프링 데이터 JPA의 기본 메서드를 이용하여 데이터를 삽입, 수정, 삭제, 조회하는 예를 살펴보겠습니다. 먼저 앞에서 생성한 데이터베이스는 springbootDB, 엔티티 클래스는 Member, JpaRepository의 확장 인터페이스는 MemberRepository를 사용합니다.

[데이터 삽입, 수정, 삭제, 조회 예]

Member.java

```
package com.springboot.domain;
import jakarta.persistence.Entity;
import jakarta.persistence.GeneratedValue;
import jakarta.persistence.GenerationType;
import jakarta.persistence.Id;
import lombok.Data;
@Entity
@Data
public class Member {
    @Id
    @GeneratedValue(strategy = GenerationType.IDENTITY)
    private int id;
    private String name;
    private int age;
    private String email;
}
```

MemberRepository02.java

```
package com.springboot.repository;
import org.springframework.data.jpa.repository.JpaRepository;
import org.springframework.stereotype.Repository;
import com.springboot.domain.Member;
```

```
@Repository
public interface MemberRepository02 extends JpaRepository<Member, Integer> {


}
```

Example02Controller.java

```
package com.springboot.controller;
...
import java.util.Optional;
import com.springboot.domain.Member;
import com.springboot.repository.MemberRepository;
@Controller
@RequestMapping("/exam02")
public class Example02Controller {
    @Autowired
    MemberRepository02 repository;
    @GetMapping                         // 모든 레코드 조회 출력
    public String viewHomePage(Model model) {
        Iterable<Member> memberList = repository.findAll();
        model.addAttribute("memberList", memberList);
        return "viewPage02";
    }
    @GetMapping("/new")                 // 삽입 뷰 페이지 출력
    public String newMethod(Model model) {
        Member member = new Member();
        model.addAttribute("member", member);
        return "viewPage02_new";
    }
    @PostMapping("/insert")             // 삽입 수행
    public String insertMethod(@ModelAttribute("member") Member member) {
        repository.save(member);
        return "redirect:/exam02";
    }
    @GetMapping("/edit/{id}")           // 수정 뷰 페이지 출력
    public String editMethod(@PathVariable(name = "id") int id, Model model) {
```

```
        Optional<Member> member = repository.findById(id);
         model.addAttribute("member", member);
        return "viewPage02_edit";
    }
    @PostMapping("/update")             // 수정 수행
    public String updateMethod(@ModelAttribute("member") Member member) {
        repository.save(member);
        return "redirect:/exam02";
    }
    @GetMapping("/delete/{id}")         // 삭제 수행
    public String deleteMethod(@PathVariable(name = "id") int id) {
        repository.deleteById(id);
        return "redirect:/exam02";
    }
}
```

viewPage02.html

```
<html>
<head>
<title>Chap14</title>
</head>
<body>
<div align="center">
    <h3>JPA 데이터베이스</h3>
    <a th:href="@{/exam02/new}">Member 데이터 삽입</a>
    <br><br>
    <table border="1" cellpadding="10">
    <tr>
        <th>아이디</th>
        <th>이름</th>
        <th>나이</th>
        <th>이메일</th>
        <th>비고</th>
    </tr>
    <tr th:each="member : ${memberList}">
```

```
            <td th:text="${member.id}"></td>
            <td th:text="${member.name}"></td>
            <td th:text="${member.age}"></td>
            <td th:text="${member.email}"></td>
            <td>
                <a th:href="@{'/exam01/edit/' + ${member.id}}">Edit</a>    
                <a th:href="@{'/exam02/delete/' + ${member.id}}">Delete</a>
            </td>
        </tr>
        </table>
    </div>
    </body>
    </html>
```

viewPage02_new.html

```
<html>
<head>
<title>Chap14</title>
</head>
<body>
<div align="center">
    <h3>새로운 Member 등록</h3>
    <form action="#" th:action="@{/exam02/insert}" th:object="${member}" method="post">
        <table border="0" cellpadding="10">
        <tr>
            <td>이름:</td>
            <td><input type="text" th:field="*{name}"/></td>
        </tr>
        <tr>
            <td>나이:</td>
            <td><input type="text" th:field="*{age}"/></td>
        </tr>
        <tr>
            <td>이메일:</td>
            <td><input type="text" th:field="*{email}"/></td>
```

```
        </tr>
        <tr>
            <td colspan="2"><button type="submit">Save</button></td>
        </tr>
        </table>
    </form>
</div>
</body>
</html>
```

viewPage02_edit.html

```
<html>
<head>
<title>Chap14</title>
</head>
<body>
<div align="center">
    <h3>Member 수정</h3>
    <form action="#" th:action="@{/exam02/update}" th:object="${member}" method="post">
        <table border="0" cellpadding="10">
        <tr>
            <td>아이디:</td>
            <td><input type="text" th:field="*{id}" readonly="readonly"/></td>
        </tr>
        <tr>
            <td>이름:</td>
            <td><input type="text" th:field="*{name}"/></td>
        </tr>
        <tr>
            <td>나이:</td>
            <td><input type="text" th:field="*{age}"/></td>
        </tr>
        <tr>
            <td>이메일:</td>
            <td><input type="text" th:field="*{email}"/></td>
```

```
        </tr>
        <tr>
            <td colspan="2"><button type="submit">Save</button></td>
        </tr>
        </table>
    </form>
</div>
</body>
</html>
```

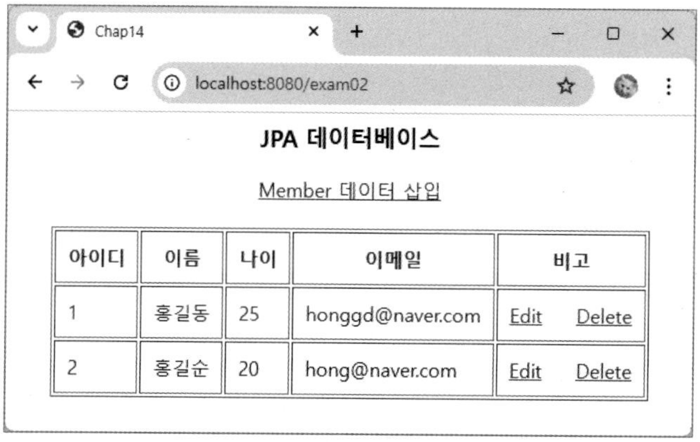

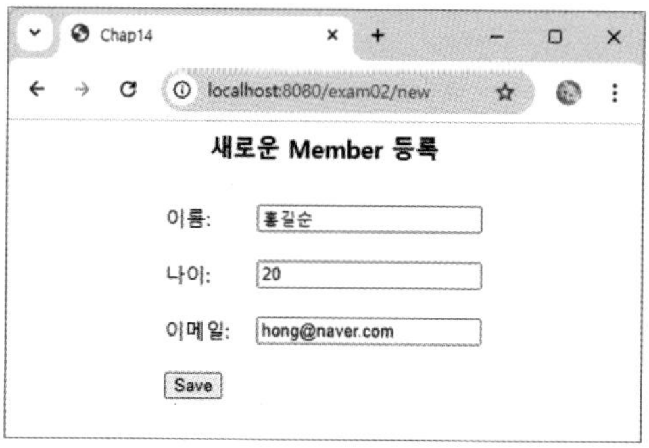

NOTE **엔티티 필드를 이용한 쿼리 메서드**

SQL 쿼리문의 WHERE 절처럼 조건에 따른 조회를 하려면 JpaRepository 인터페이스의 확장 인터페이스 내에 다음과 같이 생성된 도메인 객체로 생성한 엔티티 필드 이름 즉, 테이블의 필드 이름(=컬럼 이름)을 이용한 메서드를 정의하면 됩니다.

메서드	설명
findBy컬럼이름(컬럼타입 값)	컬럼 이름으로 데이터를 조회할 때
findBy컬럼이름Like(컬럼타입 값)	컬럼 이름으로 like 패턴의 데이터를 조회할 때
findBy컬럼이름1And컬럼이름2(컬럼1타입 값1, 컬럼2타입 값2)	where 컬럼1 == 값1 and 컬럼2 == 값2로 데이터를 조회할 때
findBy컬럼이름1Or컬럼이름2(컬럼1타입 값1, 컬럼2타입 값2)	where 컬럼1 == 값1 or 컬럼2 == 값2로 데이터를 조회할 때
findBy컬럼이름LessThan(컬럼타입 값) :	where 컬럼 < 값으로 데이터를 조회할 때
findBy컬럼이름LessThanEqual(컬럼타입 값) :	where 컬럼 <= 값으로 데이터를 조회할 때
findBy컬럼이름GreaterThan(컬럼타입 값) :	where 컬럼 > 값으로 데이터를 조회할 때
findBy컬럼이름GreaterThanEqual(컬럼타입 값) :	where 컬럼 >= 값으로 데이터를 조회할 때
findBy컬럼이름Between(컬럼타입 값1, 컬럼타입 값2)	where 컬럼 between 값1 and 값2로 데이터를 조회할 때
findBy컬럼이름1OrderBy컬럼이름2Asc/Desc(컬럼1타입 값1, 컬럼2타입 값2)	where 컬럼1 == 값1 order by 컬럼2 desc로 데이터를 조회할 때

메서드 이름에서 파생된 쿼리를 얻는 것은 매우 편리하지만, 메서드 이름 파서가 사용하려는 키워드를 지원하지 않거나 메서드 이름이 불필요하게 길어지는 등 보기 좋지 않은 상황에 직면할 수 있습니다. 따라서 JPA로 명명된 쿼리를 사용하거나 쿼리 메서드에 @Query를 주석으로 지정하여 사용하는 것을 권장합니다.

@Query를 이용한 CRUD 처리

@Query는 직접 사용자 정의 쿼리문을 작성하여 복잡한 작업을 가능하게 하는 애너테이션입니다. JPA의 기본 메서드는 AND, OR, JOIN 등의 복잡한 조건을 요구하는 경우에 사용하려면 불편할 때가 많고, 무엇보다 성능 저하 우려가 있기 때문에 직접 쿼리문을 작성하는 것이 효율적입니다. 사용 형식은 다음과 같습니다.

```
@Transactional
@Modifying
@Query(value="쿼리문"[, nativeQuery=true/false])
사용자정의메서드([@Param("변수이름") 매개변수]);
```

@Query의 쿼리문은 일반 SQL 및 JPQL로 쿼리를 작성할 수 있습니다. 기본값은 JPQL로 작성 가능하고, 일반 SQL로 작성하려면 옵션(nativeQuery = true, default false)을 설정해야 합니다.

NOTE **JPQL**

JPQL(Java Persistence Query Language)은 객체 지향 쿼리로, JPA가 지원하는 다양한 쿼리 방법 중 하나입니다. 기존의 SQL은 테이블을 대상으로 쿼리를 한다면 JPQL은 엔티티 객체를 대상으로 쿼리를 합니다.

NOTE **@Query를 사용하면 추가되는 2가지 애너테이션**

- @Transactional
  - INSERT, DELETE, UPDATE 작업 중 오류가 발생하면 모든 작업을 롤백(Rollback)합니다.
  - 이전의 모든 작업이 성공적이더라도 어떤 작업에서 오류가 나면 모두 롤백됩니다.
- @Modifying
  - @Query를 통해 INSERT, DELETE, UPDATE 쿼리를 쓰게 될 때 무조건 사용해야 합니다.
  - JpaRepository에서 제공하는 기본 메서드는 적용되지 않습니다

다음은 스프링 데이터 JPA의 @Query를 이용하여 데이터를 삽입, 수정, 삭제, 조회하는 예를 살펴보겠습니다. 데이터베이스는 springbootDB, 엔티티 클래스는 Member를 사용합니다. 그리고 앞의 JPA 기본 메서드를 이용하여 구현한 예를 @Query로 변경한 것으로 실행 결과는 동일합니다.

[데이터 삽입, 수정, 삭제, 조회 예]

MemberRepository03.java

```
package com.springboot.repository;
import java.util.List;
import org.springframework.data.jpa.repository.JpaRepository;
import org.springframework.data.jpa.repository.Modifying;
```

```
import org.springframework.data.jpa.repository.Query;
import org.springframework.data.repository.query.Param;
import org.springframework.stereotype.Repository;
import com.springboot.domain.Member;
import jakarta.transaction.Transactional;
@Repository
public interface MemberRepository03 extends JpaRepository<Member, Integer> {
    // 전체 레코드 조회 메서드
    @Transactional
    @Query(value = "SELECT entity FROM Member entity")
    // @Query(value = "SELECT * FROM Member", nativeQuery=true)    ❶
    public List<Member> selectMethod();

    // 지정한 id와 동일한 레코드를 조회하는 메서드
    @Transactional
    @Query(value = "SELECT entity FROM Member entity WHERE id = :e_id")
    // @Query(value = "SELECT * FROM Member WHERE id = ?", nativeQuery=true)    ❶
    public Member  selectMethodById(@Param("e_id") int id);

    // 레코드 삽입 메서드
    @Transactional
    @Modifying
    @Query(value = "INSERT INTO Member(name, age, email) VALUES(:e_name, :e_age, :e_
          email)")
    // @Query(value = "INSERT INTO Member(name, age, email) VALUES(?,?,?)",nativeQuery=
             true)    ❶
    public int insertMethod(@Param("e_name") String name, @Param("e_age") int age,
          @Param("e_email") String email);    ❷

    // 레코드 수정 메서드
    @Transactional
    @Modifying
    @Query(value = "UPDATE Member SET name =:e_name, age =:e_age, email =:e_email
          WHERE id = :e_id")
    // @Query(value = "UPDATE Member SET name =?, age =?, email =? WHERE id = ?",
             nativeQuery=true) ❶
```

```java
    public int updateMethod(@Param("e_name") String name, @Param("e_age") int age,
            @Param("e_email") String email, @Param("e_id") int id);   ❷

    // 지정한 id와 동일한 레코드를 삭제하는 메서드
    @Transactional
    @Modifying
    @Query(value = "DELETE FROM Member WHERE id = :e_id")
    // @Query(value = "DELETE FROM Member WHERE id = ?", nativeQuery=true)   ❶
    public int deleteMethod(@Param("e_id") int id);
}
```

❶ 바로 위의 JSQL 쿼리문을 일반 SQL 쿼리문으로 변경한 것입니다.

❷ 삽입이나 조회를 할 때 데이터가 많은 경우 즉, @param이 많을 때는 도메인 객체로 다음과 같이 작성할 수 있습니다.

```java
// 삽입
@Transactional
@Modifying
@Query(value = "INSERT INTO Member(name, age, email) VALUES(:#{#entity.name},
        :#{#entity.age}, :#{#entity.email})")
public int insertMethod(@Param("entity") Member member);
```

```java
// 수정
@Transactional
@Modifying
@Query(value = "UPDATE Member SET name =:#{#entity.name}, age =:#{#entity.age},
        email =:#{#entity.email} WHERE id = :#{#entity.id}")
public int updateMethod(@Param("entity") Member member);
```

Example03Controller.java

```java
package com.springboot.controller;
...
import com.springboot.repository.MemberRepository;
import com.springboot.domain.Member;
```

```
@Controller
@RequestMapping("/exam03")
public class Example03Controller {
    @Autowired
    MemberRepository03 repository;

    // 모든 레코드 조회 출력
    @GetMapping
    public String viewHomePage(Model model) {
        Iterable<Member> memberList = repository.selectMethod();
        model.addAttribute("memberList", memberList);
        return "viewPage03";
    }

    // 삽입 뷰 페이지 출력
    @GetMapping("/new")
    public String newMethod(Model model) {
        Member member = new Member();
        model.addAttribute("member", member);
        return "viewPage03_new";
    }

    // 삽입 수행
    @PostMapping("/insert")
    public String insertMethod(@ModelAttribute("member") Member member) {
        repository.insertMethod(member.getName(), member.getAge(), member.getEmail());
        return "redirect:/exam03";
    }

    // 수정 뷰 페이지 출력
    @GetMapping("/edit/{id}")
    public String editMethod(@PathVariable(name = "id") int id, Model model) {
        Member member = repository.selectMethodById(id);
        model.addAttribute("member", member);
        return "viewPage03_edit";
    }
```

```
    // 수정 수행
    @PostMapping("/update")
    public String updateMethod(@ModelAttribute("member") Member member) {
        repository.updateMethod(member.getName(), member.getAge(), member.getEmail(),
                    member.getId());
        return "redirect:/exam03";
    }

    // 삭제 수행
    @GetMapping("/delete/{id}")
    public String deleteMethod(@PathVariable(name = "id") int id) {
        repository.deleteMethod(id);
        return "redirect:/exam03";
    }
}
```

viewPage03.html viewPage03_new.html, viewPage03_edit.html

```
// 생략
```

앞의 JPA 기본 메서드에서 구현한 viewPage02.html, viewPage02_new.html, viewPage02_edit.html과 동일하며 URL 요청은 exam02에서 exam03으로 변경합니다.

EntityManager를 이용한 CRUD 처리

EntityManager는 엔티티를 관리하는 역할을 수행하는 인터페이스입니다. 즉, 저장, 수정, 삭제, 조회 등의 엔티티와 관련된 모든 일을 수행합니다. JPA는 EntityManager와 영속성 콘텍스트(PersistenceContext)를 통해 데이터의 상태 변화를 감지하고 필요한 쿼리를 자동으로 수행합니다. 사용 형식은 다음과 같습니다.

```
@Repository
public class 사용자정의저장소 {
    // EntityManager 인터페이스를 구현한 클래스의 인스턴스를 주입하는 애너테이션
    @PersistenceContext
    private EntityManager entityManager;
}
```

EntityManager는 JpaRespository 인터페이스에서 〈Entity, ID〉 형식으로 사용하는 것에 의존하지 않거나 사용할 수 없는 경우에 사용자 정의 저장소를 생성하여 사용합니다.

EntityManager는 데이터베이스 테이블과 매핑되는 객체인 엔티티에 CRUD 작업을 수행하는 쿼리문을 실행하는 메서드를 제공합니다.

```
Query   createQuery(String qlString)
Query   createNativeQuery(String sqlString)
```

- 매개변수:
  - qlString: JPQL 쿼리문
  - sqlString: SQL 쿼리문

NOTE

EntityManager 인터페이스의 메서드에 대한 자세한 내용은 다음 사이트를 참고하기 바랍니다.

- https://docs.oracle.com/javaee%2F7%2Fapi%2F%2F/javax/persistence/EntityManager.html

Query 인터페이스는 EntityManager의 쿼리문을 통해 삽입, 삭제, 수정, 조회 등의 실행 결과 값을 가져오거나 쿼리문의 매개변수에 연결되는 값을 설정하는 메서드를 다음과 같이 제공합니다.

표 14-6 Query 인터페이스의 CRUD 메서드

메서드	설명
int executeUpdate()	업데이트나 삭제를 실행합니다.
int getFirstResult()	쿼리 객체가 검색하도록 설정한 첫 번째 결과의 위치입니다.
List getResultList()	SELECT 쿼리를 실행하고 유형이 지정되지 않은 목록으로 결과를 반환합니다.
Object getSingleResult()	단일 유형이 지정되지 않은 결과를 반환하는 SELECT 쿼리를 실행합니다.
Query setParameter(String name, Object value)	지정된 매개변수에 인수 값을 연결합니다.
Query setParameter(int position, Object value)	위치 매개변수에 인수 값을 연결합니다.

NOTE Query 인터페이스의 메서드에 대한 자세한 내용은 다음 사이트를 참고하기 바랍니다.

- https://docs.oracle.com/javaee%2F7%2Fapi%2F%2F/javax/persistence/Query.html

다음은 EntityManager를 이용하여 데이터를 삽입, 수정, 삭제, 조회하는 예를 살펴보겠습니다. 데이터베이스는 springbootDB, 엔티티 클래스는 Member를 사용하며 앞에서 구현한 예와 실행 결과는 동일합니다.

MemberRepository04.java

```
package com.springboot.repository;
import jakarta.persistence.*;
import jakarta.transaction.Transactional;
import java.util.List;
import org.springframework.stereotype.Repository;
import com.springboot.domain.Member;
@Repository
public class MemberRepository04 {
    @PersistenceContext
    private EntityManager entityManager;

    public List<Member> selectMethod() {          // 전체 레코드를 조회하는 메서드
        String jpql = "SELECT entity FROM Member entity";
        Query query = entityManager.createQuery(jpql);
        List<Member> member = query.getResultList();
        return member;
    }
    public Member selectMethodById(int id) {    // 지정한 id의 레코드를 조회하는 메서드
        String jpql = "SELECT entity FROM Member entity WHERE id =:e_id";
        Query query = entityManager.createQuery(jpql);
        query.setParameter("e_id", id);
        Member member =(Member) query.getSingleResult();
        return member;
    }
    @Transactional
    public void insertMethod(Member member) {   // 레코드 삽입 메서드
        String jpql = "INSERT INTO Member(name, age, email) VALUES(:e_name, :e_age, :e_
                email)";
        Query query = entityManager.createQuery(jpql);
        query.setParameter("e_name", member.getName());
```

```
        query.setParameter("e_age", member.getAge());
        query.setParameter("e_email", member.getEmail());
        query.executeUpdate();
    }
    @Transactional
    public void updateMethod(Member member) {   // 레코드 수정 메서드
        String jpql = "UPDATE Member SET name =:e_name, age =:e_age, email =:e_email
                WHERE id = :e_id";
        Query query = entityManager.createQuery(jpql);
        query.setParameter("e_name", member.getName());
        query.setParameter("e_age", member.getAge());
        query.setParameter("e_email", member.getEmail());
        query.setParameter("e_id", member.getId());
        query.executeUpdate();
    }
    @Transactional
    public void deleteMethod(int id) {            // 지정한 id의 레코드를 삭제하는 메서드
        String jpql = "DELETE FROM Member WHERE id = :e_id";
        Query query = entityManager.createQuery(jpql);
        query.setParameter("e_id", id);
        query.executeUpdate();
    }
}
```

Example04Controller.java

```
package com.springboot.controller;
...
import com.springboot.repository.MemberRepository03;
import com.springboot.domain.Member;
@Controller
@RequestMapping("/exam04")
public class Example04Controller {
    @Autowired
    MemberRepository04 repository;
    @GetMapping            // 모든 레코드 조회 출력
    public String viewHomePage(Model model) {
```

```
        List<Member> memberList = repository.selectMethod();
        model.addAttribute("memberList", memberList);
        return "viewPage04";
    }
    @GetMapping("/new")            // 삽입 뷰 페이지 출력
    public String newMethod(Model model) {
        Member member = new Member();
        model.addAttribute("member", member);
        return "viewPage04_new";
    }
    @PostMapping("/insert")        // 삽입 수행
    public String insertMethod(@ModelAttribute("member") Member member) {
        repository.insertMethod(member);
        return "redirect:/exam04";
    }
    @GetMapping("/edit/{id}")      // 수정 뷰 페이지 출력
    public String editMethod(@PathVariable(name = "id") int id, Model model) {
        Member member = repository.selectMethodById(id);
        model.addAttribute("member", member);
        return "viewPage04_edit";
    }
    @PostMapping("/update")        // 수정 수행
    public String updateMethod(@ModelAttribute("member") Member member) {
        repository.updateMethod(member);
        return "redirect:/exam04";
    }
    @GetMapping("/delete/{id}")    // 삭제 수행
    public String deleteMethod(@PathVariable(name = "id") int id) {
        repository.deleteMethod(id);
        return "redirect:/exam04";
    }
}
```

viewPage04.html viewPage04_new.html, viewPage04_edit.html

```
// 생략
```

JPA 기본 메서드에서 구현한 viewPage02.html, viewPage02_new.html, viewPage02_edit.html은 동일하며 URL 요청은 exam02에서 exam04로 변경합니다.

3.4 엔티티 간의 연관 관계 매핑

관계형 데이터베이스의 테이블은 외래 키(foreign key)를 사용하여 조인(join)을 하면 상대 테이블을 참조할 수 있지만, 객체는 그럴 수 없습니다. 하지만 JPA에서는 객체(=엔티티) 간의 연관 관계를 설정하여 엔티티를 참조할 수 있습니다. 이러한 엔티티가 연관 관계를 맺을 때에는 단방향과 양방향이 존재하고, @OneToOne(1:1), @OneToMany(1:N), @ManyToOne(N:1), @ManyToMany(N:N) 등의 다양한 연관 관계를 맺을 수 있습니다.

엔티티를 연관 관계로 만들려면 주 엔티티와 상태 엔티티를 정해야 합니다. 연관 관계를 갖는 두 엔티티에서 외래 키를 갖는 엔티티가 주 엔티티가 됩니다. 주 엔티티만이 외래 키를 관리(등록, 수정, 삭제)할 수 있고, 주 엔티티가 아닌 엔티티는 읽기만 할 수 있습니다.

표 14-7 연관 관계 매핑 애너테이션의 옵션

옵션	설명
FetchType	해당 엔티티를 데이터베이스에서 조회할 때, 연관 관계에 있는 엔티티 정보를 언제 함께 끌어올지 정합니다. @ManyToOne, @OneToOne의 기본값은 즉시 로딩(EAGER), @OneToMany, @ManyToMany의 기본값은 지연 로딩(LAZY)입니다.
CascadeType	엔티티의 상태 변화를 전파시킵니다. @ManyToOne, @OneToMany, @OneToOne을 통해 연관 관계를 맺은 엔티티 간의 상태 변화를 전파시킵니다. 사용 가능한 옵션 값은 다음과 같습니다. –PERSIST: 하위 엔티티까지 영속성 전달 –MERGE: 하위 엔티티까지 병합 작업 지속 –REMOVE: 하위 엔티티까지 삭제 작업 지속 –REFRESH: 속성 콘텍스트에 저장되어 있는 값을 새로고침 –DETACH: 속성 콘텍스트에 해당 엔티티를 더 이상 관리하지 않음 –ALL: 위 옵션 값이 모두 적용된 상태
orphanRemoval	연관 관계 매핑의 고아 객체 제거 여부 옵션으로 @OneToOne, @OneToMany만 사용 가능합니다. 옵션 값이 true이면 관계가 끊어진 하위 테이블을 자동으로 제거합니다.

NOTE **기본 키(primary key, PK)와 외래 키(foreign key, FK)**

- **기본 키**: 데이터베이스 테이블 내의 모든 레코드에서 고유한 아이디로, 모든 레코드가 서로 다른 기본 키로 각각의 레코드를 식별합니다. 기본 키는 NULL 값이 존재할 수 없으며, 중복이 불가능합니다.
- **외래 키**: 데이터가 일관될 수 있도록 돕는 역할을 합니다. 보통은 두 개의 데이터베이스 테이블을 연결하는 가상의 다리 역할을 하며 기본 키와 함께 사용됩니다.

NOTE **단방향과 양방향 관계**

- **단방향 관계**: 두 엔티티가 관계를 맺을 때, 한 쪽의 엔티티만 참조하는 것을 의미합니다.
- **양방향 관계**: 두 엔티티가 관계를 맺을 때, 양 쪽이 서로 참조하고 있는 것을 의미합니다.

데이터 모델링에서는 관계를 맺어주기만 하면 자동으로 양방향 관계가 되어 서로 참조하지만, 객체 지향 모델링에서는 구현하려는 서비스에 따라 단방향 관계인지, 양방향 관계인지 적절하게 선택해야 합니다.

@OneToOne 연관 관계

@OneToOne은 1:1 연관 관계를 설정하는 애너테이션으로 두 엔티티(=테이블) 간에 서로 하나의 관계만 가지며 두 엔티티 중에 외래 키를 선택하여 가질 수 있습니다. 이때 외래 키는 데이터베이스에서 중복되지 않은 유일성(unique)을 가져야 합니다.

외래 키를 사용한 단방향

두 엔티티가 관계를 맺을 때, 상대 엔티티만을 참조하도록 주 엔티티가 외래 키를 가지는 것이 단방향 관계입니다. 주 엔티티가 상대 엔티티의 기본 키를 외래 키로 가지려면 다음과 같은 형식을 따릅니다.

```
@OneToOne
@JoinColumn(name="상대엔티티이름_기본키")          // 두 엔티티를 조인할 열 정의
상대 엔티티 클래스 선언;
```

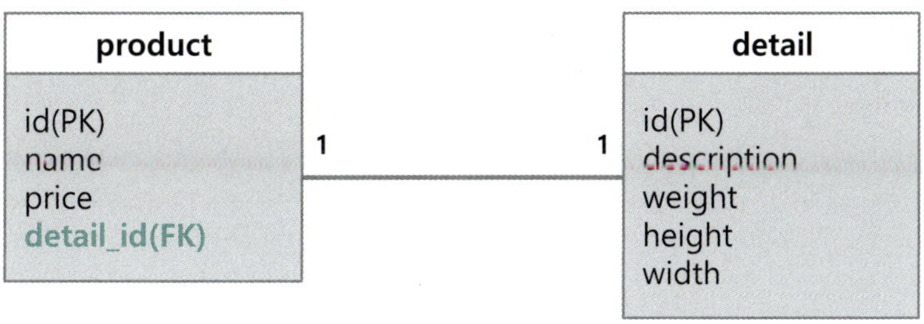

다음은 주 엔티티가 상대 엔티티의 기본 키를 외래 키로 가지는 예입니다.

Product.java

```
package com.springboot.domain;
...
@Entity
@Data
public class Product {
    @Id @GeneratedValue(strategy = GenerationType.IDENTITY)
    private Integer id;
    private String name;
    private float price;
    @OneToOne(cascade = CascadeType.ALL)
    @JoinColumn(name = "detail_id")
    private Detail detail;
}
```

Detail.java

```
package com.springboot.domain;
...
@Entity
@Data
public class Detail {
    @Id @GeneratedValue(strategy = GenerationType.IDENTITY)
    private Integer id;
    private String description;
    private float weight;
    private float height;
    private float width;
}
```

ProductRepository.java

```
package com.springboot.repository;
...
@Repository
```

```
public interface ProductRepository extends JpaRepository<Product, Integer> {

}
```

DetailRepository.java

```
package com.springboot.repository;
...
@Repository
public interface DetailRepository extends JpaRepository<Detail, Integer> {

}
```

Example05Controller.java

```
package com.springboot.controller;
...
import com.springboot.domain.Product;
import com.springboot.domain.ProductDetail;
import com.springboot.repository.ProductRepository;
import com.springboot.repository.DetailRepository;

@Controller
@RequestMapping("/exam05")
public class Example05Controller {
    @Autowired
    private ProductRepository productRepository;
    @Autowired
    private DetailRepository detailRepository;
    @GetMapping
    public String requestInsert(Model model) {
        Product product = new Product();
        product.setName("갤럭시 24+");
        product.setPrice(999);
        Detail detail = new Detail();
        detail.setDescription("삼성 안드로이드폰");
        detail.setWeight(196f);
```

```
        detail.setHeight(158.5f);
        detail.setWidth(75.9f);
        product.setDetail(detail);
        productRepository.save(product);
        Iterable<Product> productList = productRepository.findAll();
        Iterable<Detail> detailList = detailRepository.findAll();
        model.addAttribute("productList",productList);
        model.addAttribute("detailList", detailList);
        return "viewPage05";
    }
}
```

viewPage05.html

```
<html>
<head>
<title>Chap14</title>
</head>
<body>
<div align="center">
    <h3>JPA 데이터베이스</h3>
    <br>Product
    <table border="1" cellpadding="10">
    <tr>
        <th>아이디</th>
        <th>이름</th>
        <th>가격</th>
    </tr>
    <tr th:each="product : ${productList}">
        <td th:text="${product.id}"></td>
        <td th:text="${product.name}"></td>
        <td th:text="${product.price}"></td>
    </tr>
    </table>
    <br> Detail
    <table border="1" cellpadding="10">
    <tr>
```

```
            <th>아이디</th>
            <th>설명</th>
            <th>무게</th>
            <th>높이</th>
            <th>너비</th>
        </tr>
        <tr th:each="detail : ${detailList}">
            <td th:text="${detail.id}"></td>
            <td th:text="${detail.description}"></td>
            <td th:text="${detail.weight}"></td>
            <td th:text="${detail.height}"></td>
            <td th:text="${detail.width}"></td>
        </tr>
        </table>
    </div>
    </body>
    </html>
```

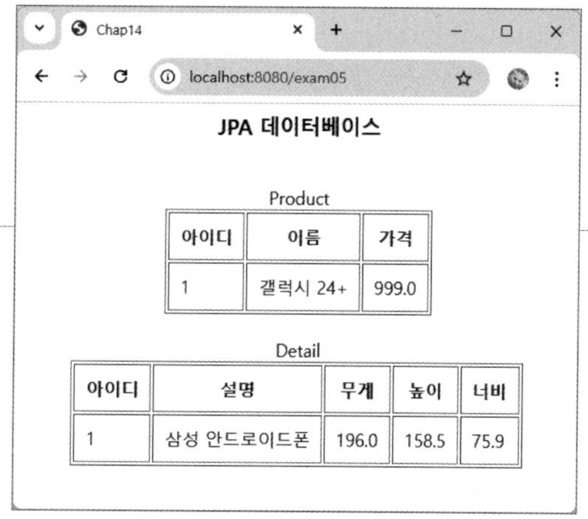

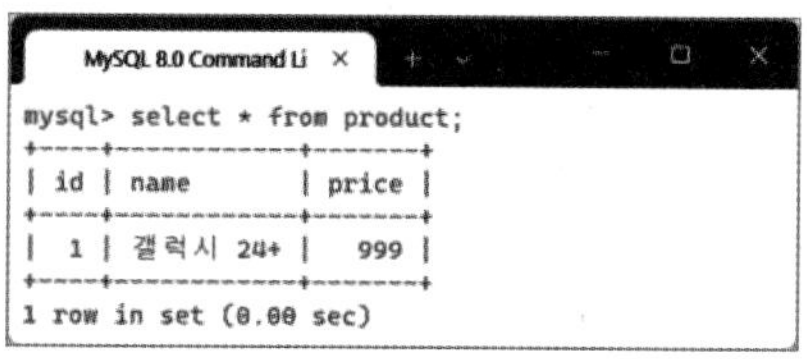

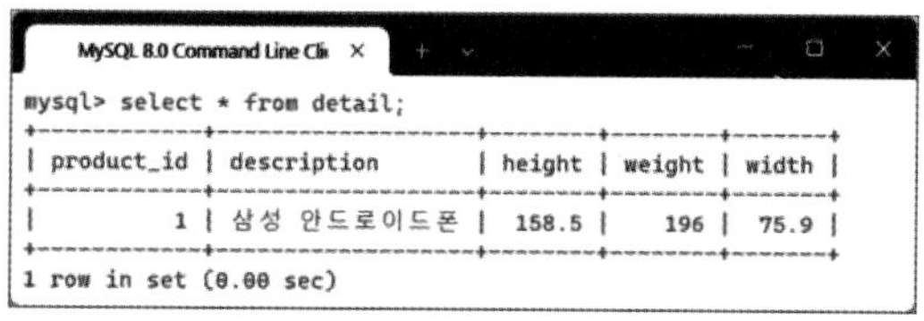

외래 키를 사용한 양방향

두 엔티티가 관계를 맺을 때, 서로 참조하는 것이 양방향 관계입니다. 주 엔티티가 외래 키를 가지기 위해 둘 중에서 주 엔티티를 정해야 합니다. 주 엔티티는 단방향 형식을 그대로 따르고 상대 엔티티는 다음과 같은 형식을 따릅니다.

```
@OneToOne(mappedBy="상대 엔티티이름")
주 엔티티 클래스 선언;
```

양방향 관계에서는 상대 엔티티를 통해 주 엔티티에 접근할 수 있고 주 엔티티는 조회만 가능합니다. 예를 들면, 상대 엔티티인 상품 정보 객체(Detail)는 해당 정보를 소유하고 있는 상품 객체(Product)에 Detail.product 필드를 통해 접근할 수 있습니다. 이때, product 필드는 읽기 전용입니다.

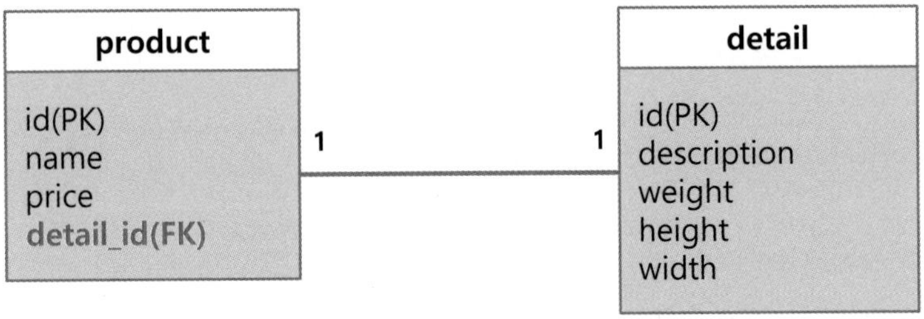

다음은 주 엔티티가 상대 엔티티의 기본 키를 외래 키로 가지는 예입니다. Product 엔티티는 앞의 예와 동일하고 양방향을 위해 Detail 엔티티에만 다음 내용을 추가합니다.

```
@Entity
@Data
public class Detail {
    @Id @GeneratedValue(strategy = GenerationType.IDENTITY)
    private Integer id;
    private String description;
    private float weight;
    private float height;
    private float width;
    @OneToOne(mappedBy = "detail")
    private Product product;
}
```

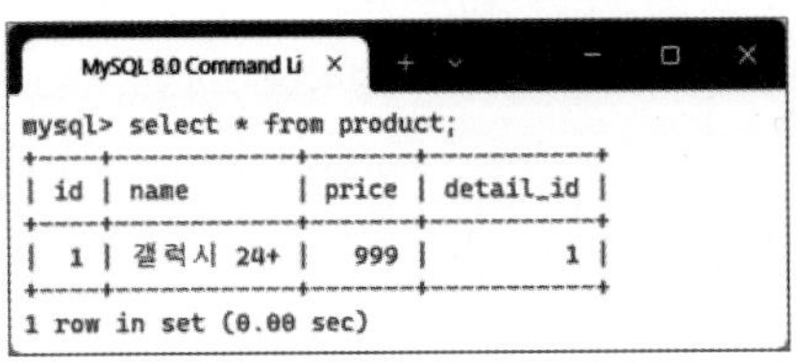

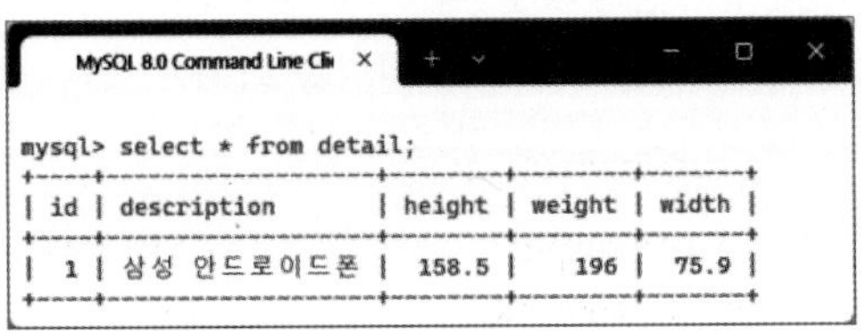

공유 기본 키를 사용한 양방향

주 엔티티의 기본 키는 상대 엔티티와 공유하므로 상대 엔티티의 외래 키가 됩니다. 주 엔티티의 기본 키를 상대 엔티티와 공유하려면 다음과 같이 주 엔티티에 설정해야 하며, 상대 엔티티에서는 주 엔티티의 기본 키에 해당하는 필드를 정의해야 합니다.

```
//주 엔티티
@OneToOne(mappedBy = "주 엔티티이름")
@PrimaryKeyJoinColumn          // 엔티티의 기본 키를 외래 키로 설정
상대 엔티티 클래스 선언;

//상대 엔티티
@OneToOne
JoinColumn(name = "주 엔티티의 기본키")
@MapsId                        // 외래 키를 기본 키로 설정
주 엔티티 클래스 선언;
```

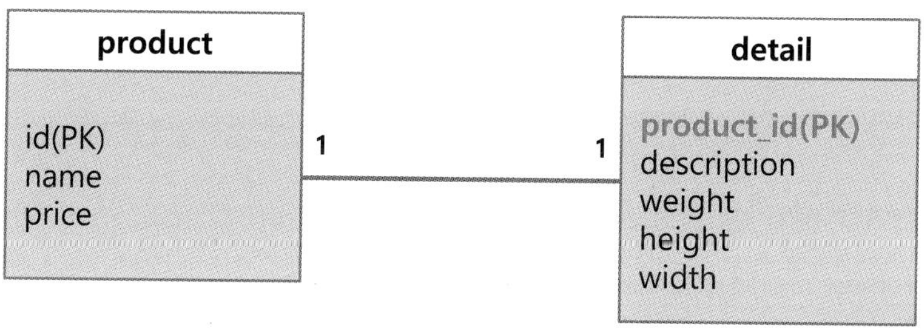

다음은 주 엔티티와 상대 엔티티가 기본 키를 공유하는 예입니다. 주 엔티티 Product의 기본 키를 Detail 엔티티와 공유하기 위해 Poduct와 Detail 엔티티를 다음과 같이 추가 수정합니다.

Product.java

```
package com.springboot.domain;
...
@Entity
@Data
public class Product {
    @Id @GeneratedValue(strategy = GenerationType.IDENTITY)
    private Integer id;
```

```java
    private String name;
    private float price;
    @OneToOne(mappedBy = "product", cascade = CascadeType.ALL)
    @PrimaryKeyJoinColumn
    private Detail detail;
}
```

Detail.java

```java
package com.springboot.domain;
...
@Entity
@data
public class Detail {
    @Id @GeneratedValue(strategy = GenerationType.IDENTITY)
    private Integer id;
    private String description;
    private float weight;
    private float height;
    private float width;
    @OneToOne
    @JoinColumn(name = "product_id")
    @MapsId           // FK를 PK로 설정하기
    private Product product;
}
```

Example06Controller.java

```java
package com.springboot.controller;
...
@Controller
@RequestMapping("/exam06")
public class Example06Controller {
    @Autowired
    private ProductRepository productRepository;
    @Autowired
    private DetailRepository detailRepository;
```

```java
    @GetMapping
    public String requestInsert(Model model) {
        Product product = new Product();
        product.setName("갤럭시 24+");
        product.setPrice(999);
        Detail detail = new Detail();
        detail.setDescription("삼성 안드로이드폰");
        detail.setWeight(196f);
        detail.setHeight(158.5f);
        detail.setWidth(75.9f);
        detail.setProduct(product);
        detailRepository.save(detail);
        product.setDetail(detail);
        productRepository.save(product);
        Iterable<Product> productList = productRepository.findAll();
        Iterable<Detail> detailList = detailRepository.findAll();
        model.addAttribute("productList",productList);
        model.addAttribute("detailList", detailList);
        return "viewPage06";
    }
}
```

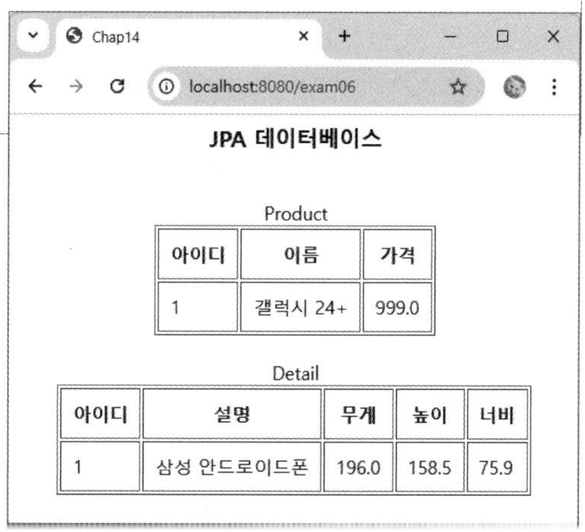

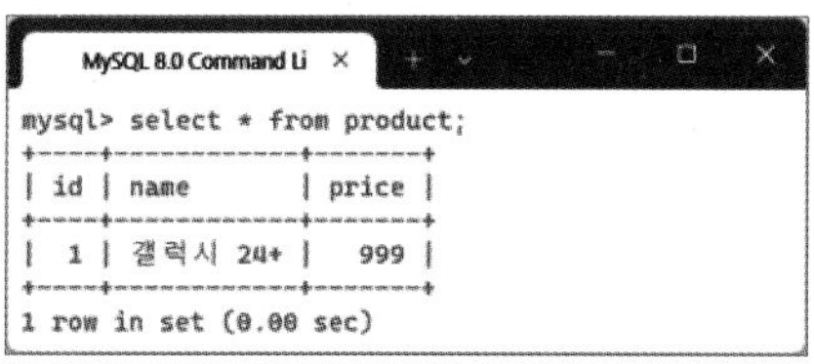

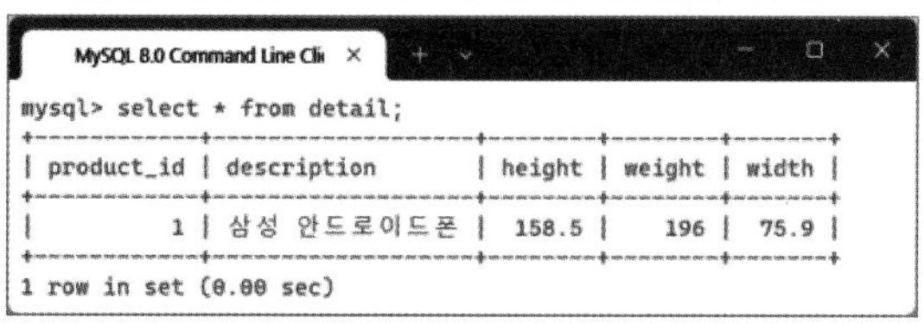

@ManyToOne과 @OneToMany

@ManyToOne은 N:1 연관 관계, @OneToMany는 1:N 연관 관계를 설정하는 애너테이션입니다. 1:N 또는 N:1 관계에서 관계형 데이터베이스처럼 외래 키는 항상 N쪽 테이블이 가지므로 N쪽 테이블이 주 테이블이 됩니다.

N:1 관계 매핑의 단방향

주 엔티티에서 상대 엔티티만을 참조하는 외래 키를 가지는 단방향 관계로 주 엔티티에 @ManyToOne을 설정합니다. 가장 많이 사용하는 N:1 연관 관계이며 주 엔티티가 상대 엔티티의 키를 가지려면 1:1 연관 관계와 같이 다음과 같은 형식을 따릅니다.

```
@ManyToOne
@JoinColumn(name="상대엔티티이름_기본키")
상대 엔티티 클래스 선언;
```

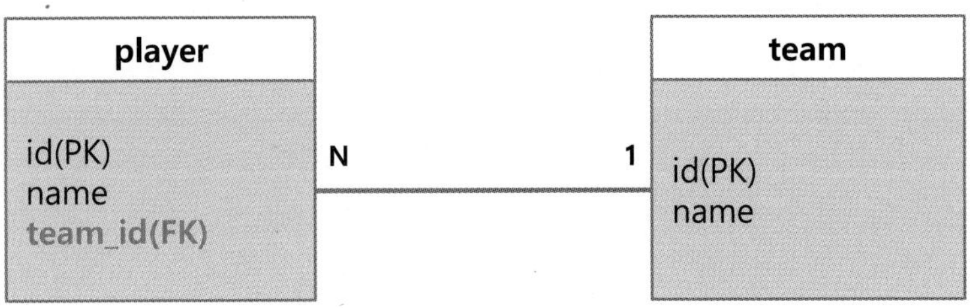

Player는 하나의 Team에 속하므로 N:1 관계입니다. 다음은 Player 엔티티가 Team 엔티티를 참조하는 단방향 관계를 나타내는 예입니다.

Player.java

```
package com.springboot.domain;
...
@Entity
@Data
public class Player {
    @Id
    @GeneratedValue(strategy = GenerationType.IDENTITY)
    private Long id;
```

```
    private String name;
    @ManyToOne
    @JoinColumn(name = "team_id")
    private Team team;
}
```

Team.java

```
package com.springboot.domain;
...
@Entity
@Data
public class Team {
    @Id
    @GeneratedValue(strategy = GenerationType.IDENTITY)
    private Long id;
    private String name;
}
```

PlayerRepository.java

```
package com.springboot.repository;
...
@Repository
public interface PlayerRepository extends JpaRepository<Player, Long> {

}
```

TeamRepository.java

```
package com.springboot.repository;

@Repository
public interface TeamRepository extends JpaRepository<Team, Long> {

}
```

Example07Controller.java

```java
package com.springboot.controller;
...
@Controller
@RequestMapping("/exam07")
public class Example07Controller {
    @Autowired
    private TeamRepository teamRepository;
    @Autowired
    private PlayerRepository playerRepository;
    @GetMapping
    public String requestInsert(Model model) {
        Team team = new Team();
        team.setName("축구팀");
        teamRepository.save(team);
        Player player = new Player();
        player.setName("홍길순");
        player.setTeam(team);
        playerRepository.save(player);
        Iterable<Player> playerList = playerRepository.findAll();
        Iterable<Team> teamList = teamRepository.findAll();
        model.addAttribute("playerList",playerList);
        model.addAttribute("teamList", teamList);
        return "viewPage07";
    }
}
```

viewPage07.html

```html
<html>
<head>
<title>Chap14</title>
</head>
<body>
<div align="center">
    <h3>JPA 데이터베이스</h3>
    <br>Player
```

```
        <table border="1" cellpadding="10">
        <tr>
            <th>아이디</th>
            <th>팀이름</th>
        </tr>
        <tr th:each="player : ${playerList}">
            <td th:text="${player.id}"></td>
            <td th:text="${player.name}"></td>
        </tr>
        </table>
        <br>Team
        <table border="1" cellpadding="10">
        <tr>
            <th>아이디</th>
            <th>이름</th>
        </tr>
        <tr th:each="team : ${teamList}">
            <td th:text="${team.id}"></td>
            <td th:text="${team.name}"></td>
        </tr>
        </table>
    </div>
    </body>
    </html>
```

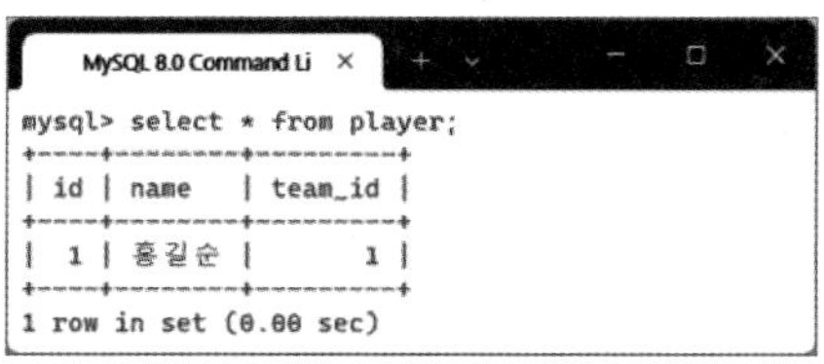

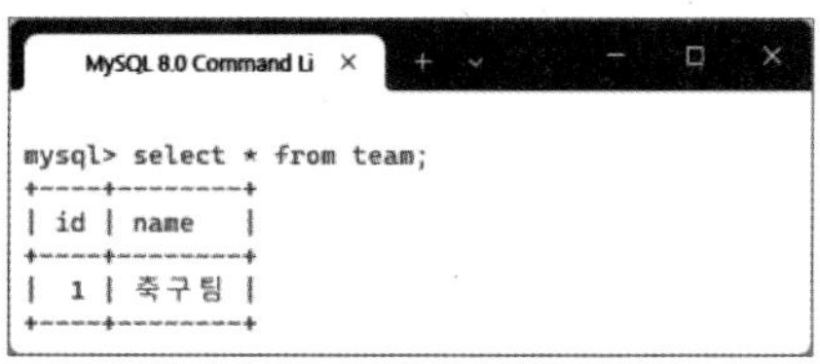

1:N 관계 매핑의 양방향

두 엔티티가 관계를 맺을 때, 서로 참조하도록 주 엔티티는 단방향 형식을 그대로 따르고 상대 엔티티는 다음과 같은 형식을 따릅니다.

```
@OneToMany(mappedBy="상대엔티티이름")
주 엔티티 클래스 선언;
```

상대 엔티티는 @OneToMany의 1:N 관계로 엔티티를 하나 이상 참조할 수 있으므로 주 엔티티 클래스를 선언할 때 자바 컬렉션인 Collection, List, Set, Map 중 하나를 사용하고 초기화를 합니다.

Player 입장에서는 하나의 Team에 속하므로 N:1 관계입니다. 다음은 두 엔티티 관계를 서로 참조하는 양방향 관계를 나타내는 예입니다.

```
@Entity
@Getter
@Setter
public class Team {
    @Id
    @GeneratedValue(strategy = GenerationType.IDENTITY)
    private Long id;
    private String name;
    @OneToMany(mappedBy = "team", cascade = CascadeType.ALL)
    private List<Player> players = new ArrayList<>();
}
```

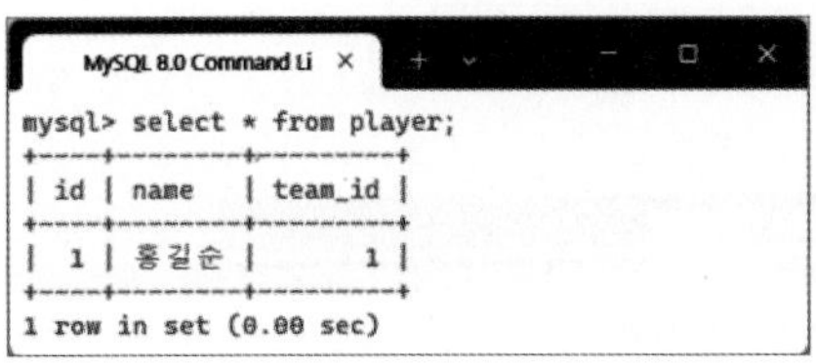

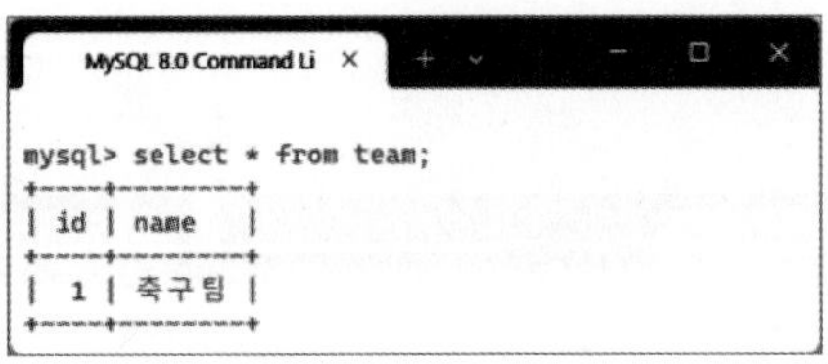

14.4 [도서 쇼핑몰] 주문 처리 페이지 만들기

스프링 데이터 JPA로 데이터베이스에 연동하여 도서 쇼핑몰의 주문 처리를 구현하겠습니다. 먼저, 주문 처리를 위한 데이터베이스를 생성하고 엔티티 기본 구조를 만듭니다. 그리고 주문 처리의 CRUD를 구현해 봅니다.

[미리보기] 도서 쇼핑몰 로드맵

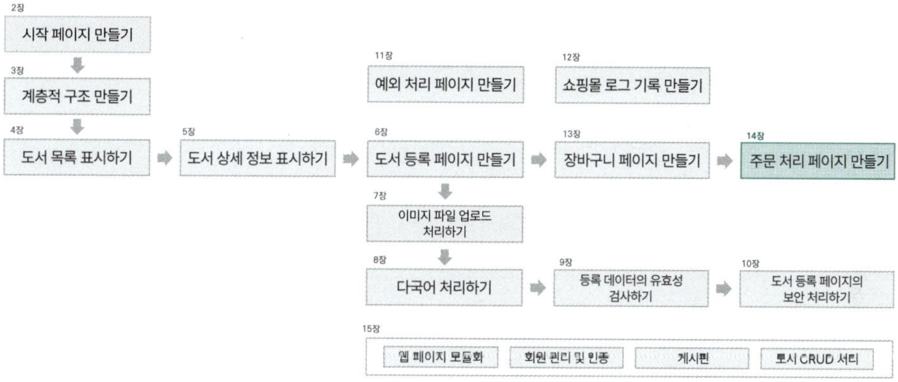

[미리보기] 도서 쇼핑몰의 주문 처리

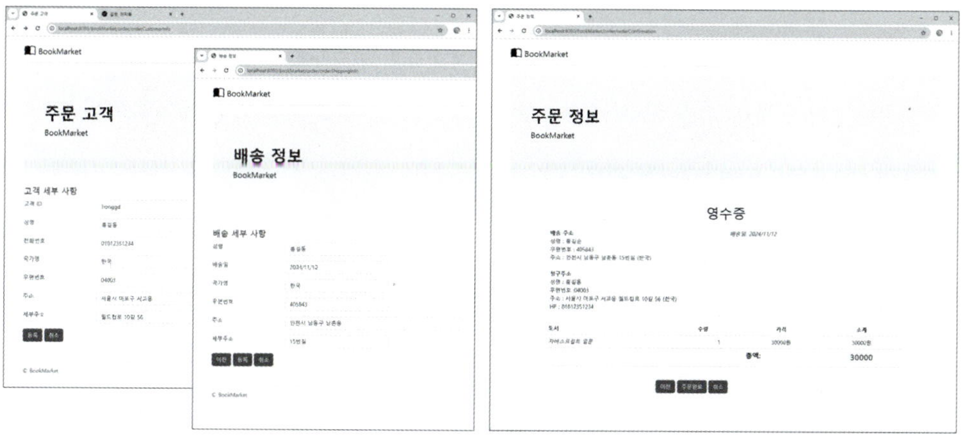

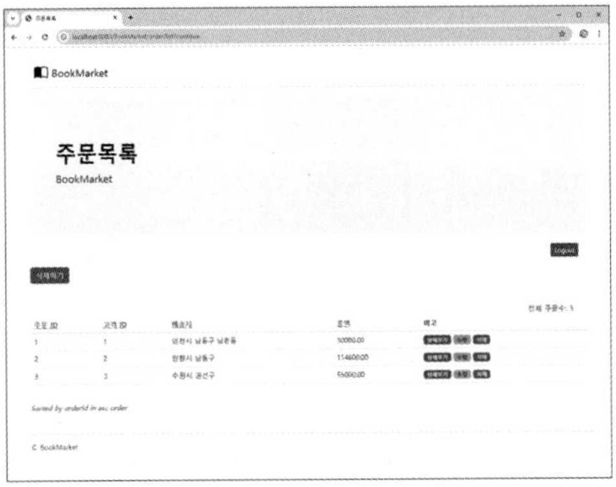

실습 1 주문 처리의 기본 구조 만들기

장바구니에 등록된 도서들의 주문 처리를 하기 위해 스프링 데이터 JPA를 적용하려면 먼저 주문 처리의 공통 모듈을 만들어야 합니다.

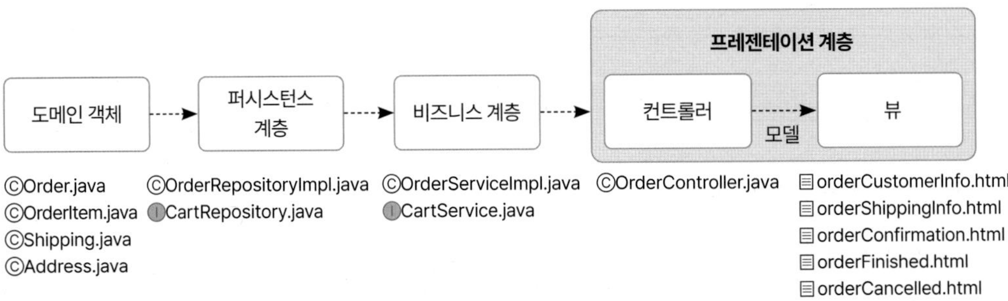

그림 14-3 도서 쇼핑몰 주문 처리의 계층적 구조

주문 처리 정보가 담긴 도메인 객체 생성하기

1 주문 처리의 주소 클래스 생성 com.springboot.domain 패키지에 Address 클래스를 생성하고 다음의 내용을 작성합니다.

BookMarket/src/main/java/com/springboot/domain/Address.java

```
package com.springboot.domain;
import jakarta.persistence.Entity;
import jakarta.persistence.GeneratedValue;
import jakarta.persistence.Id;
import lombok.Data;
import lombok.Getter;
import lombok.Setter;
@Data
@Getter @Setter
@Entity
public class Address {
   @Id
   @GeneratedValue
   private Long id;               // 아이디
   private String country;        // 국가명
   private String zipcode;        // 우편번호
   private String addressname;    // 주소
   private String detailname;     // 세부 주소
}
```

2 주문 처리의 고객 클래스 생성 com.springboot.domain 패키지에 Customer 클래스를 생성하고 다음의 내용을 작성합니다.

BookMarket/src/main/java/com/springboot/domain/Customer.java

```
package com.springboot.domain;
import jakarta.persistence.CascadeType;
import jakarta.persistence.Entity;
import jakarta.persistence.GeneratedValue;
import jakarta.persistence.GenerationType;
import jakarta.persistence.Id;
import jakarta.persistence.JoinColumn;
import jakarta.persistence.OneToOne;
import lombok.Data;
import lombok.Getter;
```

```
import lombok.Setter;
@Getter @Setter
@Entity
@Data
public class Customer {
    @Id
    @GeneratedValue(strategy = GenerationType.IDENTITY)
    private Long id;                 // 아이디(테이블의 기본 키)
    private String customerId;      // 고객 아이디
    private String name;            // 고객 이름
    private String phone;           // 고객 전화번호
    @OneToOne(cascade = CascadeType.ALL)
    @JoinColumn(name = "address_id")                      ── ❶
    private Address address;        // 고객 주소 객체
}
```

❶ Customer 엔티티(=테이블)는 Address 엔티티의 id를 외래 키 address_id로 가집니다.

3 주문 처리의 배송 클래스 생성 com.springboot.domain 패키지에 Shipping 클래스를 생성하고 다음의 내용을 작성합니다.

BookMarket/src/main/java/com/springboot/domain/Shipping.java

```
package com.springboot.domain;
...
import org.springframework.format.annotation.DateTimeFormat;
import jakarta.persistence.CascadeType;
import jakarta.persistence.Entity;
import jakarta.persistence.GeneratedValue;
import jakarta.persistence.GenerationType;
import jakarta.persistence.Id;
import jakarta.persistence.JoinColumn;
import jakarta.persistence.OneToOne;
import lombok.Data;
import lombok.Getter;
import lombok.Setter;
@Getter @Setter
```

```
@Entity
@Data
public class Shipping {
    @Id
    @GeneratedValue(strategy = GenerationType.IDENTITY)
    private Long id;                    // 아이디
    private String name;                // 배송 고객 이름
    @DateTimeFormat(pattern = "yyyy/MM/dd")
    private String date;                // 배송일
    @OneToOne(cascade = CascadeType.ALL)
    @JoinColumn(name = "address_id")
    private Address address;            // 배송 주소 객체
}
```

❶ Shipping 엔티티(=테이블)는 Address 엔티티의 id를 외래 키 address_id로 가집니다.

4 주문 처리의 주문 관리 클래스 생성 com.springboot.domain 패키지에 OrderItem 클래스를 생성하고 다음의 내용을 작성합니다.

BookMarket/src/main/java/com/springboot/domain/OrderItem.java

```
package com.springboot.domain;
import java.math.BigDecimal;
import jakarta.persistence.Entity;
import jakarta.persistence.GeneratedValue;
import jakarta.persistence.Id;
import lombok.Data;
@Data
@Entity
public class OrderItem {
    @Id
    @GeneratedValue
    private Long id;                    // 아이디(테이블의 기본 키)
    private String bookId;              // 주문 도서 아이디
    private int quantity;               // 주문 도서 수량
    private BigDecimal totalPrice;      // 주문 도서 총 가격
}
```

5 주문 처리의 주문 클래스 생성 com.springboot.domain 패키지에 Order 클래스를 생성하고 다음의 내용을 작성합니다.

BookMarket/src/main/java/com/springboot/domain/Order.java

```
package com.springboot.domain;
import java.math.BigDecimal;
import java.util.Map;
import java.util.HashMap;
import jakarta.persistence.CascadeType;
import jakarta.persistence.Entity;
import jakarta.persistence.GeneratedValue;
import jakarta.persistence.Id;
import jakarta.persistence.JoinColumn;
import jakarta.persistence.OneToMany;
import jakarta.persistence.OneToOne;
import jakarta.persistence.Table;
import lombok.Data;
@Entity
@Table(name = "orders")              // 테이블 이름을 orders로 생성
@Data
public class Order implements {
    @Id @GeneratedValue
    private Long orderId;            // 주문 아이디
    @OneToOne(cascade = CascadeType.ALL)
    @JoinColumn(name = "customer_id")                  ❶
    private Customer customer;       // 고객 객체
    @OneToOne(cascade = CascadeType.ALL)
    @JoinColumn(name = "shipping_id")                  ❷
    private Shipping shipping;       // 배송지 객체
    @OneToMany(cascade = CascadeType.ALL)
    @JoinColumn(name = "order_order_id")               ❸
    private Map<String,OrderItem> orderItems =new HashMap<>(); // 주문 아이템 객체
    private BigDecimal grandTotal; // 주문 총 금액
}
```

❶ Order 엔티티(=테이블)는 Customer 엔티티의 id를 외래 키 customer_id로 가집니다.

❷ Order 엔티티(=테이블)는 Shipping 엔티티의 id를 외래 키 shipping_id로 가집니다.

❸ OrderItem 엔티티(=테이블)는 Order 엔티티의 orderId를 외래 키 order_order_id로 가집니다.

주문 처리 정보를 관리하는 퍼시스턴스 계층인 저장소 객체 구현하기

❶ 주문 처리의 정보 관리 인터페이스 생성 com.springboot.repository 패키지에 OrderRepository 인터페이스를 생성하고 다음 내용을 작성합니다.

BookMarket/src/main/java/com/springboot/repository/OrderRepository.java

```
package com.springboot.repository;
import com.springboot.domain.Order;
public interface OrderRepository {
    Long saveOrder(Order order);        // 주문 목록 저장 메서드
}
```

❷ 주문 처리의 정보 관리 클래스 생성 com.springboot.repository 패키지에 OrderRepositoryImpl 클래스를 생성하고 다음의 내용을 작성합니다.

BookMarket/src/main/java/com/springboot/repository/OrderRepositoryImpl.java

```
package com.springboot.repository;
import java.util.HashMap;
import java.util.Map;
import org.springframework.stereotype.Repository;
import com.springboot.domain.Order;
@Repository
public class OrderRepositoryImpl implements OrderRepository{
    private Map<Long, Order> listOfOrders;
    private long nextOrderId;
    public OrderRepositoryImpl() {              // 생성자
        listOfOrders = new HashMap<Long, Order>();
        nextOrderId = 2000;
    }
    public Long saveOrder(Order order) {        // 주문 목록 저장 메서드
        order.setOrderId(getNextOrderId());
```

```
        listOfOrders.put(order.getOrderId(), order);
        return order.getOrderId();
    }
    private synchronized long getNextOrderId() {     // 주문 아이디 생성 메서드
        return nextOrderId++;
    }
}
```

주문 처리 정보를 반환하는 비즈니스 계층인 서비스 객체 구현하기

1 주문 처리의 정보 반환 인터페이스 생성 com.springboot.service 패키지에 OrderService 인터페이스를 생성하고 다음의 내용을 작성합니다.

BookMarket/src/main/java/com/springboot/service/OrderService.java

```
package com.springboot.service;
import com.springboot.domain.Order;
public interface OrderService {
    void confirmOrder(String bookId, long quantity);     // 도서 재고 수 처리 메서드
    Long saveOrder(Order order);                         // 주문 목록 저장 메서드
}
```

2 주문 처리의 정보 반환 클래스 생성 com.springboot.service 패키지에 OrderServiceImpl 클래스를 생성하고 다음의 내용을 작성합니다.

BookMarket/src/main/java/com/springboot/service/OrderServiceImpl.java

```
package com.springboot.service;
import org.springframework.beans.factory.annotation.Autowired;
import org.springframework.stereotype.Service;
import com.springboot.domain.Book;
import com.springboot.domain.Order;
import com.springboot.repository.BookRepository;
import com.springboot.repository.OrderRepository;
@Service
```

```java
public class OrderServiceImpl implements OrderService {
    @Autowired
    private BookRepository bookRepository;
    @Autowired
    private OrderRepository orderRepository;
    public void confirmOrder(String bookId, long quantity) {   // 도서 재고 수 처리 메서드
        Book bookById = bookRepository.getBookById(bookId);
        if(bookById.getUnitsInStock() < quantity) {
            throw new IllegalArgumentException("품절입니다. 사용 가능한 재고수:"+
                    bookById.getUnitsInStock());
        }
        bookById.setUnitsInStock(bookById.getUnitsInStock() - quantity);
    }
    public Long saveOrder(Order order) {                         // 주문 목록 저장 메서드
        Long orderId = orderRepository.saveOrder(order);
        return orderId;
    }
}
```

MVC를 담당하는 프레젠테이션 계층인 컨트롤러 구현하기

1 주문 처리 컨트롤러 생성 com.springboot.controller 패키지에 OrderController 클래스를 생성하고 다음의 내용을 작성합니다.

BookMarket/src/main/java/com/springboot/controller/OrderController.java

```java
package com.springboot.controller;
import java.util.ArrayList;
import java.util.List;
import org.springframework.beans.factory.annotation.Autowired;
import org.springframework.stereotype.Controller;
import org.springframework.ui.Model;
import org.springframework.validation.BindingResult;
import org.springframework.web.bind.annotation.GetMapping;
import org.springframework.web.bind.annotation.ModelAttribute;
import org.springframework.web.bind.annotation.PathVariable;
import org.springframework.web.bind.annotation.PostMapping;
```

```
import org.springframework.web.bind.annotation.RequestMapping;
import com.springboot.domain.Book;
import com.springboot.domain.Cart;
import com.springboot.domain.CartItem;
import com.springboot.domain.Customer;
import com.springboot.service.BookService;
import com.springboot.service.CartService;
import com.springboot.service.OrderService;
import jakarta.servlet.http.HttpServletRequest;
import jakarta.servlet.http.HttpSession;
import jakarta.validation.Valid;
import com.springboot.domain.Order;
import com.springboot.domain.OrderItem;
import com.springboot.domain.Shipping;
@Controller
@RequestMapping(value = "/order")
public class OrderController {
    @Autowired
    private OrderService orderService;
    @Autowired
    private CartService cartService;
    Order order;
    List<Book> listofBooks;
    @GetMapping("/{cartId}")
    public String requestCartList(@PathVariable(value = "cartId") String cartId,
            Model model) {
        Cart cart = cartService.validateCart(cartId);
        order = new Order();
        listofBooks = new ArrayList<Book>();                                   ❶
        for(CartItem item : cart.getCartItems().values()) {
            OrderItem orderItem = new OrderItem();                 ❷
            Book book =item.getBook();
            listofBooks.add(book);
            orderItem.setBookId(book.getBookId());
            orderItem.setQuantity(item.getQuantity());
            orderItem.setTotalPrice(item.getTotalPrice());
            order.getOrderItems().put(book.getBookId(), orderItem);
```

```java
        }
        order.setCustomer(new Customer());
        order.setShipping(new Shipping());
        order.setGrandTotal(cart.getGrandTotal());
        return "redirect:/order/orderCustomerInfo";
    }
    @GetMapping("/orderCustomerInfo")
    public String requestCustomerInfoForm(Model model) {
        model.addAttribute("customer", order.getCustomer());          ❸
        return "orderCustomerInfo";
    }
    @PostMapping("/orderCustomerInfo")
    public String requestCustomerInfo(@ModelAttribute Customer  customer, Model
            model) {
        order.setCustomer(customer);                                   ❹
        return "redirect:/order/orderShippingInfo";
    }
    @GetMapping("/orderShippingInfo")
    public String requestShippingInfoForm(Model model) {
        model.addAttribute("shipping", order.getShipping());          ❺
        return "orderShippingInfo";
    }
    @PostMapping("/orderShippingInfo")
    public String requestShippingInfo(@Valid @ModelAttribute Shipping shipping,
            BindingResult bindingResult, Model model) {
        if(bindingResult.hasErrors())
            return "orderShippingInfo";                                ❻
        order.setShipping(shipping);
        model.addAttribute("order",order);
        return "redirect:/order/orderConfirmation";
    }
    @GetMapping("/orderConfirmation")
    public String requestConfirmation(Model model) {
        model.addAttribute("bookList",listofBooks);
        model.addAttribute("order", order);                            ❼
        return "orderConfirmation";
    }
```

```java
    @PostMapping("/orderConfirmation")
    public String requestConfirmationFinished(Model model) {
        model.addAttribute("order",order);
        orderProService.save(order);
        return "redirect:/order/orderFinished";
    }                                                          ⑧
    @GetMapping("/orderFinished")
    public String requestFinished(HttpServletRequest request, Model model) {
        Long orderId = orderService.saveOrder(order);
        order.setOrderId(orderId);
        model.addAttribute("order",order);
        HttpSession session = request.getSession(false);
        if(session != null) {
            session.invalidate();
        }
        return "orderFinished";
    }                                                          ⑨
    @GetMapping("/orderCancelled")
    public String requestCancelled(HttpServletRequest request) {
        HttpSession session = request.getSession(false);
        if(session != null) {
            session.invalidate();
        }
        return "orderCancelled";
    }                                                          ⑩
}
```

❶ 장바구니 페이지에서 [주문처리] 버튼을 클릭하면 해당 요청을 처리합니다.

❷ 장바구니에 담긴 도서 목록을 OrderItem 객체에 저장합니다.

❸ 고객 정보 페이지를 가져옵니다.

❹ 고객 정보 페이지에서 입력한 정보를 전달받아 저장한 후 배송 정보 페이지로 이동합니다.

❺ 배송 정보 페이지를 가져옵니다.

❻ 배송 정보 페이지에서 입력한 정보를 전달받아 저장한 후 주문 확인 페이지로 이동합니다.

❼ 주문 확인 페이지를 가져옵니다.

❽ 주문 확인 페이지에서 [주문완료] 버튼을 누르면 해당 요청을 처리합니다.

❾ 주문 완료 페이지를 가져오고 현재 세션 정보는 삭제합니다.

❿ 고객 정보, 배송 정보, 주문 확인 페이지에서 [취소] 버튼을 누르면 해당 요청을 처리하는 메서드로, 현재 세션 정보는 삭제합니다.

2 고객 정보 페이지 작성 orderCustomerInfo.html을 생성하고 다음의 내용을 작성합니다.

BookMarket/src/main/resources/templates/orderCustomerInfo.html

```
<html>
<head>
    <title>주문 고객</title>
    <link href="/BookMarket/css/bootstrap.min.css" rel="stylesheet">
</head>
<body>
<div class="container py-4">
    <header class="pb-3 mb-4 border-bottom">
        <a href="/BookMarket/home" class="d-flex align-items-center text-body-emphasis
         text-decoration-none">
            <svg xmlns="http://www.w3.org/2000/svg" width="32" height="32"
             fill="currentColor" class="bi bi-book-half me-2" viewBox="0 0 16 16">
                <path d="M8.5 2.687c.654-.689 1.782-.886 3.112-.752 1.234.124 2.503.523
                 3.388.893v9.923c-.918-.35-2.107-.692-3.287-.81-1.094-.111-2.278-
                 .039-3.213.492zM8 1.783C7.015.936 5.587.81 4.287.94c-1.514.153-
                 3.042.672-3.994 1.105A.5.5 0 0 0 0 2.5v11a.5.5 0 0 0 .707.455c.882-
                 .4 2.303-.881 3.68-1.02 1.409-.142 2.59.087 3.223.877a.5.5 0 0 0 .78
                 0c.633-.79 1.814-1.019 3.222-.877 1.378.139 2.8.62 3.681 1.02A.5.5
                 0 0 0 16 13.5v-11a.5.5 0 0 0-.293-.455c-.952-.433-2.48-.952-3.994-
                 1.105C10.413.809 8.985.936 8 1.783"/>
            </svg>
            <span class="fs-4">BookMarket</span>
        </a>
    </header>
    <div class="p-5 mb-4 bg-body-tertiary rounded-3">
        <div class="container-fluid py-5">
            <h1 class="display-5 fw-bold">주문 고객</h1>
```

```
            <p class="col-md-8 fs-4">BookMarket</p>
        </div>
    </div>
    <div class="row align-items-md-stretch">
        <form th:object="${customer}" action="/BookMarket/order/orderCustomerInfo"
         method="post">
        <legend>고객 세부 사항</legend>
        <div class="mb-3 row">
            <label class="col-sm-2 control-label">고객 ID</label>
            <div class="col-sm-3">
                <input type="text" name="customerId" class="form-control"
                 th:field="*{customerId}"/>  ❶
            </div>
        </div>
        <div class="mb-3 row">
            <label class="col-sm-2 control-label">성명</label>
            <div class="col-sm-3">
                <input type="text" name="name" class="form-control" th:field="*{name}"/>  ❶
            </div>
        </div>
        <div class="mb-3 row">
            <label class="col-sm-2 control-label">전화번호</label>
            <div class="col-sm-3">
                <input type="text" name="phone" class="form-control" th:field="*{phone}"/>  ❶
            </div>
        </div>
        <div class="mb-3 row">
            <label class="col-sm-2 control-label">국가명</label>
            <div class="col-sm-3">
                <input type="text" name="address.country" class="form-control"
                 th:field="*{address.country}"/>  ❶
            </div>
        </div>
        <div class="mb-3 row">
            <label class="col-sm-2 control-label">우편번호</label>
            <div class="col-sm-3">
```

```
                <input type="text" name="address.zipcode" class="form-control"
                 th:field="*{address.zipcode}"/>    ❶
            </div>
        </div>
        <div class="mb-3 row">
            <label class="col-sm-2 control-label">주소</label>
            <div class="col-sm-5">
                <input type="text" name="address.addressname" cols="50" rows="2"
                 class="form-control" th:field="*{address.addressname}"/>    ❶
            </div>
        </div>
        <div class="mb-3 row">
            <label class="col-sm-2 control-label">세부주소</label>
            <div class="col-sm-3">
                <input type="text" name="address.detailname" class="form-control"
                 th:field="*{address.detailname}"/>    ❶
            </div>
        </div>
        <div class="mb-3 row">
            <div class="col-sm-offset-2 col-sm-10">
                <input type="submit" class="btn btn-primary" value="등록"/>
                <a href="/BookMarket/order/orderCancelled" class="btn btn-Secondary"
                 role="button">취소</a>
            </div>
        </div>
    </form>
    <footer class="pt-3 mt-4 text-body-secondary border-top">
        <span class="text-body-secondary">&copy; BookMarket</span>
    </footer>
</div>
</body>
</html>
```

❶ 고객 정보로 고객 ID, 성명, 전화번호, 국가명, 우편번호, 주소, 세부 주소를 입력하는 폼 페이지를 만듭니다.

3 배송 정보 페이지 작성 orderShippingInfo.html을 생성하고 다음의 내용을 작성합니다.

BookMarket/src/main/resources/templates/orderShippingInfo.html

```
<html>
<head>
    <title>배송 정보</title>
    <link href="/BookMarket/css/bootstrap.min.css" rel="stylesheet">
</head>
<body>
<div class="container py-4">
    <header class="pb-3 mb-4 border-bottom">
        <a href="/BookMarket/home" class="d-flex align-items-center text-body-emphasis
         text-decoration-none">
            <svg xmlns="http://www.w3.org/2000/svg" width="32" height="32"
             fill="currentColor" class="bi bi-book-half me-2" viewBox="0 0 16 16">
                <path d="M8.5 2.687c.654-.689 1.782-.886 3.112-.752 1.234.124 2.503.523
                 3.388.893v9.923c-.918-.35-2.107-.692-3.287-.81-1.094-.111-2.278-.039-
                 3.213.492zM8 1.783C7.015.936 5.587.81 4.287.94c-1.514.153-3.042.672-
                 3.994 1.105A.5.5 0 0 0 0 2.5v11a.5.5 0 0 0 .707.455c.882-.4 2.303-.881
                 3.68-1.02 1.409-.142 2.59.087 3.223.877a.5.5 0 0 0 .78 0c.633-.79 1.814-
                 1.019 3.222-.877 1.378.139 2.8.62 3.681 1.02A.5.5 0 0 0 16 13.5v-11a.5.5
                 0 0 0-.293-.455c-.952-.433-2.48-.952-3.994-1.105C10.413.809 8.985.936 8
                 1.783"/>
            </svg>
            <span class="fs-4">BookMarket</span>
        </a>
    </header>
    <div class="p-5 mb-4 bg-body-tertiary rounded-3">
        <div class="container-fluid py-5">
            <h1 class="display-5 fw-bold">배송 정보</h1>
            <p class="col-md-8 fs-4">BookMarket</p>
        </div>
    </div>
    <div class="row align-items-md-stretch">
        <form th:object="${shipping}" action="/BookMarket/order/orderShippingInfo"
         method="post">
```

```
<legend>배송 세부 사항</legend>
<div class="mb-3 row">
    <label class="col-sm-2 control-label">성명</label>
    <div class="col-sm-3">
        <input type="text" name="name" class="form-control"
         th:field="*{name}"/>   ❶
    </div>
</div>
<div class="mb-3 row">
    <label class="col-sm-2 control-label">배송일</label>
    <div class="col-sm-3">
        <input type="text" name="date" class="form-control"
         placeholder="yyyy/mm/dd" th:field="*{date}"/>   ❶
    </div>
    <div class="col-sm-6">
        <p class="text-danger" th:errors="*{date}"/>
    </div>
</div>
<div class="mb-3 row">
    <label class="col-sm-2 control-label">국가명</label>
    <div class="col-sm-3">
        <input type="text" name="address.country" class="form-control"
         th:field="*{address.country}"/>   ❶
    </div>
</div>
<div class="mb-3 row">
    <label class="col-sm-2 control-label">우편번호</label>
    <div class="col-sm-3">
        <input type="text" name="address.zipcode" class="form-control"
         th:field="*{address.zipcode}"/>   ❶
    </div>
</div>
<div class="mb-3 row">
    <label class="col-sm-2 control-label">주소</label>
    <div class="col-sm-5">
        <input type="text" name="address.addressname" class="form-control"
         th:field="*{address.addressname}"/>   ❶
```

```
            </div>
        </div>
        <div class="mb-3 row">
            <label class="col-sm-2 control-label">세부 주소</label>
            <div class="col-sm-3">
                <input type="text" name="address.detailname" class="form-control"
                 th:field="*{address.detailname}"/>    ❶
            </div>
        </div>
        <div class="mb-3 row">
            <div class="col-sm-offset-2 col-sm-10">
                <a href="/BookMarket/order/orderCustomerInfo" class="btn btn-
                 Secondary" role="button">이전</a>
                <input type="submit" class="btn btn-primary" value="등록"/>
                <a href="/BookMarket/order/orderCancelled" class="btn btn-
                 Secondary" role="button">취소</a>
            </div>
        </div>
    </form>
    <footer class="pt-3 mt-4 text-body-secondary border-top">
        <span class="text-body-secondary">&copy; BookMarket</span>
    </footer>
</div>
</body>
</html>
```

❶ 배송 정보로 성명, 배송일, 국가, 우편번호, 주소, 세부 주소를 입력하는 폼 페이지를 만듭니다.

4 주문 확인 페이지 작성 orderConfirmation.html을 생성하고 다음의 내용을 작성합니다.

BookMarket/src/main/resources/templates/orderConfirmation.html

```
<html>
<head>
    <title>주문 정보</title>
```

```
    <link href="/BookMarket/css/bootstrap.min.css" rel="stylesheet">
</head>
<body>
<div class="container py-4">
    <header class="pb-3 mb-4 border-bottom">
        <a href="/BookMarket/home" class="d-flex align-items-center text-body-emphasis
         text-decoration-none">
            <svg xmlns="http://www.w3.org/2000/svg" width="32" height="32"
             fill="currentColor" class="bi bi-book-half me-2" viewBox="0 0 16 16">
                <path d="M8.5 2.687c.654-.689 1.782-.886 3.112-.752 1.234.124 2.503.523
                 3.388.893v9.923c-.918-.35-2.107-.692-3.287-.81-1.094-.111-2.278-
                 .039-3.213.492zM8 1.783C7.015.936 5.587.81 4.287.94c-1.514.153-
                 3.042.672-3.994 1.105A.5.5 0 0 0 0 2.5v11a.5.5 0 0 0 .707.455c.882-
                 .4 2.303-.881 3.68-1.02 1.409-.142 2.59.087 3.223.877a.5.5 0 0 0 .78
                 0c.633-.79 1.814-1.019 3.222-.877 1.378.139 2.8.62 3.681 1.02A.5.5
                 0 0 0 16 13.5v-11a.5.5 0 0 0-.293-.455c-.952-.433-2.48-.952-3.994-
                 1.105C10.413.809 8.985.936 8 1.783"/>
            </svg>
            <span class="fs-4">BookMarket</span>
        </a>
    </header>
    <div class="p-5 mb-4 bg-body-tertiary rounded-3">
        <div class="container-fluid py-5">
            <h1 class="display-5 fw-bold">주문 정보</h1>
            <p class="col-md-8 fs-4">BookMarket</p>
        </div>
    </div>
    <div class="row align-items-md-stretch">
        <form th:object="${order}" action="/BookMarket/order/orderConfirmation"
         method="post" class="form-horizontal">
            <div class="container col-md-10 py-5" style="background:#fafafe">
                <div class="text-center">
                    <h1>영수증</h1>
                </div>
                <div class="row text-left">
                    <div class="col-md-6 py-3">
                        <strong>배송 주소</strong><br>
```

```
        성명 : [[${order.shipping.name}]]<br>
        우편번호 : [[${order.shipping.address.zipcode}]]<br>
        주소 : [[${order.shipping.address.addressname}]] [[${order.
        shipping.address.detailname}]] ([[${order.shipping.address.      ❶
        country}]])<br>
    </div>
    <div class="col-md-6 text-right py-3">
        <p><em>배송일: [[${order.shipping.date}]]</em></p>
    </div>
</div>
<div class="row text-left">
    <div class="col-md-6 py-2">
        <address>
            <strong>청구 주소</strong><br>
            성명 : [[${order.customer.name}]]<br>
            우편번호 :[[${order.customer.address.zipcode}]]<br>
            주소 : [[${order.customer.address.addressname}]] [[${order.
            customer.address.detailname}]] ([[${order.customer.address.   ❷
            country}]])<br>
            HP : [[${order.customer.phone}]]<br>
        </address>
    </div>
</div>
<div class="row py-2">
    <table class="table table-hover">
    <thead>
    <tr><th>도서</th>
        <th>수량</th>
        <th class="text-center">가격</th>                                   ❸
        <th class="text-center">소계</th>
    </tr>
    </thead>
    <tbody>
    <div class="col-md-4" th:each="cartItem:${order.orderItems}">
    <tr>
        <td>
```

```
                <em th:each="book:${bookList}" th:if="${#strings.equals(book.
                 bookId, cartItem.value.bookId)}">[[${book.name}]]</em>
            </td>
            <td style="text-align: center">[[${cartItem.value.quantity}]]</td>
            <td class="text-center">
                <span th:each="book:${bookList}" th:if="${#strings.
                 equals(book.bookId, cartItem.value.bookId)}">[[${book.
                 unitPrice}]]원</span>
            </td>
            <td class="text-center">[[${cartItem.value.totalPrice}]]원</td>
        </tr>
        </div>
        <tr>
            <td></td>
            <td></td>
            <td class="text-right"><h5><strong>총액: </strong></h5></td>
            <td class="text-center text-danger"><h4><strong>[[${order.
             grandTotal}]]</strong></h4></td>
        </tr>
        </tbody>
        </table>
    </div>
    <div class="container col-md-5 py-3">
        <a href="/BookMarket/order/orderShippingInfo" class="btn btn-
         Secondary" role="button">이전</a>
        <input type="submit" class="btn btn-success" value="주문완료"/>
        <a href="/BookMarket/order/orderCancelled" class="btn btn-
         Secondary" role="button">취소</a>
    </div>
   </form>
  </div>
 </div>
</body>
</html>
```

❶ 배송 정보 페이지에서 입력한 성명/우편번호/주소/세부 주소/국가명/배송일을 출력합니다.

❷ 고객 정보 페이지에서 입력한 성명/우편번호/주소/세부 주소/국가명/전화번호를 출력합니다.

③ 주문 목록의 도서 정보를 출력합니다.

5 주문 완료 페이지 작성 orderFinished.html을 생성하고 다음의 내용을 작성합니다.

BookMarket/src/main/resources/templates/orderFinished.html

```
<html>
<head>
    <meta charset="UTF-8">
    <title>주문 완료</title>
    <link href="/BookMarket/css/bootstrap.min.css" rel="stylesheet">
</head>
<body>
<div class="container py-4">
<header class="py-3 mb-4 border-bottom">
    <div class="container d-flex flex-wrap justify-content-center">
        <a href="/BookMarket/home" class="d-flex align-items-center link-body-emphasis
         text-body-emphasis text-decoration-none mb-3 mb-lg-0 me-lg-auto">
            <svg xmlns="http://www.w3.org/2000/svg" width="32" height="32"
             fill="currentColor" class="bi bi-book-half me-2" viewBox="0 0 16 16">
                <path d="M8.5 2.687c.654-.689 1.782-.886 3.112-.752 1.234.124 2.503.523
                 3.388.893v9.923c-.918-.35-2.107-.692-3.287-.81-1.094-.111-2.278-.039-
                 3.213.492zM8 1.783C7.015.936 5.587.81 4.287.94c-1.514.153-3.042.672-3.994
                 1.105A.5.5 0 0 0 0 2.5v11a.5.5 0 0 0 .707.455c.882-.4 2.303-.881 3.68-1.02
                 1.409-.142 2.59.087 3.223.877a.5.5 0 0 0 .78 0c.633-.79 1.814-1.019 3.222-.877
                 1.378.139 2.8.62 3.681 1.02A.5.5 0 0 0 16 13.5v-11a.5.5 0 0 0-.293-.455c-.952-
                 .433-2.48-.952-3.994-1.105C10.413.809 8.985.936 8 1.783"/>
            </svg>
            <span class="fs-4">BookMarket</span>
        </a>
    </div>
</header>
<div class="p-5 mb-4 bg-body-tertiary rounded-3">
    <div class="container-fluid py-5">
        <h1 class="display-5 fw-bold">주문 완료</h1>
        <p class="col-md-8 fs-4">BookMarket</p>
    </div>
</div>
```

```
<div class="row align-items-md-stretch">
    <div class="container">
        <h2 class="alert alert-danger">주문해 주셔서 감사합니다.</h2>
        <p>주문은 [[${order.shipping.date}]]에 배송될 예정입니다!!</p>
        <p>주문번호 : [[ ${order.orderId}]]</p>
    </div>
</div>
<br>
    <p><a href="/BookMarket/books" class="btn btn-primary">&laquo;도서목록</a></p>
</body>
</html>
```

14

6 주문 취소 페이지 작성 orderCancelled.html을 생성하고 다음의 내용을 작성합니다.

BookMarket/src/main/resources/templates/orderCancelled.html

```
<html>
<head>
    <meta charset="UTF-8">
    <title>주문 취소</title>
    <link href="/BookMarket/css/bootstrap.min.css" rel="stylesheet">
</head>
<body>
<div class="container py-4">
<header class="py-3 mb-4 border-bottom">
    <div class="container d-flex flex-wrap justify-content-center">
        <a href="/BookMarket/home" class="d-flex align-items-center link-body-emphasis
         text-body-emphasis text-decoration-none mb-3 mb-lg-0 me-lg-auto">
            <svg xmlns="http://www.w3.org/2000/svg" width="32" height="32"
             fill="currentColor" class="bi bi-book-half me-2" viewBox="0 0 16 16">
                <path d="M8.5 2.687c.654-.689 1.782-.886 3.112-.752 1.234.124 2.503.523
                 3.388.893v9.923c-.918-.35-2.107-.692-3.287-.81-1.094-.111-2.278-.039-
                 3.213.492zM8 1.783C7.015.936 5.587.81 4.287.94c-1.514.153-3.042.672-3.994
                 1.105A.5.5 0 0 0 0 2.5v11a.5.5 0 0 0 .707.455c.882-.4 2.303-.881 3.68-1.02
                 1.409-.142 2.59.087 3.223.877a.5.5 0 0 0 .78 0c.633-.79 1.814-1.019 3.222-.877
                 1.378.139 2.8.62 3.681 1.02A.5.5 0 0 0 16 13.5v-11a.5.5 0 0 0-.293-.455c-.952-
                 .433-2.48-.952-3.994-1.105C10.413.809 8.985.936 8 1.783"/>
```

```
            </svg>
            <span class="fs-4">BookMarket</span>
        </a>
    </div>
</header>
<div class="p-5 mb-4 bg-body-tertiary rounded-3">
    <div class="container-fluid py-5">
        <h1 class="display-5 fw-bold">주문 취소</h1>
        <p class="col-md-8 fs-4">BookMarket</p>
    </div>
</div>
<div class="row align-items-md-stretch">
    <div class="container">
        <h2 class="alert alert-danger">주문을 취소하였습니다.</h2>
    </div>
</div>
<br>
    <p><a href="/BookMarket/books" class="btn btn-primary">&laquo;도서목록</a></p>
</body>
</html>
```

7 장바구니 페이지 수정 cart.html에 다음 내용을 추가 작성합니다.

BookMarket/src/main/resources/templates/cart.html

```
<html>
...
    <form name="clearForm" method="post">
        <input type="hidden" name="_method" value="delete"/>
            <a th:href="'javascript:clearCart()'" class="btn btn-danger"
             style="float:left">삭제하기</a>
            <a th:href="'/BookMarket/order/'+${cartId}" class="btn btn-success text-
             right" style="float:right">주문하기</a>
    </form>
    ...
```

8 프로젝트 실행 웹 브라우저에 http://localhost:8080/BookMarket/books를 입력하여 실행합니다. 도서 상세 정보 화면이 나타나면 도서를 장바구니에 추가한 후 장바구니 화면에서 [주문하기] 버튼을 클릭하여 주문 처리 과정으로 이동합니다.

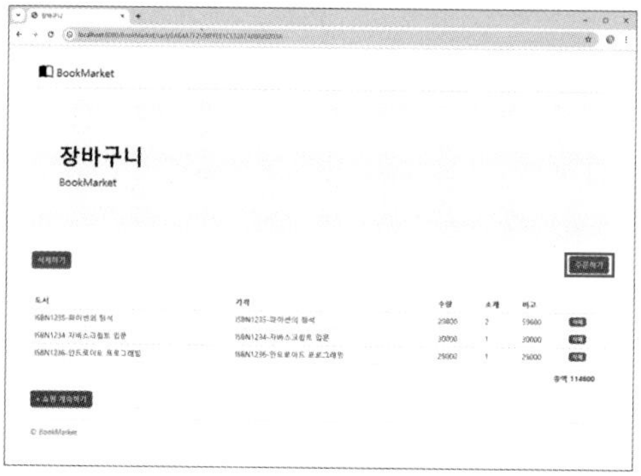

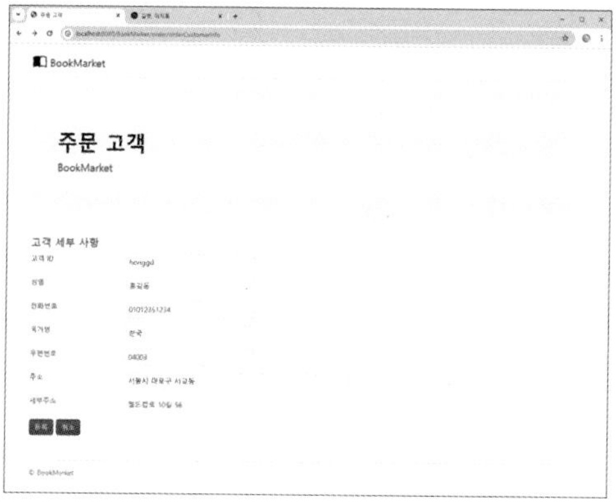

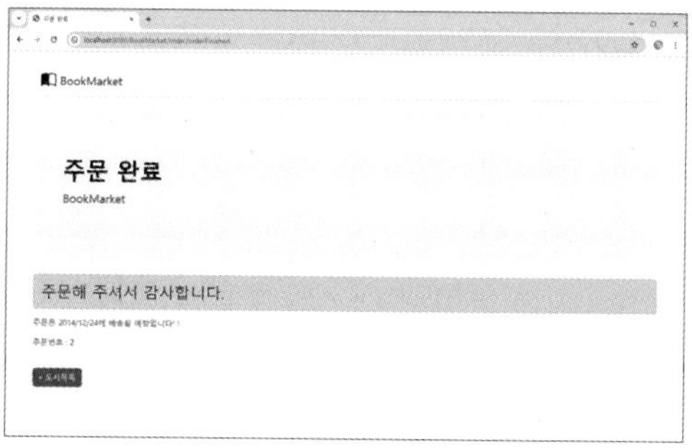

실습 2 주문 정보를 JPA로 데이터베이스와 연동하기

도서 쇼핑몰 애플리케이션에 스프링 데이터 JPA로 데이터베이스와 연동하기 위해 환경 설정을 하고 주문 정보를 데이터베이스에 저장해 봅니다.

1 의존 라이브러리 등록 스프링 데이터를 사용하려면 build.gradle 파일에 JPA로 데이터베이스 연동과 관련된 의존 라이브러리를 추가하고 재실행합니다.

BookMarket/build.gradle

```
dependencies {
    ...
    implementation 'org.springframework.boot:spring-boot-starter-data-jpa'
    implementation group: 'com.mysql', name: 'mysql-connector-j', version: '8.0.xx'
}
```

2 데이터베이스 환경 설정 application.properties 파일을 다음과 같이 추가 작성합니다.

BookMarket/src/main/resources/application.properties

```
spring.application.name=BookMarket
server.servlet.context-path=/BookMarket
...
spring.datasource.url=jdbc:mysql://localhost:3306/bookmarketDB  // 데이터베이스 URL  ❶
spring.datasource.username=root                  // 관리자 계정 ID
spring.datasource.password=1234                  // 관리자 비밀번호
spring.datasource.driver-class-name=com.mysql.cj.jdbc.Driver  // 드라이버 클래스 이름

spring.jpa.database=mysql                            // 데이터베이스 종류  ❷
spring.jpa.database-platform=org.hibernate.dialect.MySQL8Dialect // 데이터베이스 플랫폼
spring.jpa.hibernate.ddl-auto=update             // 엔티티의 변경된 부분만 적용
spring.jpa.generate-ddl=false                    // 시작할 때 스키마 초기화하지 않음
spring.jpa.show-sql=true                         // SQL문 로깅 활성화함
spring.jpa.properties.hibernate.format_sql=true     // 로그, 콘솔에 SQL문을 출력함
```

❶ 데이터베이스와 관련된 스프링 데이터 소스를 설정합니다.

❷ 스프링 데이터 JPA를 설정합니다.

3 주문 정보의 관리 저장소 생성 com.springboot.repository 패키지에 OrderProRepository 인터페이스를 생성하고 다음 내용을 작성합니다.

BookMarket/src/main/java/com/springboot/repository/OrderProRepository.java

```
package com.springboot.repository;

import org.springframework.data.jpa.repository.JpaRepository;
import org.springframework.stereotype.Repository;
import com.springboot.domain.Order;
@Repository
public interface OrderProRepository extends JpaRepository<Order, Long> {

}
```

4 주문 정보의 관리 서비스 생성 com.springboot.service 패키지에 OrderProService 클래스를 생성하고 다음 내용을 작성합니다.

BookMarket/src/main/java/com/springboot/service/OrderProService.java

```
package com.springboot.service;

import org.springframework.beans.factory.annotation.Autowired;
import org.springframework.stereotype.Service;
import com.springboot.domain.Order;
import com.springboot.repository.OrderProRepository;
@Service
public class OrderProService {
    @Autowired
    private OrderProRepository orderProRepository;
    public void save(Order order) {
        orderProRepository.save(order);
    }                                          ①
}
```

① 주문 정보를 데이터베이스 테이블에 저장하도록 JpaRepository 인터페이스에서 제공하는 기본 메서드입니다.

5 주문 처리 컨트롤러 수정 com.springboot.controller 패키지의 OrderController 클래스에 다음 내용을 추가 작성합니다.

BookMarket/src/main/java/com/springboot/controller/OrderController.java

```
package com.springboot.controller;
...
import com.springboot.service.OrderProService;
...
@Controller
@RequestMapping(value = "/order")
public class OrderController {
    @Autowired
    private OrderService orderService;
    @Autowired
    private CartService cartService;
    @Autowired
    private OrderProService orderProService;
    Order order;
    List<Book> listofBooks;
    ...
    @PostMapping("/orderConfirmation")
    public String requestConfirmationFinished(Model model) {
        model.addAttribute("order",order);
        orderProService.save(order);          // 데이터베이스 테이블에 저장 메서드 호출
        return "redirect:/order/orderFinished";
    }
 ...
 }
```

실습 3 관리자 모드에서 주문 목록 CRUD 처리하기

스프링 데이터 JPA로 도서 쇼핑몰에서 주문 정보를 조회, 수정, 삭제하고 주문 목록의 페이지를 정렬하여 뷰 페이지에 출력하도록 구현해 봅니다.

1 주문 목록의 접근 권한 설정 com.springboot.config 패키지의 SecurityConfig 클래스에 다음 내용을 추가 작성합니다.

BookMarket/src/main/java/com/springboot/config/SecurityConfig.java

```
package com.springboot.config;
...
@Configuration
@EnableWebSecurity
@AllArgsConstructor
public class SecurityConfig {
    ...
    @Bean
    protected SecurityFilterChain filterChain(HttpSecurity http) throws Exception {
        http
        .csrf(AbstractHttpConfigurer::disable)
        // 특정 URL에 대한 권한 설정
        .authorizeHttpRequests (
            authorizeRequests -> authorizeRequests
            .requestMatchers("/books/add").hasRole("ADMIN")
            .requestMatchers("/order/list").hasRole("ADMIN")    ❶
            .anyRequest().permitAll()
        )
...
}
```

❶ /order/list 경로는 ADMIN 권한이 있는 사용자만 접근할 수 있도록 설정합니다.

2 주문 정보의 관리 서비스 생성 com.springboot.service 패키지의 OrderProService 클래스에 다음 내용을 추가 작성합니다.

BookMarket/src/main/java/com/springboot/service/OrderProService.java

```
package com.springboot.service;
...
import org.springframework.data.domain.Page;
import org.springframework.data.domain.PageRequest;
import org.springframework.data.domain.Pageable;
```

```
import org.springframework.data.domain.Sort;
@Service
public class OrderProService {
    @Autowired
    private OrderProRepository orderProRepository;
    public void save(Order order) {
        orderProRepository.save(order);
    }
    public Page<Order> listAll(int pageNum, String sortField, String sortDir) {
        int pageSize = 5;
        Pageable pageable = PageRequest.of(pageNum - 1, pageSize, sortDir.
                equals("asc") ? Sort.by(sortField).ascending() : Sort.by(sortField).
                descending()
        );
        return orderProRepository.findAll(pageable);
    }                                                                        ❶
    public Order get(Long id) {
        return orderProRepository.findById(id).get();                        ❷
    }
    public void delete(Long id) {
        orderProRepository.deleteById(id);                                   ❸
    }
    public void deleteAll() {
        orderProRepository.deleteAll();                                      ❹
    }
}
```

❶ 주문 목록 페이지에서 선택한 필드를 정렬 방식에 따라 출력합니다.

❷ 설정한 id의 주문 정보를 조회하여 가져옵니다.

❸ 설정한 id의 주문 정보를 삭제합니다.

❹ 모든 주문 목록을 삭제합니다.

3 주문 처리 컨트롤러 수정 com.springboot.controller 패키지의 OrderController 클래스에 다음 내용을 추가 작성합니다.

BookMarket/src/main/java/com/springboot/controller/OrderController.java

```
package com.springboot.controller;
...
import com.springboot.service.BookService;
import org.springframework.data.domain.Page;
import org.springframework.web.bind.annotation.RequestParam;
import org.springframework.web.servlet.ModelAndView;
@Controller
@RequestMapping(value = "/order")
public class OrderController {
    ...
    @Autowired
    private OrderProService orderProService;
    @Autowired
    private BookService bookService;
    ...
    @GetMapping("/orderCancelled")
    public String requestCancelled(HttpServletRequest request) {
        HttpSession session = request.getSession(false);
        if(session != null) {
            session.invalidate();
        }
        return "orderCancelled";
    }
    @GetMapping("/list")
    public String viewHomePage(Model model) {
        return viewPage(1, "orderId", "asc", model);
    }                                                          ❶
    @GetMapping("/page")
    public String viewPage(@RequestParam("pageNum") int pageNum,
            @RequestParam("sortField") String sortField, @RequestParam("sortDir")
            String sortDir, Model model) {
        Page<Order> page = orderProService.listAll(pageNum, sortField, sortDir);   ❷
        List<Order> listOrders = page.getContent();
        model.addAttribute("currentPage", pageNum);
        model.addAttribute("totalPages", page.getTotalPages());
        model.addAttribute("totalItems", page.getTotalElements());
```

```
        model.addAttribute("sortField", sortField);
        model.addAttribute("sortDir", sortDir);
        model.addAttribute("reverseSortDir", sortDir.equals("asc") ? "desc" : "asc");
        model.addAttribute("orderList", listOrders);
        return "orderList";
    }
    @GetMapping("/view/{id}")
    public ModelAndView viewOrder(@PathVariable(name = "id") Long id) {
        Order order = orderProService.get(id);
        List<Book> listofBooks = new ArrayList<Book>();
        for(OrderItem item : order.getOrderItems().values()) {
            String bookId =item.getBookId();
            Book book = bookService.getBookById(bookId);
            listofBooks.add(book);                                          ❸
        }
        ModelAndView mav = new ModelAndView("orderView");
        mav.addObject("order", order);
        mav.addObject("bookList", listofBooks);
        return mav;
    }
    @GetMapping("/edit/{id}")
    public ModelAndView showEditOrder(@PathVariable(name = "id") Long id) {
        Order order = orderProService.get(id);
        List<Book> listofBooks = new ArrayList<Book>();
        for(OrderItem item : order.getOrderItems().values()) {
            String bookId =item.getBookId();
            Book book = bookService.getBookById(bookId);
            listofBooks.add(book);                                          ❹
        }
        ModelAndView mav = new ModelAndView("orderEdit");
        mav.addObject("order", order);
        mav.addObject("bookList", listofBooks);
        return mav;
    }
    @GetMapping("/delete/{id}")
    public String deleteOrder(@PathVariable(name = "id") Long id) {      ❺
```

```
        orderProService.delete(id);
        return "redirect:/order/list";
    }
    @GetMapping("/deleteAll")
    public String deleteAllOrder() {
        orderProService.deleteAll();
        return "redirect:/order/list";
    }
    @PostMapping("/save")
    public String saveProduct(@ModelAttribute Order order) {
        Order save_order = orderProService.get(order.getOrderId());
        save_order.setShipping(order.getShipping());
        orderProService.save(save_order);
        return "redirect:/order/list";
    }
}
```

❶ 웹 요청 URL이 /order/list일 때 처리 메서드로 viewPage() 메서드를 호출합니다.

❷ 주문 목록 페이지에서 선택한 필드에 따라 오름차순 또는 내림차순으로 정렬합니다.

❸ 주문 목록 페이지에서 [상세보기]를 누르면 주문 정보 확인 페이지를 출력합니다.

❹ 주문 목록 페이지에서 [수정]을 누르면 주문 수정 페이지를 출력합니다.

❺ 주문 목록 페이지에서 [삭제]를 누르면 해당하는 주문 정보를 삭제합니다.

❻ 주문 목록 페이지에서 [삭제하기]를 누르면 전체 주문 목록을 삭제합니다.

❼ 주문 수정 페이지에서 수정된 정보를 저장합니다.

4 전체 주문 목록 페이지 작성 orderList.html을 생성하고 다음의 내용을 작성합니다.

BookMarket/src/main/resources/templates/orderList.html

```
<html>
<head>
    <meta charset="UTF-8">
    <title>주문 목록</title>
    <link href="/BookMarket/css/bootstrap.min.css" rel="stylesheet">
    <script src="/BookMarket/js/controllers.js"></script>
```

```
</head>
<body>
<div class="container py-4">
    <header class="py-3 mb-4 border-bottom">
    <div class="container d-flex flex-wrap justify-content-center">
        <a href="/BookMarket/home" class="d-flex align-items-center link-body-emphasis
         text-body-emphasis text-decoration-none mb-3 mb-lg-0 me-lg-auto">
            <svg xmlns="http://www.w3.org/2000/svg" width="32" height="32"
             fill="currentColor" class="bi bi-book-half me-2" viewBox="0 0 16 16">
                <path d="M8.5 2.687c.654-.689 1.782-.886 3.112-.752 1.234.124 2.503.523
                 3.388.893v9.923c-.918-.35-2.107-.692-3.287-.81-1.094-.111-2.278-
                 .039-3.213.492zM8 1.783C7.015.936 5.587.81 4.287.94c-1.514.153-
                 3.042.672-3.994 1.105A.5.5 0 0 0 0 2.5v11a.5.5 0 0 0 .707.455c.882-
                 .4 2.303-.881 3.68-1.02 1.409-.142 2.59.087 3.223.877a.5.5 0 0 0 .78
                 0c.633-.79 1.814-1.019 3.222-.877 1.378.139 2.8.62 3.681 1.02A.5.5
                 0 0 0 16 13.5v-11a.5.5 0 0 0-.293-.455c-.952-.433-2.48-.952-3.994-
                 1.105C10.413.809 8.985.936 8 1.783"/>
            </svg>
            <span class="fs-4">BookMarket</span>
        </a>
    </div>
    </header>
    <div class="p-5 mb-4 bg-body-tertiary rounded-3">
        <div class="container-fluid py-5">
            <h1 class="display-5 fw-bold">주문 목록</h1>
            <p class="col-md-8 fs-4">BookMarket</p>
        </div>
    </div>
    <div class="row align-items-md-stretch">
        <div class="text-end" style="padding-right:30px">
            <form action="/BookMarket/logout" method="POST">
                <input type="submit" class="btn btn-sm btn-success" value="Logout"/>
            </form>
        </div>
        <div class="col-md-12">
            <form name="clearForm" method="post">
                <input type="hidden" name="_method" value="delete"/>
```

```
            <a th:href="@{/order/deleteAll}" class="btn btn-danger"
             style="float:left">삭제하기</a>
        </form>
    </div>
    <div style="padding-top: 50px">
        <div class="text-end" style="padding-right:30px">전체 주문수:
         [[${totalItems}]]</div>
        <table class="table table-hover">
        <tr>
            <th><a th:href="@{'/order/page?pageNum=' + ${currentPage} +
            '&sortField=orderId&sortDir=' + ${reverseSortDir}}">주문 ID</a></th>
            <th><a th:href="@{'/order/page?pageNum=' + ${currentPage} +
            '&sortField=customer_id&sortDir=' + ${reverseSortDir}}">고객 ID</a></th>
            <th><a th:href="@{'/order/page?pageNum=' + ${currentPage} +
            '&sortField=shipping_id&sortDir=' + ${reverseSortDir}}">배송지</a></th>
            <th><a th:href="@{'/order/page?pageNum=' + ${currentPage} + '&sortField=
            grandTotal&sortDir=' + ${reverseSortDir}}">총액</a></th>
            <th>비고</th>
        </tr>
        <form name="removeForm" id="removeForm" method="post">
            <input type="hidden" name="_method" value="delete"/>
        <div th:each="order:${orderList}">
        <tr>
            <td th:text="${order.orderId}"/></td>
            <td th:text="${order.customer.id}"/></td>
            <td th:text="${order.shipping.address.addressname}"/></td>
            <td th:text="${order.grandTotal}"/></td>
            <td><a th:href="@{'/order/view/' + ${order.orderId}}"><span class="badge
            text-bg-secondary" th:text ="상세보기"></span></a>
                <a th:href="@{'/order/edit/' + ${order.orderId}}"><span class="badge
                 text-bg-info" th:text ="수정"></span></a>
                <a th:href="@{'/order/delete/' + ${order.orderId}}"><span
                 class="badge text-bg-danger" th:text ="삭제"></span></a>
            </td>
        </tr>
        </div>
        </form>
```

```
            </table>
        <div> </div>
        <div><i>Sorted by [[${sortField}]] in [[${sortDir}]] order</i></div>
        <div> </div>
    </div>
    <footer class="pt-3 mt-4 text-body-secondary border-top">
        <span class="text-body-secondary">&copy; BookMarket</span>
    </footer>
</div>
</body>
</html>
```

5 주문 정보의 상세 보기 페이지 작성 orderview.html을 생성하고 다음의 내용을 작성합니다.

BookMarket/src/main/resources/templates/orderview.html

```
<html>
<head>
    <title>주문 정보</title>
    <link href="/BookMarket/css/bootstrap.min.css" rel="stylesheet">
</head>
<body>
<div class="container py-4">
    <header class="pb-3 mb-4 border-bottom">
        <a href="/BookMarket/home" class="d-flex align-items-center text-body-emphasis
         text-decoration-none">
            <svg xmlns="http://www.w3.org/2000/svg" width="32" height="32"
             fill="currentColor" class="bi bi-book-half me-2" viewBox="0 0 16 16">
                <path d="M8.5 2.687c.654-.689 1.782-.886 3.112-.752 1.234.124 2.503.523
                 3.388.893v9.923c-.918-.35-2.107-.692-3.287-.81-1.094-.111-2.278-.039-
                 3.213.492zM8 1.783C7.015.936 5.587.81 4.287.94c-1.514.153-3.042.672-
                 3.994 1.105A.5.5 0 0 0 0 2.5v11a.5.5 0 0 0 .707.455c.882-.4 2.303-.881
                 3.68-1.02 1.409-.142 2.59.087 3.223.877a.5.5 0 0 0 .78 0c.633-.79 1.814-
                 1.019 3.222-.877 1.378.139 2.8.62 3.681 1.02A.5.5 0 0 0 16 13.5v-11a.5.5
                 0 0 0-.293-.455c-.952-.433-2.48-.952-3.994-1.105C10.413.809 8.985.936 8
                 1.783"/>
```

```
        </svg>
        <span class="fs-4">BookMarket</span>
      </a>
    </header>
    <div class="p-5 mb-4 bg-body-tertiary rounded-3">
      <div class="container-fluid py-5">
        <h1 class="display-5 fw-bold">주문 정보</h1>
        <p class="col-md-8 fs-4">BookMarket</p>
      </div>
    </div>
    <div class="row align-items-md-stretch">
      <div class="container col-md-10 py-5" style="background:#fafafe">
        <div class="row text-left">
          <div class="col-md-6 py-3">
            <strong>배송 주소</strong><br>
            성명 : [[${order.shipping.name}]]<br>
            우편번호 : [[${order.shipping.address.zipcode}]]<br>
            주소 : [[${order.shipping.address.addressname}]] [[${order.shipping.
            address.detailname}]] ([[${order.shipping.address.country}]])<br>
          </div>
        <div class="col-md-6 text-right py-3">
          <p><em>배송일 : [[${order.shipping.date}]]</em></p>
        </div>
      </div>
      <div class="row text-left">
        <div class="col-md-6 py-2">
          <address>
            <strong>청구 주소</strong><br>
            성명 : [[${order.customer.name}]]<br>
            우편번호 : [[${order.customer.address.zipcode}]]<br>
            주소 : [[${order.customer.address.addressname}]] [[${order.customer.
            address.detailname}]] ([[${order.customer.address.country}]])<br>
            HP : [[${order.customer.phone}]]<br>
          </address>
        </div>
      </div>
      <div class="row py-2">
```

```
<div class="row py-2">
    <table class="table table-hover">
    <thead>
    <tr><th>도서</th>
        <th>수량</th>
        <th class="text-center">가격</th>
        <th class="text-center">소계</th>
    </tr>
    </thead>
    <tbody>
    <div class="col-md-4" th:each="cartItem:${order.orderItems}">
    <tr>
        <td>
            <em th:each="book:${bookList}" th:if="${#strings.equals(book.bookId,
             cartItem.value.bookId)}">[[${book.name}]]</em>
        </td>
        <td style="text-align:center">[[${cartItem.value.quantity}]]</td>
        <td class="text-center">
            <span th:each="book:${bookList}" th:if="${#strings.equals(book.
             bookId, cartItem.value.bookId)}">[[${book.unitPrice}]]원</span>
        </td>
        <td class="text-center">[[${cartItem.value.totalPrice}]]원</td>
    </tr>
    </div>
    <tr>
        <td></td>
        <td></td>
        <td class="text-right"><h5><strong>총액: </strong></h5></td>
        <td class="text-center text-danger"><h4><strong>[[${order.
         grandTotal}]]</strong></h4></td>
    </tr>
    </tbody>
    </table>
</div>
<div class="container col-md-12 py-3">
    <a href="/BookMarket/order/list" class="btn btn-Secondary" role="button">
     주문목록</a>
```

```
            <a th:href="@{'/order/edit/' + ${order.orderId}}" class="btn btn-info"
             role="button">수정</a>
            <a th:href="@{'/order/delete/' + ${order.orderId}}" class=" btn btn-danger"
             role="button">삭제</a>
        </div>
    </div>
</div>
</body>
</html>
```

14

6 주문 정보의 수정 페이지 작성 orderEdit.html을 생성하고 다음의 내용을 작성합니다.

BookMarket/src/main/resources/templates/orderEdit.html

```
<html>
<head>
    <title>주문 정보</title>
    <link href="/BookMarket/css/bootstrap.min.css" rel="stylesheet">
</head>
<body>
<div class="container py-4">
    <header class="pb-3 mb-4 border-bottom">
        <a href="/BookMarket/home" class="d-flex align-items-center text-body-emphasis
         text-decoration-none">
            <svg xmlns="http://www.w3.org/2000/svg" width="32" height="32"
             fill="currentColor" class="bi bi-book-half me-2" viewBox="0 0 16 16">
                <path d="M8.5 2.687c.654-.689 1.782-.886 3.112-.752 1.234.124 2.503.523
                 3.388.893v9.923c-.918-.35-2.107-.692-3.287-.81-1.094-.111-2.278-.039-
                 3.213.492zM8 1.783C7.015.936 5.587.81 4.287.94c-1.514.153-3.042.672-
                 3.994 1.105A.5.5 0 0 0 0 2.5v11a.5.5 0 0 0 .707.455c.882-.4 2.303-.881
                 3.68-1.02 1.409-.142 2.59.087 3.223.877a.5.5 0 0 0 .78 0c.633-.79 1.814-
                 1.019 3.222-.877 1.378.139 2.8.62 3.681 1.02A.5.5 0 0 0 16 13.5v-11a.5.5
                 0 0 0-.293-.455c-.952-.433-2.48-.952-3.994-1.105C10.413.809 8.985.936 8
                 1.783"/>
```

```
        </svg>
        <span class="fs-4">BookMarket</span>
    </a>
</header>
    <div class="container-fluid py-5">
        <h1 class="display-5 fw-bold">주문 정보</h1>
        <p class="col-md-8 fs-4">BookMarket</p>
    </div>
</div>
<div class="row align-items-md-stretch">
    <div class="container col-md-10 py-5" style="background:#fafafe">
    <form th:object="${order}" action="/BookMarket/order/save" method="post">
        <input type="hidden" name="orderId" th:field="*{orderId}"/>
        <input type="hidden" name="shipping.id" th:field="*{shipping.id}"/>
        <div class="row text-left">
            <strong>배송 주소</strong><br>
            <div class="mb-3 row">
                <label class="col-sm-2 control-label">성명</label>
                <div class="col-sm-3">
                    <input type="text" name="shipping.name" th:field="*{shipping.
                     name}">
                </div>
            </div>
            <div class="mb-3 row">
                <label class="col-sm-2 control-label">국가</label>
                <div class="col-sm-3">
                    <input type="text" name="shipping.address.country"
                     th:field="*{shipping.address.country}">
                </div>
            </div>
            <div class="mb-3 row">
                <label class="col-sm-2 control-label">우편번호</label>
                <div class="col-sm-3">
                    <input type="text" name="shipping.address.zipcode"
                     th:field="*{shipping.address.zipcode}">
                </div>
```

```
            </div>
            <div class="mb-3 row">
                <label class="col-sm-2 control-label">주소</label>
                <div class="col-sm-3">
                    <input type="text" name="shipping.address.addressname"
                     th:field="*{shipping.address.addressname}">
                </div>
            </div>
            <div class="mb-5 row">
                <label class="col-sm-2 control-label">상세 주소</label>
                <div class="col-sm-3">
                    <input type="text" name="shipping.address.detailname"
                     th:field="*{shipping.address.detailname}">
                </div>
            </div>
        </div>
        <div class="mb-3 row">
            <label class="col-sm-2 control-label">배송일</label>
            <div class="col-sm-3">
                <input type="text" name="shipping.date" th:field="*{shipping.date}">
            </div>
        </div>
        <div class="row text-left">
            <address>
                <strong>청구 주소</strong><br>
                성명 : [[${order.customer.name}]]<br>
                우편번호 : [[${order.customer.address.zipcode}]]<br>
                주소 : [[${order.customer.address.addressname}]] [[${order.customer.
                address.detailname}]] ([[${order.customer.address.country}]])<br>
                HP : [[${order.customer.phone}]]<br>
            </address>
        </div>
    </div>
    <div class="row py-2">
        <table class="table table-hover">
        <thead>
```

```
        <tr><th>도서</th>
            <th>수량</th>
            <th class="text-center">가격</th>
            <th class="text-center">소계</th>
        </tr>
        </thead>
        <tbody>
        <div class="col-md-4" th:each="cartItem:${order.orderItems}">
        <tr>
            <td>
                <em th:each="book:${bookList}" th:if="${#strings.equals(book.bookId,
                 cartItem.value.bookId)}">[[${book.name}]]</em>
            </td>
            <td style="text-align:center">[[${cartItem.value.quantity}]]</td>
            <td class="text-center">
                <span th:each="book:${bookList}" th:if="${#strings.equals(book.
                 bookId, cartItem.value.bookId)}">[[${book.unitPrice}]]원</span>
            </td>
            <td class="text-center">[[${cartItem.value.totalPrice}]]원</td>
        </tr>
        </div>
        <tr>
            <td></td>
            <td></td>
            <td class="text-right"><h5><strong>총액: </strong></h5></td>
            <td class="text-center text-danger"><h4><strong>[[${order.
             grandTotal}]]</strong></h4></td>
        </tr>
        </tbody>
        </table>
    </div>
    <div class="container col-md-12 py-3">
        <a href="/BookMarket/order/list" class="btn btn-Secondary" role="button">
         주문목록</a>
        <button type="submit" class="btn btn-info">수정</button>
        <a th:href="@{'/order/delete/' + ${order.orderId}}" class=" btn btn-danger"
         role="button">삭제</a>
```

```
            </div>
            </form>
        </div>
    </div>
    </body>
    </html>
```


7 프로젝트 실행 웹 브라우저에 http://localhost:8080/BookMarket/order/list를 입력하여 실행합니다. 관리자로 로그인하고 주문된 주문 목록을 확인한 뒤 주문 목록의 상세보기/수정/삭제를 확인합니다.

요약

1. SQL 문장의 종류

- 데이터 정의 언어: CREATE, ALTER, DROP ...
- 데이터 조작 언어: SELECT, INSERT, DELETE, UPDATE ...
- 데이터 제어 언어: GRANT, REVOKE, COMMIT, ROLLBACK ...

2. JDBC의 개요

- JDBC(Java DataBase Connectivity)는 데이터베이스에 접근할 수 있도록 자바에서 제공하는 API입니다.
- JDBC는 인터페이스이고 JDBC 구현체가 각 데이터베이스에 맞는 드라이버이며 JDBC API가 설정한 드라이버로 데이터베이스에 접근하기 때문에 데이터베이스 종류에 상관없이 똑같은 코드를 사용할 수 있습니다.

3. 스프링 데이터 JDBC의 특징

- 간결한 코드: JdbcTemplate 클래스를 사용하여 기존 JDBC보다 훨씬 간결한 코드를 제공합니다.
- 자동 리소스 관리: 커넥션 생성, 예외 처리, 리소스 해제와 같은 작업을 자동으로 처리합니다.
- SQL 파라미터화: SQL 쿼리 파라미터를 자동으로 처리하여 SQL Injection 공격을 방지합니다.

4. JPA의 개요

- JPA(Java Persistent API)는 객체-관계 매핑(ORM)을 위한 자바 표준 API입니다.
- JPA는 엔티티 클래스를 통해 데이터베이스 테이블과의 매핑 정보를 관리하여 코드 가독성과 유지보수성을 향상시킵니다.
- JPA는 데이터베이스와 객체를 매핑하는 기술일 뿐, 데이터베이스와 통신하기 위해서는 JDBC를 사용합니다.

5. JPA의 특징

- 객체 지향적 접근: 데이터베이스 테이블을 객체로 매핑하여 객체 지향적 접근이 가능합니다.
- 자동화된 쿼리 생성: 개발자가 SQL 쿼리를 작성할 필요 없이 JPA가 자동으로 SQL을 생성하여 데이터베이스에 전송합니다.
- 캐시 및 지연 로딩: JPA가 캐싱과 지연 로딩을 자동으로 처리하여 성능을 향상시킵니다.

연습문제

01. 다음 중 데이터베이스용 쿼리 언어인 SQL 문장의 종류로 옳지 않은 것은?

① 데이터 기본 언어
② 데이터 조작 언어
③ 데이터 제어 언어
④ 데이터 정의 언어

02. 다음 중 데이터베이스용 쿼리 언어인 SQL 문장 중 데이터 조작 언어로 옳지 않은 것은?

① SELECT
② INSERT
③ DELETE
④ MODIFY

03. 다음 중 데이터베이스나 테이블을 생성하는 SQL 명령어로 옳은 것은?

① CREATE
② ALTER
③ DROP
④ COMMIT

04. 다음 중 데이터베이스나 테이블을 삭제하는 SQL 명령어로 옳은 것은?

① CREATE
② ALTER
③ DROP
④ SHOW

05. 다음 중 데이터베이스나 테이블을 조회하는 SQL 명령어로 옳은 것은?

① CREATE
② ALTER
③ DROP
④ SHOW

06. 다음 중 JdbcTemplate 클래스가 제공하는 메서드로 옳지 않은 것은?

① queryForObject(): 쿼리문의 실행 결과로 가져오는 행의 개수가 정확히 한 개인 경우에 사용합니다.
② queryForList(): 쿼리문의 실행 결과로 가져오는 행의 개수가 한 개 이상인 경우에 사용합니다.
③ query(): 쿼리문의 실행 결과로 가져오는 행의 개수가 한 개 이상인 경우에 사용합니다.
④ update(): 쿼리문을 실행할 수 있도록 수정(update) 쿼리만을 수행하는 데 사용합니다.

07. 다음 중 JpaRepository 인터페이스가 제공하는 메서드로 옳지 않은 것은?

① save(): 엔티티 클래스의 컬럼에 데이터를 삽입합니다.

② findAll(): 엔티티 클래스의 컬럼을 조회하는 데 사용합니다.

③ delete(): 엔티티 클래스의 데이터를 삭제하는 데 사용합니다.

④ update(): 엔티티 클래스의 컬럼에 데이터를 수정하는 데 사용합니다.

※ 다음 코드를 보고 08~09번 물음에 답하시오.

```
package com.springboot.chap14;
...
@Controller
@RequestMapping("/movies")
public class Chap14Controller {
    @Autowired
    MovieRepository repository;
    ...
    @PostMapping("/insert")
    public String insertMethod(@ModelAttribute("movie") Movie movie) {
        repository. ____❶____(movie);
        return "redirect:/movies";
    }
    @PostMapping("/update")
    public String updateMethod(@ModelAttribute("movie") Movie movie) {
        repository. ____❷____(movie);
        return "redirect:/movies";
    }
    @GetMapping("/delete/{id}")
    public String deleteMethod(@PathVariable(name = "id") int id) {
        repository. ____❸____(id);
        return "redirect:/movies";
    }
}
```

08. 다음 중 ❶과 ❷에 들어가는 삽입과 수정 메서드로 옳은 것은?

① save(), save()

② insert(), update()

③ save(), update()

④ insert(), save()

09. 다음 중 ❸에 들어가는 삭제하기 메서드로 옳은 것은?

① delete()

② deleteAll()

③ deleteAllById()

④ deleteById()

부록 도서 쇼핑몰 웹 사이트 구축 실습 가이드

지금까지 스프링 부트의 기본 개념을 알아보고 도서 쇼핑몰 프로젝트에 직접 적용해 보았습니다. 14장까지 배운 내용으로 충분히 웹 사이트를 구축할 수 있지만 회원 관리나 게시판 구현처럼 완성도 높은 웹 사이트를 구축하려면 PDF 파일로 제공하는 15장을 학습하기 바랍니다.

15장에서는 웹 사이트에 부가적으로 필요한 메뉴 구성을 포함하는 웹 페이지 모듈화, 데이터베이스를 연동하는 JPA를 활용해 회원 가입과 수정, 탈퇴를 처리하고 게시판을 구현하며 JDBC를 활용한 관리자 모드의 도서 CRUD를 구현합니다. 다음에 소개할 가이드를 참고하여 실습을 진행하기 바랍니다.

[미리보기] 도서 쇼핑몰 로드맵

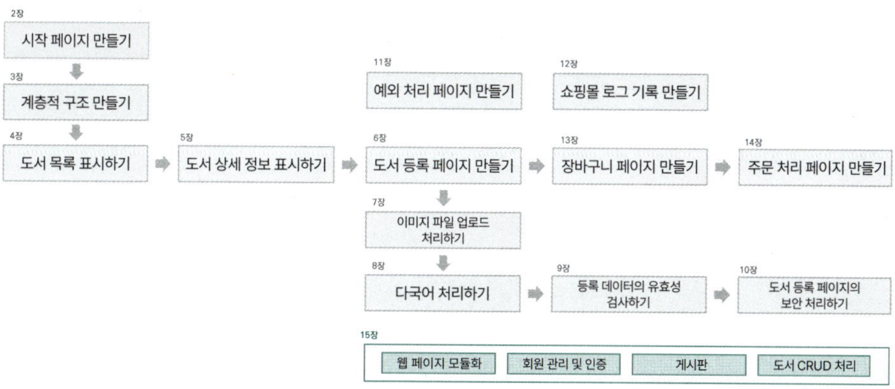

1.1 웹 페이지 모듈화

도서 쇼핑몰의 웹 페이지 영역을 구분하여 모듈화를 구현합니다.

[미리보기] 도서 쇼핑몰의 웹 페이지 모듈화

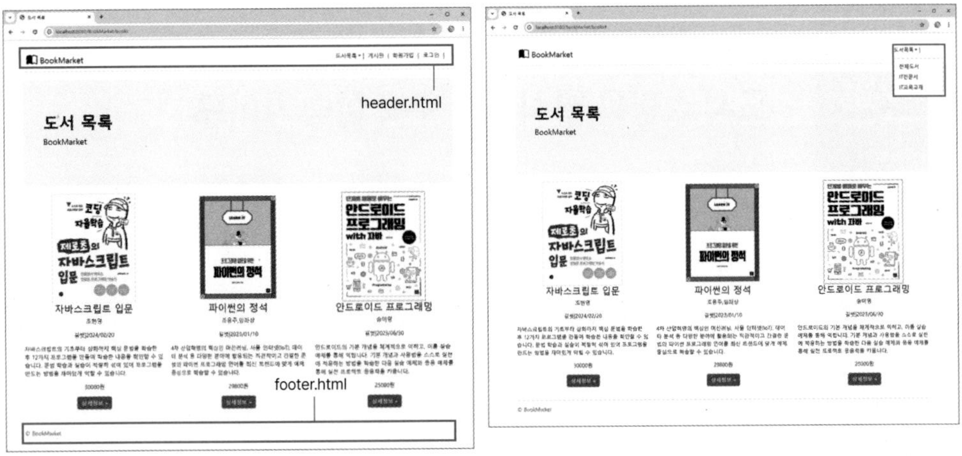

[실습1] 머리글 페이지와 바닥글 페이지 만들기

15장(pdf 파일) 2쪽을 참고하세요.

1.2 회원 관리 및 인증

스프링 데이터 JPA로 데이터베이스를 연동하여 회원 가입/수정/삭제 처리를 구현합니다. 먼저 회원 관리를 위한 데이터베이스를 생성하고 엔티티 기본 구조를 만듭니다. 그리고 회원 관리 CRUD를 구현합니다.

[미리보기] 도서 쇼핑몰의 회원 관리

[미리보기] 도서 쇼핑몰의 메뉴

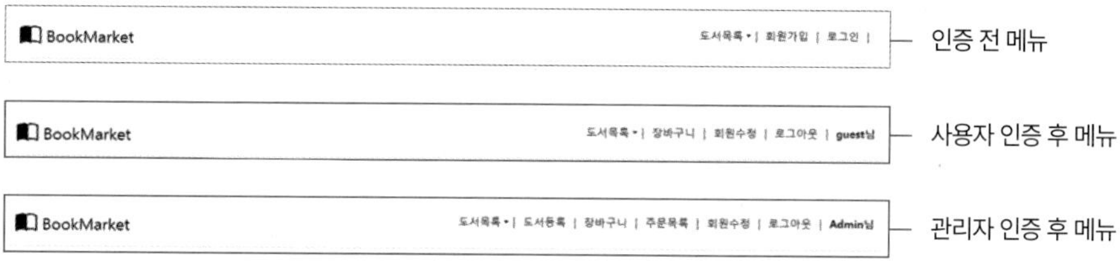

[실습1] 회원 관리의 메뉴 및 인증 구현하기

15장(pdf 파일) 7쪽을 참고하세요.

[실습2] 회원 관리를 위한 CRUD 구현하기

15장(pdf 파일) 9쪽을 참고하세요.

[실습3] 회원 로그인/로그아웃 처리하기

15장(pdf 파일) 21쪽을 참고하세요.

[실습4] 회원 관리 엔티티에 관리자 정보 등록하기

15장(pdf 파일) 24쪽을 참고하세요.

1.3 게시판

스프링 데이터 JPA로 데이터베이스를 연동하여 게시판을 구현합니다. 게시판을 위한 데이터베이스를 생성하고 엔티티 기본 구조를 만듭니다. 그리고 게시판 CRUD를 구현합니다.

[미리보기] 도서 쇼핑몰의 게시판

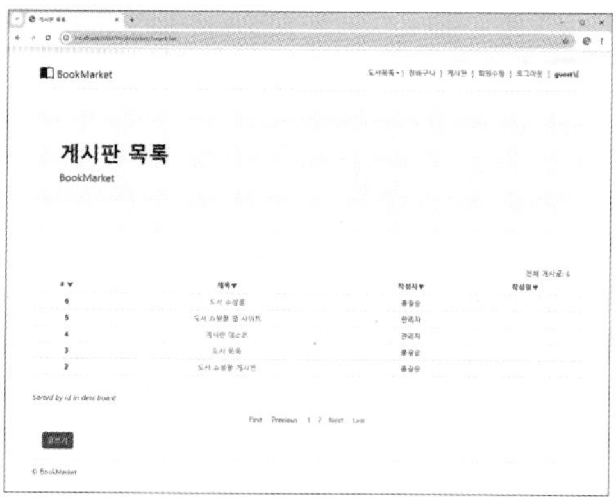

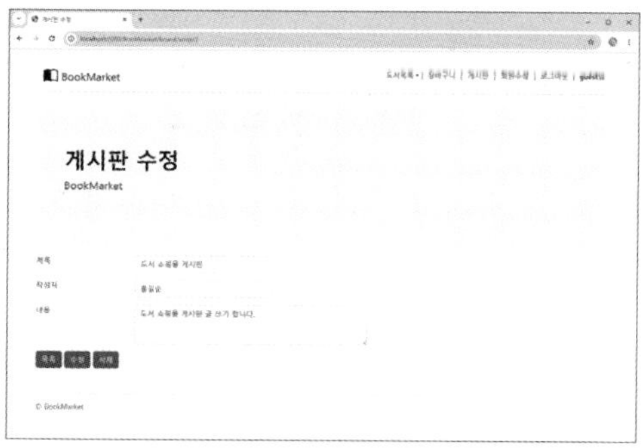

[미리보기] 도서 쇼핑몰의 메뉴

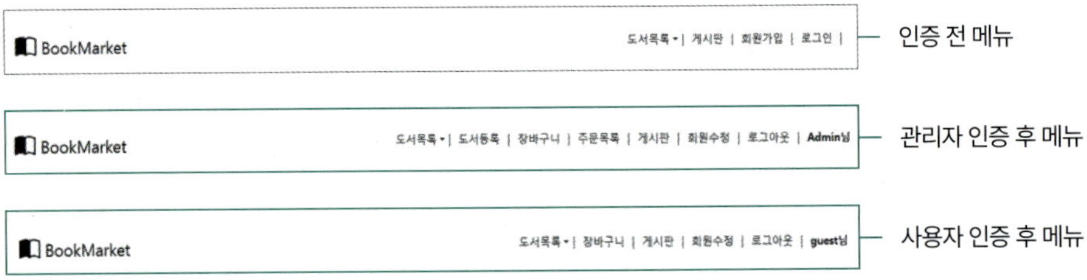

[실습1] 게시판 관리 메뉴 작성하기

15장(pdf 파일) 28쪽을 참고하세요.

[실습2] 게시판 관리를 위한 CRUD 구현하기

15장(pdf 파일) 28쪽을 참고하세요.

1.4 도서 CRUD 처리

스프링 데이터 JDBC로 데이터베이스를 연동하여 도서 쇼핑몰의 도서 목록 CRUD를 구현합니다.

[미리보기] 도서 쇼핑몰의 도서 CRUD

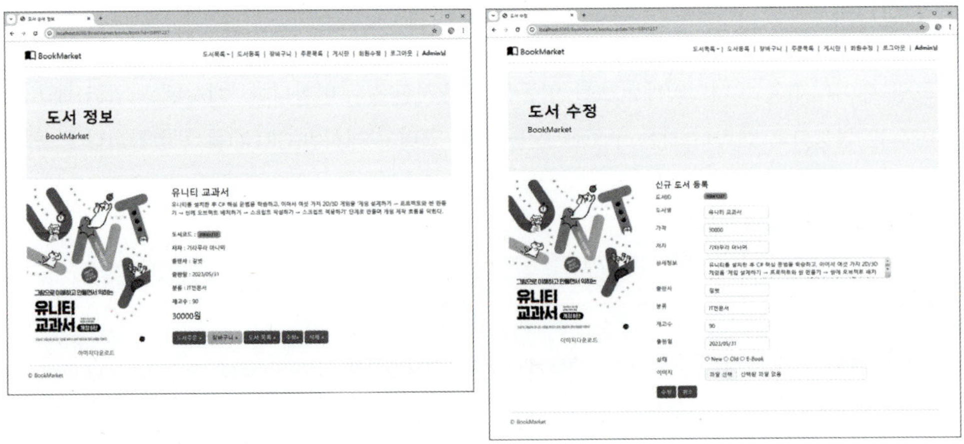

[실습1] 데이터베이스와 테이블 생성 및 데이터 등록하기

15장(pdf 파일) 44쪽을 참고하세요.

[실습2] JDBC 연동을 위한 환경 설정하기

15장(pdf 파일) 47쪽을 참고하세요.

[실습3] 도서 목록 조회하기

15장(pdf 파일) 48쪽을 참고하세요.

[실습4] 신규 도서 삽입하기

15장(pdf 파일) 55쪽을 참고하세요.

[실습5] 도서 정보 수정하기

15장(pdf 파일) 56쪽을 참고하세요.

[실습6] 도서 삭제하기

15장(pdf 파일) 65쪽을 참고하세요.

찾아보기